世界传世藏书

【图文珍藏版】

旅游大百科

赵然⊙主编

第三册

线装书局

楼观台

位于陕西省西安市周至县终南山上的楼观台，是老子著书立说、传道讲经的地方，作为道教的发祥地已历时 3000 多年，被道教尊为"仙都"。同时，由于楼观台在茂林修竹掩映之下满野皆绿，风景十分优美，素有"天下第一福地""洞天之冠"的美誉。

楼观台

在楼观台的现址周围是始建于 1982 年的森林公园，它是西北地区的首座森林公园，是人文、自然景观融为一体的休闲胜地。现在的楼观台风景更加怡人，著名的老子墓、大秦寺已成为省级重点文物保护单位。这里不但是避暑度假的好地方，更是览胜怀古的好去处。

楼观台共有 60 多处遗迹古迹可供游人参观，加上其优美的自然风光，旅游文化资源相当丰富，比如纪念千古圣人老子的老子墓及宗圣宫，承载着流芳古今的济世传说的上善池，遍野披绿的百竹林及奇特的三鹰柏，都是游客的必游之地。

楼观台前有一八角亭，顶部有一个大大的"八卦"，亭下竖立着由大书法家赵孟頫亲书的隶书"上善池"石碑。八角亭旁边有一石砌小水池，池内有一张口石龙头，口中吐水，池水终年不绝，这就是著名的上善池。

相传池水可治百病，上善池便是当时监院为治瘟疫而挖出的，池本无名，是后来赵孟頫来楼观听得此事后，因《道德经》中的"上善若水"而题名"上善池"的。

在这里既可观八角亭藏状，又可闻上善池美传，在尘世的喧嚣之外，得此僻静之处，实可乐哉！

老子墓坐落在周至县楼观镇西楼村北边的大陵山西麓。相传老子便是在这里羽化升天的，因为距楼观台景区有四五公里，人们习惯上把这里称为"西楼观台"。

老子墓呈椭圆形，墓冢前石碑上的"周老子墓"四个大字是前清代陕西巡抚毕沅书写的。老子墓只有20多平方米，乍一看，破败简陋得很，却是千古圣人老子的清静之地。后人观之，心中敬意油然而生。

宗圣宫是隋唐战争期间李渊为感恩道士齐晖而建的祖庙。相传，李渊挥师途经楼观台，有个道士见隋朝政治腐败，百姓处于水深火热之中，便把囤粮拿出来支持唐军为民除害。李渊时时铭记此事，朝夕图报，后来就在楼观台上修筑了这样一处规模宏大的建筑群，一来为报答道士，二来为收揽天下民心。

来到楼观台，首先跃入眼帘的那铺天盖地的竹林，一定让你精神一振。百竹林内绿波荡漾，空气清新，不觉神清气爽，心情为之大振。再听一听"铁链锁竹王"的美丽传说，心神俨然已经远离尘世，飘到最贴近自然的远古去了。

再说三鹰柏，相传是三只老鹰偷吃了太上老君仙丹后，被咒语困在古柏之上而形成的。现在，人们看到古柏干枯的树干上落着的三只活灵活现的雄鹰，无不称妙。

据说，周代楚康王时期，有一名叫尹喜的大夫。他自幼博览古籍，上知天文、下晓地理，尤其擅长占星之术。

有一天，他在现在楼观台这个地方夜观星象，看见紫气东来，便知有圣人入秦，就提前来到函谷关迎接，并叮嘱下属，不能放相貌脱俗的人过关，同时派人打扫道路，焚香恭候圣人的到来。果然，尹喜在这里遇到了西行讲经的老子。经过几番周折，老子便在这里讲述了他的《道德经》，并且留下"楼观台"这一名称。

后来，道教奉《道德经》为经典，楼观台也自然而然成了道家的发祥地，成为道家、道教朝拜的圣地。尹喜也因此被尊称为尹真人、文始真人、关尹子。

🚗 **旅游小贴士**

怎么去：乘飞机、火车抵达西安，在西安火车站西侧乘坐旅游专线巴士前往。

观光：周边景点有玉华观、陕西省秦岭植物园、李颙墓、清凉寺、定空寺等。

美食：特色小吃有肉夹馍、牛羊肉泡馍、浆水面、黑河烤鱼、翠峰饦饦等。

住宿：周至县的住宿选择有很多，可在城区入住酒店、宾馆或是入住环境优美的山庄，这里推荐亲近大自然的裕源农庄。

购物：周至县特产有秦岭香菇、秦岭土蜂蜜、猕猴桃、乌发生发酒、黑河石等。

大兴善寺

大兴善寺位于西安城南，始建于晋武帝时期，距今已有 1600 余年的历史。大兴善寺初名尊善寺，隋文帝二年（公元 603 年）扩建后才改名大兴善寺。该寺是当时长安翻译佛经的三大译场之一，其间有不少印度僧人在此居住，译经讲佛。唐玄宗开元年间，号称"开元三大士"的印度僧人善元畏、金刚智、不空到此寺传授密宗佛法，大兴善寺便因此成为中国佛教密宗的发源地。

虽在唐武宗会昌年间遭大举毁坏，但大兴善寺早已声名远扬。重建后的大兴善寺呈一字形排列在中轴线上，气势恢宏，吸引了四方游客前来参观朝拜。

大兴善寺占地 120 余亩，拥有殿堂、僧舍 243 间，寺内种植着各种名木花卉，四季常青，郁郁葱葱，景色宜人。此外，寺内珍藏有名人字画及历代寺院的碑石等历史遗物。

大兴善寺为省重点文物保护单位，现存寺院建筑沿正南、正北方向呈一字形排列在中轴线上，依次是天王殿，内供弥勒佛；其次是大雄宝殿，内供释迦牟尼佛塑像，接着是阿弥陀佛塑像、药师佛塑像、十八罗汉以及地藏菩萨青铜塑像各一尊，此青铜像为日本国高野山真言宗空海大师会赠；观音殿内供明雕檀香千手千眼菩萨一尊；东禅堂、西禅堂壁间的大镜框内装有"开元三大士传略"，是研究大兴善寺的宝贵资料，后殿藏有唐代铜佛像和宋代造像，形态各异，独具风格，此殿为大兴善寺的法堂。另外，在寺院的西侧修有一佛塔，以纪念那些为大兴善寺的繁荣做出贡献的僧侣们。

大兴善寺

从刻有"大兴善寺"石额的山门入内，可见到弥勒殿内供奉着明代托纱金装的弥勒佛像；两侧塑有密宗特色的四大天王。其后是大雄宝殿，供奉着三方佛：中间为释迦牟尼佛，东为药师佛，西为阿弥陀佛，两边是十八罗汉，塑像庄严，赤金装饰，辉煌夺目。大殿两侧的钟鼓楼内有寺僧监制的直径1.5米的大鼓。穿过大雄宝殿，汉白玉台上立着慈祥、庄严的平安地藏菩萨青铜塑像，是日本国真言宗空海大师同志会为体现日本真言宗信徒缅怀祖庭，增进中日友谊而赠送的。

位于大兴善寺中轴线上的是宏伟轩昂的观音殿，雕梁画栋，飞檐凌空，古朴中透出华丽；殿前月台宽阔，方砖铺地，有雕刻精美的青石护栏。

殿内正中莲台上供奉着香樟木雕刻，赤金装饰的千手千眼观音菩萨像。转过观音殿，迎面是一株树龄300多年的紫藤，尤为珍奇，如苍龙虬曲盘绕，蜿蜒于栅架之间，古朴苍劲，绿意盎然。东西配殿分别供奉着从缅甸请回的玉雕释迦牟尼佛像和卧佛像。往北拾级而上，是一座面阔七间的大殿，即法堂，正门上方挂有清末光绪皇帝手书的"觉悟群生"匾额，殿内供奉密宗的大日如来，稍间为东、西方丈室。

相传，唐朝文宗皇帝非常喜欢吃鲜美的蛤蜊，而宁波出产的蛤蜊，肥嫩鲜美，最为名贵，皇帝便要求这里的百姓进贡蛤蜊。由于一年到头不停地进贡，海产数量锐减，很多渔民倾家荡产，饱受其苦。慈悲为怀的观世音菩萨看到后，于心不忍，于是决定救助世间苦命人。

一次，又有一批蛤蜊进贡到宫里，御厨便挑了几只比较肥大的准备做羹。御厨剖第一只蛤蜊时，感觉非常坚硬，根本就没有办法剖开。于是御厨用刀使劲劈开，只见蛤蜊裂开，金光闪闪，一个端正的观世音菩萨法像静卧其间。

御厨惊恐万分，立即上奏。文宗也非常惊惧，召请惟政禅师入宫解疑。惟政禅师告诉文帝，此瑞相是菩萨为令陛下对佛法生信，慈悲所示现。文帝听完，心生欢喜，下旨罢贡蛤蜊，并告诏天下的寺院立观音圣像供奉礼拜。因观世音菩萨法像出现在蛤蜊之中，故世称"蛤蜊观音"。传说观音后来被供奉在西安大兴善寺，成为观音显灵的道场，这里也从此成了香火鼎盛之地。

🛵 旅游小贴士

怎么去：乘坐飞机、火车抵达西安后，在市内乘坐 323、701、716、游 6、游 8 路公交车在大兴善寺站下车即到。

观光：周边景点有大雁塔、钟鼓楼、西安都城隍庙等。

美食：西安小吃十分丰富，BiangBiang 面、羊肉泡馍、凉皮、锅盔、镜糕等都值得一尝。

住宿：西安城的住宿选择很多，这里推荐位于兴善寺东街 35 号的汉庭快捷酒店。

购物：西安的民俗特产丰富多彩，各种民族器乐，如娃娃哨；形式多样的编制工艺，如草竹编、毛麻绣等，还有极具陕北特色的木板年画、布堆画和剪纸等。

法门寺

法门寺位于陕西省宝鸡市扶风县城北 10 公里处的法门镇，东距西安市 120 公里，西距宝鸡市 96 公里。始建于东汉末年恒灵年间，距今约有 1700 多年历史，有"关中塔庙始祖"之称。

该寺经过北魏、隋唐的发展，到唐朝称之为"护国真身宝塔"，成为"皇家寺庙"。在这里安置着释迦牟尼佛指骨舍利，因此成为享誉四海的佛教圣地。

法门寺拥有现存世界上最高的佛塔，我们现在看到的大多数是仿唐建筑，只有少数明清建筑。1987 年 4 月，在宝塔半边倒塌后重修时，发现唐朝地宫，出土了无数的稀世珍宝，创造了法门寺的"十大之最"。

法门寺因舍利而置塔，因塔而建寺，始建于东汉末年，往后历朝历代均有扩建修茸，曾有诗盛赞其寺塔："三级风檐压鲁地，九盘轮相壮秦川。"

恍若轮回，沉寂1000多年后，寺内地宫被无意发现，佛祖真身指骨舍利重回人间，正是"从地涌出多宝龛，照古腾今无与并"，法门寺重新展现昔日"皇家寺院"的风采！

佛光大道是法门寺景区的景观主轴，全长1230米、宽108米，总面积达14万平方米，被公认为是一条成佛之道。

在佛教的"五时判教"看来，山门是"此岸"的现世，佛光大道便是指引众生到达"彼岸"的佛国。同时，因缘所生法认为，大道内侧的十尊菩萨是为佛之因，佛是菩萨之果，穿行在佛光大道上，便是在感受由菩萨之因到佛之果的成佛过程。

佛光大道两侧都是菩萨塑像，我们走在中间，仿佛感受着灵光，心里充满了虔诚与宁静。走过东侧的林荫道，我们还能看到八组关于佛陀圣迹的雕塑，感受佛陀由凡入佛的伟大精神。漫步到西侧的小道，呈现在眼前的八组法界源流雕塑，能让我们全面细致地了解佛教的发展历程。

法门寺佛光阁是西北地区唯一一座佛文化体验宾馆，位于法门寺的新文化景区内，因与法门寺靠得很近，所以也被驴友称为"离佛祖最近的酒店"。佛光阁有200间客房，属五星级标准宾馆。阁内房间独具佛文化特色，装饰别致典雅，各种佛文化设施一应俱全。

宾馆内不仅设施完善，而且豪华大床房吊顶，据称为国内唯一有7米吊顶的酒店客房，寓意佛家胜造七级浮屠，很有特色。

当结束一天的文化之旅，置身于这样幽雅而别具风格的宾馆，再看着佛理茶艺，品尝一番佛茶，了解一下佛茶文化，兴许能从小事中悟出佛理。

珍宝馆是我国古代四大佛教圣地之一，位于陕西省扶风县城北，因安置佛祖释迦牟尼指骨舍利而备受重视，曾有八位皇帝开地宫迎舍利到皇宫供养。

1987年4月3日，法门寺唐代地宫的发现，使得沉睡1000多年的唐代文化宝藏再现其辉煌灿烂，开启了关于相关文化研究的新时期。在地宫中，有佛教界梦寐

法门寺

以求的佛祖释迦牟尼真身指骨舍利、李唐王朝最后完成的大唐佛教密宗佛舍利供养曼荼罗世界，以及数千件李唐皇室供佛绝代珍宝，品类繁多，等级甚高，保存得非常完好。

来到珍宝馆，大开眼界不用多说，更主要的是所陈列的珍宝无不让人对佛学、对中华文化深厚产生自豪之心。

传说，在殷周王朝时，有一名法阿门的穷书生，笃信印度佛教。他深知民间疾苦，便建议天子关心百姓，自己也四处演绎游说。

后来人们受佛法感化，世风日好，生活安定幸福。可后来，周天子认为自己是真龙天子，法阿门所宣扬的不过是"异端邪说"，便要兴师问罪。法阿门不屈服，周天子便将其双腿、双手、舌头、双目、双耳割去，最后将宁死反抗的法阿门杀死。

很快，法阿门宁死护佛法的事情传到释迦牟尼的耳中，佛祖深感其诚。当时，释迦牟尼已病入膏肓，便向国王阿育王立下遗嘱，要求将自己的尸骨火化后成四万八千块，并将其中一块送到法阿门故居。

释迦牟尼死后，按印度习俗火化后得到四万八千块圣物，并差鬼神连夜送到世界各地。当时，送到法阿门故居的是一节佛指节舍利。从此，寺院就成了释迦牟尼的遗体"真身"之地，被称为"真身阿育王寺"。

后来，寺院香火鼎盛，就连周天子得知后也派人来重修庙宇，且将寺院改名"法门寺"以纪念法阿门。

🛵 **旅游小贴士**

怎么去：可直接在西安火车站乘坐游2路前往，或在宝鸡汽车站西站乘坐直达法门寺的班车。

观光：周边景点有大明宫国家遗址公园、骊山、太白山等。

美食：法门寺周边有很多餐馆和小吃摊，可以品尝这里的特色小吃荞面饸饹、酸汤水饺。也可在法门寺景区门口享用斋饭。

住宿：这里推荐法门寺景区内的五星级酒店——佛光阁大酒店。

购物：宝鸡著名特产有宝鸡辣椒、太白酒、彩绘泥塑等。

哲蚌寺

你见过拉萨人倾城而出的壮观吗？

每年夏天的雪顿节，到了哲蚌寺晒佛这一天，天还没亮，街道两旁你呼我喊，此起彼伏。居民一拨拨地涌到街头，汇成熙熙攘攘的人流，浩浩荡荡地朝哲蚌寺方向走去。黑暗中谁也看不清谁的面孔，但都能感受到整个气氛的神圣和亢奋。各路人流汇集到哲蚌寺山下的唐巴村附近，从这里人们沿着所有能上山的路开始登山。

我从哲蚌寺沿西侧的台阶跟着人流拾级而上，耳边可以听到流水潺潺，走上一个山间的小平台，回头东望来时的路，竟然看到一条人和车汇成的闪闪烁烁的河流源源不断奔流而来，那人气震撼着拉萨河谷的夜空。

哲蚌寺

　　哲蚌寺还在晨曦中若隐若现，数以万计的信徒、香客、游人早已云集到了展佛崖下引颈盼望。终于，在冉冉升起的紫烟里，在洪亮的银号角声中，几十位身披紫红袈裟的僧人，抬着卷曲成捆的缎子佛像，从三层神宫鱼贯而出。他们迅速地沿着陡峭山路，向铸在崖壁上的展佛台疾走而去，人们纷纷挤向前去，撒糌粑，献哈达，用额头顶礼佛像，有的还乘机加入"抬佛"行列。

　　卷成长龙的佛像被抬到高高的崖顶，早已有许多喇嘛在这里焚香诵经，磕头迎接。四位僧人乐师登上突起的岩石之巅，举起金光闪闪的唢呐，对着东方的霞光，吹出气贯长虹的乐曲。山下的拉萨城都能闻听这荡气回肠的旋律。在万众瞩目中，佛卷徐徐放落，释迦牟尼慈眉善目的容颜展现在人们面前。这是一幅大得无以比拟的彩缎佛像，整整覆盖住约十层楼高的峭壁。顿时千万朝佛者顶礼膜拜。更有五体投地者拜倒在它的下面。如蝼蚁般渺小的我也被佛光笼罩在芸芸众生中祈祷着。

　　这就是在所有寺庙的晒佛中规模最大的哲蚌寺晒佛。一经展出，惊天动地。

　　哲蚌寺的"之最"还不只是晒佛，它还是全世界最大的寺庙，作为藏传佛教格鲁派三大寺庙之一，这里的僧侣数目在解放前曾多达一万余人。

　　哲蚌寺创建于1416年，是格鲁派创始人宗喀巴的徒弟绛央曲杰兴建的。哲蚌寺坐落在西藏拉萨城西约五公里的根培邬孜山下。从根培邬孜山上俯视，哲蚌寺三面靠山，犹如嵌在一轮弯月之中。极目远望，湛蓝色的天际下，几朵白云，一面青山，拉萨城尽收眼底；山野之中，则是流淌了数千年的拉萨河画出的一条蜿蜒西去的银带。就是这样的风水宝地，成为二、三、四世达赖喇嘛的坐床之地，被称为历世达赖喇嘛的母寺。二世达赖根敦嘉措还在寺内主持修建了噶丹颇章作为宫室。

哲蚌寺的塑像最为精美，而且很多都是文物。错钦大殿一层中间供奉着大文殊像、白伞盖像。在其他经堂大殿内，供奉有宗喀巴三师徒、观音菩萨、文殊菩萨、金刚持佛、无量寿佛、无量光佛、度母菩萨、绛央曲杰等塑像。这些塑像造型庄重，形态自然，神情逼真。

哲蚌寺也珍藏着不少宝贝，如宗喀巴三师徒等所著的几百部佛教经典的手写本，宗喀巴赠给绛央曲杰的右旋法螺等等。另外，色彩浓艳、题材广泛的壁画也为寺庙添辉不少，细细欣赏，哲蚌寺足可以花上你一整天的时间。

旅游小贴士

怎么去：哲蚌寺每天有两次辩经时间，另外还在早课时设有英语、汉语、医药等不同的科目。

在拉萨众多的景点里，只有哲蚌寺和大昭寺使用多媒体光碟门票，也可想而知哲蚌寺的实力。小小的袖珍光碟里除了介绍哲蚌寺外，还对别的著名景点作了简介，是一张很值得收藏的门票。

在晒佛那天，汽车根本不可能把你送到山脚，而从山下走到半山才刚到进寺的大门。哲蚌寺的晒佛台建在寺庙的最高处，要爬到那里还真得费不少力气。

哲蚌寺实在太大，所以时常会迷路，要么转了半天也到不了想去的殿宇，要么转来转去又回到了原处。还不如干脆顺着山势上下，随意游走，也许会有意想不到的收获。

到达：从拉萨市区乘公交车可到达哲蚌寺的山脚下，换乘寺里的车到达半山的寺门。

周边景点：无

白马寺

在贵阳宏福寺认识了妙悟，如今他在湖南郴州闭关修行。站在白马寺门口，我给他发短信："修行朋友归何处，前度刘郎今又来"。说起白马寺，我们 1998 年曾先后来过这里，不过那时还彼此不认识。那时的白马寺还可以直达山门，门前是一个很大的广场，石刻的白马分立两旁。妙悟那时才 16 岁，在白马寺除了念经还要兼做导游。至于门口的白马，他说这其实是从别处挪来的，并不是寺庙的原物。

如今的白马寺同其他寺庙相比，并没有特别的地方，只是有一个江泽民手书的"中国第一古刹"的牌坊。妙悟说，当年来这里的游客多半是为了看牡丹。庙里栽了东西两片牡丹园，到了洛阳花会的时候，游人太多，他们忙得脚跟都要踢到后脑勺。

其实白马寺的重要性在于它是中国的第一座佛寺。在公元 67 年兴建之前，佛教还只是在万里之外的印度，中国人心里还只有道教和儒学。白马寺的落成为中华民族的文化流传写下了深深一笔，它也因此有了中国佛教史上无出其右的辉煌：中国第一座古刹，中国第一座古塔齐云塔，中原第一座比丘尼道场齐云塔院，中国最早的译经道场，中国的第一个汉人和尚在这里受戒。

白马寺的镇寺之宝是大雄殿内的 23 尊元代"夹苎干漆"造像。这些造像形态各异，栩栩如生，全都由丝、麻制成，每尊重量仅有 3 到 5 公斤，从元代至今 700多年来未经修缮，仍然色彩如新，是国内罕见的稀世珍品。据说是当年周总理签字从故宫拿回来的。"藏宝楼里宝贝更多，你进去就不想出来了"，妙悟说。

2005 年 4 月 11 日，中国国务院总理温家宝和印度总理曼莫汉·辛格签署协议，要在白马寺西侧建一座印度风格的佛寺，以纪念两国的文化往来。历经两千年，从终点到起点。

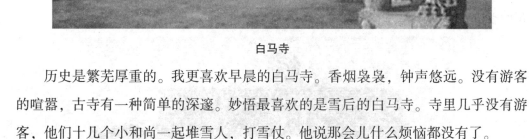

白马寺

历史是繁芜厚重的。我更喜欢早晨的白马寺。香烟袅袅，钟声悠远。没有游客的喧嚣，古寺有一种简单的深邃。妙悟最喜欢的是雪后的白马寺。寺里几乎没有游客，他们十几个小和尚一起堆雪人，打雪仗。他说那会儿什么烦恼都没有了。

"和尚也有烦恼吗?"

"有，不比不出家的人少。"

"所以要修行?"

"然!"

🏍 **旅游小贴士**

白马寺门口是一个集贸市场，有各种纪念品和各种饭店。

到达：从洛阳市区乘坐公交车在白马寺站下，车程约半小时。

周边景点：龙门石窟、王城公园、白园

五当召

"天苍苍，野茫茫，风吹草低见牛羊"，这是人们一直以来对内蒙古的美好印象。生活在茫茫草原上的人们，逐水草而居，把"长生天"作为至高无上的神明，认为大地是万物的造物主，对大地怀抱的山川、河流、树木、石头等都予以崇拜。多神的萨满教曾是北方游牧民族普遍信仰的宗教，草原上到处可见的敖包是他们祭祀的习俗，千百年来一直延续至今。

五当召

我第一次到内蒙古，在自治区首府呼和浩特，参观了几座称为"召"（音招）的寺庙，却跟我以往的想象有很大的不同。这些融合了汉藏风格的建筑供奉的基本都是藏传佛教的神像，和原始的萨满没有一点关联。这不禁让我产生了一个疑问：这里和西藏远隔千里，中间还相隔着伊斯兰教信仰区域，蒙古族是何时又是因何开始信奉藏传佛教的呢？

事情要回溯到13世纪初，当时蒙古族在北方崛起，而西藏地区自吐蕃王朝瓦解后一直处于分裂割据状态。蒙古族统治者出于自身需要，积极扶植萨迦派，忽必烈甚至拜萨迦派首领八思巴为国师、帝师，创制新蒙文，萨迦派则借蒙元之力统领了整个西藏宗教。西藏自此归中央政府管辖，而蒙古族也从此改信藏传佛教，并一直延续至今。

元朝灭亡后，萨迦派地位衰落，逐渐被格鲁派——也就是俗称的黄教所取代。清朝统治者为了笼络满蒙王公，同样大力推行藏传佛教，在内蒙古建起了许多召庙，五当召就是其中规模最大的一座，始建于清康熙年间。

和在呼和浩特所见的召庙不同，隐藏在大青山深处的这座五当召，殿堂依山而建，不按中轴对称，完全是藏式的风格。若是身后的山上再有皑皑白雪，真要以为置身于青藏高原之中了。五当是蒙古语"柳树"的意思，除此之外它还有一个藏语名称巴达嘎尔，意为"白莲花"。乾隆时清廷钦赐汉名"广觉寺"，并书写了满、蒙、汉、藏四种文字的牌匾，但寺庙最为人所熟知的，却仍然是五当召之名。

寺庙的主体建筑——苏古沁殿，也即大经堂，建于赐匾后的第二年，是全寺集会诵经之所，里面供奉着佛祖释迦牟尼、黄教创造人宗喀巴及历代佛师的铜铸佛像。大经堂后的洞科尔殿（时轮大殿），则是五当召有据可考最早的大型建筑，也是五当召四大学部之一的洞科尔扎仓，专门以研究天文、历法、数学和占卜为主。五当召盛时曾有八大经堂，现存六座，其余四座分别为却伊日殿（显教经堂）、当圪希德殿（金刚殿）、阿会殿（密宗经堂）、日本伦殿（菩提道学经堂），散落在主殿附近。这些殿宇都是典型的藏式建筑，墙体厚实，殿内塑像庄严，壁画绚丽，唐卡夺目，真可与藏区各大寺庙相媲美。

五当召的活佛是清代驻京八大呼图克图之一，名望及地位都相当高。第一世活佛罗桑坚赞，法名阿旺曲日莫，曾入西藏哲蚌寺学经，学成后升为多伦汇宗寺达喇嘛，康熙年间应聘进京参加蒙文《甘珠尔经》的编译工作。第二世活佛热西尼玛，在阿会殿南面兴建了洞科尔活佛府，后又在左右建起了接待多伦诺尔汇宗寺甘珠尔瓦呼图克图和章嘉国师而建造的两座府邸。五当召的活佛共转世七代，最末一代活佛于1955年病故，灵塔都供奉在山坡最上层的苏波勒盖陵，即塔陵之内。

当年的五当召不仅是宗教活动场所，还享有政教合一的政权，设有监狱、法庭和武装力量。这一切早已成为过去，然而作为内蒙古最有名的学问寺，其弘扬佛法的功能却并未失去。如今寺内虽然已经没有了活佛，但喇嘛们诵经、辩经之声犹存，虔诚的信徒朝圣络绎不绝，名声早已飞出大青山深处。

旅游小贴士

　　观光：五当召最吸引人的是这里的庙会，每年农历七月二十五至八月初一举行，跳鬼是其主要活动之一。届时全寺喇嘛在苏古沁殿念"嘛呢经"，傍晚手持经轮，吹着法号、敲着羊皮鼓绕寺庙而行，场面颇为壮观。每年的农历三月二十一日，在正殿会举行春祭仪式。

　　到达：从包头东站前的广场有班车直达，车程约4小时。

　　周边景点：美岱召

同心清真大寺

　　北京有条牛街，是回民聚居区，那里有座礼拜寺，我几年前就曾去过，印象颇深。后来我到过东南沿海的一些城市，发现但凡海上贸易发达的地方，都建有清真寺，如广州的怀圣寺、泉州的清净寺、杭州的凤凰寺、扬州的仙鹤寺等。

　　原来，从公元七世纪中叶开始，就有大批波斯人和阿拉伯商人经由海上丝绸之路来到这些沿海城市经商，并定居下来。元朝以后，中亚的穆斯林（信奉伊斯兰教的教徒）也大批从陆上丝绸之路迁入中国。这些移民后来吸收了其他一些民族成分，逐渐形成了一个统一的民族——回族。回族虽然人口众多，却大分散而小集中，主要聚居在宁夏回族自治区内。

　　未到同心县之前，还从未感受过如此浓厚的回族氛围。街上满是戴着白帽子的回民，城内找不到一家非清真的餐馆，而清真寺也随处可见。据统计，宁夏境内共有两千多座清真寺，光同心县就达六百座。为了便于区分，人们把位于旧城北部高地上的年代较早、保存较完整的一座古老寺院，称为清真大寺。

同心清真大寺

若不是殿顶那弯月形标志，很容易会让人误以为这是一座汉式寺庙。门前的八字形照壁，中心大幅"月藏松柏"的砖雕，上部精细的仿木装饰和繁密的斗拱，竟似中原大户人家的门面。只有那砖刻"万物编生沾主泽，群迷普渡显圣恩"的对联，才能看出与宗教的一点关联。

除去这座照壁，清真寺主要殿堂都建在一座高达七米的高台之上。原以为这种盛行于魏晋时期的高台建筑，现存已经非常稀少，想不到在同心这个远离中原的小县城，却还能得以一见。穿过高台下开辟的门洞，步上台阶，就是阿訇每日做礼拜时传呼穆斯林的邦克楼。那是一座两层四角攒尖的建筑，柱枋之间装饰有精美的硬木挂落，精巧玲珑，倒像是晋商大院里的观景阁。

礼拜殿坐落在高台的正中，朝向与寺门正好相反。一个卷棚顶和两个歇山顶前后勾连，形成开阔的内部空间，最多可容纳七八百人。由于不是礼拜时间，殿内空空荡荡，可以看到两侧内墙刻有阿拉伯文《古兰经》节文的书法。出于对宗教的尊重，我没有进入殿内，环顾大殿两侧的砖雕，和寺前照壁上的同样精致。伊斯兰教反对崇拜偶像，不采用动物和人物装饰，但这些由各种奇花异草包围着，犹如博古架一样的砖砌浮雕，却也有异曲同工之妙，显示了回族匠师的高超技艺，也显示了汉回之间的文化交融。

这样的一座清真寺已经有 600 多年的历史了，在明清两代曾经重修过三次，最后一次是在清光绪年间。几百年来，有多少虔诚的穆斯林在此朝着伊斯兰教圣城麦加的方向朝拜，无从计数。回汉之间虽然有着不同的宗教信仰和生活习惯，但无论在杂居地还是在聚居地，都一直能和睦共处，如此一座兼具两者风格的寺院就是明证。1936 年中国工农红军西征时，此地更成为"陕甘宁省豫海县回民自治政府"的成立之地，那也是民族区域自治政策的初次尝试，同心清真大寺由此成为回汉民族团结的象征。一直到现在，它依然有着重要的意义。

穆斯林忌食猪肉和狗、马、骡、驴等肉，忌食一切动物的血以及自死之物（包括牛羊在内）。请勿将酒类和任何肉类食品带入清真寺，特别注意不要一边吃东西一边参观。

旅游小贴士

禁忌：礼拜殿内不能拍照，不可大声喧哗。最好不要进入墓地。

不适合穿短裤、汗衫等过于暴露的服装，女士不要穿裙装进入。

到达：同心县位于铁路线上，可乘火车到达，也可先到银川再转车到达。

周边景点：须弥山石窟

第十四章　帝王陵寝游

黄帝陵

《陕西通志·陵墓》中记载："桥山在中部县东北二里，其山形如桥，沮水环之，即黄帝葬衣冠之所。"传说黄帝活到110岁，被召回天上，老百姓们不舍得他走，纷纷拉扯他的衣衫，后来就把黄帝遗留下来的一些物品葬在了桥山之巅，这就是黄帝陵最初的规模，这个县也因此被称为黄陵县。

黄陵县北之桥山，山体雄健，山下沮水环绕，千年古柏常青，一派仙灵之气缭绕。

新修建的轩辕庙建筑群坐北朝南，苍松翠柏相拥，门前环水，肃穆庄严。5000块大型河卵石铺设的广场地面，可供5000人祭拜的广场面积，代表着中华民族5000年的文明进程。

轩辕庙内古意幽幽，树龄已达五千余年的黄帝手植柏相传为轩辕黄帝亲手所植，苍劲挺拔，胸径达11米之宽，实为群柏之冠。大殿一侧还供有黄帝脚印石，相传是黄帝的第四位妃子嫫母发明靴子时所用脚印的原型，此脚印长0.52米，若按照人的比例复原，那么黄帝该是位身高3米9的巨人了。大殿门匾高悬"人文初祖"，正中牌位后供着半浮雕黄帝像，黄帝衣着无华，冠带简朴，然而气宇轩昂，抬臂扬手之间神采飞现。朱雀玄武、青龙白虎装饰四周，衬托中华始祖古来今往无上的尊严。

我的思绪似乎回到了那些远古的神话时代，那盘古开天辟地、女娲造人的时代，黄帝战蚩尤的牛皮鼓声隆隆震耳。那时候，仓颉造出了文字，具六书之法；嫘祖养蚕以丝制衣；隶首作数，定度量衡之制；伶伦取谷之竹以做箫管，定五音十二律。黄帝与岐伯讨论病理，作内经，推算历法，教导百姓播种五谷，制乐器，创医学。更以十天干配合十二地支以纪时，这就是至今仍然在沿用的农历。

黄帝陵

文明的初始充满神奇的色彩，也许并没有确凿的史料记载，也没有人知道黄帝是否真实地存在。谁能说清宇宙的渊源，谁能解释生命的开端。神话造就了三皇五帝，他们代表的并不是简单的一个人，缭绕在他们头上的光辉是人们美好的想象，是中华文明开端的基调。

我登上桥山而去，幽静的山路回转，陵园门口一座"文武官员至此下马"的下马石伫立，人间的皇帝来了也要向这里的黄帝俯首祭拜。朝代更替，帝王换了一朝又一朝，固然汉武帝建起了一座九转祈仙台，他也还是升不了仙，保不住他的江山万代。古柏掩映下的牌坊古香遗韵。陵前烛火长明，香烟缭绕，在这里上一炷香，为轩辕黄帝扫墓，表达对祖先虔诚而不朽的敬意。慎终追远，生生不息的不是谁家帝王的江山社稷，而是人类文明的传承。

去亲身体验一场祭祀大典吧，看那万人肃穆地行三鞠躬礼。手擎龙凤旗帜的仪仗手迈入场内，身着礼仪朝服的 600 名歌者手捧笏板翩翩而入，雄浑高昂的《轩辕颂》在场内响起。一时间彩旗飘扬，鼓乐回荡，让人眼花缭乱中又不由得心神激荡。《云纪》《夔鼓》《瑞德》《龙驭》，舞者们在钟磬鼓乐中礼赞了始祖功德，黄帝德如祥云化雨，滋育万物，修德振兵，征师诸侯，福佑华夏，最终带领中华民族走入辉煌的文明时代。

这一场寻根追远的谒祖活动，是一场神圣的生命交流仪式，是一份历史文明的对话，当你来到了桥山，当你在黄帝的陵寝前上一炷香，也请像缅怀自己逝去的亲人般，献上一份庄重的敬意吧。

旅游小贴士

怎么去：黄帝陵位于后面山上，步行走 2 公里山路可到，路很平缓。

清明节为公祭，实行戒严，一般游人禁止入内。重阳节时为民祭，场面也很热烈，游人可以来此参拜。

节假日期间游人非常多，最好请导游讲解。

在黄陵汽车站旁有不少餐馆，有一些特色小吃可以品尝。

到达：西安城东客运站有发往黄陵的班车，行程 3 小时左右。

周边景点：洛川民俗博物馆，谷咀村

西汉帝陵

"箫声咽，秦娥梦断秦楼月。秦楼月，年年柳色，灞陵伤别。乐游原上清秋节，咸阳古道音尘绝。音尘绝，西风残照，汉家陵阙。"唐代诗仙李白的这首《忆秦娥》，字面描写的虽然是一位长安女子感伤于亲人离别之苦，实际却是以西汉帝陵为背景，把个人愁思与故国兴衰融为一体，意境高远。

从西安市区经汉长安城遗址，过渭河北岸，就到了今天的咸阳市境内。那里地势平坦、台面开阔。自西周开始，这里就是帝王将相选址建陵的理想之所。出咸阳市区，沿路两旁高低不等的坟丘就不断出现在视野里，数量多达上千，年代跨度也逾千年。所谓"江南才子山东将，咸阳黄土埋皇上"，真是百闻不如一见。

西汉帝陵

位于兴平城东北南位乡的茂陵，是西汉帝陵中规模最大的一座，覆斗形封土现存高度达46.5米，只有前朝秦始皇建于骊山下的陵墓以及后世凿山为墓的唐代帝陵，才能与之相媲美。汉代盛行"事死如事生"，皇帝即位伊始就开始营造陵寝。汉武帝在位五十四年，动用朝廷三分之一的赋税用于建陵，想必墓内陪葬品一定极为豪华丰富。可惜地宫尚未发掘，一切只能流于想象之中了。

汉武帝建立了西汉最为辉煌的时代，他的身边能臣骁将如林，死后也大都陪葬左右。登陵台四望，卫青、霍去病、霍光、金日碑等人的墓冢一一在目。离此不远的霍去病墓，现为茂陵博物馆的所在。陵区内其他陵寝地面建筑大都荡然无存，唯独霍去病墓保留了立马、卧马、跃马、卧虎、卧象等十余件石刻作品，其中包括著名的"马踏匈奴"，表现了霍去病反击匈奴侵扰所建立的赫赫战功，是汉代雕刻的代表性作品。

从茂陵往东，昭帝平陵、成帝延陵、平帝康陵、元帝渭陵、哀帝义陵、惠帝安陵、高祖长陵，直到景帝阳陵，在咸阳塬上一字排开，绵延百里，蔚为壮观。除文帝灞陵位于西安东郊白鹿塬、宣帝杜陵位于西安南郊少陵塬，其余九座都在这里。帝后陵丘两两并立，曾经的咸阳古道，汉家陵阙，必定是壮丽无比。汉初帝陵还置陵邑，迁各地豪强于其中，以便控制，直到元帝时才告废止。所谓"五陵少年"，后世成了"纨绔子弟"的代名词，可以想见当年的荣华富贵，不过终究都成过眼云烟，如今已难觅踪迹了。

西汉帝陵，汉末均遭盗掘，地面建筑被焚烧一空，荒废日久。阳陵是汉景帝的陵墓，也未能幸免，却因 20 世纪末的道路施工，开启了考古发掘的篇章，令大批陪葬品重见天日，一时引起了世人的瞩目。尤其是武士陶俑十分引人注意，虽然只有真人三分之一大，赤身裸体且木质手臂已腐烂，不及秦兵马俑的威武和写实，但却显得平和而从容，反映了"文景之治"中安详的社会氛围，别有一番姿彩。

走近阳陵那高大的坟丘，四周的考古发掘仍在进行，那一个个狭长的陪葬坑中，不知道又会有多少奇珍异宝重现于世。而那位于陵丘中心的地宫虽已遭劫掠，推测中的"黄肠题凑"形制或许尚为完好吧？皇帝身穿的"金缕玉衣"是否尚有遗存？这一切都还是一个谜，不知何日才能解开。

> **🚗 旅游小贴士**
>
> 简介：西汉十一座帝陵中，地面建筑大都无存，地宫也都未曾发掘，选择一两座（一般是茂陵和阳陵）感受一下就可以。
>
> 西汉帝陵地面遗址所观有限，到博物馆里才能了解到其历史、形制及出土文物，茂陵博物馆（在霍去病墓）和阳陵博物馆是不能错过的。

到达：在西安城西客运站乘坐去兴平方向的长途公交车可到茂陵博物馆路口，再乘三轮车大约5公里左右可到茂陵；在西安新安医院、咸阳火车站乘公交车可直达阳陵。

周边景点：秦咸阳宫遗址、汉长安城遗址

秦始皇陵和兵马俑博物馆

秦始皇兵马俑的名气实在太大了，任何一个来到西安的人几乎都不会错过秦俑博物馆。坦率地说，我第一次来到秦俑博物馆的时候并没有感受到世人皆说的所谓"震撼"或者"壮观"。早已经在各种印刷物上见过的兵马俑阵列，似乎比眼前的实物更有视觉冲击力；人声鼎沸、摩肩接踵的游客，似乎比静静的泥土人更有气势；沿着高高在上的环形参观通道，顺着人流不明所以地转了一圈就出了展馆……

我第一次参观兵马俑只留下了雾里看花的印象。但是，它却激发了我的好奇心。

秦始皇是中国历史上了不起的伟大人物，他一统六合，建立中央集权的封建王朝，自封始皇帝，是前无古人的壮举。他创立的郡县制社会结构一直影响其后两千多年的社会制度，直到推翻帝制建立共和之后，在中国的乡土社会中还依然能够见到他的影响。他统一文字、统一车轨、统一度量衡、统一法律、统一货币，让广大的中国能够在一个框架下统一节制，这种影响也决定了其后两千多年的中国的命运。尤其是秦朝货币"秦半两"外圆内方的形制，不仅成为其后两千多年的各代王朝货币的基本样式，甚至还成为中国人外圆内方的性格代表。他一把火烧了诸子百家的著作，但是由于他统一了文字，那些前秦的哲学思想凭借着"秦小篆"一遍遍地书写下来，流传至今。

秦始皇是一个很矛盾的人物。他想长生不老，永远主宰天下，但又知道自己终有一死，于是在 13 岁登上王位的那一天起就开始为自己修建陵墓，一直修建了 37 年，至死为止。他打算摒弃商周时期大规模活人殉葬的做法，而采用陶俑殉葬，这兵马俑就是他的殉葬墓。然而，传说秦二世在他死后把他的没有生育过的妃子和宫女都活埋进了他的陵墓。他建立统一的王朝，却在秦都咸阳按着六国的原有式样建造六国的宫殿。他打算把所有的事物都按照自己的意愿统一起来，然而，他的殉葬兵马俑却在工匠的手中变得千姿百态，无一雷同。

兵马俑

当我对它的主人秦始皇有了些许的了解之后，我坐不住了，心里涌起一股冲动，迫不及待地想再次参观兵马俑。兵马俑虽然只是秦始皇陵的一个殉葬墓，但是却能够反映秦始皇英雄而矛盾的一生。

秦兵马俑最初是 1974 年发现的，这就是秦俑博物馆的一号坑，以后又陆续发掘了二号坑和三号坑，所以有人推测秦始皇还可能有其他的殉葬墓。秦兵马俑为陶土烧制，陶俑的身材高大，可能与秦人的身材相仿。陶俑的形态各异，神情各异，据说没有两个一模一样的陶俑，它们的表情、发式、战袍、战靴都没有一样的。

一号坑中已发掘出武士俑 500 多身，加上未挖掘的部分，据推算应该有 700 多陶俑。一号坑还挖掘出战车 6 乘，驾车马 24 匹，还有青铜剑、吴钩、矛、箭、弩机、铜戟等实战用的青铜兵器和铁器，估计当初武士俑手中都应当持有木制长矛

旅游大百科

帝王陵寝游

的。这样一个庞大的兵马俑阵列，也许就是秦始皇卫队的真实编制。这也就不难想象，为什么秦军能够横扫六国，所向披靡了。

兵马俑的塑造和烧制是在严格管理下完成的，但是严苛的辖制并没有抹杀工匠们的艺术创造力。工匠们把他们对于生活的观察和体验都融入了对陶俑的制作中。陶俑和陶马的身材体量都与真人真马相仿，人俑的铠甲、裹腿、靴带等饰物都逼真地仿制了现实中的事物，可谓是写实主义手法的高度运用。现在，我们可以在二号坑和三号坑的展馆中近距离地仔细观察这些细节。

观察陶俑的神态是一件有趣的事情。陶俑们无论长幼几乎都显现出昂扬的精神面貌，无论何种兵种几乎都透出坚定、威武的神情。兵俑们的发型、眼睛、眉毛、嘴唇、胡须处处都能够表现士兵们勇敢、机智的气魄。

通过兵马俑我们不难想象秦始皇在陵墓的建造上倾注了多少的热情。然而，兵马俑仅仅是一座陪葬坑，真正的陵寝又该是何等的景象呢？

在距离兵马俑坑不远要处有一座小土山，土山下面就是这位气吞山河的一代帝王的安息之处——秦始皇陵。自从他入住这座地下宫殿以来，两千多年的时间里还没有什么人来搅扰他的美梦。后人们凭借着自己的幻想，给秦始皇陵描绘了种种的景象。现代人运用了种种的科技手段，却仍然没有弄清楚地下宫殿的真实情况。地宫是什么样的结构？墓道里是否灌满了水银？地宫内藏匿了多少奇器珍宝？始皇帝的尸骨是否完好无损？究竟有多少嫔妃和宫女陪葬？

人们对这位英雄的一切都充满了好奇，究竟要不要挖掘秦始皇陵一直是一个争论不休的话题。我宁愿这份神秘永远保持下去，在后人的心中默默地传诵着一代帝王的传奇一生。

旅游小贴士

简介：兵马俑是西安最知名的旅游景点，很多旅游车都到兵马俑博物馆，但还是建议乘坐公交车，1小时可到。

建议提前做一点知识储备，可上网查询。请讲解员、租导游机也都是好办法。

到达：从西安火车站乘公交车可达。

周边景点：华清池

邙山陵墓群

作为十几朝古都的洛阳，历代帝王将相、达官贵人数不胜数。古人"事死如事生"的理念，令其对死后长眠之所的营造和生前宫室一样重视。而邙山一带，背山面河、地势开阔、土层深厚，正是陵墓选址的理想之地。于是"一旦百岁后，相与归北邙"，历经千年岁月，到唐朝之时，已是"北邙山头少闲土，尽是洛阳人旧墓。旧墓人家旧葬多，堆着黄金无买处。"不过厚葬之风的盛行，同时也引发了盗墓行为的泛滥。战乱之时，地方军阀公开挖掘，无所不用其极；夜深人静，盗墓贼们也蠢蠢欲动，洛阳铲则随之应运而生，时至今日仍大行其道。

北出洛阳，登上邙山，苍茫原野之间，高低起伏的墓冢一座接一座地矗立眼前。大的高达数十米，周长上百米，宛如小山；小的就像土堆，据统计仅地面上留存封土的墓葬就多达上千座，而因自然冲刷和人为破坏湮没无痕、深埋地下的古墓，更是以数十万计。除了少数有明确的标识，你根本无法分清楚到底哪座里面埋着千古一帝，哪座又葬着一代名臣？唯有考古学家们才可能根据出土的墓志等蛛丝马迹推断出其真正的主人，还历史以真实。

邙山陵墓群，仅埋葬的帝王就达 24 位之多，从东周、东汉、曹魏、西晋、北魏直至后唐，几乎与洛阳作为都城的历史相始终。它们之中有的民间口耳流传，有的经近年考古调查，位置基本都已确定。而其中只有北魏宣武帝的景陵经过科学发掘并且开放了地宫。依托其陵墓周围建成的洛阳古墓博物馆，除了展出历代葬具、丧葬仪式陈列，还从各处搬迁了上自西汉、下至北宋的典型古墓数十座。无论是汉代的画像砖，抑或唐时的三彩俑，还有历朝风格各异的壁画，都能把你带回到遥远的古代，领略当时的社会生活和文化艺术，令你大开眼界。

无论地上高大的坟丘，还是地下繁杂的墓室，那些生前享尽荣华富贵的统治者，大概还想借此在死后继续享用这一切。可惜却往往适得其反，曾经陪葬的金银财宝，几乎都已被劫掠一空，就连自身的尸骨尚且难以保存。唯一能留下的，也许只有荒冢一堆，草没了！

🚗 旅游小贴士

简介：除位于洛阳古墓博物馆内的北魏景陵外，其他皇陵都没有发掘开放，而且陵区范围广阔，要想找到具体某座陵墓都不太容易，逐一探寻不太可能，确实有兴趣的话可以选取其中几座有代表性的参观一下即可。

陵墓都在荒郊野外，食宿要回到洛阳城内解决。

到达：从洛阳火车站乘公交车可到达洛阳古墓博物馆，其他陵墓需自行包车前往。

周边景点：汉魏洛阳故城、隋唐洛阳故城、天子驾六博物馆

琼结藏王墓

　　琼结，一个遗世独存的地方。走进去，会以为来到了世界的边沿。在内地，无论是城市还是小乡镇的公路，极少有看到头的。而琼结给人的就是这种错觉。从泽当出来，一条小巧别致的马路到了琼结这条小街上便戛然而止，抬眼前望，藏王墓就镶嵌在河谷田野里。来到琼结，你就可以明白为什么吐蕃王朝的历代帝王都喜欢选择这里作为最后的归宿。这里实在是太安静了，县城唯一的一条小街上没有来来往往的汽车，偶尔有几个农人匆匆经过。几分钟就可以把整个县城走遍，这让一心想见识琼结美女的人颇感失望。穿过藏王桥，是一大片美丽的河谷平原，藏王墓群就散布在碧绿的青稞地里。

　　一群勤劳的藏族妇女正在地里一边拔草，一边快乐地唱着歌。歌声如此动听，难怪藏王墓群在这样的气氛里静卧了千年也不觉寂寞。看见你从田埂边走过，她们会热情地给你指一条捷径。通常没走几步，身后会传来稚嫩的喊声，再回头，你会看到不知谁家的小女孩捧着一手心的豌豆气喘吁吁地递过来。你一定是第一次知道，原来高原的豌豆可以生吃出如此清甜的味道来。看着那张灿烂的笑脸，你忽然感觉到，这些淳朴、善良、热情的人们，原来就是琼结的美女呀。

　　在雅河边，最醒目的就是松赞干布和文成公主的合葬墓了，只有他们的墓顶上修有一座小庙。墓的大门朝西南开，面向释迦牟尼的故乡。墓上有座小庙，供有松赞干布和文成公主的塑像，也是守墓人的居所。据史料记载，墓内共设五个神殿，殿内供有松赞干布、释迦牟尼和观世音的塑像，还有大量的金银、珍珠、玛瑙等随葬品。墓左面埋有松赞干布出征时穿的金盔甲，墓右面埋有用纯金做的骑士和战马。

　　站在墓顶上眺望肥沃的河谷，我忽然羡慕起文成公主来，一千多年前西藏的丧

琼结藏王墓

葬制度，让她得以和爱人长相厮守，岁岁年年，不离不弃。你去过咸阳汉武大帝和他的臣妃们的陵墓吗？布局上感觉和藏王墓差不多，都是高高大大地散布在庄稼地里，所不同的是，一个是平顶的，一个是尖顶的；一个是方正形的，一个是圆锥形的。而且，汉武帝的墓穴和他最爱的皇后——李夫人的墓地相距甚远，他们在相互牵挂思念的时候也只能隔着大片的玉米地遥遥相望。相比之下，文成公主实在是幸福的。

最值得去的是位于木惹山半山脚下的都松芒布结墓，墓下有两只石狮已经忠于职守地守护了千年。石狮高1.55米，面向陵丘坐立，形象雄健生动。鬃毛成列垂于脑后，头顶平整无鬃，一看便知是早期石狮的风格。其一已被打坏了头部，可依旧朝着主人的墓屹立不倒。可能是因为高的缘故吧，很少有游人爬上顶部，于是周边沟壑便成了野兔家族的乐园。当你突然出现时，它们会一个个一动不动瞪着圆圆的红眼睛，竖着长长的大耳朵看着你，在屏住呼吸的对峙里仿佛过了一个世纪，而当你实在忍无可忍地掏出相机，一抬头，所有的脑袋却全都不见了。

藏王墓究竟有多少座？已经没有人可以说得清楚。千百年的风风雨雨导致石土走位和消失，位于山坡的几座陵墓更是与丘陵相混，难以辨认了。但走上藏王桥，穿行在雅垄河边，依然可以一目了然地看到八座方方正正、高高大大的陵墓镶嵌在田地里。我们所看到的还是与《通典》"其墓方正，垒石为之，状若平头屋"的记载相吻合，这说明虽然年代久远，大多数的四壁都已被风沙侵蚀成沟壑状，但外表却依旧保存完好。更让人称奇的是，所有的墓葬几乎都没有被盗窃过。这是多么难得。

吐蕃王朝的子孙后代，代代相传，在藏王墓间耕种着的同时，也在守护着它。

🚗 **旅游小贴士**

简介：琼结是一个很小的县城，只有一条短短的街道，街道的尽头有一座藏王桥，穿过小桥再步行 10 分钟就到达藏王墓。

藏王墓分散在农民的青稞地里或半山下，到各墓顶上去拍照参观是不收费的，只有进松赞干布墓顶上的小寺庙时才需要买门票，票价三十元左右。去藏王墓主要是看一种外观的气势，小寺庙不进也罢。

在藏王墓，特别在水渠边的碎石堆里、山坡上，很容易拣到一种方方正正、黑黝闪亮的小矿石，相当特别。它们往往是镶嵌在别的石头的表面上，时间长了就会脱落下来，拣几粒回家收藏也挺有意思的。

到达：西藏山南地区泽当汽车站有开往琼结的班车，也可在泽当找便车或包车前往。

周边景点：桑耶寺、雍布拉康、昌珠寺

唐代帝陵

曾在西安碑林博物馆见到其镇馆之宝"昭陵四骏"——青骓、什伐赤、特勒骠、白蹄乌，那简洁的线条、生动的造型勾勒出的高浮雕战马，仿佛在向人们演绎着惊心动魄的疆场情景。然而在它们的身上，斧凿之裂隙累累，沉重敲击着每位游客的心灵。更让人痛心的是，另外的两骏——飒露紫和拳毛騧，1914 年被盗卖到国外。

这六骏描绘的是唐太宗李世民征战天下时骑过的六匹战马，据传依照当时绘画大师阎立本的手稿雕刻而成，原陈列于昭陵北麓祭坛两侧廊庑之中，象征着唐太宗在唐王朝创立过程中立下的赫赫战功。昔日六骏存放之处，早已和陵园内其他地面建筑一起，灰飞烟灭。然而那高高矗立的九嵕山，却丝毫不为岁月而折腰，唐太宗的陵寝，就开凿于山腹之中。依山为陵，并非唐代始创，然而昭陵却树立起了一种定制，为后世多数唐代帝陵所沿用。如此名为俭薄，实则为了"好盗息心"，也利用山岳伟势陡增威严，可谓一举多得。

当然也只有皇家才能享受如此威仪，昭陵周围 200 平方公里之内，那星罗棋布的 180 余座陪葬墓大都仍是积土为坟。长孙无忌、程咬金、魏征、房玄龄、孔颖达、李靖、尉迟敬德，说起这些赫赫有名的文臣武将，大家都耳熟能详，他们都环侍在昭陵附近，犹如生前般忠心耿耿。一代名将李勣（即徐懋功）墓，起冢仿象阴山、铁山、乌德犍山（即郁都斤山），这是为纪念其赫赫战功而特意设计的。如今这里是昭陵博物馆的所在，墓中出土的"三梁进德冠"，据说为唐太宗亲自设计。这种君臣"荣辱与共，生死不忘"之意，在历代帝王中并不多见，难怪后世都奉唐太宗为千古名君了。

唐太宗开创了有名的"贞观之治"，大唐帝国空前繁荣。江山传至他的儿子唐高宗手里后，虽然唐高宗才智远不及其父，且生性怯懦，大权逐渐被皇后武则天掌握，但社会仍维持了贞观遗风。高宗死后，中宗李显和睿宗李旦先后被武后废黜，最后武后干脆自己当起了皇帝，成为中国历史上唯一的女皇。于是唐高宗和武则天合葬的乾陵，就成了唯一葬有两位皇帝的陵墓了。

乾陵不仅继承了昭陵"依山为陵"的做法，且将其推向了高潮。东西对峙的南面两峰，恍如天然的陵阙，和北面主峰遥遥相对，气势磅礴。据史书记载，陵墓原有两重城墙，还有许多建筑物，但都已不复存在了。唯有宽阔的司马道旁那两两相对的石刻雕像，仍在忠实地守护着它们的两位主人，展现着大唐帝国的雄风。

南门之外，矗立着象征参加高宗葬礼的少数民族首领和友好国家使臣的六十一尊石像，虽然头部都不翼而飞，但从中仍可窥见当年大唐远播海内外的声威。为高宗皇帝而立的《述圣记碑》，充分为其歌功颂德。然而与之相对为武则天所立之碑，上面却空无一字，引起后世诸多猜测。有认为其功高德大非文字所能表达的、有认为其篡夺李唐皇位羞于立传的、也有认为是将是非功过留给后世评述的，真正的用意早已无从知晓了。

乾陵的地宫开凿于梁山主峰之中，至今未曾打开，在唐代帝陵里可谓硕果仅存。古往今来，多少军阀大盗对其垂涎欲滴，却不是因为找不到墓口，就是由于墓道封闭太坚固，或是以为上天显灵被吓退。近来虽有欲开挖的声音，但都被国家明令禁止。乾陵地宫到底有多大？埋藏了多少无价之宝？这一谜底不知何时才会被揭开。

李世民——昭陵

也许我们可以从乾陵的陪葬墓那里，窥见一些端倪。已经发掘的懿德太子墓、章怀太子墓、永泰公主墓等，尽管无法与皇帝的陵寝相提并论，但仍十分宏大。尤其是绘于墓室内的壁画，数量之巨大、题材之广泛、技艺之精湛，可谓空前绝后。虽然这些墓室都惨遭盗掘，但出土随葬品仍十分丰富，三彩俑、陶俑、金属器、陶瓷器等，造型精美，制作精巧，反映出盛唐手工业水平之高超，令人叹为观止。

大唐立国近 300 年，是中国封建社会的鼎盛时期。唐代 21 位皇帝，除昭宗和哀帝外，其余都葬在唐长安城之北。关中十八陵，东西绵延 180 公里，几乎与南面渭水北岸西汉帝陵成平行一线，却比之更为宏大、更为壮阔。"前不见古人，后不见来者"，以此形容，绝不为过。

🚗 旅游小贴士

简介：唐代关中十八陵位置分散，要想一一探访不太容易，也没有必要，看看昭陵、乾陵及其主要陪葬墓即可。

唐代帝陵除地面上的石刻外，已发掘的陪葬墓也值得一观，昭陵和乾陵博物馆都建在陪葬墓上，是了解唐陵历史和建制的必到之所。

到达：从西安客运西站乘坐汽车到礼泉，然后转乘去北屯的车可达昭陵；西安火车站西广场有专线旅游车到乾陵，车程约 2 小时。

周边景点：西汉帝陵、唐大明宫遗址

西夏王陵

对西夏历史的普及来源于很多年前的一部电视剧的演绎，贺兰雪，贺兰雪，在那些惨烈的战火硝烟中，在流血、背叛、兄弟相残、母子反目的铁血手腕里，党项一族建立起了一个崭新的王朝。

可是，就在这样无情的战争中，我还是记住了一段爱情故事，拓跋元昊与没藏黑云纠葛一生的爱情归属。

那天一早便已决定要等到夕阳时分才去看王陵，"贺兰山下古冢稠，高下有如浮水沤。道逢古老向我告，云是昔年王与侯。"西夏的王朝统治最终也不过就是夕阳末路。

西夏王陵

正午时分的烈日下，我走在西部影视城的古堡中，映入眼帘的是一个个古装戏的旧时场景。看到了《红高粱》中的酿酒坊，《大话西游》里的娶亲台，也终于看到了《贺兰雪》的大幅剧照，依然是记忆中那样风姿飘逸的没藏黑云，一袭黑色斗篷，手持马鞭，顾目流盼。

其实，真正的西夏历史远非剧本演绎的那般光彩动人。史料上记载，没藏氏的确是野利皇后兄长的妻子，她与元昊私通，生下谅祚，后国相没藏讹庞挑唆太子刺杀元昊，又以弑君之罪杀死太子，立年幼的谅祚为帝，是为毅宗。

虽然这依然与电视剧中的情节相似，但是冷冰冰的文字资料读起来就不是那般情意绵绵、感人肺腑了。在王陵博物馆中缓缓读着西夏的历史篇章，走一步就翻过历史的一页，幽暗的走廊，仿佛回响着那曾兵临城下的战鼓铮铮，尸横遍野、血流成河的硝烟之中确立的王权统治，而王者之尊的背后又是怎样的阴暗和丑恶，宫闱的争斗，骨肉相残，瞬间的辉煌，烟消云散。

历史上哪个王朝的开创不是曾惊天动地，创立丰功伟绩，而灭亡的道路又是惊人的相似，大夏国也毫无例外的不能逃脱这种命运。也许在兴庆府的建国称帝仪式上已初露端倪，或者在争权夺位的皇室残杀中暗藏祸胎，俱往矣，留下的是那些残缺不全的神墙、鹊台，还有我们凭着那些碎片搭建出的想象中辉煌壮丽的陵园模型。泛黄的历史资料，证明着这曾经强大的帝国确实存在过，并且曾经鼎立西北。

夕阳西下，白日里骄横的阳光终于减缓了力道，留下漫天彩舞的余晖，映照得远处贺兰山脉的轮廓也依稀温柔起来。这片广袤丰美的土地，曾经矗立着"东方金字塔"的帝王陵园，历史的洪流无情地卷过了，蒙古的铁蹄也践踏而来，眼前这座王陵的主人、开国的君主，拓跋元昊，你听到了吗？昔日向你臣服的部落正驰骋在你的疆土之上，你那辉煌一时的国都兴庆府终将沦为废墟，连你长眠的寝陵也不能幸免于难。你的风光何在，你曾经披荆斩棘、浴血奋战夺来的二十二州土地，你曾经变发式、造文字、简礼仪、立官制，建国大夏，让中土朝廷不敢侧目你的存在，无奈英雄寂寞，孰知你的子孙后代在延续了将近二百年后，终将一切沦丧。"当年拓地广千里，舞榭歌楼竟华侈。岂知瞑目都成梦，百万衣冠为祖送。"

然而，我们却看不到了，这方圆50万平方公里的贺兰山下，这"头枕青山，脚依黄河"的风水宝地上，哪里是曾经的碑亭、角楼、月城、献殿？满目萧然，断壁残垣之下，只有那些高达二十多米的夯土巨冢，一个个大大小小的土堆，在历史千年的风雨飘摇之中，顽强顾惜矗立到今天。英雄豪杰，王侯将相，最后一样只是一抔黄土掩风流。会有遗憾，八角七级的雕栏画栋看不到了，内城外城的层层拥簇看不到了，但抛开了这些，也许从未曾想过如此接近，地下英雄的骸骨，早已寂寞了千年。残阳如血，仿佛仍是那战马嘶鸣的戈壁战场，有一袭黑衣纷飞，闪过的是美靥如花。听到了吗？我听到了。就在那夕阳将要隐下山头的刹那，最灿烂的过去就是黑暗的刹那；我听到了，你重重的一声叹息。

夕阳无限好，然而那云霞凋色的天际在短短几分钟内便已沉暗下去，游人也早已散了，连那些勘测的工匠们都已打道回府，留我在这样寂寞的黑暗中，仿佛一瞬间，万籁俱寂。只有那些盘桓在脑海中的记忆和想象仿佛仍然如同那曾漫天绚烂的彩霞般，迟迟地不肯散去。数年前电视屏幕上的恢宏画面，王权的尊贵与战争的惨烈，今天真的站到了这里，黑暗中唯有静默不语的陵冢，能否告诉我历史究竟是怎样一段往事？

我心中似乎总在牵挂着一份情结，那或许是来自《贺兰雪》中也曾凄美的爱情故事，在朦胧中有所期盼，在消亡里有所惋惜。于是远赴千里，站在这漫天流云下，站在这些大大小小的夯土堆前，看尽夕阳西下，感受云起云落，心愿了结，可以离去，离去。

 旅游小贴士

简介：建议傍晚时分到达，看夕阳下的遗冢会有颇多感慨。

王陵遗址本身看点不多，主要是博物馆的文物和资料，建议多了解一下西夏历史作为参考。

到达：王陵距离银川市区35公里，可以选择包车一日游，顺路游览西部影视城。

周边景点：西部影视城、沙湖、贺兰山岩画

巩义宋陵

北宋皇陵位于河南省巩义市，南倚嵩山，西靠洛水，北临黄河。北宋共有九位皇帝，除宋徽宗和宋钦宗被金兵掳走、客死漠北外，其余七位皇帝都葬在这里，加上赵匡胤父亲赵弘殷的陵墓，巩义宋陵素有"七帝八陵"之称。赵普、寇准、包拯、狄青、杨六郎等良相名将以及皇室宗亲亦陪葬于此，共有陵墓近千座。

宋朝被后人看作是个羸弱的王朝，太祖赵匡胤通过陈桥兵变登上皇位，唯恐"黄袍加身"再现夺了自己的江山，于是杯酒释兵权，并一生贯彻重文抑武的基本方针；太宗赵光义御驾亲征，北攻辽国，在今北京高梁桥被打得落花流水，还身中两箭，最终箭伤复发而死；真宗赵恒在寇准的反复坚持下背水一战，终于签订"澶渊之盟"，以岁币换来和平。前三位皇帝的境遇就是北宋军事形势的缩影。尽管北宋王朝经济发达，商业兴盛，科技进步，拥有客商骈集的东京汴梁，其繁华盛况在

《清明上河图》中体现得淋漓尽致，至今依然被世人啧啧赞叹，但它却始终未能建立起牢不可破的边境防线，屡屡屈服于北方少数民族政权。

巩义宋陵

公元1127年，金兵攻下开封，掳走徽钦二帝，北宋灭亡。金兵不仅对京城开封大肆劫掠，而且疯狂挖掘北宋皇陵。抗金英雄岳飞曾经率领军队短暂地收复了皇陵地域，赶走金兵并修复皇陵，巩义因此成为宋金拉锯的战场。公元1132年，金人建立的傀儡政权"大齐"迁都开封，既然安于做傀儡，自然没有太多顾虑，于是毅然成立了淘沙队，成为继曹操设立"摸金校尉"之后，中国历史上第二个有记载的官盗机构。淘沙队的主要目标就是那些侥幸逃脱金兵锄头的北宋皇家陵墓，他们甚至对金兵已盗过的陵墓还要再刨一遍以确保没有漏网之鱼；蒙古人控制北宋陵区期间，为了断绝宋代遗民对先朝的怀念，又将北宋皇陵的地面建筑全部烧毁，并犁为废墟。祖坟被刨对于中国人来说是奇耻大辱，宋陵被敌对势力反复多次毁坏蹂躏，这份凄惨与屈辱在中国的帝陵中是绝无仅有的，令人感慨。穷兵黩武固然不能提倡，但北宋王朝走向了另一个极端，武备废弛让它无力保护自己。

历史发展到了今天，各地大张旗鼓开发旅游业，巩义也不例外。巩义城里的永昭陵开始重修红墙，再建阙门，平整神道，扶正石像。永定陵就在公路边上，草草地圈起来，开发成了旅游景点，神道两边相当齐整地植上两行大叶黄杨，少了几分肃穆，多了一份滑稽。吾生也晚，无缘目睹当时宋陵的模样，不过可以想见，当年陵前大概不会有座叫作"售票处"的建筑物吧。

相比于重新包装打磨后的帝陵，我更喜欢那些散落于田野阡陌的野陵。麦田将隆起的宝顶团团围住，黄土把文臣的双足深深掩埋；神道上惆怅纠结的不是大宋子民的思念，而是恣意伸展的红薯藤；石狮昂首守护的不是巍峨雄伟的享殿，而是随风摆动的青纱帐；日正当午，荷锄的农民躺在石马的阴凉下惬意小憩；夕阳西下，顽皮的孩子绕着镇陵将军的铠甲追逐嬉戏。对当地百姓来说，这些已经守望了千年的石刻就像是家里用久了有感情的老物件，早已习惯了它们的存在，绝不会刻意破坏，但也不会小心翼翼地供着生怕磕了碰了。

拜访永昌陵时已近傍晚，树荫下或坐或站围了几个老头儿，楚河汉界地杀得不亦乐乎，听见声响，有位带着红袖箍的老大爷扭过头来打量着我。我说："我来看看石像。"可能看我背着相机不像坏人，他痛快地答应了："看吧看吧，这儿就是赵大的墓，大宋开国皇帝啊。"我道过谢，大步向前，忽然身后追过来一句："可别乱刻乱划啊！"回头看时，老人家已回身关注"烽火连天"的棋盘了。

我缓步登上宝顶，极目远眺，嵩岳在望，村庄的瓦顶在望，开发区的烟囱在望，麦田如茵，蓝天纯净，一切是如此和谐与安宁，让人很难相信这里曾经是皇家陵寝，还曾经是金戈铁马的战场。无论雄才大略还是昏庸无能，皇帝们的身躯早已化为齑粉，石像生还保持着不变的悲戚表情，当年的主角已灰飞烟灭，当年的配角却依然屹立于天地间，究竟谁才是匆匆过客，谁又是这里永远的主人？是你，是我，是赵匡胤？是下棋的村民，还是天上的流云？是赵家纷飞的眼泪，还是金兵远去的马蹄？耳边似乎响起一个振聋发聩的声音，来自那员赤胆忠心的虎将，在此地浴血奋战的虎将："靖康耻，犹未雪！"过了近千年再看，似乎当年的生死相拼，不过是兄弟反目而已。历史跟我们开了个玩笑，曾经富有天下的皇帝如今只留下麦地里的一抔黄土，没有腿的石像生却穿越了千年的时空。

旅游小贴士

简介：西村陵区位于西村乡北的常封村和滹沱村之间，包括宣祖赵弘殷的永安陵、太祖赵匡胤的永昌陵、太宗赵光义的永熙陵；蔡庄陵区位于蔡庄北，有真宗赵恒的永定陵；孝义陵区位于县城西南侧，包括仁宗赵祯的永昭陵、英宗赵曙的永厚陵；八陵陵区位于八陵村南，包括神宗赵顼的永裕陵、哲宗赵煦的永泰陵；其中太宗赵光义的永熙陵石刻保存最为完整。

当地流传顺口溜："东陵（永裕）狮子，西陵（永泰）象，滹沱（永熙）陵上好石羊"。说的就是永裕陵的狮子、永泰陵的大象和永熙陵的石羊雕得最好，是宋陵石雕精品中的精品。

要穿一双合脚的鞋。坑坑洼洼的庄稼地比较原生态，但对习惯走平路的城里人来说是个不小的考验。

乡村公路既无照明设施又没有明显的路标，自驾车前往切忌贪晚。

到达：从郑州或洛阳到巩义乘汽车都需要约1个小时。从巩义市汽车站乘公交车可到永昭陵，到郊外的野陵可分别乘坐到西村、芝田、回郭等地的中巴车。

周边景点：巩县石窟、康百万庄园

明十三陵

方圆八十多平方公里，外面是群山环绕，内里有流水潺潺，周围遍布苍松翠柏，好一处风景名胜。这不是森林公园，也不是避暑胜地，更不是围猎场所。数个世纪前的明代，这里守卫森严，谁若敢擅闯此地，格杀勿论。就连在周围山上采伐一草一木，轻则杖责，重则充军。

这里是明朝的皇家陵园，自明成祖朱棣迁都北京后，除了那位在"夺门之变"中横遭厄运、死后葬于西山的景泰帝，其余十三位皇帝都长眠于此。连那位自缢于景山的亡国之君崇祯皇帝，也被后来的清廷礼葬于其祖先的周围。

明十三陵的建制，虽然沿袭远在南京的明孝陵，但其总体规划却比后者更缜密。献陵、景陵、裕陵、茂陵、泰陵、康陵、永陵、昭陵、定陵、庆陵、德陵、思陵，这十二座陵寝，凭借延伸出外的神道，与长陵的主神道相连，宛如条条脉络，散布在叶子形的山谷之中。虽各自成一体，又合成完整的体系。这一设计思想深深地影响了其后的清王朝。无论清东陵还是清西陵，从格局到细节，大都仿效明十三陵而建。而无论地面建筑还是地下玄宫却再也无法达到明十三陵的高度。

进入朱红色的大红门，就算真正踏进了陵区。原本两边有城墙连接，环绕整个陵区。但天长日久，城墙已无从寻觅，只有门外隔道相望的两块威严的下马碑，仍旧矗立如初。古时即使是前来拜谒的皇帝，见此碑也必须下马步行，以表示对祖先的尊敬。

大红门内的神功圣德碑亭，竖立着巨大石碑，记述着永乐皇帝一生的功绩。碑亭四角，是四座满饰龙纹的华表，顶部端坐狮子，与天安门四周华表如出一辙。皇帝的威仪，就是到了地下也丝毫不减。两根石望柱后的绵长道路上是两两相望的石像生。狮子、獬豸、象、骆驼、麒麟、马，或立或卧；文官、武将、勋臣，或持笏或执鞭，仿若皇帝生前的仪仗。这是在汉时就已出现的形式，只是到了明代更完善。这些石头雕成的偶像，倘若真有灵气，不知是否能守护它们地下的主人？

长陵是十三陵的第一座陵墓，也是其中最大的一座。长陵的主人明成祖朱棣，虽然不是太祖朱元璋的钦定继承人，只是通过战争手段从侄儿手里抢得了皇位，但他在位期间，迁都北京、亲征漠北、发展生产、修《永乐大典》、遣郑和七下西洋，可谓是位雄才大略的皇帝。

长陵讲究的可不只是风水。看祾恩门内的主体建筑祾恩殿，建在三层高的汉白玉须弥座上，宽九间深五进，重檐庑殿顶，高大而雄伟，足以与紫禁城的太和殿相媲美。祾恩殿后就是宝城，一圈圆形的城墙，内填黄土，上栽树木。明楼是宝城的

明十三陵

标志，矗立在城墙上前方，立有镌刻"明成祖文皇帝之陵"石碑一座。宝城的黄土之下就是埋葬皇帝的玄宫所在。当年曾有计划发掘长陵，但因技术难题以及定陵的偶然发现而临时决定改挖定陵。定陵地宫出土的文物，现有一部分展放在长陵裬恩殿里。可惜由于保护技术有限，很多珍贵文物都无法完好地保护。于是再想开挖长陵时，被当时的国务院总理周恩来断然否决。从此以后，中国的皇陵就再也没有被挖掘过。

三座汉白玉单孔桥是定陵的起点。正对着的碑亭，墙壁和顶盖早已无存，亭内石碑却依然竖立，只是上面空无一字。除了长陵以外，其余各陵均是如此，是何原因众说纷纭。宏大的裬恩门、裬恩殿以及两旁的廊庑都已在战火中毁于一旦，只余下空荡荡的台基。就连清朝时在原址上重建的缩小了的殿宇也未能逃脱沦为废墟的命运。此情此景的确让人惋惜，但无须失望，精彩还在后面。绕过棂星门和石五供，穿过明楼下方门洞，登上宝城城墙，然后沿林间小路前行，不久会见到一个入口。走下七层楼梯，到达地下三十余米的深处，眼前豁然开朗。巨大的条石整整齐齐码放，构筑起高大的圆拱形地宫，如谜般呈现出来。先不要惊讶于其空旷，或困惑于里面的空无一物，这还只是左配殿。穿过一条窄长通道，到达地宫的中室，那里才是皇帝和两位皇后的汉白玉宝座所在。而皇帝和两位皇后的棺木以及大大小小数十箱陪葬品就安放在后室的棺床上。这位生前"酒、色、财、气"兼备的君王，大概死后仍想着坐镇中央，继续其花天酒地的生活吧。

定陵地宫以其埋藏之深躲过了地面的战火和盗墓的黑手。20世纪50年代，考古学家们费尽周折才打开了其沉睡的大门，四百年前的地下玄宫随之惊现于世人眼前。帝后尸骨并未永垂不朽，出土的三千多件文物却震惊了世界。仅是一顶缠丝金冠、四顶嵌玉凤冠，就足以令参观者眼花缭乱。如今这些珍贵的出土文物分别展示在定陵宝城前的配殿、定陵外的十三陵博物馆以及长陵祾恩殿里，供游客欣赏和赞叹。

定陵西南不远处就是神宗皇帝的父亲、穆宗朱载垕的昭陵。在昏庸皇帝成堆的明朝中后期，这位隆庆帝多少还有些作为，也曾创造出"中兴"一时的局面，虽然并没能挽救明朝的颓势。昭陵的建制比定陵略小，地面建筑也多毁于战火。20世纪80年代，为了让游客对明陵地面建筑有更直观的了解，昭陵的祾恩门、祾恩殿等主体建筑相继得到了重建。殿内模拟摆放了明朝祭祀先祖仪式的场景，游客们可从中领略一下当年皇家的排场。

🚗 旅游小贴士

简介：十三陵博物馆建于定陵外，主要展示明朝皇帝的资料、明代皇陵的概况、明十三陵的建制和定陵的部分出土文物等，凭定陵门票参观。

定陵地宫在旅游旺季时常常很拥挤，要按照指定路线顺序参观。在定陵地宫内、长陵大殿内，还有博物馆内都是允许拍照的，用闪光灯也无妨。

除了神道、长陵、定陵和昭陵，其他十个皇陵都是不对外开放的。如果有兴趣也可以徒步或者租车前往，但只能在外遥望，无法入内参观。这些未开放的陵墓残损严重，请注意保护文物。

果熟季节，在陵区道路两旁有很多农家果园，可以体验一下采摘的乐趣，但价格不比直接买便宜。

到达：在北京市区的前门、宣武门、动物园等地可乘公交车前往定陵，与八达岭长城一起作一日游。如果想到长陵和神道，可在德胜门乘公交车到昌平东关然后转车，或者在昌平包车，包车参观的景点一般包括四个开放景点在内。

周边景点：十三陵水库、九龙游乐园

清东陵

明朝末年，崇祯皇帝嫌天寿山下的皇家陵园已无吉地可选，于是在京城东北一百多公里的昌瑞山下物色了另一处陵址。可是没等到动工，明朝就已经土崩瓦解，无力回天的崇祯皇帝自缢身死后，被后来入关的清政府安葬于他的一位妃子的坟墓里，为明十三陵画上了一个句号。

没过几年，清朝年轻的顺治皇帝同样把目光投向了这里，把昌瑞山一带定为皇家陵园所在。他的陵墓在他死后正式开始兴建，清东陵也由此拉开了序幕。之后的康熙、乾隆、咸丰、同治四位皇帝以及十几位皇后，还有上百位的后妃，陆陆续续葬入此地，直到清朝覆灭。

到底是什么原因，让两个出身于不同民族、属于不同朝代的帝王，同时选中了这片本名不见经传的地方呢？答案自然是风水。江湖术士的长篇大论也许听起来太过玄乎，让人难以理解。但请看，这一带前有高大雄伟的金星山为照山，中有低矮平缓的影壁山为案山，后有状如屏风的昌瑞山为靠山，三山天然处于一条直线之上，周围是广阔平坦的谷地。陵区北部，是连绵起伏的雾灵山，犹如"后龙之正脉"。而那一座座陵墓，一组组建筑，就散落在这片坦荡的原野上，由一条条神道连接成一个庞大的树状体系，与周围的环境相交融。虽为人工，宛若天成，确实称

清东陵

得上是人类的杰作。

孝陵横贯于整个庞大陵区的中轴线上。从陵区标志石牌坊起，经大红门、大碑楼、石像生、龙凤门、一孔桥、七孔桥、五孔桥，由一条十余米宽的砖石神道所串联，一直延伸到陵区的主体建筑前。绕过最后一个弯道，来到三路三孔石桥前，就是孝陵的主体所在。桥北的神道碑亭虽比大红门内的神功圣德碑亭小了许多，却是清朝皇陵所特有。入关后的满族统治者并没有照搬在关外时的皇陵布局，而是大体上沿袭了明十三陵的规制并有所创新。隆恩门、隆恩殿、陵寝门、二柱门、石五供、明楼、宝顶，与明陵一般无二，只是规模缩小了许多。不知道是源于清初国力尚未恢复，还是新任皇帝更注重体恤民情？孝陵是清朝关内皇陵中唯一葬骨灰的，地宫又至今未被打开，千古之谜，也就只能任由评说了。

康熙皇帝的景陵就在其父的孝陵东面不远。从孝陵主神道引出的景陵神道，一直连接到神功圣德碑亭。这是一座残缺的碑亭，亭顶被雷火烧毁，露出了两座并排的硕大石碑。立双碑是景陵的首创，用满汉两种文字镌刻了康熙一生的丰功伟绩，由他继位的儿子雍正亲笔书写并加印，从此形成定制。景陵因不是首陵，并未建石牌坊和大红门，初建时也未设石像生。几十年后，康熙的孙子乾隆皇帝在位，为了名正言顺地给自己兴建中的陵寝建石像生，乾隆力排众议为其父的泰陵和其祖父的景陵都补建了石像生。正巧这一段神道处在一个曲折的弯道上，于是才有了这与众不同的一景。成对的望柱、立狮、立象、立马、武士、文臣尽头，龙凤门换成了牌楼门。其他主陵建筑则与孝陵一般无二。景陵的建制完善了清代陵寝制度，也成为后世清陵的楷模。乾隆皇帝的裕陵规模之宏大，仅次于孝陵，用料之精良，则无出其右。同样的石像生，景陵只有五对，而裕陵则有八对，增加了麒麟、骆驼和狻猊。为了营造地势，专门在平地上人工堆积山坡。还特意在隆恩殿与陵寝门之间的玉带河上加建了3路单孔拱桥，栏杆两端不用抱鼓石而改用靠山龙。地宫里虽然除了几具残破的棺椁，里面已空无一物，但那九券四门之内到处雕刻着的精美图案却是盗不走的。把守第一道关口两侧威严的四大天王浮雕，青白石仿木门楼上繁复的吉祥物，平水墙上并排的佛前供养品，八扇石门上婀娜多姿的八大菩萨，还有无处不在的大量藏文和梵文佛经，在令人看得眼花缭乱的同时，也让人不得不叹服当时雕刻技法的高超。裕陵的地宫是我国迄今已开放地宫中最精美豪华的一座。

定陵没有再修建大碑楼，但其他建制上仍然按照了以前的标准。这里地形狭窄，从五孔石桥上向北望去，石像生、牌楼门、小碑楼、隆恩殿、宝城明楼高低错落地分布在一条轴线之上，在背后群山的映衬之下，蔚为壮观。这也是清东陵内难得一见的景象。然而定陵的豪华却不在于皇帝的陵墓，而在于其东边的两座皇后陵。两座陵外表大同小异，但进入慈禧陵陵恩殿后才发现其实大不一样。这座重檐歇山式的大殿及其东西配殿，大件构件全部使用名贵坚实的黄花梨木，极为少见。这还不算，木件上不加彩画，而直接沥粉贴金，其金碧辉煌的程度，就是在皇家宫殿和园林里也无从寻觅，在中国建筑史上独一无二。也许在殿前那块凤在上龙在下的巨大石雕上，能清楚地看到这位慈禧太后的真正用心。

同治皇帝的惠陵是清东陵里最后一个皇陵。建陵时清朝已经日薄西山，国库入不敷出，规模也大为缩减。惠陵没有修建大碑亭和石像生，只保留了一对望柱。神道也不再连接主神道，而只是孤零零地僻处于陵区东南角，这也正是当时国势的真实写照。然而借助慈禧的懿旨，惠陵建筑的用料还是十分考究，梁架和大木构件都是使用质地坚硬的桢楠木，所以惠陵有"铜梁铁柱"之称。但因陵寝不对外开放，游客也就无缘得见了。

 旅游小贴士

简介：和明十三陵不一样，清东陵的殿内和地宫内都不允许拍照。

除了上述开放景点，陵区内还有惠陵和昭西陵、孝东陵以及妃园寝、亲王园寝、公主园寝等，不对外开放。对一般游客而言，也没必要前往。

旅游淡季时一些次要景点往往会轮休，比如慈安陵、文展馆等。

到达：从北京四惠长途汽车站乘坐到遵化的长途车，在石门清东陵路口下车，然后乘当地小车进入陵区，距离售票处大约5公里。

周边景点：无

第十五章　历史遗址游

殷墟

　　殷墟是闻名中外的中国商代晚期都城遗址，也是被甲骨文和考古发掘所证实的中国最早的古代都城遗址。2006 年 7 月 13 日，在立陶宛首都维尔纽斯举行的第 30 届世界遗产大会通过中国安阳殷墟入选《世界文化遗产》名录，安阳殷墟由此成为中国第 33 处世界遗产。

　　殷墟横跨安阳洹河南北两岸，现存有宫殿宗庙区、王陵区和众多族邑聚落遗址、家族墓地群、甲骨窖穴、铸铜遗址、制玉作坊、制骨作坊等众多遗迹，是中国历史上第一处有文献可考、并为甲骨文和考古发掘所证实的古代都城遗址，距今已有 3300 年的历史。在国际上被承认的、没有争议的中国最早的文明时代就是商代。殷墟不是一座简单的建筑物，它是一座都城。都城是一个国家的政治中心、经济中心、军事中心和文化礼仪中心。它是一个王国的缩影，是其他任何遗产都无法比拟的。目前，考古人员已发现宫殿宗庙建筑 110 余座。这些建筑成组排列，或为宗庙，或为社坛，已具备中国宫殿建筑"前朝后寝、左祖右社"的规划雏形。在这里我们看到了气势磅礴的中国第一鼎——国宝司母戊方鼎。

著名的妇好墓是 1928 年以来殷墟宫殿宗庙区内最重要的考古发现之一。她的墓是目前唯一能与甲骨文联系并断定年代、墓主人及其身份的商代王室成员墓葬。中国最负盛名的女将军是出自商丘的花木兰，她替父从军，名垂千古；中国最有名的女性军团是来自河南开封的杨门女将，她们北拒辽兵，威震疆场；而眼前这位长眠于安阳古城地下的女将军妇好，是中国第一位女将军。河南孕育了这么多伟大的女性，足以让中原人为之自豪！

殷墟的重要性还在于文字，也就是甲骨文的出土，这是殷墟最重要的价值。世界四大古文字中只有甲骨文经过演变保留下来，成为现在的汉字。

殷墟

如果说钻木取火标志着人类告别了茹毛饮血的野蛮岁月，那么文字的出现就意味着人类走出了结绳记事的洪荒年代。甲骨文的发现是照亮中华文明的一盏明灯。甲骨文不仅仅是一个文明的符号、文化的标志，它印证了包括《史记》在内的一系列文献的真实，把有记载的中华文明史向前推进了近 5 个世纪。在世界四大古文字体系中，唯有以殷墟甲骨文为代表的中国古汉字体系，历经数千年的演变而承续至今，书写出了一部博大精深的中华文明史。

目前，殷墟共出土甲骨 15 万片，单字约 4500 个，其中约有 1500 个单字已被释读。3000 多年以来，甲骨文虽然经过了金文、篆书、隶书、楷书等不同书写形式的变化，但是以形、音、义为特征的文字和基本语法保留至今，成为今天世界上五分之一的人口仍在使用的方块字，对中国人的思维方式、审美观产生了重要的影响，为中国书法艺术的产生与发展奠定了基础。

在殷墟博物苑，你会充分领略祖先文明带给我们的荣耀。比如历法，甲骨文的记载表明，殷人已能够准确地记录日食、月食和星象，并对超新星等天文现象有了较早地认识。殷历法采取阴阳合历，将一年分为 12 个月，并采取增加闰月的方法，解决了与回归年实际太阳日的矛盾。这些方法仍为中国现行的农历所沿用。在数学方面，殷人已有了个、十、百、千、万等数字概念，并采用了十进位制。在医学方面，商代晚期已能认识人类的十多种疾病，除用药物治疗外，还能应用针砭、按摩等治疗方法，达到了较高水平。

考古发掘表明，殷墟时期的手工业空前发达，不仅门类齐全，而且工艺水平极高。一些主要的手工业生产部门，如青铜冶铸、制玉、制陶、制骨、制车、纺织等都已达到了相当大的规模。其中这一时期的白陶、原始瓷等在中国陶瓷史上占有重要地位。

走在殷墟博物苑，你觉不出历史，感到的是文明的流失，大地上白茫茫，真的好干净。好在有文字，有针灸，有历法，有遗迹，你会感到历史的血脉还在我们内心深处流传。

🏍 旅游小贴士

简介：安阳是华夏文明的主要发祥地，有"中华第一古都"之称，历史古迹较多，可在此多转转。

安阳小吃主要有皮渣、三不沾、安阳血糕、粉浆饭等，建议尝一尝粉浆饭。

到达：从安阳火车站打车十元以内可到，安阳市内乘公交车均可直达。

周边景点：羑里城、岳飞庙、袁林、文峰塔、红旗渠

圆明园

京西北，上风上水。一派自然天成的山水，祥和而宁静，诗意栖居之地。在这块天然风水宝地上，王公贵族们不断兴建园囿，经过历代皇家园林的层层渲染，又使这里充满了雍容华贵的气度。

自康熙十九年（1680 年），即满族人入北京后不到 40 年的时候，还没有疏远骑射天性的皇家贵族们就开始在北京西北一带陆续修建皇家园林。走出宫城，出西直门向北不远，就可以在三山五园间放逐自己的山野寄托。从当年重修玉泉山澄清园（后称静明园）开始，历经 180 余年，营造起了以"三山五园"为架构的皇家园林：万寿山、玉泉山、香山，畅春园、圆明园、静明园、清漪园、静宜园。终有清一代，这种修建御用园林宫苑的冲动和行动就不曾中止过。这样，在西山脚下，万泉河畔，形成了蔚为大观的园林风景群。

在这浩大绵长的建筑历程当中，圆明园以其中国古典园林全部优美形式的集大成者、西方建筑精华的汲取者、无数精美绝伦的珍宝和工艺古籍字画的收藏者，扮演了一个里程碑式的角色，号称"万园之园"。

圆明园的陆上建筑面积和故宫一样大，水域面积又等于一个颐和园。自康熙四十六年（1707 年），到咸丰十年（1860 年），圆明园的建设历经康熙、雍正、乾隆、嘉庆、道光、咸丰六代皇帝，长达一百五十多年。正可谓"一座圆明园，半部清代史"。从建筑组成来说，圆明园拥有殿宇、江南园林和欧洲巴洛克式建筑，兼有御苑和宫廷两种职能。从雍正朝开始，清帝开始驻跸此园，圆明园从普通的皇家园林演变为离宫型皇家园林。因此，在当时，它不仅是全中国乃至全世界最华美的风景大全和皇家珍宝博物馆，也是当之无愧的政治中心。雍正本人的驾崩地点就在圆明园。雍正以后的历代皇帝也长期在这里居住，向全国发号施令，紫禁城则成了象征意义上的宫殿，只是在举行重大典礼时才会派上用场——但很不幸，这也正是圆明园最后被焚毁的重要原因。

在圆明园的山环水绕之中，分布着 145 处景观，汇集了无数的天下胜景和名园精华，全园一百多组建筑群落无一雷同。水面曾占圆明园全园的一半以上，大、中、小水面与环流的溪水串联，形成一个完整的河湖水系，很多景观直接以水为主题而命名，凸现了水景园林的特色。喜欢新奇玩意儿的皇帝对西洋风也表现出了好奇，于是在圆明园中除了中国风格的设计，还移植了一部分西洋风格建筑，最有名的是为观看西洋喷泉而建的三组建筑："大水法""观水法"和"远瀛观"，此外还

圆明园

有海晏堂、"谐奇趣"、黄花阵（迷宫）等西洋楼台。在当时的世界上，圆明园已经蜚声中外了，被誉为"一切造园艺术的典范"。法国作家维克多·雨果曾把雅典的巴特农神庙和中国的圆明园分别称为西方艺术和东方艺术的代表，前者是理念艺术，后者则是梦幻艺术，"圆明园不但是一个绝无仅有、举世无双的杰作，而且堪称梦幻艺术的崇高典范——如果梦幻可以有典范的话。"

然而，在 1860 年英法联军的大火中，圆明园已经死了。1900 年八国联军再次攻陷北京，圆明园又遭到灭顶之灾，在清代有限的国祚内，再无修复的可能了。圆明园历经了百年的风雨磨难，屡遭劫掠，沦为一片真正的废墟。到了 1983 年，圆明园正式被确立为遗址公园；2000 年，圆明园才被正式确定为国家级重点文物保护

单位，此时距八国联军洗劫圆明园正好100年。经过整修，圆明园的山形水系复现端倪，形成福海、长春园和绮春园三大景区，春季的"踏青节"、夏季的"荷花节"、秋季的"菊花节"、冬季的游园会，形成四季系列旅游文化活动，长春园近千亩荷花形成了北京面积最大的荷花植物景观。

作为遗址公园，圆明园内依稀可辨的古迹遗存和曾遭焚毁而独有的历史沧桑感是那些眷恋历史文化的人游览追思的场所。而许多来北京观光的匆匆游客，到京西北一带，也许更多可能去颐和园、香山，而舍去了圆明园。这不能不说是一种遗憾。

🚗 旅游小贴士

简介：游览圆明园，一般都从绮春园宫门开始。可参考以下线路：绮春园新宫门—石残桥—风麟洲遗址—三园交界处—含经堂遗址—狮子林—西洋楼景区—福海东岸—三园交界处—绮春园宫门。

如果不跟导游，最好掌握一点关于圆明园的历史知识和对原有景点的介绍，否则面对大片遗址难免不知其所以然。在长春园东北部远瀛观残迹附近有一个圆明园史展览馆，系统地展示了圆明园建园、被毁、荒芜、修复的情况，免费参观，每半小时有工作人员定时讲解。

圆明园遗址公园面积很大，进园游览最好安排好充分的时间，否则只能窥其一角而不能观其全貌。天色过晚时不要单身在园内逗留，冬季游园不要贸然踩踏冰面。有些地方的石块为虚掩的石堆，最好不要攀爬。

到达：从北京前门一带、北京西站、西直门等处均可乘公交车，到绮春园宫门或长春园宫门下车。

周边景点：颐和园、香山

长城

据历史文献记载，长城超过 5000 公里的时期有三个时代：一是秦始皇时修筑的西起临洮，东止辽东的万里长城；二是汉朝修筑的西起今新疆，东止辽东的内外长城和烽燧亭障，全长 13000 多公里；三是明朝修筑的西起嘉峪关，东到鸭绿江畔的长城，全长 8851.841 公里。

秦时，"北筑长城而守藩篱，却匈奴七百余里，胡人不敢南下牧马。"（《新书·过秦》）；汉武帝时，"建塞缴、起亭燧、筑外城，设屯戍以守之，然后边境得用少安。"（《汉书·匈奴传》）；"筑长城，自代并阴山下，至高阙为塞"的赵武灵王正是以"变俗胡服、习骑射"而著称于世的政治家（《史记·匈奴列传》）。

长城

长城东西绵延上万里，现存的长城遗迹主要是始建于 14 世纪的明长城，它西起嘉峪关，东至辽东虎山。作为我国古代劳动人民创造的伟大奇迹，长城见证了中华民族悠久的历史；如今，长城与天安门、兵马俑一起被世人视为中国的象征。

"策马出居庸，盘回上碧峰。坐窥京邑尽，行绕塞垣重。夕照沉千帐，寒声折万松。回瞻陵寝地，云气总成龙。"清代诗人沈用济笔下的八达岭巍峨壮丽，雄浑有劲。

位于北京延庆的八达岭长城，是明长城最具代表性的一段。作为居庸关的前哨，八达岭长城地势险要，历来皆为兵家必争之地，也是明朝重要的军事关隘和北京的重要屏障。美国前总统尼克松，英国前首相撒切尔夫人等国外众多政要名人皆曾到此游览。八达岭景区以其宏伟的景观、完善的设施和深厚的文化历史内涵而著称于世。

林则徐一首《塞外杂咏》生动再现了嘉峪关的雄伟与壮观，"雄关楼堞倚云开，驻马边墙首重回。风雨满城人出塞，黄花真笑逐臣来"。

嘉峪关作为嘉峪关长城的重要关隘，代表着嘉峪关长城建筑艺术的卓越成就。嘉峪关长城建于明洪武五年（1372 年），是明长城的西端起点，是目前保存最完整的一座城关。此处城关由黄土夯筑而成，外包城砖，坚固雄伟，城墙穿越戈壁沙漠，每每观赏，大漠孤城之苍凉感受油然而生。

《左传》记载："晋侯伐齐……齐侯御诸平阴，堑防门而守之。"《史记·楚世家正义》引《齐记》记载："齐宣王乘山岭之上，筑长城，东至海，西至济州，千余里，以备楚。"

齐长城西起济南长青区，东至青岛市环岛经济开发区，横穿山东半岛。作为迄今我国乃至世界上保存最古老，且保存段落或遗迹较多的古长城，齐长城当之无愧地成为国之瑰宝。

很久以前，从祁连山流下来的雪水一路汇合，终成北大河，它穿过河西走廊中段的荒原，浇灌着那一带的良田，养育着那里的各族人民。有一天，一个牧童正在荒原上放羊，迎面碰上一个古怪的老头儿，身上背一袋石沙，问他去北大河如何走，并说："这北大河原是我的家，后来被一群百姓抢去，我这次来是要用石沙堵住北大河。"牧童听后非常气愤，立刻顶撞道："别说你用一袋石沙，就是把北边的大山搬来，也别妄想使北大河改道。"

老头儿听后非常生气，立刻将背着的那袋石沙向左右撒开，骤然间，荒原上突起许多丘陵和一座大山，这座大山就是现在的嘉峪山。原来这个怪老头儿是龟精变的，只见他口念咒语，企图推倒嘉峪山来封堵北大河，正在此时，突然狂风大作，电闪雷鸣，玉皇大帝派雷神把老头击死了。在他死的地方立即隆起了一个山包，形状如龟，这就是现在的"龟盖山"（位于嘉峪关城南）。

🚙 旅游小贴士

怎么去：在北京市区的德胜门乘坐 919 路公交车可直达八达岭长城脚下；在甘肃嘉峪关市区内乘坐 4 路公交车可达嘉峪关；在河北省秦皇岛火车站乘坐 34 路公交车至四道桥，再换乘 33 路公交车可达山海关。

观光：八达岭长城是长城中最具代表性的一段，嘉峪关和山海关是长城上规模最大的隘口。

美食：在嘉峪关当地有烤羊腿、雪山驼掌等；在山海关当地有回记绿豆糕、老二位麻酱烧饼等。

住宿：长城周边住宿选择很多，这里推荐离景区最近的密云雾灵山长城农家院。

购物：嘉峪关当地特产有嘉峪石砚、玉料夜光杯等，山海关当地特产以海产品为主；此外，比较有名的北京工艺品景泰蓝、玉器、雕漆等也值得购买。

华清池

"长安回望绣成堆，山顶千门次第开。一骑红尘妃子笑，无人知是荔枝来。"唐代大诗人杜牧一首《过华清宫》，直至今日仍广为传唱；而华清池位于西安市东约30公里处的临潼骊山北麓，是中国著名的温泉胜地。据历史记载，华清池温泉大约发现于3000年前的西周时代，汉代时曾在这里建造了帝王贵族的行宫别墅。

华清池

唐代建立起了富丽堂皇的"华清宫"，"华清池"由此而得名。经历了无数的战火硝烟，古时的建筑都已毁塌，现在所见的建筑都是按照历史记载的布局于1959年重建的。

华清池于1982年被列入中国第一批重点风景名胜区，"西安事变"旧址五间厅被列为中国第二批重点文物保护单位。1996年，国务院公布唐华清宫遗址为中国第四批重点文物保护单位。

"七月七日长生殿，夜半无人私语时。在天愿作比翼鸟，在地愿为连理枝。"唐代大诗人白居易的《长恨歌》诗句，使得华清宫芙蓉园内的代表性建筑长生殿成了唐玄宗与杨贵妃爱情故事的不朽见证。

现在的华清宫芙蓉园颇有意境地为游客展示以"静"态观光为主的唐风唐韵浓郁的皇家园林，又新添了温泉神女亭、芙蓉湖、得宝楼、果老药堂、御茗轩等十余处新景观，试图将其打造成为西北唯一一个代表唐文化内涵的皇家园林，集游览观光、休闲沐浴为一体的风景名胜区。

"春寒赐浴华清池，温泉水滑洗凝脂。侍儿扶起娇无力，始是新承恩泽时。"此乃唐代大诗人白居易对杨贵妃在华清池内赐浴的真实写照。

中国已知的温泉多达 2700 余处，独有华清池温泉以芳香凝脂、动人故事名冠诸泉之首，有着"天下第一御泉"的美称。公元 747~757 年，每年十月至次年暮春，唐玄宗都会带着杨贵妃姐妹驾临华清宫避寒游乐。华清池也因此而闻名天下，为世人所向往，并成了与罗马卡瑞卡拉浴场和英国巴思温泉齐名的"东方神泉"。

唐代时期，以梨园为代表的音乐舞蹈艺术是我国古代歌舞艺术的鼎盛阶段。强盛的国力，繁荣的经济，以及外来音乐文化的交流和融合，再加上帝王对音乐舞蹈的酷爱和推崇，使得当时的华清宫云集了大批的乐舞艺人，显现出百花斗艳，多姿多彩的繁盛局面。

唐玄宗"尤知音律"，杨贵妃"弹唱娴熟"，如此珠联璧合，创作了许多千古妙曲歌舞，著名的《霓裳羽衣舞》《得宝子》《凌波曲》等皆为其中之精品。而梨园作为唐玄宗创办的我国历史上第一所皇家音乐艺术学校，将音乐、舞蹈、戏剧活动作为教学的核心，并以教习和演奏法曲为重点，结合诸多音乐名师和舞蹈家的创作，因此梨园也被尊奉为中国戏曲艺术的鼻祖，成为今天戏曲艺术的一个代名词。

杨贵妃名叫杨玉环，出生于陕西华阴，后辗转到了河南，在都市情怀的陶冶下，言语举止优雅动人，人也长得如花似玉，美若天仙。公元 735 年，唐玄宗册封她为寿王李瑁的妃子，后唐玄宗爱妃武惠妃病逝，将其召入宫中，由此拉开了两人爱情罗曼史的序幕。

公元 745 年，杨贵妃被册封为贵妃，从此俩人终日厮守，唐玄宗还专为她建造了海棠宫。此时的杨贵妃，正如白居易《长恨歌》所云"后宫佳丽三千人，三千宠爱于一身"。直至"安史之乱"，唐玄宗偕杨贵妃逃至马嵬坡，在将士威逼之下，玄宗不得不赐死杨贵妃，此时杨贵妃才 38 岁。据史载，天宝年间，唐玄宗偕杨贵妃驾临华清宫多达 43 次，由此可见华清池的闻名与杨贵妃有着千丝万缕的关系。

旅游小贴士

怎么去：从西安火车站东广场乘坐914、915、游5路公交车在华清池站下车即到。

观光：周边景点有秦始皇陵、秦始皇兵马俑、陕西历史博物馆、大雁塔等。

美食：凉皮、Biangbiang面、牛羊肉泡馍、葫芦头、腊汁肉夹馍等都是值得一尝的美食。

住宿：西安市区的住宿选择非常多，但旅游旺季和节假日期间最好提前预订。

购物：可前往西安市区的书院门文化街、北院门回民街、化觉巷古玩街等购买当地特产，如仿秦兵马俑、虎头枕、户县农民画等。

曲阜三孔

"千年礼乐归东鲁，万古衣冠拜素王"，这是对位于山东西南部一县级市的历史写照，而这里就是有着5000多年悠久历史，被冠以"东方圣城"美称的山东省曲阜市。

曲阜的孔府、孔庙、孔林，统称"三孔"，是中国历代纪念孔子，推崇儒学的表征，因其丰厚的文化积淀、悠久的传承历史、宏大的建筑规模、丰富的文物收藏，以及极具科学艺术价值而著称于世。

曲阜三孔因其在中国历史和世界东方文化中的显著地位，被联合国教科文组织列为世界文化遗产，并于1994年12月被收入《世界文化遗产名录》。曲阜凭借三孔之优势，被世人尊崇为世界三大圣城之一，2007 年 5 月 8 日，曲阜市明故城（三孔）旅游区经国家旅游局正式批准为国家 AAAAA 级旅游景区。

孔府本名"衍圣公府"，矗立在孔庙东侧，据考证是孔子嫡长孙的办公场所。孔府大门正中上方高悬着蓝底金字的"圣府"匾额，门两旁明柱上，树立着一副蓝底金字对联："与国咸休安富尊荣公府第，同天并老文章道德圣人家"——这副对联据传出自清代大学士纪昀手笔。

曲阜三孔

孔府自古皆有"天下第一家"之美誉，这不仅代表着各朝各代对孔子儒学的推崇，也表现着孔氏家族子孙后代官品爵位的门第等级，而府内藏品所彰显的文化气息，更是让参观者肃然起敬。慈禧太后手书的"寿"字碑、"九桃图""松鹤图"等皆为后世研究和探索封建文化艺术起到重要作用。

孔庙始建于孔子死后的第二年（公元前 478 年），弟子们将其生前"故所居堂"立为庙，"岁时奉祀"。东汉永兴元年（公元 153 年），桓帝令修孔庙，"立碑于庙"。东魏兴和元年（公元 539 年）修缮孔庙，"雕塑圣容，旁立十子"。

宋朝吕蒙观赏孔庙之后，作文赞道："缭垣云矗，飞檐翼张。重门其洞开，层阙郁其特起。"这一别具东方建筑特色的庞大建筑群，气势宏伟，历史悠久，保存完整，被古建筑学家称为建筑史上"唯一的孤例"。

一代大师郭沫若先生对孔林的称赞可谓一语道中，"这是一个很好的自然博物馆，也是孔氏家族的一部编年史"。

"断碑深树处，无路可寻看。"在万木掩映的孔林中，碑石如林，石仪成群，除了一批著名的汉碑已经移入孔庙外，孔林中尚存有李东阳、严嵩、翁方钢、何绍基、康有为等明、清书法名家亲笔题写的墓碑，丰厚的历史底蕴与文化气息造就了这个名副其实的文化碑林。

孔府正门旁树立着一副木雕金字对联："与国咸休安富尊荣公府第，同天并老文章道德圣人家。"上联中的"富"字缺一点，意为孔府之富是没有头的，而这传说是来自一位看似乞丐的仙人的指点。

清代大学士纪昀应邀撰写这副对联时，写了好几遍都没有满意的。有一天夜里，当纪昀蒙眬入睡的时候，只见一位白发苍苍的老者提笔在他写的下联"章"字上抹了一笔。纪昀顿然醒来，见那"章"字一竖，穿日顶天而立，气势赫然。此时他才恍然大悟，于是重新展纸提笔，一挥而就。

古格遗址

古格王朝是在统一过西藏高原的吐蕃王朝瓦解后，由王室后裔在吐蕃西部阿里建立的地方政权，其统治范围最盛时遍及阿里全境。根据史料记载，公元 843 年，吐蕃末代赞普郎达玛实行灭佛政策，引起了王室中的一系列动乱，吐蕃王朝就此崩溃，其中维护佛教的王室后人为躲避灾难，逃到了阿里地区，郎达玛的重孙吉德尼玛衮在公元 10 世纪前后建立了古格王朝。公元 10 世纪中叶至 17 世纪初，古格王国雄踞西藏西部，弘扬佛教，抵御外侮，在西藏吐蕃王朝以后的历史舞台上扮演了重要的角色。据说 1630 年，与古格同宗的西部邻族拉达克人发动了入侵战争，古格王国就此灭亡，只留下巍然屹立的王朝遗址，任人凭吊追思。

我出发去古格王朝遗址时，天还没亮。路旁的土林在黎明前的黑暗里显得格外狰狞，车灯如两柄挥舞的利剑，周围的景物在灯光里像放电影般迅速闪回，然后同样迅速地归于黑暗。

古格遗址究竟有何魔力？吸引着无数人不远千里而来，为它迷惑、为它倾倒、为它叹息、为它感伤。

也许只有面对遗址，人们才能更深刻地体会到历史的残酷和凄凉。紫禁城埋葬了三百年二十四位皇帝的生命与梦想，却只看到殿宇轩昂；颐和园剥夺了北洋水师复兴的希望，却只看到湖光山色，只有满目疮痍的圆明园，如同一滴屈辱的眼泪，缓缓滑过近代中国伤痕累累的面庞。

在遥远的高原，我赶着去一个同样掩埋了灿烂文明的地方。

汽车经过扎布让宗时，天已蒙蒙亮，可以看清小学校园里空荡荡的黄土操场，边上种着几棵枝叶稀少的白杨。

终于，曾无数次在照片里看到过的影像真实地屹立在面前，带着粗糙的质感。

错落有致的土壁依山延展，托举起城堡顶端红色、白色的宫墙，两侧拱卫着的是层层叠叠的土林，同样层层叠叠的土林与遗址隔河相望。土林怀抱中的古格，内敛而忧伤。

太阳出来了。温暖的光线自山顶缓缓向下流淌，土黄色的城堡此时如金子般辉煌；快门频响，能否留住这一刻的安详；湛蓝的天空丢失了鸟儿的翅膀，找不到一丝生命的迹象。迎接朝阳的古格，沉默却倔强。

古格遗址

我们随着古格看门人拾级而上，他一一打开沉睡的殿堂，如同架设一条条通往历史的桥梁。遍布每寸墙体的壁画扑面而来，大片的红与跳动的金，令我眼花缭乱，尘封的历史从墙缝中、佛龛上、柱子里喷涌而出，忽儿是宠辱不惊的佛祖，忽儿是身姿曼妙的度母，忽儿是引车卖浆的平民百姓，忽儿是青面獠牙的护法明王。浓重的色彩、夸张的表情强烈地冲击着我，那是古格残缺不全、却令人窒息的辉煌。有的殿堂没有一扇窗户，浸泡着蒙昧的昏暗；有的殿堂会有光柱从顶棚泻下，正好将佛龛上残破的佛头照亮，双睑微垂，面容安详。我从未这样平视过佛的脸，站在那里，久久不肯移开视线，我看不见佛的身体，但我看得见那让人心静如水的笑容，那让人无嗔无怨的智慧之光。

离开众人，我独自在迷宫般的城堡内徜徉；低头钻进曲折阴暗的巷道，在冬宫尽头邂逅亮光；置身古格绝顶，高高低低、似曾相识的断壁残墙，让我找不到出口的方向。上溯千年，这里也许曾走过法王益西沃，走过尊者阿底峡；走过提篮采买的主妇，走过梦笔生花的画匠；走过守城的英勇武士，走过请降的古格国王……

我相信，在最后时刻，国王是受了佛的感召，为了让臣民免遭涂炭，才放弃了抵抗。听，檐下那已经等待了三个多世纪的铜铃，还在为他未归的灵魂轻轻鸣唱。

御敌卵石今犹在，何处觅沙场？戍卒尸骨仍未寒，归宿在何方？俱往矣！没有了鸡犬相闻家长里短，没有了安居乐业鸟语花香，没有了僧侣诵经抑扬顿挫，没有了妇人往来环佩叮当。古格历史被三百年前的刀光剑影斩断，古格文明陨落于玉石俱焚的悲壮灭亡。

如今的古格是历史学家的猜测，是考古学家的课堂，是摄影者的模特，是旅游者的梦想，却永远不会再成为古格人的家乡。

万里无云，碧空如洗，古格峭壁沐浴着金灿灿的朝阳，散发着君临天下、俾睨群雄的气场。脚下一丛小野花被渐渐升起的太阳一点点照亮，很精致、小心翼翼的样子，我顿时如醍醐灌顶，茅塞顿开：世间万物自然有其发展规律，辉煌一时如古格者，纵百般呵护，终将归于黄土，归于寂寞；渺小一生如草木者，亦有机会在一荣一枯间留下属于自己的芬芳。在时间面前，其他一切都是弱者，能留下传奇故事为后人道者，已然幸之又幸了。原本不必为古格的覆灭过分感伤，至少还有壁画传承古格千古不堕的精神，绚丽多彩，轻舞飞扬。

🚐 旅游小贴士

游客到了这里，都已经在高原上跋涉多日了，一般不会再有高原反应等问题。扎达海拔不算高，但还是要注意合理分配体力，尤其在爬坡时。

如果对住宿条件不挑剔，可以在看门人那里投宿，夜宿古格绝对能让你看到和感受到一个非同寻常的古格。

古格昼夜温差很大，晨昏拍照时尤其要注意自己和摄影器材的保暖。

不要在好奇心驱使下拿走"擦擦"，且不说它是否真的有魔力，拿走别人的东西而事先未征得对方同意，属于偷窃行为。

到达：古格王朝遗址位于札达县城西 18 公里，最好从县城包车前往，也可以在路边拦过路的越野车，如果有空位，司机会愿意捎上你的，不过记得要事先谈好价钱。

周边景点：扎达土林、托林寺

高昌故城

19 世纪时，沙俄的雷格尔第一次面对高昌城时被深深地震撼了，他说："那是一座如古罗马城市般的废墟。"

高昌故城位于火焰山以南、吐鲁番市以东约四十公里处，曾是高昌王国的都城。公元前 1 世纪始建，先后有 6 个高昌国建都于此。公元 640 年唐灭高昌国以后，设置西州，仍设在高昌，元代改名为火州。元末高昌城在蒙古贵族叛乱的战火中受到重创，后来更毁于伊斯兰教的"圣战"中。明朝陈诚路过此地，目睹了高昌城的残垣断壁，已是"城郭萧条市肆稀"。此后吐鲁番地区的政治中心逐渐移到了今天的吐鲁番市。

历史上的高昌城，曾经是西域最大的国际商会、宗教中心，也是当时亚洲巨大的印刷中心之一。高昌城废弃后，大部分建筑物被毁，比较完整的遗存不多。其中，西北部的佛寺是唐代高僧玄奘曾经讲经的地方，寺院内的"唐僧讲经台"建筑尤为引人注目。内城正中偏北的可汗堡，是一处宫殿遗址，据推断可能是当时的宫城。现存的故城遗址是高昌回鹘时期在唐代高昌城的基础上建设而成的，呈不规则的正方形，周长 5 公里，布局大致与唐长安城相仿。

外城城墙轮廓基本完整，部分地段保存极好，其中西面靠北的城门保存最完好，有曲折的瓮城和大量的马面，均为夯土筑成。

内城居外城正中，即外城的中间、宫城的南面。西、南两面的城垣大部分保存了下来，中间有破坏的地方，东面只能看到一个土台基，北面和西北角还有一部分残垣基地，城门的遗址则全无痕迹。内城周长约三千多米。

宫城居全城最北部，外城的北墙是宫城的北墙，内城的北墙是宫城的南墙。宫城周长约七百米，东墙完全被破坏，西墙还有几处残基，宫城内留存下许多高大的殿基。

高昌故城

经常有人把高昌故城和交河故城相比，认为这里已经"破坏得差不多了"，"没什么可看"，而交河遗址则"保留得好一些"。从建筑的遗存量来讲固然如此，但高昌故城壮观的城池和作为王城的大气，却是交河故城无法比拟的——交河故城更多的是精致。走进高昌，感受到的是一种残破的壮美。荒废七百多年后，穿越历史的风沙，故城轮廓犹存，城墙气势雄伟，屹立在火焰山下，仍然流露出恢宏的气势，我们仍可从高耸的断壁残垣、深陷的护城河轮廓和大片的地表残存上看出它往昔的雄风——即使变成了遗迹，它也是西域最大的古城遗址。1961年，高昌古城被国务院列为全国重点文物保护单位。

可惜，今天的高昌城俨然成了快餐旅游的一个重要景点，景区门口如集市般热闹喧嚣，一队队的旅行团成员，在导游手中小旗子的带领下进入故城，为了赶时间，又要有"划算"的感觉，大家一般在导游的安排下乘坐毛驴车进入故城的最深处——一般是到"唐僧讲经台"，拍照留念再返回。往返途中更有人在不同的驴车上挥鞭扬尘，你追我赶，像乘坐过山车一样大呼小叫，兴奋不已。想在这样的气氛中体味历史沧远、追怀巍峨故城，真是不合时宜，也不知道是谁煞了谁的风景。

周口店北京猿人遗址

近代以来，人是由神创造的还是由猿进化而来的，一直是神学界和科学界争执不休的问题。由于缺乏证据，科学家们空有满腹理论，却无法令人信服，甚至科学界内部对此也莫衷一是。

位于北京西南郊、距离市区约 50 公里的周口店，原本只是一个荒僻的小村子。

旅游大百科

长期以来，这里出产一种被称为"龙骨"的药材，出产地就被命名为"龙骨山"。然而这些并不起眼的药材，实际上是古代哺乳动物的化石。瑞典地质学家安特生根据这蛛丝马迹，渐渐注意到了这个不起眼的小地方。1921年，以安特生为首的三个外国人出现在这里，开始了试掘工作。他们有种预感，我们祖先的遗骸就躺在这里。

后来，在加拿大解剖学家步达生的努力下，由美国洛克菲勒基金会出资，中国地质调查所和协和医学院合作，一场寻找人类起源的考古发掘在周口店拉开了序幕。1928年，刚从北京大学地质系毕业的裴文中来到这里，次年开始主持发掘工作。就是这位当时不到30岁的年轻人，发现了第一个头盖骨化石。在他之后，同样只有二十多岁的贾兰坡又先后发现了三个头盖骨以及大量其他骨骼化石。周口店的发现震惊了世界。

北京猿人遗址

几年的发掘中，一共出土了5个比较完整的头盖骨、9块破碎的头骨以及大量的面骨、下颌骨、牙齿等骨骼化石，估计来自40个不同的男女老幼个体，代表了一个相当完整的古人类群体。在方寸之地出土如此丰富的化石，举世罕见。这一古人类的新种属，被命名为中国猿人北京种，简称"北京人"。它把人类的历史一下从十万年上溯到了五十万年，不仅有力地证明了人类是由猿进化而来的，而且为人类早期的形态留下了众多的线索。

这些珍贵化石大都出土于一个叫猿人洞的洞穴。当年的发掘，已经把洞顶完全揭开，显露出一层层仿似年轮的堆积层。除了古猿人化石，遗址还出土了大量的石器，发现了用火的痕迹。想象一下，我们远古的祖先就是在如此简陋的条件下，借助这些原始的发明，让人类告别了茹毛饮血的生活，开始了新的进化历程。"北京人"的样貌体征与现代人还有着显著的差别。到距今约二万年前，另一群原始人类来到龙骨坡，在"北京人"所在地山顶的洞穴里繁衍生息时，他们与现代人已经基本无异了，科学家们称之为"山顶洞人"。

令人遗憾的是，1937 年抗日战争全面爆发的炮火打断了这里的考古进程。周口店出土的大量人骨化石也在这场惨烈的战争中莫名丢失，至今下落不明。当年参与发掘的人员也都已作古。可幸的是遗址尚存，对它的研究也从未停止。周口店北京猿人遗址以其在人类历史上里程碑式的意义，早在 1987 年就和长城、故宫、秦始皇陵、敦煌莫高窟、泰山这些举世瞩目的奇观一起，被列入《世界文化遗产名录》。

🚗 旅游小贴士

简介：除了最令人瞩目的"猿人洞"和"山顶洞"，这里其实还有十多个化石地点，可按路标指示沿漫道一圈走下来。

来到遗址，博物馆是不能不看的。虽然抗战前发掘出来的人类化石大都丢失，但还有解放后出土的一些遗物以及大量的动植物化石。更重要的是，在坐落在山坡上的这个回字形的大型展馆里，你可以对北京猿人的生活形态、当年的考古发掘历程以及参与发掘的科学家们有一个翔实的了解。

到达：从北京天桥长途汽车站乘公交车到周口店路口下车（行程约需一个半小时），然后转乘公交车，或者在路口直接打车进去。

周边景点：云居寺

高句丽遗迹

　　大概由于从小生活在气候温暖的岭南，我对漫山遍野一片白茫茫的景致尤其向往，于是好几次选择了冬天去东北看雪。当然，那里吸引我的不仅有林海雪原，还有许多散落在这片苍茫大地上的历史遗迹。

高句丽遗迹

　　白山黑水间的东北大地，古时一直是各游猎部落活动的大舞台。几千年来有多少民族在此繁衍生息，难以尽数。久远的如东胡、夫余、肃慎，稍近的如鲜卑、契丹、女真，此兴彼亡，到今天已经转变为以汉、满和蒙古族为主体了。岁月的变迁令人感慨万千。

高句丽，一个似曾相识又似是而非的名字，就是这个大舞台上的一员。受高丽的影响，总以为他们生活在朝鲜半岛，其实他们很早就生活在东北浑江、富尔江、鸭绿江一带。大概公元前1世纪，夫余人朱蒙在汉玄菟郡高句骊县建立高句丽政权，都城就位于今辽宁省桓仁县一带，那里至今还留有五女山城遗址和早期的一些墓葬。

今天的集安，不过是东北边陲的一座小小城市，严冬时节街上行人稀疏，宁静无比。很难想象，这里曾作为高句丽的都城长达四百多年，也曾经人口繁密。昔日的宫室早被叠压在现代城区之下，只有在部分地段还能看到用石头垒筑的残存城墙，作为历史的印记。高句丽政权建立之初，虽国小力弱，却锐意扩张，反而几度招致北方割据政权的攻伐，几近灭顶，但每次对方撤离后，又都重建了起来，继续作为进攻阵地，集安国内城只是其中之一。

和集安国内城相距大约2.5公里处还有一座丸都山城，建立在一个马蹄形的山谷之中，三面环山，开口一面砌筑有坚固的城墙，易守难攻。居住在国内城中的贵族和将士，战时即转移到丸都山城中，城内有点将台可以调兵，有水源供给可以据守。平原城和山城相伴，这是高句丽城池的显著特征。当年高句丽的故地上，大大小小的山城多达一百多座，他们就是凭借着这些防御设施，先后挫败了隋唐大军的几次进攻，实属不易。

丸都山城之下有一大片坟地，那是高句丽时期的墓葬区之一。不同于中原地区常见的封土墓，这里的墓葬大都以石头砌筑，谓之积石墓。大概只有当时的贵族才有能力构筑起如此宏大的墓葬吧？当然最为壮观的要数位于集安城东北4公里龙山脚下悬崖上的将军坟。所谓将军坟只是后世误传，据考证它是高句丽第二十代长寿王的陵墓。墓体呈方锥形，全部采用精琢的巨型花岗岩石条层层砌筑，历经一千多年仍非常稳固。在此之前的王陵还有十多座，不过都难以达到如此规模。在此之后，受中原墓葬文化影响，积石墓逐渐不再流行，转以封土石室墓为主。不过部分墓室里的壁画，却不乏经典之作，在五盔坟景区，游人还能借助于影像探头，一窥这些精美艺术作品的真面目。

高句丽从好太王继位起，终于迎来了它的鼎盛期。趁中原内乱，它向西攻占了辽东，东南延伸入朝鲜半岛北部，基本把汉时辽东四郡都纳入了自己的版图。清末出土环刻一千多个汉字的好太王碑，记述了这一历史。长寿王登基后，出于中原政权的压力以及和百济和新罗对抗的需要，将都城迁至平壤（今朝鲜平壤）。不过盛极必衰，隋重新统一后，唐代更是空前强盛，而高句丽自身内忧外患，终于在唐朝和新罗的联手攻击下走向了末路。其领土尽入唐版图（后有部分被新罗占据），大批贵族和百姓被迁入中原各地（也有部分后来成为渤海国居民），延续七百多年的高句丽政权终告覆亡，从此销声匿迹。两百多年后，三韩人王建推翻新罗王朝，在朝鲜半岛建立高丽国，但已是名相如实不相如了。

站在县城一侧的鸭绿江边，对面朝鲜的群山清晰可见，看不到守卫的影子，丝毫感觉不到这是边境。不管如何，高句丽的历史是一段消逝已久的历史，一个早已湮灭的民族，今天所留存下来的，也只有这些壮观的遗迹而已，和现代生活已经毫无瓜葛了。

🚗 旅游小贴士

简介：集安城内有一个博物馆，虽然不大，但可以了解一些高句丽历史方面的知识。

到达：集安国内城就位于集安城区，参观丸都山城和周围墓葬群最好包车前往。

周边景点：长白山

洛阳城遗址

提起洛阳，人们总是自然而然地把它与千年古都联系起来。然而在这一千多年之中，到底有多少个朝代在此建都，却很难得出一个确切的答案。人们习惯上称之为九朝古都，但官方的说法却是十三朝古都，而当地人又会自豪地告诉你是十五朝古都，甚至史学界和考古界会说出来更多。不管如何，洛阳是中国历史上建都最早、朝代最多、时间最长的都城的说法是恰如其分的。

十余年前，当我对旅行还一知半解时，就是慕着这样的名头，兴冲冲地前往洛阳。然而短短两天的旅程，却多少有点令人失望。除了参观云冈石窟、关林、白马寺这几处著名的古迹，没有看到哪里还有古都的样子；其现代化水平也不高，难道历史上曾长期作为我国政治、经济、文化中心的洛阳城，真的早就繁华不再了？

后来看了很多历史资料，才知道自己所见不过一鳞半爪，未免有点以管窥豹了。洛阳周边最早出现的都城直可追溯到 4000 多年前的夏代。这个曾经被国外质疑为只存在于传说中的朝代，因为偃师二里头遗址的发现而得到明确无误的证实。城里发掘出大型宫殿遗址，经认定此即夏都斟鄩的所在，这是目前国内考古发现最早的都城遗址。夏亡后，商汤在夏都附近另建西亳，此即洛阳辖下的偃师商城遗址，后来才迁往郑州和安阳等地。

到了西周，被称为洛邑的成周城（今洛阳东郊）虽然只作为陪都，但地位仅次于国都镐京（今西安城郊）。周平王东迁之后，洛阳便成为东周的唯一都城，历时五百多年。每年春季到洛阳欣赏牡丹的如织游人，也许没有多少人会留意到，他们眼中的"国色天香"就植根在两千多年前的东周王城遗址之上。而在王城附近，近年还发现了"天子驾六"的东周王陵，再现了灿烂的东周历史。

汉明帝夜梦金人，遣使西域求佛法，使白马驮经回洛，建立白马寺的故事，我久已耳闻。然而当初到白马寺的时候，我却并不知道，在这座香火旺盛的中国佛教"祖庭"之东不远，就是那座曾经显赫一时、建立在成周城基础上的汉魏洛阳故城。夯土筑就的厚实城墙，除南面因洛河改道被冲毁外，其余三面仍高高矗立。城内规模宏伟的北宫和南宫，遗址虽已掩埋在黄土之下，但随着考古工作的开展，将来会给世人带来越来越多的认识。还有那座只存在过十几年、被视为中国建筑史上奇迹的九层木塔的塔基，城南郊的礼制建筑灵台、明堂、辟雍以及最高学府太学等遗址，都在一一展示着当年的洛阳城曾经有过的繁华。这是东汉、曹魏、西晋、北魏四个朝代的都城，是洛阳历史上最为辉煌的时代，它在当时也是世界上一流的大城市。可惜数百年后，它于北魏末年毁于战火，沦为被废弃的荒野，逐渐被世人所遗忘。

洛阳城遗址

然而仅仅过了几十年，一座面积更大、规模更宏伟的城市又在汉魏故城的西面拔地而起，那就是隋唐的东都洛阳。尽管它只在隋末、武周和唐末短暂做过都城，但其壮丽程度却真可与当时的长安城相提并论。外城、皇城、宫城三重城垣层层环绕，城墙全部以夯土筑成，城内由街道分割成众多里坊，形成一种棋盘式的城市格局。盛时的洛阳城，人口多达百万之众，是丝绸之路的起点和大运河的中心。武则天称帝之后，更是长期居于洛阳，号为神都。城南云冈石窟中名声最响的奉先寺卢舍那大佛，就曾得武则天"助脂粉钱两万贯"，并亲自参加了开光仪式。那是洛阳的又一段辉煌时期，即使到了唐朝灭亡后，还先后做过后梁、后唐、后晋的都城以及后汉、后周、北宋的陪都，直至宋金之际毁于战乱。

曾经宏大的隋唐洛阳故城，就叠压在如今的洛阳市区之下，然而现代的城市始终未曾覆盖故城的全部。洛河两岸，五大都城遗址横列成线，每座都在历史上扮演过举足轻重的角色。然而近一千年来，它却风光不复，不仅失去了政治中心的光环，就连省会城市都比不上，多少显得有点落寞。然而历史风云变幻，城市兴衰也是常事，谁又能断定，将来的洛阳，就一定不能再创造出新的辉煌呢？

旅游小贴士

简介：遗址大都埋于地下，地面所能见到的十分有限，倒是偃师商城博物馆、洛阳都城博物馆、天子驾六博物馆这些值得去看看。

到达：东周王城和隋唐洛阳故城就在市区之内，汉魏洛阳故城、二里头遗址、偃师商城乘坐前往偃师市、孟津县的大巴，再转乘摩的可达。

周边景点：云冈石窟、白马寺、关林

三星堆遗址

坐上成都开往三星堆的班车，隔着车窗也能闻到芳香的田园气息。正值阳春三月，窗外是这个季节成都平原最富有特色的景致。明媚的阳光洒满路边原野，金黄色的油菜花田错落有致，世界明亮灿烂，亮黄的色彩让人温暖愉悦，连阴霾的心情也变得明朗。汽车经过广汉市郊，鸭子河畔一派迷人景致，群群鸭子在河岸栖息、在水中嬉戏。路旁高高的河堤上，长溜躺椅一字排开，男女老少，或躺或坐，喝着清茶享受暖阳，天府人民就是会享受生活。由此联想到：五千年前的三星堆子民是否也曾如此安详富足？

坐落在广汉城西鸭子河畔的三星堆遗址明确无误地回答了我的疑问。在世人心目中，远古时代的蜀地向来是环境闭塞、道路难行的代名词，和代表先进生产力的先进文明扯不上太大关系，难怪诗人李白会发出"蜀道之难难于上青天"的感叹。可是，三星堆遗址的惊世发现让我们如梦初醒——原来黄河流域并非中华文明的唯一源头，长江同样是我们的母亲河！原来早在三五千年前，居住在四川盆地的三星堆人民就创造了高度发达的长江文明！作为川人，我几乎被陡然提升的祖先形象振奋得热血沸腾。

三星堆遗址

三星堆遗址是一个庞大的遗址群，现有保存完整的东、西、南城墙和月亮湾内城墙。走进位于遗址东北角的博物馆，馆内布局考究，制作精良，两大展馆交相辉映。人在其中，恍若穿越幽暗的时光隧道，古蜀王国数千年的沧桑史由此展开。

按照先轻后重的次序，三星堆博物馆分为综合和青铜器两大展馆。综合馆侧重介绍三星堆的历史和文化，并展出金、铜、玉、石、陶等各类文物，介绍古蜀历史及三星堆古蜀国的辉煌文明。以玉通神，从原料到半成品再到成品，我在精美绝伦的玉石器前细细留恋。三星堆遗址出土了很多玉石原料，展馆内并不禁止人们触摸。想象几千年前，这些笨重石头到底如何被打磨成精美玉器，让人匪夷所思。另一件极其奇妙的器物是青铜神树，九只太阳神鸟在三层树身之上栖息翩跹，如此奇幻的造型，究竟是蜀人幻想成仙的天梯，抑或是对太阳的终极崇拜？

作为博物馆的重中之重，青铜器馆全面展示了三星堆威赫森严的青铜雕像群以及神秘诡谲的青铜神品重器。馆内布置独具匠心，序厅的青铜人首鸟身像为我们拉开了一场视觉盛宴的大幕。

谁见过传说中的千里眼和顺风耳？眼前的青铜戴冠纵目面具集二者于一身，意象神秘诡异，风格雄奇华美。人们为这个眼球突出的造像准备了各种稀奇古怪的解释：有人说此造像原型患了某种眼病，有人猜测这是某种未知习俗的夸张，更富想象力的人则认为这是远古蜀人关于望远镜的使用和崇拜。不过我还是宁愿相信，这个夸张的青铜面具代表了古蜀先王蚕丛的图腾——那个传说中长着一双奇特眼睛的蜀人祖先。

我对历史谈不上热衷，然而面对这些光怪陆离、奇异诡谲的青铜造型，仍然被深深震撼。青铜大立人高挑挺拔，俊朗飘逸，一派精神领袖兼世俗领袖的风范；青铜太阳轮貌似车轮，专家考证说其象征着太阳，在我的眼里，俨然外星人使用的方向盘；还有状似外星人的金面铜人头像，居然耳垂穿孔，就差佩戴耳环和耳饰了。这些神秘诡异的造型究竟是真实的人物还是想象中的神灵？或许正因其超乎想象和匪夷所思，三星堆遗址才被某些人称为外星人的文化？

看完展览，再去探寻三星堆的发现故事和千古之谜，别有一番意味。三星堆文化的来源在哪里？三星堆遗址的居民属于什么民族？三星堆令人惊叹的青铜文化到底如何产生？三星堆古蜀国何以产生、持续多久、又何以突然消亡？博物馆三楼的陈列室内空空荡荡，工作人员在外面打着瞌睡。不停追问这些问题，自己恍若置身一个千古迷局，被这些谜团苦苦纠缠，瞬间感觉脊背发凉、毛骨悚然，不知今夕是何年。

"蚕丛及鱼凫，开国何茫然？"李白曾对谜一般的古蜀历史发出喟叹。无法想象，倘若置身真实的三星堆文明，诗人是否会写出更加奇瑰的诗篇？

🔥 旅游小贴士

简介：参观三星堆博物馆最好有讲解服务，如果多人同行，大家请一个讲解员是值得的；如果独自前往，跟着别人请的讲解员蹭听也可以。当然，博物馆的文字介绍和展品布置做得不错，即使没有解说，也可以看明白。

进入博物馆大门后务必收好门票，因为进入两个展馆时需分别再次扫描验票，且门票经入馆扫描后无效。也就是说，一旦走出展馆大门，除非你重新掏钱，否则是不能再进去的。

元上都遗址

　　元朝的都城为大都，也即今天的北京，人尽皆知。明清恢宏的北京城就是在元大都的基础上南移并扩建而成，就连胡同据考证也大体沿袭自大都。曾经规划整齐、泾渭分明的大都城，早被叠压在后世的建筑之下，很难看出端倪。唯有明初被废弃的北部，仍有部分城墙和护城河残存，现辟为元大都城垣遗址公园。《马可·波罗游记》中赞不绝口的大都城，无人能再得以一见了。

　　《马可·波罗游记》中另有一段记述："内有大理石宫殿，甚美，其房舍内皆涂金，绘重重鸟兽花木，工巧之极，技术之佳，见之足以娱乐人心目"，这里所描绘的却不是大都，而是元朝的另一座都城——上都，也是马可·波罗最早觐见元朝皇帝忽必烈的地方。元上都在哪里？不要说遥远的西方读者茫然不知，就连身在中国的人们，恐怕知之者也甚少。

　　草原的夏季是一年中最美的时节，烂漫缤纷的野花装点在碧绿的草原上，在蓝天白云的映衬之下，格外令人心旷神怡。当年的蒙古民族就是在这一望无垠的大草原上兴起，倚仗其马背上的娴熟弓艺横扫了大半个欧亚大陆，建立起庞大的帝国。位于正蓝旗境内的金莲川草原，只是其中很小很小的一部分，却曾经是整个帝国的心脏，举足轻重。

公元 13 世纪中叶，成吉思汗的孙子忽必烈奉蒙哥大汗旨意，命刘秉忠在金莲川草原筑城，初名开平，以此总领漠南汉地。蒙哥伐宋死于四川钓鱼山后，忽必烈

元上都遗址

在开平即汗位，并以此为根据地统一全国，建立元朝。虽然不久之后又在金中都东北另建大都作为都城，但终元一代，上都仍作为夏都避暑理政，地位十分显要。

上都全城由宫城、皇城、外城三重城墙层层包围，城墙由黄土夯筑，宫城和皇城还用砖石包砌。历经六七百年风雨，虽已成残垣断壁，高处仍达数米。外城方形，开有四门，外建有瓮城，尤以南门明德门为主。皇城在外城东南角，城内街道整齐对称，曾有众多官署和寺庙建筑。宫城是全城的核心，开有三门，南边的御天门与明德门位于一条轴线上，布局严谨。除去宫城内的主要宫殿，外城北部还建有供游玩的皇家御苑，甚至专门辟有安放金顶大帐"棕毛殿"及其他营帐的空地，如此具有游牧特色的都城，国内极其罕见。元朝皇帝及随行官员每年有一半时间在此处理政务，是名副其实的全国政治中心。

站在曾是宫城内最主要的建筑大安殿废墟之前，已经很难将其和马可·波罗笔下的描写对应起来，据载它是元世祖忽必烈移取金朝南京（今开封）熙春阁的材料所筑成。然而走到最后一进穆清阁高大的台基之上，却不禁让人惊叹于它的宏伟，

尽管其上已空无一物。蒙古铁骑所到之处，屠戮过甚，对文化摧残极大。然而他们却对工匠网开一面，让他们营造出这些华丽的宫室，总算不是一无是处。后来也能任用一些汉族的能人，比如上都城西北面的铁杆渠，就是著名科学家郭守敬设计，至今尚完整保留下来。这些客观上也让前世的工艺能继承下来，不至于失传。

然而以武力征服土地、血腥杀戮人民的蒙古统治者，终究难于长治天下。朝廷极端腐败、上层倾轧不断、社会动荡不安、百姓流离失所，元朝终于在红巾军起义中土崩瓦解。元顺帝在起义军兵临大都前仓皇出逃至上都，后又弃城逃往应昌路（今达里诺尔湖一带）。元上都被愤怒的起义军焚毁时，距离它的建成正好一百年。从那以后，这座曾经居住过数十万人口的城市被彻底废弃，重新成为游牧民们逐水草而居的金莲川草原的一部分，慢慢被世人淡忘。直至近年因准备申报世界文化遗产，才重新进入人们的视线。

旅游小贴士

简介：到元上都不仅能感受历史遗迹，夏季时还可一览金莲川草原风光。草原上的烤全羊、手抓肉、马奶酒等风味美食不可错过。

到达：从正蓝旗驻地敦达浩特镇有旅游车直达金莲川草原，元上都遗址即位于草原之上，但旅游淡季需要自行打车前往。

周边景点：多伦汇宗寺

长安城遗址

看过金铁木的大型史诗式纪录片《大明宫》，片中那些根据历史记载和考古发现用电脑技术模拟出来的建筑，宏大而壮阔，展现出盛唐的非凡气度，让人深深地震撼。仿佛一下子穿越时空，回到了一千多年前的大唐盛世。

我也曾到过现实中的大明宫，就在今西安市区的北部，那里早已成了一片遗址，到处是开垦的田地和零星的村庄，和想象中相去甚远。这座面积四倍于北京明清故宫的大型宫殿群，曾经的辉煌也许只有在电影中才能重现了。

长安城遗址

经过一番费力的寻找，我终于找到了位于大明宫西北部的麟德殿遗址。这座曾是中国古代最大的殿堂，由前中后三殿紧密串联而成，形体组合复杂，高低错落有致，面积是北京故宫太和殿的三倍，仅从其复原的台基就能想象当年的壮丽。唐代时这里是举行宴会和娱乐的场所，曾经的笙歌宴舞、鼓乐百戏，犹在眼前。

而这还仅仅是大明宫的冰山一角，位于丹凤门正北的含元殿才是举行重大庆典和朝会的正殿。虽然殿基尚在修复之中，但仅从那超过十五米的高度，就能领略到它的威严所在。主殿向东南和西南延伸出的两臂，上面曾建有翔鸾阁和栖凤阁，以曲尺形廊庑连接，更陡增其巍峨。所谓"千官望长安，万国拜含元"，当年有幸一睹其盛况的各方来客，定会被其深深折服。

大明宫原本只是唐太宗为他退位后的父亲——太上皇李渊颐养天年而营建的夏宫，未料工程刚动工不久父亲就离世，夏宫的营建工程也就此停工。直到他的儿子唐高宗登基后才得以继续，并取代城中继承自隋代的太极宫，成为真正的政治中心。其后两百多年间，唐高宗和武则天权力争斗的内幕、唐明皇和杨贵妃缠绵悱恻的传奇都曾在这里上演。

唐代的长安城就位于大明宫的西南方，是在隋大兴城的基础上改扩建而成。今天所能见到的明城墙，仅仅是在唐代皇城的基础上略为扩大，城内面积还不到唐时的七分之一。当初由郭城、皇城、宫城三重城垣组成的长安城曾容纳了一百余万人口，是当时世界上面积最大、人口最多的城市，说它是世界中心毫不为过。可惜上千年岁月沧桑过后，如今大部分旧址被后世所建造的建筑物所叠压，所能见到的不过也就是大雁塔、小雁塔等少量遗存而已。唯有在东北的渤海国上京遗址乃至日本的奈良平城京等地，还能依稀看出长安城的影子，因为它们都是仿自唐朝，只是逊色了不少。

在现已沦为繁华闹市之地的唐长安城西北方静静地躺着一座年代更久远、保存更完好的故都，即西汉长安城遗址。击败了四面楚歌中的项羽，高声吟唱着《大风歌》的汉高祖刘邦，定都在关中的长安，在秦兴乐宫基础上建长乐宫，后又兴建未央宫，开启了汉长安城营建的序幕，也奠定了长安作为千年帝都的基石。惠帝时期开始筑城墙，历时五年完成，虽仅由黄土夯筑而成，然而历经两千多年风雨，仍非常坚固，可以想见当年定然坚不可摧。

未央宫主殿的夯土台基，高高地矗立于地面之上，远远即可望见。它是利用龙首山丘陵修建的高台建筑，上曾建有前、中、后三座大殿，展现出皇权的至高无上。后方的宫殿和官署遗址都已掩埋在田野之下，只有考古发掘才能揭示其本来面目。未央宫建成之后，取代长乐宫成为西汉的权力中心，长乐宫则成为太后居所，终西汉一代未变。汉武帝时，又在城内修北宫，建桂宫和明光宫，宫殿面积占去了整座城市的三分之二。还在西面城外建建章宫，扩充上林苑，开凿昆明池，一代帝都到此才基本建成。

西汉的长安城不仅是统一大帝国的首都，还是著名的国际都会，与西方的罗马并称。绵长悠远的丝绸之路沟通着东西方的这两大都会，"犯强汉者，虽远必诛"的声音随之响彻四方，那是何等的泱泱气魄！虽然当年的繁华帝都在二百多年后毁于王莽改制导致的农民起义，但几个世纪后政治的中心又一次回到了长安，而且把这一辉煌继续推进，达到了中国古代的巅峰。

然而盛极必衰，唐代安史之乱后，外有藩镇割据，内有宦官专权，大明宫在黄巢起义的战火中付之一炬。唐末军阀朱温强令迁都洛阳，长安城也彻底沦为废墟。中国的政治中心从此东移，再也没有逆转。千年帝都在失去了往日的显赫地位后，不复当年的盛世风姿，唯有那些残存的城墙和高大的台基还能让人回忆起曾有过的辉煌。那是中国人引以为豪的历史，永远铭刻在每一个国人的心中。

旅游小贴士

简介：遗址区域很大，且大都埋于地下，所能见到的唯有城墙和部分台基，选择重点游览即可。

最好到博物馆里参观一下，了解当年的历史资料、建筑形制和出土文物。

到达：长安城就在市内北部，有多路公交车可达，乘出租车也不贵。

周边景点：西安城墙、碑林、大雁塔、小雁塔

第十六章　名山游

珠穆朗玛峰

　　地壳变动形成的折皱隆起了世界之极，珠穆朗玛，不用多说，每个人听到这个名词都会热血沸腾。或许你早已从照片、画报、影视片段中无数次地感受过这片雪峰的壮美，盛赞过了，叹服过了，终其一生，你是不是也希望能真正地站在珠峰脚下，仰望这世界之最的神山真容？去珠峰吧，看那终年云雾缭绕的金字塔状峰顶是否会对你揭开神秘的面纱，那灿烂阳光穿透云层的一刻，那屏住呼吸凝神伫立的一刻，将会是你生命中最激动难忘的画面，这一刻你站在了与世界之巅对话的最近处。

　　珠峰的海拔高度仿佛淹没了这一地区的历史华章，仅存的一些有年代的寺庙都是早期佛教密宗传扬佛法途中遗留下来的，和布达拉宫、扎什伦布寺实在无法同日而语。到了近代，留下的史料中除了驱逐准噶和廓尔喀人侵的记录外，更多的则是人类一次次征服这个世界之巅的记录。确实，在珠峰这片区域，重峦叠嶂，海拔奇高，根本不适合人类居住，所以珠峰的历史其实就是一段攀登史、测量史和探险史。

最早对珠峰有记载的是康熙皇帝的《皇舆全览图》，当时名字是用满文标注的，作"朱母郎马阿林"，意为神女第三，传说是长寿五天女居住的宫室。到了近代，随着西方列强对西藏这片神秘区域的征服欲与日俱增，一批批传教士和间谍打着探险的旗号不断地深入进来，当年英国占领尼泊尔后负责测量喜马拉雅山脉的印度测量局局长乔治·埃非尔士就是其中最有名的一位，所以在西方也称珠峰为埃非尔士峰。1953 年，来自新西兰的登山家埃德蒙·希拉里在尼泊尔向导的帮助下第一次从东南山脊成功登顶珠穆朗玛峰后，世界第一高峰的海拔便一次又一次地不断被世人所征服。

珠穆朗玛峰

除了呈巨型金字塔状的珠穆朗玛峰外，喜马拉雅山脉在这片区域也展示着她最挺拔的一面，洛子峰、马卡鲁峰、干城章嘉峰、卓奥友峰、希夏邦马峰，海拔 8,000 米以上的世界高峰在此汇聚一堂，形成了一片群峰来潮、峰头汹涌的壮阔场面。这里是登山爱好者的天堂，每年的 3 月初至 5 月末、9 月中旬至 10 月末是珠峰区域风雨季过渡的时候，也是登山的最佳季节。平日云雾缭绕、暴雨频繁的珠峰会露出其真实的面貌，把她的壮美完全地展示在世人面前。

珠峰大本营作为登珠峰的最佳后勤保障场所，与珠峰的直线距离仅 19 公里，近虽近，不过要想一睹珠峰的真面目可不是件容易事，峰顶终年积雪，云雾环绕，雨季过来眼前就是一片混沌云雾，根本看不到峰顶。

从大本营再往珠峰深入，到前面的前进营地、北坳营地，必须要得到当地登山组织的许可，所以在大本营感受一下珠峰的雄姿成了众多普通旅行者的愿望。

🚗 旅游小贴士

简介：从绒布寺到珠峰大本营大约有20公里路，是在山谷中前行，路很平坦，走起来不是很累，外国游客大多徒步前往，当然你要是惧怕高原反应，也可以坐毛驴车。

珠峰大本营住宿就是清一色的帐篷，各家条件都差不多，都是味道很重的藏毯和单人床。在绒布寺可以住绒布寺招待所，大约有100个床位，条件和珠峰大本营的藏民帐篷比还是好很多，不过在海拔5,000多米的地方也别奢望有太好的睡觉地方了。招待所有饭店，可以做些简单的面条和蛋炒饭。

到达：可从拉萨或日喀则包车前往

周边景点：樟木

黄山

北纬30度，一条神奇的纬度带，百慕大三角、马里亚那海沟这些世界之谜都出于此。黄山，是上天在创造奇迹的时候留给我们炎黄子孙的30度传奇，无怪乎明代旅行家徐霞客走了中国东部、北部、西南和东南16个省后给了黄山"薄海内外，无如徽之黄山，登黄山天下无山，观止矣！"的赞誉。黄山和长江、长城、黄河并称为中华民族的四大象征，她的每个角落都留存有一段诗情画意。

黄山是什么？一首诗赋还是一幅水墨，一段恢宏还是一种意境，她人人知晓，却是无人能悟透的美妙幻境。灵秀奇异的怪石、苍劲挺拔的奇松展现着庄重、旷达；变幻莫测的云海、晶莹剔透的温泉蕴含着幽远、含蓄。晨昏晴雨，四季更迭，黄山变换着身姿，与来拜访它的朋友心脉相通；日出晚霞下、佛光雾凇中，黄山守着一片深情，与柔美的太平湖、千岛湖相依相伴。黄山就是这样，在无声无息中完全征服了你。

黄山在秦代的时候称黟山，因其山石黑黝黝的光泽而得名。那黟山为什么后来又改称黄山呢？其间有很多种说法，有说黄山产黄蘗而得名；也有说黄山在群山之中，"然中居，和淤四表"，而中央属土，黄山是以得名；传播最广的版本则说是唐玄宗看了《周书记异》中"黄帝在此修炼成仙"的传说，为纪念黄帝而让黟山改名的，那天是唐天宝六年（747年）6月17日，这一天也就成了黄山的生日。

黄山

书中说黄帝让位后，拜道教人物容成子、浮丘公为师，跟随他俩学习炼丹，求长生不老之术。三人跋山涉水，走遍中国各地，最后找到了中南部的黟山。见这里山高云淡，山谷中云雾缭绕如仙境一般，于是便隐于山中每天伐木烧炭，采药煮石，炼造能长生不老的"九转还丹"。四百八十年后金丹炼成，黄帝服用后顿觉身轻如燕，须发也由白变黑，不过因衰老而造成的皮肤皱纹却依然如故，就在这时，一座峰崖隙间突然流出一道红色的泉水，热气蒸腾，香气扑鼻，黄帝听从浮丘公建议在此红泉中连浸了七天七夜，全身的老皱皮肤竟然都随水漂去了，从此黄帝也就得道成仙，再也不用担心会老死了。

黄山有五绝：奇松、怪石、云海、温泉、冬雪，这是黄山吸引游客的精华美景，除了冬雪有季节性，云海要看运气外，另外三绝"奇松、怪石、温泉"，游客们一年四季都可领略。

黄山绵延千里，可以说是处处有松，而且黄山松生命力非常顽强，大都生长于巨岩缝隙之中。形态各异，或倚岸挺拔、或冠平如盖、或尖似利剑。其中最著名的黄山十大名松是：迎客松（位于玉屏楼的石狮前面）、送客松（位于玉屏楼的右边）、蒲团松（位于莲花溪谷）、凤凰松（位于天海）、棋盘松（位于平田石桥）、接引松（位于始信峰）、麒麟松（位于北海宾馆和清凉台之间）、黑虎松（位于北海宾馆和始信峰之间）、探海松（位于天都峰的鲫鱼背旁边），行走在黄山风景区里，几乎看见的每一棵松树都能给你遐想的空间。

黄山怪石星罗棋布，遍地皆是。有名可数的就有 120 余处。它们巧夺天工，而且多与青松为伴，构成一幅幅天然画卷，或似神话人物，或似珍禽异兽，千奇百怪，惟妙惟肖。如鲫鱼背（位于天都峰）、猴子石（位于狮子峰顶）、金鸡叫天门（半山寺前仰观）、望夫石（位于玉屏峰西侧）等等、不过更多的黄山怪石还要靠你用心去读，用情去悟，才能发现其更多的美丽。

黄山温泉古称汤泉、灵泉，源出海拔 850 米的紫云峰，黄山得名的那个传说也就源于这个山峰和泉口。温泉常年保持在摄氏 42 度左右，水质清澈，其味甘甜，可用来洗澡，也可饮用，据说还对消化、神经、皮肤等系统的病症有一定的治疗功效。此外，黄山之水，除了温泉之外，尚有飞瀑、碧潭、清溪，每逢雨后到处流水潺潺，波光粼粼，瀑布响似奔雷，泉水鸣如琴弦，一派鼓乐之声。

自古黄山云成海，黄山是云雾之乡，以峰为体，以云为衣，奇峰怪石和古松隐现云海之中，其瑰丽和壮观，使观者无不为之惊叹。云海一年四季皆可观赏，冬天是云海形成最多的时候，特别是在 1 月到 3 月，水汽升腾在半空中，黄山的大小山峰，千沟万壑都淹没在云涛雾浪里，天都峰、光明顶都成了浩瀚云海中的孤岛。夏天则一般出现在雨后雾气尚未消失的时候。

冬天到黄山来看雪是黄山旅游的一个热点。雪之黄山，万物群峰都笼罩在一层白茫茫的雪被里，整座黄山变成了一个冰妆玉砌的世界。无怪乎有人赞曰："处处路通琉璃界，时时身在水晶宫"。如果碰到雪后风息，加上雾气腾升，整座黄山又会成为一个雾凇的世界，有各式各样的冰凌花，或是钟乳石般的冰挂，煞是好看。

自古胜景喻美女，迤逦的自然风光似美女之貌，深邃的人文风光为美女之魂。徜徉在黄山神奇旖旎的自然景观中，还能感受到古徽州地区厚重的文化沉淀。这些过往承载于秀美山色之中，流露于小桥流水之间，一墩方石台柱、一段残垣断壁、一眼清泉水井、一枝牵缠古藤、一棵参天古樟，都缠绕着动人的传说、美丽的典故。

🚗 旅游小贴士

简介：黄山风景区内景点多达四百余处，按照区域大致可以分为温泉、前海、玉屏、天海、西海、北海、松谷、云谷、白云、梦幻（西海大峡谷）几大景区。其中松谷景区、白云景区游客很少光顾，梦幻（西海大峡谷）景区为最佳，其余的景区也都是必到的精华之处。

南大门的汤口镇是黄山之行的最佳落脚处，路边几乎所有饭店都提供住宿，高中低档都有。从这里搭乘景区大巴十几分钟就可到达云谷寺、慈光阁两个黄山售票点。从松谷景区上山的游客不妨考虑在黄山区住一晚上。黄山山上宾馆数量比较有限，价格比较贵，床位有限。旅游旺季山上人满为患，最好通过在黄山市的宾馆、旅行社或者网络提前预订住处。

两天的时间基本上可以把黄山风景区的精华部分参观到了，建议行程为：第一天：景区南大门汤口–云谷寺–白鹅岭–北海–西海–排云楼–光明顶（或西海大峡谷）–天海

第二天：天海–莲花峰（或莲花新道）–玉屏楼–天都峰–慈光阁–温泉–景区南大门

黄山风景区南大门的宾馆主要集中在汤口镇和温泉景区内。特别是汤口镇，另外在黄山区和太平湖也有宾馆提供住宿。

到达：从黄山市区（屯溪区）乘车可到黄山风景区南大门。

周边景点：屯溪老街、西递、宏村

武夷山

在福建生活了十多年，一直以为武夷山不过是个开发成熟的风景区而不愿前往，及至身临其境才后悔去晚了。丹霞地貌造就了武夷山"曲曲山回转、峰峰水抱流"的奇观，乘竹筏顺九曲溪而下，船在水中走，人在画中游，尘世喧嚣随流水一点点远离。起伏绵延的武夷山脉中蕴藏着众多神秘和神奇，有古越人"架壑船棺"

武夷山

之谜，我们至今仍然难以想象缺乏现代化工具的古越人是如何把沉重的船棺安置在悬崖绝壁之中；有大王峰与玉女峰的故事，看着被溪水隔断的两座山峰，听着传说中誓死不渝的爱情故事，谁又能不怦然心动的向往幸福。登天游一览群山，赏朱熹的紫阳书院，品武夷山的岩茶，尝集市间的美味，喜欢自然风光也好，钟爱人文景观也罢，到武夷山都能满载而归。

当地人有句谚语"不登天游等于白游，不坐竹排等于白来"之说，早上登天游，下午漂九曲，据说这是最合理的安排，暗自为自己的英明洋洋得意。早上9点，天游峰异常热闹了，通往顶峰的狭窄台阶上挤满了上上下下的游人，在对面山上的凉亭里休息，看着密密麻麻的黑脑袋暗自乐开了花。为了避免烈日底下登山，凌晨4点多就起床，不到6点就已在山顶支开了三脚架。许久不曾下雨，晴朗天气里难得的云海居然让我们看到，规模不算大，只远处几座耸立的山峰在漂浮的云雾中若隐若现，犹如八仙过海的胜景一般，让人恨不得也踏了云彩神游过去。九曲溪在山脚下正拐个九十度的大弯，碧绿的溪水宛如一条玉带蜿蜒而过，半山的小亭沐浴着晨曦，边上的寺庙空无一人的宁静，整座天游都是我们的。

陆续有人上山的时候我们开始往下走，先到对面山峰寻那狐狸洞，幽深的山路一直向上，感叹那聪颖的女子真会觅地方，隐居在如此秀美山水中，又有何种情结不可解。到云窝前的草地上，喜欢那里一片一片的茶园，带了草帽站在园子里的小径上拍照，感觉自己淳朴如同采茶的乡间女子。

竹筏是这一天的最后活动，下午到码头的时间还早，就坐在石阶上等待。一群当地十来岁的孩子在溪中嬉戏，见陌生人给他们拍照，不仅没有害羞，反而越发表现起来，纷纷爬到桥上开始练习跳水，滑溜的身体在空中划个优美的弧线再扑通入水，然后急切地过来从数码相机里看自己的模样，相视大笑。

上竹筏了，船头是经验丰富的老艄公，船尾是出道不久的年轻后生，跟我们一起从九曲开始漂流。老艄公撑了几十年的竹筏，肚子里全是当地神话传说故事，一块石头、一棵树都能讲出一段生动和幽默，引得筏上六位游人忍俊不禁。两个小时的时光流水般飞逝，艄公说前面拐弯就到了终点一曲，最后那段狭长水道，两边是密密匝匝的林子，几艘筏子悠然划过，迎着夕阳的金色光芒驶向武夷宫码头。

在风景区停留的几天，我们把能去的地方都走了个遍，旅程的最后是自然保护区。这是我国东南大陆乃至地球同纬度面积最大、保留最完整的中亚热带森林生态系统，空气中负氧离子含量为全球最高地方之一，是世界生物多样性保护的关键地区。

在七月流火的天气里奔波了一整天，却没有感觉到热，自然保护区的温度比外头要低好几度，穿着长袖衬衫还感觉有点凉。坐在茶竹农庄二楼的亭里休息，等着主人给我们做晚饭。山脚下公路旁的小竹楼小巧别致，挂着大红灯笼。我们的房间在二楼，后窗临着条清澈的溪流，还有漫山的青翠竹林，仰望山顶的方向，郁郁葱葱的山峰绵延在天空底下，那份清幽和安逸，其实胜过别墅的享受。

天色渐暗，村子里偶尔几点灯光，天上的星星显得那么明亮，星星是穷人的钻石，银河的样子很久不见。喝着主人送来的清茶，靠在竹椅的高高背上，惬意得什么也不想做，什么也不去想。

枕着窗外的溪流声音睡得很香，清晨醒来的时候已经快6点，忙套了衣服奔到门外，太阳已经出来，朝霞就要消失在天边，光芒给云彩镀上一圈金边。背了一包的食物和水出门，农庄的大白狗已经和我们很熟，跟在后面摇尾送行，我跟它挥挥手说晚上还回来呢。搭了到上饶的班车，慢悠悠沿着上山的公路行驶，不时鸣几声喇叭，然后等候从家里匆忙来赶车的村民。走走停停，到达桐木关的时候下车，开始这一天的徒步旅行。

清晨7点多，在盘山公路上行走，两旁是参天大树，竹林，还有灌木，有一眼望不到底的深崖，还有不知何处是尽头的峡谷，穿过树林间隙洒到地面的阳光细细碎碎，让人有拥抱它的冲动。

好心的司机搭上我们的时候已经快到中午，进入黄岗山的高山草甸区，一望无际的翠绿草坡上开满各色野花，云朵在湛蓝的天空中变幻姿势，碎石公路一直通到山顶，内心全是通达和舒畅。在顶峰的石碑旁休息，山的那边是江西，山的这边是福建，脚踏两省土地的感觉很是奇妙。

恋恋不舍地下山，依然走走停停，依然好运气搭了热心司机的汽车，跟随他们一起到了三港。正是黄昏，三港的猴子们在路旁的树林里戏耍，见了我们全都蹦跳着围拢来，伸手讨吃食。我本想留一半花生和饼干慢慢逗它们玩，不想一只成年公猴直奔过来伸手夺了我手里的袋子，得意地扬长而去。边上的人告诉我那是猴王，没见别的猴子一见它过来都马上让道吗。看它捧着袋子又咬又啃的样子，活脱一个可爱的孩子，忍不住笑了。

旅游小贴士

简介：武夷山分为市区、风景名胜区、度假区及自然保护区等。武夷山市区是交通中转站，没有特别的景点；武夷山风景名胜区指位于武夷山市西南约15公里的小武夷山，通常人们说的到武夷山旅游指的就是这里；武夷山国家旅游度假区又叫三菇，来武夷山旅游的人一般选择住在这里；武夷山国家自然保护区通常也叫三港。

武夷山风景名胜区共5个景区，即天游峰、九曲溪、大红袍—水帘洞、一线天—虎啸岩、莲花峰—遇林亭，每个景区需半天时间。

武夷山的住宿主要分为度假区、自然保护区和周边各乡镇（包括下梅，城村和五夫）。风景名胜区只有武夷山庄等几家宾馆。其中度假区与风景区毗邻，各种标准的宾馆和旅馆林立，餐厅、饭店以及旅游商店也很多，配套设施完善。

武夷岩茶和正山小种红茶是当地最负盛名的特产，建议到正规茶叶店购买。

武夷山的菜肴口味偏重酸辣，以山珍和家禽为主，算得上色香味俱佳的美食。

到达：武夷山交通非常便捷，飞机、火车或汽车都可到达，可根据个人情况选择。

周边景点：建瓯、茫荡山

泰山

　　大概是从中学课本里那篇《雨中登泰山》，开始对泰山心生向往。虽然对文中提到的岱宗坊、十八盘、南天门等众多名字，所知仅限于想象，却始终不曾忘记。亲自登临一次泰山，一直是学生时代的梦想。

　　直到毕业工作后，才有幸一偿所愿，借周末闲暇，携三五好友直奔泰安。一早从火车站出来，先到市区内的岱庙。岱为泰山的别称，岱庙也称东岳庙，在各地城乡为数不少，曾到过北京朝阳门外的那座，自觉已经相当宏大，然而和岱庙高大的城墙一比，顿时相形见绌。庙内殿宇巍峨、层层递进、高低起伏，不亚于皇家威仪。不同的是里面并不曾住有皇室贵胄，而是供奉着泰山山神，也即东岳大帝。其高大的塑像就端坐在主体建筑天贶殿之内，北、东和西三面墙壁上绘有巨幅《泰山神启跸回銮图》，虽是描述天上宫阙，实则取材人间百态，画中人物造型生动逼真，称得上泰山人文景观之一绝。

　　作为泰山最大而最完整的古建筑群，岱庙是历代帝王举行封禅大典和祭祀泰山神的地方。所谓封禅，早在战国时已有记载，据有些齐鲁儒士认为五岳中泰山为最高，帝王应到泰山祭祀。国家一统后，封禅成为帝王们的盛世大典，秦始皇、汉武帝、唐玄宗、宋真宗，都曾亲临泰山封禅，岱庙也在历次扩建之后，达到如今浩大的规模。虽然明清两朝把封禅改为了祭祀，但活动却进一步扩大，泰山作为神山之名，几乎无人不知。

　　今天的我们，当然知道即使在五岳之中，泰山的高度还不及华山和恒山，放眼国内更根本不值一提。然而它突起于华北平原，在齐鲁大地的低矮丘陵之中显得格外高旷，大有通天拔地之势。其方圆数百平方公里范围，形体集中，岩石坚硬，给人以厚重安稳之感。在敬天法地的古代，被视为"登封报天，降禅除地"之所，是

泰山

理所当然的。

历代帝王们不惜劳师动众的封禅活动，其实是想借以宣传"君权天授"的理论，以达到巩固自己统治的目的，是否真能怀着一份虔诚之心，登上泰山之顶筑圆坛以报天之功，就值得怀疑了。倒是尽管一生颠沛流离的孔子，曾登泰山考察封禅制度，他后来被尊为圣人，于是也留下了诸多如"孔子登临处"等的名胜古迹。假如不是后世帝王们采纳儒家学说为其统治服务，也许他也会如今天的我们一样，只是一名匆匆的过客而已了。

"一天门""孔子登临处""天阶"三重石坊以北的红门宫，是泰山主要登山之路的入口。宫内供奉泰山女神碧霞元君，是一处道教建筑，这样的宫观还有很多，比如王母池、斗母宫、三阳观、碧霞祠等等，李健吾笔下的七真像却已不复存在了。若说泰山是座道教名山当是不假，不过距此不远的山麓却有座普照寺，又是佛教寺院。中国的名山往往融儒释道于一身，确实是一幅和谐的景象。

当天的天空十分晴朗，天气也不炎热，一路边走边看，颇为乐在其中。一路走来，每隔一段距离，就会出现一座石坊，泰山现存这样的古代石坊共有18座，其中不乏岱庙坊、岱宗坊这样浑然天成、气势不凡的精品。即使登山之路上的一座小牌坊，都能给人以"有之不多余，缺之有遗憾"的审美效果，无形中疲劳之感也消去了不少。

到中天门后，虽有索道直上月观峰，我们还是选择了徒步，去领略一下十八盘的险要。都说"紧十八，慢十八，不紧不慢又十八"，虽然学着挑山工的步子走着"之字拐"，但这倾角足有七八十度的1,540余级的石阶走起来还是相当辛苦。每当觉得精疲力竭，可看到登山的队伍中还有健步如飞的老人，又有了不甘人后的勇气，于是一鼓作气，朝着南天门进发。

南天门是建于双峰夹峙之间的石砌阁楼，仰望之如登天际。进天门之内却豁然开朗，竟有一条平坦宽阔的天街，两侧店铺林立，热闹非凡，仿如天上人间。泰山主峰玉皇顶就在天街的那一头，因峰顶有玉皇庙而得名。庙之东南硕大的石头上，"五岳独尊"四个正楷体字格外醒目，而在其周边不大的范围之内，内容风格迥然不同的摩崖石刻竟俯拾皆是。而泰山石刻之多，并不仅仅限于岱顶，可以说山上山下星罗棋布。的确，无论帝王将相，还是文人墨客，都想到此留下墨宝，两千多年不断累积，才有了如此的蔚然大观。

🚗 旅游小贴士

简介：泰山有三条索道，分别为中天门—南天门，可单程，也可往返双程；桃花峪—南天门，可单程，也可往返双程；后石坞—南天门，可单程，也可往返双程。

泰山天街上有很多宾馆旅店，住宿和吃饭都不成问题。

如果想早起看日出，最好多备御寒衣物，也可以在山上租件军大衣。

到达：可乘火车到达泰山市，在火车站乘公交车可到红门宫进山口。

周边景点：曲阜孔庙、孔府、孔林

青城山

有人曾经问过一位前来青城山拍摄的外国游客，对青城山有什么感受，这位美国探索频道旅游专栏的制片人有一句幽默而精辟的回答：青城（前）山很中国，青城后山很四川！

清晨微雨，青城前山宛如一幅泼墨山水。空气如此清凉，我不禁深深呼吸。原谅金老《笑傲江湖》中对青城的虚拟想象吧，更无须提某些导演自以为是的添油加醋，竟然让道长跳起草裙舞。面对如此幽幽青城，哪里值得再去计较？

半个世纪前，张大千们可没机会读武侠小说。他们前赴后继来到青城，为这里的山水深深陶醉。张大千于1940年携全家寓居青城山上清宫，创作了上千幅作品，还篆刻图章自号"青城客"。前有杜甫，后有张大千，青城山何其幸哉！即使晚年远居巴西，"而今能画不能归"，大千先生还凭早年记忆创作了巨幅山水画《青城山全图》，以抒对青城山水的思念之情。1943年夏，追随张大千的足迹，徐悲鸿先生也来到青城，他在天师洞独居一室潜心创作，先后完成了《国殇》《山鬼》《奔马》《天马》等多幅佳作。徐先生的灵感大约也是因为青城山的悠远和宁静而并发。

让人仿佛看到，1932年的黄宾虹在初春清晨的山路漫步，突遇暴雨，在雨中且行且坐，尽赏雨中青城美景，归来后灵感骤发，终得十余幅《青城烟雨》；1944年的丁聪在青城山偶遇徐悲鸿，并由此得到先生赏识……青城山上发生过太多这样的故事，只恨自己生得太晚，如今只能沿青城山的幽静小道寻访大师的仙踪。

黄昏时分，晚风轻柔吹拂，在上清宫外的凉亭独坐，看两株古老的银杏默默静立，小松鼠在树上跳来跳去。几位远道而来的居士在凉亭另一边低低交谈着什么，身边的一切是那么静谧和谐。突然间我似乎懂得了，丹青圣手们为什么如此偏爱

青城山

青城。

　　一个人在上清宫内晃荡，不知不觉走进一个开着门的偏殿，里面竟然布置了《张大千、徐悲鸿图片展》。借着昏黄的灯光，再次走进大师们泼墨泼彩的意境。殿外传来咚咚脚步声，一位面相和蔼的胖师傅端着装满水的塑料脸盆走进来——哎呀，莫不是我误闯了别人的住地？师傅却并不吃惊，见我慌不迭作势退出，只是和蔼地问一句：看完了？

　　夜深了，不知为何竟然睡不着，难道因为这夜实在太静？走出房间，外面空无一人，天上挂着一轮并不明朗的月亮。就着黯淡的月光，忽地看见黑黢黢的花园里似乎人影晃动，心里一吓，差点拔腿就往回跑，步子却没迈得动。再定神一看，原来是位梳髻道长舒拳展臂正在练功——难道这就是传说中的青城派武功？

　　次日走在下山的小道上，清晨的风微微有些凉意，不时有人小跑着与我擦身而过。想起昨天上山之时一路遇见的跑步者，心中释然，原来青城山已然成为当地人们的天然休闲活动场所。每年夏天，很多老人来到这里，在当地的农家乐常住，每天一登青城山。这般闲云野鹤的日子，真是惹人羡慕。

　　初夏六月的又一个周末，青城后山的游人并不多，前面和后面远远的地方有三三两两的人影。在这长长的栈道上，只听见自己的脚步声，还有林中鸟儿虫儿们的鸣叫。"青城天下幽"，兴许说的是青城后山吧？太阳早不知躲去了哪里，不多久之前我还在山下火辣辣的阳光下走得汗流浃背，此刻这里却好似有另外一片天，难怪在城市里最热的时候人们会成群结队地来这里避暑。

不知什么时候，天上似乎有了雨意，究竟是雨还是雾？我有些疑心。还没等我想明白，豆大的雨点就落了下来，这天也变得太快了吧？山里的雨应该只会下一小会儿——我念叨着不知从哪里听来的经验，实在懒得把雨衣从背包中翻出来。

老天看来是要跟我开玩笑了，雨竟有了越来越大的趋势。好在道路是曲折的，前途是光明的——就在不远处，路边一所农舍出现在我眼前。我不顾一切冲了进去，似乎是一个小杂货铺，此刻里面正有满满两桌人张罗着吃饭！老板娘是个年轻的妇人，一看就是那种精明能干四川女人的模样，对我的唐突没有丝毫的不快，反倒热情地招呼我随便坐坐。

吃饭的两桌人似乎是老板请的帮工，屋旁堆满了水泥和河沙，不知是正在修建什么还是即将修建什么。我讪讪地坐在一旁，吃饭的人们对我的背包产生了兴趣，开始不停地向我问这问那。突然有人想起了什么："你没吃饭吧？一起来吃嘛！"老板娘也冲我和善地笑："家常便饭，一起吃点吧。"

山中的雨果然很快就停了，当我重新走在山路上，他们的笑意却一直留在心中。时隔多月，当我再次回味山中那一幕，心里依然暖洋洋的。

栈道的修建者非常善解人意，每当我走得稍微有点累想歇息一下的时候，一个凉亭或木桩总是会适时出现在眼前。而一路上，数量众多大大小小的瀑布则最大限度地诠释了青城后山的灵气。

翠映湖的名字是美的，它旁边小摊上卖山泉豆花的小伙子也是可爱的。当我吃完豆花只顾和他拉着家常而忘了付钱的时候，他竟然没好意思提醒我，幸亏旁边的滑竿伙计一句话把我离去的脚步又拉了回来。

白云寺远远望去像是泰山顶上的寺庙建筑，尽管在走近之后发现原来想象和现实有一定的距离。不过我相信，冬天白雪皑皑中的白云寺，一定是美的，就如我站在又一村索道站前第一眼看到的那幅照片般美丽。

🚗 旅游小贴士

简介：青城山分为前山和后山，通常我们所说的青城山指的是青城前山，也就是作为道教圣地的青城山。青城后山的特点在于美丽的自然风光和山野趣味，成都人以携家带口到后山农家乐度假休闲为乐事，山居生活煞是惬意。

节假日期间，青城山的游人很多，恐难真正体会到"青城天下幽"，最好避免在此期间前往。每年的七、八月暑期是青城山的传统避暑季节。

山间气候多变，特别是夏季，经常会遇上降雨，建议随身携带雨具，以避免淋雨之苦，一次性雨衣最为方便。如果嫌累赘，也可在山上购买，不过降雨突然来袭的，小摊上的雨衣价格恐会水涨船高。

青城前山上有几处道观可提供住宿，推荐位于山顶的上清宫，有标准间和普通间。距上清宫背后几十米处有一个圣灯亭，夏日有星星的夜晚，就可以看到整座山光亮点点，闪烁飘荡，难分天上人间。上清宫前面还有一个观日亭，如果天公作美，清晨可观赏到壮观的日出。

登山途中，除了沿途几个道观提供餐饮，并没有专门的饭馆。路上有很多卖矿泉水、豆腐脑、黄瓜等吃食的小摊。如果不嫌行李重，最好还是自己备些干粮。位于山顶的上清宫内设餐厅，菜肴还算丰富，价格也比较公道，味道一般般，可品尝青城四绝之一的白果炖鸡。

到达：在成都市新南门汽车站（现名成都旅游客运中心）乘坐旅游班车可到。

周边景点：都江堰

太白山

　　秦岭，中国的龙脊，号称中央国家公园；太白，秦岭之巅。若说名气和知名度，太白山也许不及五岳当中的任何一座，而若论高度，太白山却远在五岳之上。从 Google Earth 上搜索太白山，仿佛于一片翠绿之中浮出的一条白色巨龙。这也恰恰印证了民间"太白积雪六月天"的说法。

　　唐代大诗人李白面对太白山曾写下"西当太白有鸟道，可以横绝峨眉巅"的著名篇章。在他的另一首《登太白峰》的五言绝句中更是描绘出"西上太白峰，夕阳穷登攀。太白与我语，为我开天关。愿乘冷风去，直出浮云间。举手可近月，前行若无山。一别武功去，何时复更还？"的豪迈气概。因为高，太白山自古便是道教名山。海拔 3，767.2 米堪为中国大陆东部第一高度。这个高度甚至超过了拉萨的海拔，足以被命名为"陕西的高原"，而它和海拔只有 400 多米的省会西安的直线距离仅仅 100 公里之遥！难怪国家登山队在首次攀登珠峰前曾特意将太白山选定为拉练地。陕西的户外玩家都以身边有着这样一座得天独厚的高峰而自豪。除了高，太白山还是中国的南北分界岭。直插云端的主峰拔仙台、明镜般的高山海子、连接天际的跑马梁、第四纪冰川遗迹的大石海、云海佛光、原始森林、高山杜鹃、古栈道等，这些奇妙的景观无一不吸引着游人一睹为快。

　　每逢天气转冷冬季来临，喜欢挑战自我的驴友们便开始蠢蠢欲动。在三千多米高的太白山上，雪总是比陕西其他任何地方都来得更早一些，也更大一些。于是，在西安还没来得及下第一场雪之前，驴友们便已经在太白山轻松地获得了"雪山初体验"，所以冬天的太白山又被戏称为"穷驴的雪山"。

　　这个初冬，我如往年一样，迫不及待地登上太白之巅，去看这个冬季第一场最纯净的白雪。

太白山

　　已经记不清是第多少次登太白了。这次选择的线路是南坡上，中间走过跑马梁，然后仍从南坡下。选择走都督门一线登顶的好处是坡度比较缓，不及铁甲树南天门一线陡峭。从西安出发，经环山路和108国道，连续行驶5个小时，汽车径直停靠在此次登山的出发地——黑河森林公园里的都督门。山从来不曾远离，它真的一直就在我们身边。背起包，埋头隐没于莽莽山林之中。一口气走了两个小时，第一天的宿营地太白庙倏地出现在竹林中。庙里微笑的佛面被篝火映得通红，就这样枕着潺潺的溪水入眠。

　　次日，从太白庙出发，跨山涧N次，行两小时到大坪。小憩后，钻竹林、翻石海，中午1点来到了海拔2,910米的灵官台。这里明显感觉到是"雪线"，一下子就踏进了雪地，秋与冬在这里分界。走进太白山的"林海雪原"，恍若走进了白雪皑皑、溪流淙淙的童话世界。在太白，你只需一天时间，就能从深秋走到初冬。刚过下午两点，我们已经到达了第二天的宿营地老庙子。头天晚上还睡在五彩斑斓的落叶之中，第二个夜晚就已经在雪地上搭帐篷宿营了。这样巨大的反差在太白山竟能轻易地实现，"一山有四季，十里不同天"的谚语毫不夸张。

　　老庙子一夜的浓雾造就出第三天早上山巅的云海和通透的蓝天。拉开帐门，松、山、云、天构成整个视界。当然还少不了最应景的纯白大雪。冰天雪地中，我和同伴兴奋地按动快门，将眼前的太白美景定格在相机中。

拔营出发。这一整天都将在跑马梁上行进。9 个小时，40 里跑马梁，无边无垠的雪世界。走在荒芜而平坦的跑马梁上，甚至会忘掉这 3,000 多米的海拔。云雾翻滚着冲上大梁，你会佩服"高天上流云"那句歌词的贴切。远远看着同伴，如同降落在了一个外星球上。你尽可以在雪地里狂奔，只要你愿意。多么劳累且幸福的一天！乱石、迷雾、白雪、流云，这就是陕西的"雪域高原"！

天黑时分，经过一天的踏雪赏雪之旅，我们踩着厚厚的积雪抵达了大爷海。这面海拔 3,600 米的高山海子已经被冻成了结结实实的冰湖。

如今的大爷海边建起了接待站，能在与拉萨同样海拔的房间里过夜实在是一件相当幸福的事。在秦岭，传说有一个地方可以望见东海之滨，因为它的高度冠绝中国东部大陆。这便是号称"中国中央国家公园"的秦岭的最高峰——太白山拔仙台。第四天一早，趁着天还没亮，我们轻装由大爷海登顶拔仙台，去感受李白诗中"愿乘冷风去，直出浮云间"的绝美意境。站在 3,767.2 米的顶峰向东望去，果见一片与天际线平齐的云海，让人直生出观东海日出的幻觉。

从顶峰开始的下山路轻松了许多。一路经二爷海、三爷海、玉皇池等几大冰斗湖，再经南天门、六里坡、三合宫、铁甲树，历时 8 小时终于又回到了厚畛子镇，海拔高度垂直下降了 2,000 米，一日之间又从冰天雪地回到了温暖的秋日世界。

🚗 旅游小贴士

简介：登太白山切不可忽视高原反应。若有身体不适的状况，应及时下撤到低海拔地区。

山门口发车首班时间是早上五点半左右；下板寺返回汤峪末班车时间是下午六点半左右。由汤峪返回西安的游 2 路车末班是下午四点左右。

去太白山之前推荐访问：太白山国家森林公园官方网站以及非商业太白山资讯网站"山骨林风"。

太白山属于强度比较大的穿越线路，不适宜新手参加，尤其在冬季。由于穿越线路较长，地形复杂，为安全起见，最好在山下请当地向导。

到达：乘火车到达西安后，在火车站东广场乘坐公交车直达眉县汤峪的太白山国家森林公园，行程约 2 小时。另外，在西安水司汽车站可乘坐周至班车，到达周至后再换乘厚畛子班车则可到达黑河森林公园。

周边景点：汤峪温泉、红河谷森林公园、金丝猴观赏区

天柱山

初次听说天柱山的名字，是来自余秋雨《文化苦旅》中的一篇《寂寞天柱山》，知道了天柱山曾是汉武帝封禅五岳山中的"南岳"，历史上不少大诗人、大作家，像李白、苏轼、王安石都曾萌生过在这里终老归隐的念头。这里山灵水秀，曾孕育了三国时期周瑜、二乔这样的风流人物，也养育出了像黄庭坚、张恨水这样的名家。可天柱山却会是"寂寞"的，许多人都不知道它的所在，甚至从来没有听说过它的名字，翻开地图，天柱山夹在黄山与庐山两座风景名山之间，潜山县——很不起眼的角落，可谁又想得到安徽的"皖"字便是得名于此呢？

怀着疑问和期望的心情上路，当我们乘坐的小巴士披着阳光，奔驰在似无穷尽的盘山公路上，我便开始迫不及待地四顾追寻那曾经让李白魂驰梦萦的山影。峰回路转间，却见一面巍峨的峦嶂从山野丛中独兀而出，另有三座高耸的峰头形成一个巨大的"山"字，与峦嶂诸峰遥遥相对，峰体呈青白色，与山脚下的郁郁葱葱形成了鲜明的对比，仅此远远一眼望去，便已气度非凡。大自然仿佛把她无穷的神异，全都集中于头顶的这一片峻岭。天柱山，我来了。

导游图上的山路辗转向上一直伸到高耸入云的天柱峰，可是站在山脚下的游人

天柱山

无论如何也想象不出究竟哪一座山峰可配得起"天柱"二字。在晨光树影中登山而去，这也是一件惬意的事。翻过两道山梁，登上振衣岗，翻看地图，这才知道自己刚才一直以为主峰必在其中的那一片奇峰，却原来只不过是名曰飞来诸峰所形成的一道天然屏障，真正的天柱峰还远在后面，前山是根本望不见的，只有翻过这道屏障一直爬上去，才能仰望天柱，俯瞰天池。

不等我暗嘲自己的可笑，前方"神秘谷"三个大字已赫然在目，谷口是一道仅容一人弯腰而过的空隙，上有巨石压顶，下有台阶拦路，宽不盈尺，好不吓人。不得以手足并用，临到极窄处，背包还是被巨石挂了一下，只好勉强再蹲下来，几乎是爬着过了这条窄缝。紧接着又是一连串的无底黑洞，逍遥宫、迷宫、龙宫，名字倒取得不错，可洞内伸手不见五指，哪儿有半分神仙逍遥的滋味？双手紧张地向前摸索，侧着身子硬挤过仅容一人的狭道，每走一步都要付出十二万分的小心。也不知在黑暗中挨过了多少时间，才突觉眼前一亮，豁然开朗，原来在黑暗中湍行期间，山路已打通山腹，直插入飞来峰后。

转过小径，逡巡向下去拜访"迎客松"，直至一临崖突出的尺方平台处，向下看深谷绝壁，两边悬崖中开，前方不远处斜坡上，偏偏直立着一株傲然挺立着的苍松，形似黄山迎客，古朴伟岸，张开双臂迎接远方的客人。

就快看到主峰了，我兴奋不已，三步并作两步蹿上台阶。山岭上刚探出头来，便见一硕大无比的峥嵘巨峰如擎天一柱，凭地而起，那峰上怪石嶙峋，参差林立，乱石穿空，相形之下，黄山天都莲花二峰，则显得过于秀气了，缺了这样一种王者的气概。可惜，这样的天柱峰也是无法登顶的。

人与自然的较量从古至今就从来不曾间断过，试想古人披荆斩棘，踏出这一条条荒野小径，行至此处，焉有作半途而返之想？必然是竭其所能，尽其所有，不管不顾地继续向上攀登，哪怕是离峰顶再近一寸，也是好的。每前进一步，都必然是前人未曾征服过的领域；而不知付出了多小代价，多少人的努力协作，才会有登顶留名的辉煌。历史，只记取人类最闪亮的时刻，是成功，是激动，是欢笑，可又有谁能想得起那无数的失败者，扼腕叹息，痛哭流泪。茨威格说得好："失败者虽然他的肉体被无情地击倒了，而他的心灵却因此而达到高尚。"

只可惜，现代人受文明的束缚太多了，我们享受着文明提供给我们的一切便利：远途乘飞机，登山靠缆车，坐等盘山道，石阶上巍峨。不是还没有路么，我们等，总有一天，文明会给我们修建一条可供凡人所走的路，直达天堑。当我们将来踏着凿出的石阶，手扶栏杆，气喘吁吁地爬上顶峰，和所有我们能够登上的顶峰一样。是的，那时，我们也会激动，为"一览众山小"，为"苍穹逊色"，可那时谁又会想得到古人绳登极顶的身影，谁又能记得久远时山脚下曾经的唏嘘叹息呢？

我的心还沉浸在这一片遐想之中，脚下却不知已过了几丘几壑，待定下神来，才注意到深谷中一潭碧水，静静地躺在那里。如不到山上，却哪里能想到这里居然还有一处天池——炼丹湖的镜中山水呢，真所谓是一高一低，俯仰成趣。

"此间虽云乐，不如早还家"，天已不早，日头西斜，走上下山之路，一路上不时转头看看，天柱山又像我刚进山时那刻，合上了神秘的面纱，天柱峰看不见了，天池也望不到了，三峰又回复了先前的"山"字，而那一道峦嶂，也还是好好地守在那里。

出得山门，偶遇看门老人闲谈，从余秋雨《寂寞天柱山》谈起，聊起天柱山的掌故，从古南岳封禅到三国曹孟德在此驻兵，从李白潜江远眺到黄庭坚称之为"名山福地"，古今论道，无所不及，一致推崇天柱山独出于五岳之外，"一柱擎天，万岳归宗"，当不虚也。老人知识广博，引经论典，指点江山，吾心甚服，且受益匪浅，遂以苍山青松为衬，合影留念。相约待他日天柱峰通途，再踏归路，临风极顶，方不负平生之志。

🔥 **旅游小贴士**

简介：徒步上天柱山是由南门进朝西方向上山，至最高峰天柱峰，下山往炼丹湖后直达半山腰天柱山庄。如果体力好，还可以从天柱山庄沿山路攀迎真峰、覆盆峰、天狮峰等、沿途过东关寨、大天门等景点。

在神秘谷景区内，空间比较黑暗，最好自备手电。

在半山腰天柱山庄附近有一些住宿的宾馆，标准间价格在80—150之间，山脚下也有不少家的家庭旅馆可以选择。

皖西南旅游购物中心位于潜山县城至天柱山风景区1公里碑处，集中了皖西南地区各种名优土特产品。

到达：可先到合肥，再转车前往天柱山。安庆天柱山民航机场位于安庆城北约6.7公里处，目前已开通北京、上海、温州、广州、厦门等航线。

周边景点：九华山、黄山、徽州古村落

华山

凌晨五点，天还未亮，从山脚下的全真道观玉泉院出发，独自踏上登山之路。开始的一段名为华山峪，是一条向内延伸的山谷，起初是平缓的石阶，可以闲庭信步。过了五里关，坡度缓慢增加，经石门到娑罗坪，天已大亮。再过云门到回心石，这近一半的路程，似乎并不吃力。据说回心石是华山之路的一个转折点，胆怯者到此可以回心出峪，但乘兴而来的我，绝没有半途而废的道理。

抬眼可望见雄伟的西峰，那是华山的标志性景观，因峰顶有形似莲花瓣的巨石而被称为莲花峰。事实上整座华山都是由一块完整的花岗岩组成，西北面高达千丈的绝壁，犹如刀砍斧削一般，巍峨而挺拔。传说中沉香斧劈华山救母的故事，就是以此为背景。当然真正开山劈崖的，是大自然的鬼斧神工，其地质年代可追溯到1.2亿年前，比人类历史要久远得多。

转过一个弯，就是千尺幢，真正的挑战才刚刚开始。这段长近一里的石阶，开凿在狭窄的峭壁裂缝上，仰头望去，令人生畏。好不容易手脚并用爬过这一段，还没有来得及喘息，马上就到百尺峡，虽然长度稍逊，险度却丝毫不减。上方还悬着一块好像随时可能掉下来的石头，让人胆战心惊，难怪名为"惊心石"。紧接着是有数百级台阶的老君犁沟，最陡处坡度达70余度，当地民谣传唱"千尺幢、百尺峡、老君犁沟慢慢爬"，的确是恰如其分。初登山时的那份闲情逸致，早已消磨殆尽，只剩下满口直喘的粗气。只是想想比起路上挑山工们的辛苦，这点疲劳其实算不上什么，于是每每休息一番又继续前行。

终于到了北峰云台峰，眼前豁然开朗了起来。遥望富饶肥沃的八百里秦川，那是中华文明的发祥地之一，据清代著名学者章太炎考证，"中华""华夏"之名皆因华山而来。历代帝王巡游华山的事迹，早在《史记》中即有记载，秦皇汉武等十数位帝王还曾在此举行过大规模的祭祀活动。只是由于华山太险，唐代以前很少有人登临，祭祀大典都是在山下西岳庙中举行。后来随着道教兴盛，道徒开始居山建观，沿北坡溪谷在悬崖上开凿石阶，并增设铁索。经历代维修加固，才有了享誉天下的"自古华山一条路"。

这样一条险峻无比的道路，并非到了北峰就是尽头。接下来的路途，虽然已不像先前那样消耗体力，惊险度却有增无减。天梯几近垂直，要踩着山壁上凿出的石窝，拉着两条铁链才能登上。只有两尺多宽的苍龙岭，两旁都是陡峭的山崖，行走其上，心惊目眩。登东峰朝阳峰之路更为艰险，山冈如削出的一面坡，仅上面凿出

华山

的几个足窝可以站立，脚下就是万丈深渊，没有足够的胆量只能到此留步。此外还有鹞子翻身和长空栈道，听着都让人打冷战。难以想象，古人仅凭简陋的工具，是如何开凿出这一旷世工程的，真叫人叹为观止。

中峰古时曾作为东峰的一部分，依附在东峰西侧，后来才将其列入华山主峰之一。传说这里是春秋时秦穆公之女弄玉的修身之地，因此又被称为玉女峰。萧史乘龙、弄玉吹箫的故事，不知羡煞人间多少情侣。大概出于此故，山路两旁的铁链上，到处可见密密麻麻的同心锁，这也算是华山除了险峻以外，另外一道奇特的风景吧。

华山的五座主峰之中，南峰落雁峰海拔最高，古人尊称其为"华山元首"。登上绝顶，但见周围群山起伏，在广袤平坦的渭河平原映衬之下，博大气势格外显著。与之并称"五岳"的东岳泰山、南岳衡山、北岳恒山、中岳嵩山，都无法与之匹敌。"只有天在上，更无山与齐。举头红日近，俯首白云低"，北宋名相寇准的这首脍炙人口的诗句，相信每位亲身登临者，都会有着同样的感慨！

旅游小贴士

简介：如果体力允许，最好能徒步登山，更能深切感受"自古华山一条路"的奇险。但上山需要五六个小时时间，一般天未亮就要出发，消耗比较大。还可以乘坐索道，单程和往返均可。

华山山上多风，而且夏季湿气较重，最好准备御寒衣物，并随身携带轻便雨衣。如果去东峰观日出，得准备棉袄或羽绒服，当然也可租件军大衣。

虽然山上有住宿的地方，但条件不好而且价格昂贵，不推荐在山上住。

农历三月十五日是朝山日，会有盛大的庙会和庆祝活动。

到达：火车到华山站下车，有公交直达景区；从西安火车站乘坐公交车可达玉泉院登山口，途经西岳庙，车程 2 小时左右；西安城东客运站有发往华阴的长途车，途中也会在华山停靠，下车即为登山处。

周边景点：秦始皇陵、兵马俑坑、华清池

梅里雪山

早在 1908 年，梅里雪山就被法国人马杰尔·戴维斯在《云南》一书中传诵，并首次使用"梅里雪山"的称呼。主峰卡瓦格博海拔高度为 6740 米，是云南第一高峰，其峰形如一座雄壮高耸的金字塔，峰顶时隐时现的云海，为雪山披上了一层神秘的面纱，因此卡瓦格博被誉为"雪山之神"，享誉世界。20 世纪 30 年代美国学者称赞卡瓦格博峰是"世界最美之山"。

在藏文经卷中，梅里雪山的 13 座将近 6000 米及以上的高峰，均被奉为"修行于太子宫殿的神仙"，特别是主峰卡瓦格博，被尊奉为"藏传佛教的八大神山之

梅里雪山

首"。山下的取登贡寺、衮玛顶寺是藏民朝拜神山的庙宇。每年云南、西藏、四川、青海、甘肃等地虔诚的藏民都要前来朝拜，有着浓郁的藏族风情，同时这里也是人们登临探险的旅游胜地。

梅里雪山以其巍峨壮丽、神秘莫测而闻名于世。峭立的冰川、色彩斑斓的植被、各种各样的动物……就像一幅幅浓墨重彩的油墨画一样装扮了整个梅里雪山。

梅里雪山数百里冗立着绵延的雪岭雪峰，让游客仿佛置身冰国仙境。4000 米雪线以上的白雪群峰峭拔，云蒸霞蔚；山谷中冰川延伸数公里，颇为壮观。较大的冰川有纽恰、斯恰、明永恰，其中的明永恰冰川最为壮观，它是世界上少有的低纬度低海拔季风海洋性现代冰川。而雪线以下，冰川两侧的山坡上覆盖着茂密的高山灌木和针叶林，郁郁葱葱，与白雪相映出鲜明的色彩。

卡瓦格博峰的南侧，有雨崩瀑布从公里悬崖腾空直下，在夏季尤为神奇壮观。当雪水从雪峰中倾泻而出，色纯气清，阳光照射，映衬出七色彩虹。雨崩瀑布的水，在朝山者心中无比神圣，他们虔心受其淋洒，以求吉祥。此外，梅里雪山脚下的雨崩村落更是罕见的保存完好的原始藏族村落，非常值得一去。

看到梅里雪山的植被，游客绝对会产生来到了异国神秘花园的错觉。在有限的区域内，这里却呈现出多个由热带向北寒带过渡的植物分布带。

海拔 2000 米到 4000 米的地带，主要是由各种云杉林构成的森林，森林旁边，有着延绵的高原草甸。

夏季的草甸上，无数叫不出名的野花和满山的杜鹃、格桑花争奇斗艳，竞相怒放，犹如一块被打翻了的调色板，在由森林和草原构成的巨大绿色地毯上，留下大片的姹紫嫣红。

由于梅里雪山独特的低纬度冰川、错综复杂的高原地形、四季不分而干湿明显的高原季风气候，使其成了野生动物的天堂。

这里有国家一级保护动物金钱豹、云豹、羚牛，有二级保护动物黑熊、小熊猫、猞猁、黑麝、大灵猫、小灵猫，还有珍稀的白尾梢虹雉和雉鹑，以及凤头鹰、红隼、血雉等 113 种可爱的鸟。美国《国家地理》杂志将其列为世界上五块"最后的净土"之一。

相传在松赞干布时期，卡瓦格博曾是当地的一座妖山，它无恶不作，于是密宗祖师莲花生大师历经八大劫难，驱除各般苦痛，最终将卡瓦格博收服了。

从此，卡瓦格博改邪归正，皈依佛门，做了千佛之子格萨尔麾下的一员神将，也成了格萨尔的守护神。卡瓦格博被称为胜乐宝轮圣山，是极乐世界的象征，是青海、甘肃、西藏及川滇藏区众信徒绕匝朝拜的圣地。

🏍 旅游小贴士

怎么去：先到达云南丽江，再到香格里拉乘班车到德钦，如果从德钦县包车前往飞来寺，只需要 40 分钟。沿途风景都很美，可游玩着前行。

观光：梅里雪山的"日照金山"绝景让无数背包客心驰神往。此外，雨崩、飞来寺、神瀑、冰湖、茨中天主教堂、东竹林寺、卡瓦格博峰、明永冰川、西当温泉都是不错的景点。

美食：这里的饮食多为藏族风味，像原汁原味的糌粑、酥油茶、青稞酒。游客还可以到藏民家中就餐，体验当地民风民俗。

购物：德钦盛产药材，在这里购买冬虫夏草、雪莲花、藏红花等雪山珍宝，价格比其他地方便宜。游客还可以购买具有典型藏族风情的民族服装、藏族工艺品、藏式木器、藏香等特产，例如木碗、木盒、青稞酒、奶渣、麝香、雪莲花、银护身佛盒、银制八宝图、银刀等。

张家界

张家界最初不叫此名，而是叫青岩山，相传是因为汉代留侯张良隐居于此而得名。而屈原也曾为这人间仙境留下诗句，如"广开兮天门！纷吾乘兮玄云"，赞美了张家界的"天门"游景，带给游览者无尽的神游与向往。

到了唐代以后，张家界更是成了文人墨客眼中的神仙境地。唐代诗人王维曾有诗云："居人共住武陵源，还以物外起田园。"张家界的美丽景色在古代就受到了人们的赞赏。

而到了近代，张家界丰富的旅游资源更是被人们所重视和进一步开发。就连美国好莱坞也曾到张家界来拍照取景，著名影片《阿凡达》中的场景就源自于此，更让张家界的美景享誉中外。

张家界，奇峰三千，秀水八百。既有千姿百态的岩溶地貌奇观，又有举世罕见的砂岩峰林异景，更有被称为"山水画廊"的金鞭溪秀水。

地表喀斯特地形的溶沟、溶槽、石芽、干谷、石丘、石陵在张家界市内随处可见，而地下喀斯特溶洞、喀斯特堆积物形态更是堪称一绝。桑植县的九天洞就是张家界地下喀斯特地形的代表。它们不仅集溶洞、溶洞河、暗河、落水洞、漏斗为一体。而且其洞内更有许多千姿百态、变化万千的石钟乳、石笋、积石柱，让游人充满想象。鉴于此，九天洞被称为"亚洲第一洞"。

张家界

张家界武陵源景区内雄、奇、险、秀、幽、旷等千奇百怪的峰林是武陵源风景区的主体。张家界的天子山更是因此著名，它峰多、峰高、峰奇，真是峰外有峰，峰中有峰。更素有"云雾、月霞、秋日、冬雪"四大奇观。在景区入口处，一峰壁立，宛若刀削斧劈，崖身斑驳陆离，巍峨耸立，峰巅上下，熹微之中，几缕云霭袅袅飘拂，似轻纱，如银练……

金鞭溪是天然形成的一条美丽的溪流，因金鞭岩而得名。金鞭溪被称为"山水画廊""人间仙境"。有诗赞曰："清清流水青青山，山如画屏人如仙，仙人若在画中走，一步一望一重天。"

金鞭溪，满目青翠，更有流水潺潺，鸟语声声。一路走着，恍如走进绿色的画中。在那清澈见底的碧水中，有欢快游动的鱼儿。而阳光透过树林洒下的影子，给人一种大自然天然纯美的享受。溪的两边草木繁盛，奇花盛开，淙淙流水、与花鸟虫鱼融合成一幅秀丽、清幽的绝美画卷，因此被称为是"世界最美的峡谷"和"最富有诗意的溪流"。

张家界的山峰，一个个形象奇妙而逼真：望郎峰、三姐妹、独峰孤猴、雾海金龟、童子拜观音、四十八大将军……每一个形象都栩栩如生，而且背后都有一段美丽的传说。

关于望郎峰，有一个动人的故事。很多年前，金鞭溪边有个郑妹，与放羊娃保元相恋。可当地的恶少看上了郑妹的姿容，于是向官府诬告保元是叛逆后代，使得保元被官兵抓到边关服役。为逃避恶少，郑妹藏到了最偏僻的山上，每当晨曦未露，她就站在山洞口，朝着保元远去的地方，望啊，望啊……不知望了多少年，把对面的岩石望穿了一个洞，她自己也变成了石头人。

> ## 🏍 旅游小贴士
>
> 　　**怎么去**：张家界荷花机场目前已开通了往返全国20多个城市的航班，上海、北京、广州、深圳、成都、长沙每天都有航班直达。张家界铁路线路四通八达，与国内十多个大、中城市都互通了旅客列车。长张（长沙—张家界）高速现已开通，从长沙往返张家界市或武陵源景区每天都有汽车，十分方便。
>
> 　　**观光**：张家界有十大绝景：神鹰护鞭、御笔峰、采药老人、仙女散花、将军岩、天下第一桥、西海石林、神兵列队、仙女照镜（宝峰湖景区）和定海神针（黄龙洞景区）。
>
> 　　**美食**：在张家界的许多街头，有众多小吃，如甜酒汤圆、臭豆腐、风味土家辣萝卜、泡菜、烤豆腐干、烤牛肉串、烤羊肉串、烤鸡腿、烤鸡翅、酸鲊肉、烧辣椒、油炸香蕉等，味道都不错，美味实惠。
>
> 　　**购物**：土家织锦、张家界酒、野生菌、茅岩莓茶、石耳、杜仲、葛粉、猕猴桃、龟纹彩石、板栗都是张家界的特色产品。

乔戈里峰

在藏语里，"Qogir"意为"白色女神"。之所以有这样的说法，是因为乔戈里南侧有藏族人的后裔。根据历史资料可考证，乔戈里南侧地区是他们游牧和活动的地区，由于他们的语言和藏语相近，因此也可以认为"Qogir"是藏语，乔戈里峰是藏族人心中一片神圣的土地。

20世纪伟大的登山家意大利人莱因德·梅斯纳尔（Reinhold Messner），在1979年以阿尔卑斯方式攀登完乔戈里峰以后，将 K2 称为"山中之王"，可见乔戈里峰在登山界享有特殊的地位。

北宋政治家和诗人王安石《游褒禅山记》中有言："世之奇伟、瑰怪非常之观，常在险远。"而乔戈里峰正是验证了这句至理名言。乔戈里峰地形险恶，气候恶劣。这里有中国最长的音苏盖提冰川；有一天三变的复杂气候；有超长的徒步路线——到达山底就要用 7 天时间。正是因为有了这样的难度，才更体现了它独特的魅力——每年吸引众多的观光客和登山者前来一睹它的风采。

音苏盖提冰川位于乔戈里峰北坡，冰川总长约 42 公里，冰舌长约 4200 米，覆盖面积达 380 平方公里，名列中国境内已知冰川的首位。在冰川消融区表碛密布，冰塔林十分发育，裂隙密集，因此又称为"裂隙冰川"。

冰川上的景色美不胜收，有千姿百态、晶莹剔透的冰塔林、冰茸、冰桥、冰塔等，瑰丽罕见，令人称奇。还有数十米高的冰陡崖和步步陷阱的明暗冰裂隙，以及险象环生的冰崩、雪崩区。既美丽圣洁，又冒险刺激，绝对是探险爱好者的首选。

尽管乔戈里峰的海拔高度很高，但山体并不大，因此攀登路线异常陡峭，地形也复杂多变。从大本营到前进营地的冰川中布满了明暗裂缝。

而天气则是攀登乔戈里峰最大的困难，气候变化无常，一日间多种气象交替出

现，每3个小时变化一次，而且三天两头不是刮风就是下雪，即使利用高科技手

乔戈里峰

段，也很难准确预测到山区的气象变化。它不像别的山那么有规律。资料记载，乔戈里峰在历史上很少出现超过一周的晴好天气。由于乔戈里峰特殊的地形和气候条件，登顶所需要的技术装备也最多、最好。

乔戈里和金字塔有着微妙的关系，从卫星图看来，大金字塔和乔戈里除了大小外，其他地方几乎完全相同，大金字塔周围的三座小金字塔的布局和乔戈里周围的冰川和小山峰也惊人地相似，K2 和金字塔的四个面的方位方向也一样。K2 的四个面都有微微突出的山脊，而大金字塔的四个面都微微凹进去点，所以，K2 像极了金字塔的设计原型。从乔戈里的山体形状来看，的确是金字塔的形状。尤其是陡峭的山壁成斜向上的角度往天空延伸，形成一个完美的弧度。

传说慕士塔格峰是举世闻名的冰山公主，乔戈里峰是举世无双的雪山王子，而这两座山峰曾经是连在一起的。冰山公主和雪山王子彼此爱恋，凶恶的天王知道后，用神棍劈开了这两座相连的山峰，拆散了这对真心相爱的恋人。

日复一日，冰山公主思念雪山王子的眼泪流成了冰川。雪山王子历经千难万险

想见冰山公主而不成，最后只好求助于太阳神。太阳神答应帮助雪山王子，但要求融化雪山王子洁白透明的身体，变成一片彩霞。

从此太阳神便在每年夏秋两季太阳落山后，悄悄把雪山王子变成的彩霞留在慕士塔格峰上，让公主和王子团聚。

旅游小贴士

怎么去：从乌鲁木齐乘火车或飞机到达喀什，喀什市向东南有公路通往叶城，再从叶城乘汽车沿新藏公路到麻扎，沿简易公路行25公里到达麻扎达拉。从这里开始步行6天，行程90公里方能到达乔戈里峰登山大本营（海拔3924米的音红滩）。

观光：乔戈里峰冰崖壁立，山势险峻，峰额呈金字塔形，气候多变、景象万千。喀什地区有卡拉库里湖、慕士塔格峰、香妃墓等著名景点。

美食：喀什有很多美食，如烤全羊、烤羊肉串、清炖羊肉、馕、烤包子、烤鱼、拉面、抓饭、馓子、曲曲、烩菜、油塔子、灌面肺、灌米肠、馕坑烤肉等。

购物：喀什地区的手工艺品十分有名，地毯、花帽、土陶、首饰、英吉沙小刀、艾德莱斯绸、木模彩色印花布及各种民族乐器等都是深受游客喜爱的纪念品。喀什地区素有"水果之乡"的美称，石榴、无花果、沙棘、梨、杏、葡萄、蟠桃、阿月浑子、伽师瓜、巴旦木、桑葚、核桃等都颇负盛名。

贡嘎山

"蜀山之巅"的贡嘎山，主峰由花岗闪长岩组成，受海洋季风的影响，雪线海拔高，冰川发育规模较大。"贡嘎山"，藏语"贡"是冰雪之意，"嘎"为白色，意为"白色冰山"，也意为"最高的雪山"。

贡嘎山是国际上享有盛名的高山探险和登山胜地，1932年，美国探险队首次攀登成功。中国登山队于1957年6月到达峰顶。1980年，它与珠峰等其他七座高峰开始接待外国登山队员。但是，由于登顶难度太大，据统计，到目前为止，仅有24人成功登顶，登山死亡率远远超过珠穆朗玛峰和K2峰，仅次于梅里雪山。

贡嘎山

贡嘎山之所以被称为"蜀山之王"，定是有它独特的风景和魅力。山中有星罗棋布、千姿百态的湖泊，更有垂直分布、层次分明的植被和造型独特、蔚为壮观的冰川。

贡嘎山的湖泊星罗棋布，如木格错、五须海、人中海、巴旺海等，有的倚于冰川脚下，有的为森林所环抱，清澈的湖水，秀丽的山色使这里呈现出一派原始、秀丽的自然风貌，仿若"瑶池仙境"。其中燕子沟的红石十分有名，非常值得游客前去观看。此外，景区内还有数十处温泉，著名的有康定二道桥温泉和海螺沟温泉游泳池。

由于特殊的地理环境和气候条件，贡嘎山拥有多层次的立体植物带和特有的自然景观。海拔5000米以上的山峰，终年积雪覆盖，一片冰天雪地的景象。而低海拔、无人烟的坡麓地带生态环境原始，植被完整，几乎拥有从亚热带到高山寒带能生存的所有植物物种。这里珍稀植物种类繁多，堪称世界野生动、植物的大观园。

贡嘎山的海螺沟1900~3600米的原始森林区，由低到高分布着阔叶林带、针阔混交林带、针叶林带、暗针叶林与高山灌丛。林地植物主要有云杉、冷杉、桦树等。海螺沟内分布有2500余种植物，包括康定木兰、红豆杉、麦吊杉、大叶柳、桃儿七、水青树等珍稀树种。

贡嘎山以冰川闻名，是世界上海洋性冰川最早发育地区之一。其中著名的有海螺沟一号冰川、贡巴冰川、巴旺冰川、燕子沟冰川和靡子沟冰川。冰川多晶莹如翡翠、水晶，如弧拱、卷曲、单斜、向斜构造成的冰川层纹，具有很高的观赏价值。在冰川的消融过程中形成的千姿百态的冰面湖、冰面河、冰桌、冰洞与冰桥，都令人赞不绝口。

第一怪：不冷。冰川上气候暖和，夏秋季节，游客甚至可以身着薄衫，脚踏冰川之上，近距离的感觉这光怪陆离的神奇冰川世界，而根本不用担心"冰上不胜寒"。

第二怪：冰崩。大冰瀑布常年"活动不息"，发生着规模不等的冰崩。每到冰崩之时，可看见漫天的冰雪飞舞，那隆隆响声不仅震彻峡谷，就连公里之外也可听到，场面蔚为壮观。

第三怪：这里的冰川构造奇特，表面的冰桌、冰椅、冰面湖、冰窟窿、冰蘑菇，冰川城门洞等，千奇百怪，让人目不暇接。

相传，贡嘎山是一座被一世达赖根敦珠和五世达赖格桑嘉措册封过的神山，它被藏族人民视为金刚手菩萨的化身。

不知何年，一条巨蟒闯入了贡嘎山区。它四处吞噬入山的牲畜和朝圣的山民，搅得当地怨声载道。金刚手菩萨发怒了，经过长时间的搜寻，终于发现并制服了怪蟒，并把它点化成了岩石。

直到今天，人们在金钢手菩萨山上仍然可看见一条盘曲挣扎的巨蟒。每到藏历7月15日，巨蟒嘴里就会喷出一股白色的圣水，朝圣者不远千里而来，只为一睹这一奇景。据说这圣水还有治病的功效呢。

旅游小贴士

怎么去：在四川康定，有专门的旅游车前往贡嘎山。从成都石羊场车站每日均有数班车发往贡嘎山（到田湾下），途经雅安和石棉。

观光：贡嘎山的冰川、湖泊都十分壮观，尤其是"日照金山"的神奇景象更是不可错过。贡嘎山景区以贡嘎山为中心，由海螺沟、木格错、五须海、贡嘎南坡等景区组成，面积1万平方公里，为国家级风景名胜区。贡嘎山地区为少数民族地区，区内有贡嘎寺、塔公寺等藏传佛教寺庙，游客更可领略到藏族、彝族等丰富多彩的民族风情。

美食：在康定，集中了汉藏的各种特色小吃，有许多带有藏族风情的饭馆。藏式口味的糌粑、面粉、青稞、酥油茶、牛羊肉随处可见。街头小吃不仅风味十足，价格也十分便宜，尤其是康定凉粉堪称一绝。还有各种烧烤、肉类、蔬菜无所不包，味道非常好。

购物："康定牦牛肉""康定青豌豆""康定雪豆""康定花椒""康定核桃"等是地道的土特产。还有经济、营养价值都很高的野生食用菌，其中尤以松茸（青杆菌）为上品。您还可以买到名贵的药用植物，如贝母、虫草、大黄、黄芪、天麻、羌活、茯苓、当归、红景天、沙棘等。

稻城三神山

在稻城最为著名的是三神山，佛名为三怙主雪山。据《三怙主雪山志》记载，"法王"噶玛巴曾称赞此地：二十四圣地两大神圣之地，一切之主是三怙主雪山；莲花生大师也曾有诗赞曰："嶙嶙怙主雪山如坛城，无数宝物建无量宫。圣洁莲花日月法座，空行母扩法神守。"

　　世界佛教二十四神山，稻城三神山排名十一。传说具有信佛缘分的众生敬奉朝拜三怙主雪山，能实现今生来世之事业。据说转 3 次三怙主雪山，能消除屠杀 8 条人马的罪恶。转 1 次相当于念一亿嘛呢的功德，转 15 次神山脚下的冲古寺相当于念一亿嘛呢的功德，藏历鸡年朝拜，功德倍增。

稻城三神山

　　稻城三神山在藏语里念"贡嘎日松贡布"（意为"终年积雪不化的三座护法神山圣地"），稻城亚丁的三神山由央迈勇、仙乃日、夏诺多吉三座雪峰组成，终年白雪皑皑，摄人心魄。

　　三怙主雪山之首是央迈勇峰，央迈勇藏语意为"文殊菩萨"。文殊菩萨是释迦牟尼佛左胁侍菩萨，代表聪明智慧，通常手持智慧利剑。圣洁高贵的央迈勇雪峰就像文殊菩萨的智慧利剑直指苍穹，傲然于天地之间。

　　1928 年洛克先生曾在群山峻岭中遥望见央迈勇峰，惊叹："她是我见到的世界上最美的山峰。"神山脚下是宽阔峡谷、森林、草地、溪流，气势莽莽的景色怎能不让人折服！

　　仙乃日藏语意为"观世音菩萨"，位居三怙主雪山之二。仙乃日峰像一个下斜的环形冰斗，又像一个身体向后仰的大佛，端坐在莲花座里。此神山海拔6032米，乃三大高峰之首，让山脚下的游人顿生渺小之感，更何况尘世的烦恼呢？

仙乃日峰的融雪形成了绿宝石一般清丽的珍珠海，面积约0.1平方公里。春日杜鹃花在湖边绽放，秋日层林尽染，犹如人间秘境。

夏诺多吉藏语意为"金刚菩萨"，在三怙主雪山佛位第三。山峰呈三棱锥状，似刚毅尖锐的金字塔，蓝天下勾勒出的线条尖锐有型。洛克先生曾把他比喻为展翅待飞的蝙蝠，又比喻成希腊神话中的雷神。夏诺多吉峰的景点有圣水门冰川遗迹、奇山奇石和洛绒牛场的峰林。牛场即是洛克先生当年的宿营地。

相传三神山及其周围的山峰都是仙女们的化身，她们都是拯救世人、普度众生、感化魔鬼的仙人。端坐在莲花台上的是"仙乃日"，婉如一尊慈善安详的大佛。在她前面的是"金刚亥母"；如金字塔般的山峰是"白度母"，她在仙乃日的左边，飘曳着无数经幡的是"绿度母"，她在仙乃日的右边。绿度母旁边林立的冰蚀角峰是众多绛香母和妙音仙女们。

传说这些仙女们为了普度众生，所以在此修行。她们经常弹奏着天籁之音以减轻人们的痛苦，抚平人们心中的伤痛，更是为了感化作恶之人。于是这天籁之音传到了仙乃日背后的地狱谷中，那地狱谷中的罪人听到仙音，不仅减轻痛楚，更生悔恨之心，只盼能够早日脱离苦海。

🚗 旅游小贴士

怎么去：成都至稻城有班车，中途在康定或雅江住宿一晚。稻城到亚丁无班车，只能包车前往。

观光：桑堆小镇、海子山、冲古寺、央迈勇、亚丁、仙乃日等风景绮丽，非常值得一去。

美食：稻城以馒头、糌粑、酥油茶、牛羊肉、青稞酒、酸奶等藏式食品为主，但也有一些提供旅游者就餐的餐馆可提供米饭、炒菜，松茸炖鸡可以说是极品美食。

购物：购买当地特产可到俄初街，在那里可以买到藏风浓厚的银饰，纯正的桑吉卓玛青稞酒（虫草酒、贝母酒），以及酥油制品、风干肉和野生菌。有时候还可以碰到藏民沿街向店铺兜售他们所采的红景天、雪莲花、冬虫夏草、贝母、雪茶、灵芝、雪莲等药材，这些大多都是真品，价格也十分便宜。

南迦巴瓦峰

　　南迦巴瓦峰上巨大的三角形峰体终年积雪，云雾缭绕，从不轻易露出真面目，所以它也被称为"羞女峰"。南迦巴瓦在藏语中有多种解释，一为"雷电如火燃烧"，一为"直刺天空的长矛"，还有一为"天山掉下来的石头"。

　　的确，由于南峰所在的雅鲁藏布大峡谷地区地质构造十分复杂，板块构造运动相当强烈，造成南峰地区山壁耸立，地震、雪崩不断。正因为其攀登难度之大，因而使南迦巴瓦峰成为很长时间以来未被人类登顶的"处女峰"中最高的一座。直到1992年10月，中日联合登山队的11名队员才全部成功登顶。

　　观赏和拍摄南迦巴瓦峰的最佳季节在每年的秋季。秋高气爽时节，空气格外澄净，拍摄到南迦巴瓦峰峥嵘景象的机会较多。

　　南迦巴瓦峰，壮丽秀美，刚柔并济，雅鲁藏布江绕山而行，相依相偎，造就了天下第一峡的奇观。雅鲁藏布大峡谷终年深藏云雾之中，很少有人见其庐山真面目，传说只有心诚的人才能一睹其别样的风采。因此它也被称为"天界之渡，云中天堂"。

在古代藏文中，"雅鲁藏布江"的意思是"从最高顶峰上流下来的水"。的确，这里有世界上最高的山峰、最美的河流和最深的峡谷。

南迦巴瓦峰

在南迦巴瓦峰的山下，有不少经典的寺庙。桑耶寺也叫桑鸢寺，"桑耶"，在藏语中意为"不可想象"。相传为了弘扬佛教，赤松德赞请印度僧人莲花生建寺传法，莲花生一施法术，其掌心就出现了一座寺庙。赤松德赞见此景，惊奇万分，便将寺庙命名为"桑耶寺"。哲蚌寺位于拉萨市郊十公里外的根培乌孜山的南山坳里，白色的建筑群耀金映翠、雄奇壮观，远远望去，就像是堆积在山坳里的一堆雪白的大米，因而叫作哲蚌寺。寺内收藏有大量的文物古籍，具有很高的历史文化价值。

在南迦巴瓦峰地区还有三个极具传奇色彩的湖泊——拉姆拉错，羊卓雍湖、纳木错，三个湖泊各具魅力。

拉姆拉错是南迦巴瓦峰地区最具传奇色彩的湖泊。又名琼果杰神湖。湖面虽不大，但在藏传佛教转世制度中，它有着特殊的地位，因而备受信徒们敬仰，每年在寻访达赖喇嘛、班禅等大活佛的转世灵童前，都要到此观湖下相。据说多人同观，所见各异，另据说可以从湖水的倒影中看到自己的未来。

羊卓雍湖，也称羊卓雍错（当地人通常简称为"羊湖"），藏语"错"就是

"湖"的意思。羊卓雍湖形状像极了一把折扇，湖中有许多小岛，岛上野鸟成群，生机勃勃。湖中盛产细鳞鱼、西藏裂尻鱼、高原裸鲤等，是一个天然的鱼库。

纳木错是世界上海拔最高的大湖，看起来如同位于空中，故称"天湖"，也称灵湖或神湖。它是西藏第一大咸水湖，信徒们尊其为四大威猛湖之一，是藏传佛教的著名圣地。

南迦巴瓦峰充满了神奇的传说，而它也因为这美丽的传说而更加神秘！相传因其主峰高耸入云，所以众神常常降临在峰顶聚会和煨桑，那高空中飘忽不定的旗云就是神们燃起的桑烟。据说山顶上还有神宫和通天之路，只是至今也无人知道这通天之路所在何处，但当地居民对这座陡峭险峻的山峰有着无比的推崇和敬畏。

传说很久以前，上天派南迦巴瓦和加拉白垒下凡修炼。加拉白垒勤奋好学，练就了高强的武艺，而哥哥南迦巴瓦却心生嫉妒，将弟弟杀害，并把他的头颅丢到了米林县境内，化成了德拉山。后来上天为惩罚南迦巴瓦的罪行，罚他驻守雅鲁藏布江边，永远陪伴着被他杀害的弟弟，所以就有了今天的南迦巴瓦峰！

🚗 旅游小贴士

怎么去：从拉萨出发，沿康藏公路东行至八一镇，再到米林县城，从米林县城沿雅鲁藏布江东行至派区，从派区沿简易公路北上18公里，经大渡卡乡至格嘎，然后步行到接地当嘎海拔3512米的南迦巴瓦登山大本营。

观光：这里是我国具有最完整山地垂直植被带谱的唯一山地，谷底的雅鲁藏布江畔是大片浓荫遮日的热带雨林，藤蔓摇曳、植物密布。循着山坡往上，各种阔叶树相互参错，花团锦簇。雪线以上则是一片冰川景象，威严峻峭。

美食：这里的饮食风味沿袭了西藏的传统风味，如青稞酒、糌粑、酥油和酥油茶等，还有一些少数民族的特色食品，例如珞巴族最有特色的食物——烤老鼠，这一般是用来招待贵客的。

购物：林芝地区有野芭蕉、野菠萝、野香蕉、野柑橘、野柠檬、花椒、八角、竹笋、油瓜、破布子、马蛋果、白藤、藏瓜、草婆、树蕨、山龙眼、莲花蕨等丰富的森林自然资源，还有药用植物像五眼果、三台花、海南粗榧、延龄草、黑节草以及重要名贵药材南酸枣、三七、灵芝、虫草、贝母、雪莲、草乌、五味子、七叶一枝花等。另外，还有门巴木碗、竹编、珞巴石锅和陶器等少数民族手工艺品。

庐山

庐山地处江西省九江市，是一座享誉古今中外的自然与文化名山。相传在周代，有匡氏兄弟七人上庐山修道，结庐为舍，因此就叫作庐山，又称作匡山、匡庐。

庐山锦绣神奇的自然风光吸引了无数文人墨客为之吟咏赞叹，留下墨迹丹青无数，名句诗篇更是家喻户晓，数不胜数。先后有陶渊明、李白、白居易、苏轼、王安石、黄庭坚、陆游等1500多位文坛巨匠游览庐山，其中苏轼的"不识庐山真面目，只缘身在此山中"，李白的"飞流直下三千尺，疑是银河落九天"等诗句更是早已妇孺皆知。

丰富而独特的宗教文化更是为多彩的庐山文化添砖加瓦，"一山藏六教，走遍天下找不到"，传统的佛道两教在庐山携手共勉，基督教、天主教、东正教、伊斯兰教也在庐山生根发芽，让庐山真正成为多彩的文化园地。

庐山尤以盛夏如春的凉爽气候为中外游客所向往，是久负盛名的风景名胜区和避暑游览胜地。

锦绣谷是庐山天桥石阶路前行至仙人洞的一段秀丽山谷，相传是晋代名僧慧远采撷花卉草药之处，这里四季花开，犹如锦绣园地，因此称为"锦绣谷"。

其中奇景之一的"天桥"，虽然名为天桥，但其并不相连，桥是由一块横空出世的巨石悬在半空而得名，可谓"天桥无桥"。桥两边峭壁森严，宛如天境，桥下便是深壑，向下望去，飞瀑倾泻，峭壁峥嵘，云蒸雾涌，只觉飘然欲仙。

庐山

锦绣谷内奇石林立，形态各异，仿佛神刻天雕，有的似青蛙出水，有的若双狮搏斗，静者如白发老翁，动者似野马奋蹄；峻峰奇石直指苍穹，气象万千，引得无数游人遐想联翩。

锦绣谷中云堆雾绕，景色诱人。北宋文学家王安石曾赞叹"还家一笑即芳晨，好与名山做主人。邂逅五湖乘兴往，相邀锦绣谷中春。"

花径位于庐山如琴湖畔，相传是唐代大诗人白居易最喜欢的地方。白居易上书言事，却被认为是越职，贬为江州司马，不料却因祸得福，发现了这一美景。

游览花径，或许是因为花径名气大，门前尽是卖花者，欣赏着满园繁华，嗅着醉人的花香，人也陶醉了，难怪白居易有感而发吟诗曰："人间四月芳菲尽，山寺桃花始盛开。长恨春归无觅处，不知转入此中来。"可见花径之魅力。

秀峰是香炉峰、双剑峰、文殊峰等诸峰的总称，庐山秀峰是庐山较著名的景点，有"庐山之美在山南，山南之美数秀峰"之美誉。秀峰之峰各有特色，峰峰不同，香炉峰似云雾缭绕，双剑峰如两剑插天，文殊峰像尖锥屹立，还有鹤鸣、姐妹、龟背等峰、各展姿态，玲珑秀丽，风光旖旎。其中鹤鸣，行龟峰之间还有一瀑高挂，这就是李白笔下的"飞流直下三千尺，疑是银河落九天"的开光瀑布。仰头望去，似白练千尺从天而降，仿佛银河真的倾泻而下，直奔人间。

相传秦始皇统治时期，观世音菩萨见百姓修筑长城很辛苦，于是她幻化成一位老婆婆，给每位修筑长城的工人发了一根红丝线，将其绑在担子上就不会再重了，修筑长城的工人照做后觉得担子果然轻了。

秦始皇再一次视察长城时看到工人不再痛苦，他发现每人的担子上都有一个红丝线，拿下丝线，工人的担子又沉重了，他发现了这个秘密，于是摘下所有人的丝线绑成一根绳子。他拿起鞭子抽石头，石头飞跑；抽大树，树木移动，威力极大。

秦始皇得到这个鞭子后，就亲自来到南海边，选一座似刀削的，有点像驴子一样的高峰挥鞭就赶，日夜兼程，前往北方。一天秦始皇赶着高峰来到九江一带，九江郡守是一位正直的人，他不想让秦始皇赶着山到北方为非作歹，于是便想办法想把鞭子拿走。郡守女儿非常聪明，她编了一条一模一样的鞭子，趁接待秦始皇时偷偷调换了鞭子，秦始皇再用鞭子赶山时，再也赶不走了。

秦始皇无奈，只好把山留在九江，当时状如驴子的山就成了今天的庐山。

旅游小贴士

怎么去：南昌和九江庐山机场每天有航班往返于国内各大城市，或乘坐班轮和火车抵达九江和庐山站。也可在九江客运码头乘坐开往庐山的巴士。

观光：观音桥、庐山瀑布、大天池、碧龙潭瀑布、五老峰等。

美食：到庐山，一定不要错过"三石一茶"的美味，云雾茶、黄焖石鸡、石鱼、石耳口感香醇、营养丰富，是滋阴润肺的补品。

住宿：景区周边住宿选择很多，地处九江市前进东路9号的九江花旗假日大酒店住宿环境优雅，服务周到，交通便利。

购物：云雾茶、鲜笋、桂花酥糖、九江茶饼、西港化红等。

名山游

四姑娘山

　　美丽的四姑娘山位于四川省阿坝藏族羌族自治州境内，由四座连绵不断的山峰组成，仿佛是四个形影不离的姐妹，因此称为"四姑娘山"。四姑娘山的四座山峰常年由冰雪覆盖，仿佛妙龄少女披着面纱，婀娜多姿，形貌俊俏，十分美丽。

　　四姑娘山是一个集观光、探险、登山、休闲旅游等于一体的综合游览胜地，四座山峰海拔从南到北，依次递增，人称"东方圣山"。

　　四姑娘山风光旖旎，群峰巍峨，溪水潺潺，山体陡峭，直指苍穹，而山麓则森林茂密，绿草如茵，有人将这里的美景与阿尔卑斯山相比，把它称为"东方的阿尔卑斯山"。四姑娘山景区内，较容易到达也值得观赏的景点有双桥沟、长坪沟和海子沟等。

　　四姑娘山周围的百姓为了便于通行，在山沟内搭建了两座木桥，一座名为"杨柳桥"，是由杨柳木搭建的，另一座"便桥"是由红杉木搭建的。

　　从桥上便可观览群山，听溪水在脚下欢歌，看深沟纵壑绵延而下。人随桥走，看四姑娘山在各个角度的变化，或惊叹于阴阳谷的陡峭，或沉醉于盆景滩的美景。此地环水相依，云遮雾绕，草木相间，仿佛置身仙境，令人迷醉不已。

　　海子沟全长 19.2 公里，面积 126.48 平方公里，是四姑娘山三条沟中最漂亮的一条，由大海子、花海子、浮海、白海、蓝海等 10 多个清澈见底的高山湖泊组成。海子沟的前半段以高山草甸为主，是欣赏四姑娘山的绝佳去处。后半段主要以海子为主，高山湖泊在蓝天白云的衬托下，更加碧蓝清澈，远远看去，仿佛一面面明镜平铺在草地上，清风徐来，波光粼粼，波浪晶莹，蓝天白云都映衬在镜面中。

　　游览过海子沟，才知道什么叫圣洁。一切景色都未经过尘世的喧嚣与吵闹污染，站在海子边，看高原黄鸭在水面飞掠，听空山鸟语美妙的歌喉，圣洁的水可以洗去尘世的幽怨，让生命归于寂静与永恒。

四姑娘山

长坪沟是四姑娘山景区内唯一能够以车代步游览的一条沟，长29公里，面积约100平方公里，有21个景点分布在这条绿色长廊上。周围有丰富且保存完好的原始植被，高大挺拔的古柏，枝繁叶茂的青松，杨柳杉树等，密密麻麻，遮天蔽日，原始的气息扑面而来，令人心潮澎湃！

沟内还有溪流潺潺流淌，蜿蜒回转；而脚下长满青苔的沃土，也诉说着特有的幽静与原始，宛如一幅"林深不见人"，"清泉石上流"的美景图。

站在沟边，仰头观望巍峨雄壮的雪山，低头环顾周围的密林，顿时心旷神怡。生活的美好以及造物的神奇与雄伟在心头蔓延，任何尘世间的烦恼与忧愁都涤荡无遗了，除了对大自然的赞叹还是赞叹。

长坪沟也是户外运动爱好者的天堂，因为它是登三峰、四峰的重要营地，也是攀岩、攀冰的理想场所，同时，从长坪沟还可以穿越到理县的毕棚沟。

相传有一位叫巴朗的山神，他有四个美貌又善良的女儿。他们的邻居是一个阴险凶狠的名叫墨尔多的山神，他见四位姑娘生得美貌，而巴朗山神越来越老，便心生邪念，想霸占巴朗山神的领地和财产。四位姑娘多次与之修好，墨尔多都不妥协，双方经过数番恶斗，终于因为巴朗山神年老体衰而不敌墨尔多。

巴朗山神死后，他的四位女儿不畏强暴，继续与山神墨尔多展开决斗。她们借来蜀山之王贡嘎山神的日月宝镜和人参仙果，终于打败了墨尔多。但是墨尔多并不善罢甘休，他打开天河之水的闸门，天河水倾泻而下，眼看就要给当地百姓带来灾难，四位美丽的姑娘便化作四座大山挡住了汹涌的天河水，保护了当地的百姓。

四位姑娘剪下长发，长发就变成了山林，她们扯下衣裙，衣裙便化作了鲜花；她们摘下项链，项链便变成了贝母；而她们的歌声变成了百鸟啼鸣。正是有四位姑娘的牺牲，才有四姑娘山现在的美丽。

旅游小贴士

怎么去： 小金县汽车运输公司每天有 4 班发往成都、都江堰的班车，6：30、7：00、7：30、12：00 各一班，途经卧龙、耿达、汶川映秀镇，车费65元/人，同时每天有一班发往阿坝州内金川县、马尔康县的班车，发车时间是8：00。

观光： 四姑娘山、双桥沟、长坪沟、海子沟。

美食： 手撕哈尔巴、山牦牛肉、泡椒野菌、香油核桃花、松茸溜山珍都是小金县的特色美食。

住宿： 小金县的星级酒店很多，这里推荐具有特色的四姑娘山宾馆，酒店建筑风格为典型藏式，充满藏乡情调。也可选择藏族民居，如格桑山庄。

购物： 雪山沙棘、雪山牦牛肉等土特产，羌绣、藏绣等工艺品，雪莲花、松茸酒等药材。

冈仁波齐峰

位于西藏阿里腹地的冈仁波齐是世界公认的神山，同时被印度教、藏传佛教、苯教以及耆那教认定为世界的中心，每年都有数不清的信徒从世界各地赶来朝拜神山。依据藏传佛教的解释，转此山一圈可洗清一生的罪孽，转山十圈可在五百轮回中免受下地狱之苦，转山一百零八圈即可今世成佛，最虔诚的转山方式是磕等身长头。很多藏族人一生的梦想就是能来到冈仁波齐的脚下，哪怕历尽千辛万苦，哪怕卒于朝拜之路。

虽然我不是信徒，但自多年前在梅里雪山的明永冰川前被感动的瞬间开始，我便敬仰并尊重他们。带着虔诚的心来到冈仁波齐，尽最大的努力去亲近它，这是我多年的愿望。

第一天的朝拜之路轻松而惬意。沿途都是大小的玛尼堆，有的玛尼石上还放置着完整的牛头。从经幡广场开始，冈仁波齐就露出面容。天气晴朗，蓝天白云下的能见度极高，灰黑色的金字塔形的山体被洁白的雪所包裹，在阳光下发出冷峻的色泽。

这一日的行走多在高山草甸上，虽说海拔由 4，600 米左右开始上升，但总体来说都在比较平缓的山谷中，两旁是峻峭的巨大山石，其上不生任何植物，偶有残雪，极其壮观。山路在山谷中蜿蜒，时常有溪流相伴，还有悠闲的成群牛羊。遇到对面过来的牦牛队驮着货物从身边经过，几匹骏马在湿地上悠闲地吃草，背景是晶莹剔透的雪山在阳光下熠熠生辉，那情景让我几乎忘了赶路。

中途休息过两次，向路边帐篷里的藏民要了酥油茶果腹。他们会说简单的汉语，自豪地说起神山的故事，我边喝酥油茶边仔细地听，看着转几十次神山的大叔安静地坐在简陋的帐篷里，对于他们来说，信仰才是最大的财富。

下午到达哲热普寺后住下，准备休息一夜，次日翻越最高的垭口。哲热普寺海拔约5，200米，修建在卓玛拉垭口脚下，有一条小河流过寺前。我住在寺里唯一的一排砖房，打开窗户，冈仁波齐完整而清晰地呈现在眼前，真有些不敢相信自己与神山如此接近。

冈仁波齐峰

第二日的转山，神山在展现神秘的同时，也让我见识了它的威力。早起就发现天气已变，前一天的晴朗不见了踪影，取而代之的是阴霾的低沉天空。出发不久开始爬坡，蜿蜒的山路上布满碎石，陡峭的坡度让人不敢抬头往前看，一同从哲热普寺出发的人有20来个，一个接一个以蛇形走在山脊之上。真正考验人的时候到了，背夫们开始展现出他们超人的实力，背着庞大的背包健步如飞，蹭蹭蹭地走到了队伍最前头。出发时我在队伍中间，但担心自己丧失斗志，试图紧跟在背夫们身后，每走一步都先用登山杖探路，然后将身体重量转移到杖上再移动步伐，渐渐地我超过了许多人，一个人走在了转山路上，体验着艰难而孤独的历程。

海拔越高，雾气越重，坡时而陡峭时而平缓，让人能够喘口气。我在快到山口的天葬场停留了很长时间，把陪伴了我5年的一条快干裤留在了那里，据说，这象征一次死亡，可以免受一次轮回之苦。空旷的山梁上只有我一个人，还有一只不知何时跟随我一同转山的大狗。举目四望烟雾缭绕，到处是衣物和鞋子等物品，都是朝拜者随身脱下的。那一刻，我把所有的尘事都忘记。

很快到了垭口，海拔 5,600 多米的高度上堆了若干个玛尼石，巨大的经幡色彩鲜艳，在灰黑的山峰和白雪的映衬下让人震撼。我默默看着转山的人们跪拜、磕头。还有从另外一头翻山过来的苯教徒，他们走的是逆时针的路线。

从垭口下撤，地上有成片的紫色小花，看上去似乎是雪莲，迎着料峭的风茁壮盛开。右下方的托吉错，被称为慈悲湖，传说在此湖中沐浴，能洗净身上的污垢和孽障，我没有时间走到那湖边，但只远眺碧绿如玉的湖水，便觉身心的疲惫顿时消散。

再往下有很长一段很陡峭的碎石路，放眼望去，远处矗立着形状各异的山峰，山巅上尚未融化的雪块反射着太阳的光芒，苍凉而壮美。脚下的碎石路向四周蔓延开去，辐射开去，没有尽头，行走在前的人的身影在碎石上蹒跚而行，在天空和山峰之下那么渺小和无助。

到达山脚下的河谷以后，天气更糟糕了，狂风肆虐，大雨骤降。穿上冲锋衣裤，戴上帽子，套上雨衣，义无反顾地走到帐篷之外的风雨之中。我们还有 21 公里要走。

整整六个小时以后，先是看到了前面远处地平线上的阳光，然后是光芒笼罩下的纳木那尼雪山，终于看到希望。摇摇晃晃走在冈仁波齐脚下的山路上，狂风暴雨过后的天空尤其安详，夕阳的光辉洒在前方的塔尔钦村庄和左边的纳木那尼雪山之上，一切都笼罩在金色光芒之中。一切如此祥和宁静，迎接我们归来。

🏍 旅游小贴士

山下的村庄塔尔钦有多个旅馆，转山途中可住在寺庙的旅馆，价格一般在 20—40 元/人。塔尔钦最多的饭店是川菜馆，也有东北餐馆，转山途中有藏族人的帐篷，提供酥油茶和开水以及方便面饼干等食物。应自带高能量食品和葡萄糖。

建议带上登山杖和睡袋（至少卫生睡袋）。即使是夏天，服装也需要冲锋衣裤、抓绒衣和快干衣裤，还应携带雨衣。

　　转山全程大约 57 公里，通常需要 2—3 天时间，路线如下：塔尔钦—经幡广场—拉曲峡谷—曲谷寺—哲热普寺—天葬场—卓玛拉山口—尊最普寺—塔尔钦。

　　到达：可先到西藏阿里地区首府狮泉河，再找顺路车前往塔尔钦，没有直达的班车，找车难度比较大。大多数人选择从拉萨包车一路游览。

　　周边景点：玛旁雍错、纳木那尼峰

第十七章　江河峡谷游

黄河壶口

　　清明时节去看壶口瀑布，正值农历三月，桃花盛开漫山遍野之时，"三月桃花汛"，一年里观赏瀑布最好的季节之一。

　　故乡的黄果树瀑布号称中国第一，其排名在壶口之前，因此壶口的名声虽如雷贯耳，却没想到它与之前见过的瀑布完全不同。黄河之水的磅礴气势，如同千军万马般奔腾跳跃的宏伟场景，一闭眼仿佛就在眼前，成为黄河在我心中最难以磨灭的记忆。

　　那日天气出奇地晴朗，我们清晨从吉县出发，驾车行驶在峡谷与河流之间的山路上，沿岸是峻峭的山崖和蜿蜒的河流，还有平坦的河滩以及苍翠的树木，偶尔飘荡过来的木舟，一派生机勃勃的景象。

　　进入景区以后继续前行，河道突然变得开阔起来，凝重的河水无声地缓缓流淌着，丝毫没有瀑布的感觉。我们正疑惑着，见到前面河道中有一块巨大的石头，站立其上的人们密密麻麻，这就是孟门山吧，那么瀑布就在前面不远了。

　　河水在此被巨石阻挡，从石头两侧飞泻而过，然后又合流为一。农历十五夜登孟门，可见河底明月高悬，站北南观，水中两排明月飞舞而下，立南北望，水中明月合二而一迎面而来。这就是孟门夜月的奇景。此时白昼无法观赏这番景象，我们便顾不得多看那巨石，直奔瀑布而去。

从停车场下车往河边走去，越走越觉得疑惑，难道我们走错了地方不成。此时距离岸边不过几百米，按道理应该看得见瀑布了吧，可眼前只有成群的游人。

再往前行了几十米，壶口瀑布一带独特的地貌渐渐呈现出来。首先吸引我注意的是地面成片的石头，表面光滑的岩石一块挨着一块，错落有致地排列在水边，果真异常平坦。行前查阅大量壶口的资料，说是上游船只到此无法经过瀑布，必须离水登陆，经人抬或车运绕过壶口，然后入水继续航行，这就是有名的旱地行船，利用的正是水边岩石平可行人和过车的特点。

黄河壶口

看来瀑布应该就在前面。

继续前行，仍然无法看见瀑布，也听不见水声，这时已不再担心走错地方，但仍然疑惑，壶口瀑布近在咫尺，为何我们什么也无法看见。

这时水边有颜色奇特的大片石头，高耸岸边，与先前的平坦岩石大为不同，好奇地走近一看，原来这些不是石头而是冰块，是冬季上游的河水夹杂着大大小小的冰块涌至壶口堆积而成，如今春季尚未融化，表面看起来如同石，其实横切面显示着它本身的面貌。我算是开了眼界。

再走近，眼前突然出现一道巨大的水柱，咆哮着翻滚着坠下深崖，轰隆隆的水声也在耳边了，禁不住大叫一声，急忙走得更近，站在悬崖上观望，此情此景，非笔墨所能形容。

滚滚黄河水至此，500余米宽的洪流骤然被两岸所束缚，在50米的落差中翻腾倾涌，如同千军万马奔入深沟，波浪翻滚，惊涛怒吼，奔腾的河水仿佛从一巨大的壶中倾泻而下，这就是壶口瀑布之名的由来。

壶口瀑布在山西和陕西两省交界处，我站在山西一侧的岩石上，周围是欢呼雀跃的人群，对岸的山崖上也满是来看瀑布的游人，两岸的人们互为彼此的风景。在磅礴的瀑布和巨大的岩石底下，所有人都那么渺小，水面上的彩虹，因为有这些人的存在而更加生动。

走得更近，翻腾而下的水溅起的水花扑面而来，什么也不能想了，仿佛自己就是无数水花中的一朵，用尽全身力气迸发力量，在岩石间欢歌。水柱飞流而下，落到河面上升腾起来浩渺的烟雾，其中悬挂着七色彩虹，如同盛开的巨大花朵般明艳绚烂，在空中飞舞而入水中，正是"水底有龙掀巨浪，岸旁无雨挂彩虹"的美景。禁不住为自己能见到如此奇观而感到幸运。

从瀑布边的通道进入龙洞，沿着石阶盘旋下降，很快就到了洞底，脚下已被河水淹没，索性脱了鞋袜，挽起裤腿，大摇大摆走到岸边，抬头见到瀑布正在头顶。从这个角度观赏，瀑布呈现出另外一番壮观，无数个翻滚的浪花聚成的巨大水柱从天而降，宛如一条水龙坠入河床，激起汹涌的白色巨浪，一遍又一遍冲击河岸，浓重的雾气从水面上升起，将彩虹笼罩其中。

我站在岸边的岩石上，几乎要被水浪的力量推倒，急忙往回赶。

重新回到地面，站在岸边的岩石上休息，已是中午，阳光灿烂，瀑布的背景是蔚蓝的天空和巨大而光滑的岩石，以及远处碧绿的山林。黄土高坡上的绿色生命，是这一次壶口之行的另外一个惊喜，我本以为这里跟从前去过的西海固差不多苍凉，没想到植被那么好。

想起一路的情景，进入吉县境内以后，路况比想象和传说的都要好，一直是柏油路，我们的车行驶很顺畅。公路边见缝插针地种了树，而公路两旁的山坡上，远远望去一排排整齐的小白点，走近了仔细观察，原来是用石头砌了窝子种了树。在茫茫无际的黄土高坡上，漫山遍野全是嗷嗷待哺的小树苗，等着有人挑水去浇灌，看着荒凉的黄色和充满希望的绿色就那样对峙着，想想修砌那些石头窝子需要花费的心思、人力和物力，心里有说不出的滋味。同行的朋友说，她真想跳下车去抱着那些树苗大哭，我心里也有同样的冲动。瀑布周边的山坡上也有许多保护树苗的石头窝，远远眺望着它们，心中不免多了些许惆怅。

🚗 旅游小贴士

简介：壶口瀑布最佳观赏期有两个，一是春季4至5月份的"三月桃花汛"，二是秋季9至11月份的"壶口秋风"，这两个时期，水大而稳。

建议在出发前下载《黄河大合唱》的MP3，在壶口听"风在吼，马在叫，黄河在咆哮，黄河在咆哮……"的歌声与瀑布水声的混音版，将是终生难忘的旅途瞬间。

"五一"和"十一"期间正好是壶口的两个丰水期，气势最为宏大，但人也最多，想照张单独与黄河合影的照片都不容易，只能捎带上旁边的游人。人多拥挤，要特别注意人身和财产安全，别掉到水里。届时有可能赶上地方政府组织的威风锣鼓表演。

壶口瀑布景区门口有酒店和旅馆，但价格相对较贵。吉县县城内的宾馆和招待所性价比较高，吃饭也更方便。

到达：可在吉县或临汾乘坐长途车，在七郎窝黄河大桥下车，到壶口还有近4公里非常平坦的柏油路，在桥头雇摩托车或步行40分钟可到达壶口瀑布。

周边景点：卦甲山石刻、坤柔圣母殿

虎跳峡

那年5月的清晨，一个人在虎跳峡看日出。忘了从什么时候开始，有了看日出的习惯，每到一处，总张罗着次日早起，其实知道自己并不擅长拍照，也一直懒于去学，但真想看看第一缕阳光洒在雪山上的情景并把它记录下来，我想，那是一种热爱的情节吧。

住在 Half Way，早上6点起床的时候，天还未明，所有的人，包括客栈的主人都还在梦乡中。客栈建在山谷中，群山环抱，6点半的时候仰望天空，天色微明，

虎跳峡

凉风飕飕，深谷里金沙江水轰隆隆响，咆哮一声接着一声。晨光把山峰的剪影刻画得那么清晰。天色一点点明亮，朝霞的色彩逐渐浓厚，镶了金边的云朵撒满天空。山峦后面露出雪山一角，开始是黑色，接着是暗灰色，然后被阳光染成红色，最后

变成耀眼的白色。

按捺不住内心的狂喜,捧着相机快速按快门,几乎来不及思考,没有构思,没有斟酌。不过 10 分钟的时间,天空完全明亮,阳光已经洒在对面山峰,白雪皑皑的山峰和满天绚丽的彩霞,奔腾不息的江水和两岸陡峭的崖壁,都永远留在我的相机里和记忆中。

独自徒步的好处在于自由自在,可以在喜爱之处随意停留。这日我为了这清晨的霞光起了大早,而前日为了一位朋友的嘱托,我冒着走夜路的危险,专程到一家叫纳西雅阁楼的客栈里带去问候。

5 月正是青稞成熟的季节,我坐在客栈的院子里喝水,吃水果,跟路遇的两位外国朋友聊天,他们担心我一个人迷路,送我一张手绘的徒步地图。黄昏的阳光照在金黄的青稞地里,闪耀着醉人的光泽,黄灿灿的玉米成串地挂在墙上,鲜红的月季花灿烂地盛开,背景是玉龙雪山的起伏山峦,光线在山峰上勾勒出明朗的阴暗。如果不是已经买好次日返回的车票,我真想在那坐下去,直到月亮升起来。客栈的女主人出门指路,千叮咛万嘱咐才放我离开。

向几位修建客栈的当地村民问过路,一个人开始爬二十八道拐,陡峭的碎石上坡路蜿蜒在山间,迎面遇到在垭口卖水的村妇,好心告诉我前面不远处就有和我同样来旅游徒步的几个人,以及在什么地方可以眺望壮观的峡谷。主动为我指路的聋哑花甲老人,直至我走上岔路回望,他还站在脚下的山路上仰望着,见我回头就做出手势示意那是正确方向。

日后我时常怀念在虎跳峡的崇山峻岭之间行走的时光,雪山和江水在短短几天时间里展现出截然不同的面貌,一面是彩霞满天的柔美和人们的质朴,另一面是咆哮奔腾的壮观江水,这两面都让我怀念不已。

我查过资料,早在 20 世纪 30 年代,美国著名人类学家洛克就曾三次游历虎跳峡,并租用飞机从空中拍摄照片,使虎跳峡闻名于世,这就不难理解为什么著名的徒步路线首先在外国人中传播。我选择了一条外国游客极力推荐的徒步路线,从丽江出发到桥头镇,先顺金沙江而下到上虎跳,再离开江边上山,走所谓的高路到纳西雅阁,经过 Half Way 和 Tina´s 后下山到中虎跳。

其实很多人选择从桥头镇直接上高路，这样徒步时间比较充裕，但我思前想后，还是决定先到上虎跳，后来觉得自己做了非常明智的选择，因为在那里，我见到了全中国唯一的长江漂流纪念馆。虎跳峡谷天下险，它惊心动魄的壮美吸引了众多勇者，1986年9月，中国洛阳长江漂流队、中国科学长江考察漂流队首漂虎跳峡成功，但是付出了两个生命的代价。金沙江边一幢朴素的灰砖房就是纪念馆，那里大量的图片和资料记录着长江漂流探险的历程。但直至次日站在中虎跳江边岩石上，我才对虎跳峡的漂流有了切身体会。

从张老师小路往江边走，陡峭的泥路有时候需要手脚并用，几十分钟后气喘吁吁下到谷底，还未走近岸边，便听见江水咆哮的声音，走过去挑了岩石上比较平缓的一处站定。从上虎跳到中虎跳不过5公里，但江水落差高达百米，加上江面狭窄受挤，江水中多处兀立的巨石以及暗滩，江水狂驰怒号，激流飞溅，如同一头发怒的野兽。此刻我才能想象，投身这样的江水中漂流，何其悲壮和勇敢，将生死置之度外，只为了心中坚持的信念，无论如何，漂流的勇士们都是让我佩服并尊敬的勇者。

回望峡口，两侧高大的雪山随着江流弯弯曲曲，高峰深谷把蓝天切成狭窄的一线，白云悠游，山和水共同见证着这里曾经的壮烈。

🚙 旅游小贴士

简介：虎跳峡景区主要包括了上虎跳、中虎跳和下虎跳三段，其中上虎跳以旅游团队游览的较多；中虎跳以自助旅游者游览的为多；下虎跳景色一般，从大具方向徒步过来会经过。个人感觉中虎跳最值得一看。

徒步虎跳峡，可以根据自己的体力自由选择线路，或全程、或半程、或顺流、或逆流。天然的峡谷美景，加上适中的难度和强度，使得徒步虎跳峡越来越受到自助旅行者的喜爱。一般来说，无论从上虎跳峡还是下虎跳峡开始徒步旅程，两天即可完成整个行程。徒步过程中基本不存在安全威胁，沿途的路标和食宿情况已经日臻完善。

推荐从虎跳峡镇开始徒步，经纳西雅阁、茶马客栈、Half Way 到 Tina´s，然后下到中虎跳，看完"满天星""一线天"和"中虎跳石"后，沿峡谷公路乘车，顺路游玩上虎跳，之后返回虎跳峡镇，最后再转车返回丽江或去香格里拉。这样的玩法几乎涵盖了虎跳峡所有最精华的景点。

到达：丽江有到桥头镇的班车，2个多小时可以到达，下车步行一段即可到达虎跳峡入口售票处。

周边景点：玉龙雪山、白水台

雨崩河峡谷

那年在雨崩过了一段神仙般的日子，每天坐在客栈的小院，晨赏日照金山，夜观满天星斗。没有手机信号，没有世事纷扰，只有客栈的夜夜篝火和悠扬的马头琴声伴我入眠。神瀑的奇幻彩虹，冰湖的幽深绿水和神圣玛尼堆，笑农大本营被雪崩气浪拦腰斩断的树林……每个地方都带来不一样的惊喜，虽然路途艰险，却是异常难忘。

可惜终究要离开。是沿原路从海拔3,700米的南宗垭口返回西当，还是徒步路险难行的尼农一线？或许因为天生不爱走回头路的性格，或许前几天翻越南宗垭口的气喘吁吁仍使我心有余悸，我毫不犹豫选择了后者——事实证明，从雨崩下村出发，沿着苍凉险峻的雨崩河峡谷徒步到尼农村和西当村，是雨崩之行给我的最大震撼。

在客栈饱餐一顿，出发时已近九点。沿着神瀑客栈背后的小路钻入密林，路旁的蕨类植物长得丰盈茂盛，隔着树林仍能听见轰轰水声。雨崩下村海拔3,100米，比起进雨崩的艰难气喘，这段路程一路下行，走得非常轻松。不时遇到独木小桥，哪些该过，哪些不能过，都有所讲究，请个当地向导可让人走得安心。偶见三两房舍，据说是闲时放牧的牛棚，全不见主人踪影。路旁的奇花异草让我的脚步越来越慢，终于落到了队伍最后。

经过小桥农舍，穿过雨崩密林，视野变得逐渐开阔，眼前是一片静谧的牧场。不知何时，身后跟上了几名藏族青年，一路行来不见人烟，此处的相逢让人惊喜。尽管言语不通，羞涩的微笑和笨拙的手势就是最好的表达。他们脚力快，很快走到了前头。不知又行多久，前方传来悠扬歌声，远远望见刚才遇到的小伙坐在路边。等我们走近，羞涩地笑着，递来苹果和石榴，双手比划请吃——原来他们特地从路边摘来水果等候在此！接过苹果一口咬下，脆生生，甜蜜蜜，山野芬芳直沁心底。

雨崩河峡谷

雨崩河虽然不大，水流却异常湍急，河中巨石在水流冲击下轰隆隆作响。我们在湿滑的小路上行走，偶尔站到河边观望，水珠溅到身上，让人胆寒。向导老王一路上不停讲述雨崩河在过去几年间吞噬游客的故事，路边一块巨大的"寻人启事"招牌更让这阴湿密林增添几分神秘和诡异，"6月21日，一名叫Mory的外国人落入雨崩河中，现寻找关于此人的一切行踪线索，或是他的行李、衣物、帽子等，请联系下列任一电话……，能提供有用线索的任何人，可获得酬劳。"照片上的胡须青年仿佛仍在微笑，雨崩河水自顾自大声咆哮，丝毫不明了人们的恐惧和悲伤。它究竟把 Mory 带去了哪里？不上天堂，就去雨崩，愿这些热爱自由和冒险的人们安息。

树林显出红黄相间的斑斓色彩，山势逐渐高峻，我们开始了整段行程最危险的部分。这段山路开凿在悬崖绝壁旁，一边是尼农村村民冒着生命危险挖出的水渠，另一边就是万丈悬崖，雨崩河在下面奔流咆哮。绝大部分路段是宽约半米的羊肠小道，只能容一人单向行走。忘了说笑，每个人都打起精神把注意力完全集中在自己脚下，除了小心，还是小心。某些路段非常危险，水渠甚至漫过路面，悬崖边搭了薄薄一块木板——这样的木板看似安全，实际暗藏危机，如果负重行走，务必把握好自己的重心，否则一个趔趄就可能万劫不复。战战兢兢往谷底探望，雨崩河水宛如一条白练在山间蜿蜒而行，扔下一块石头，听不见任何声响。走到山路的某处拐角，突然吹来一阵狂风，像是吹进了五脏六腑，让人根本睁不开眼。我背着风蹲下身体，仿佛这样才能不被大风吹落山崖。据向导介绍，此处山风异常肆虐，当地人通行时也需特别小心，并尽量避免在下午经过此处。这是一段漫长和危险得让人绝望和崩溃的道路，不知道走了多久，雨崩河终于在前方汇入澜沧江，一边清澈碧绿，一边浑浊昏黄，截然不同颜色的两江之水在此交汇，浩浩荡荡流向下游。

峡谷苍凉荒冷，时有老鹰从山顶飞过，发出令人毛骨悚然的声音。山谷沉寂无言，唯有悬崖下的轰隆水声伴人一路。孤单，寂寞，空旷，决绝，这些感觉一股脑涌上心头，恍惚间以为自己化身古代侠客，正孤身一人仗剑独走天涯，或是身负血海深仇的侠士，满心愤懑走在归乡的路上。比起名满天下的虎跳峡，雨崩河峡谷更加粗犷个性。从险峻程度而言，雨崩河峡谷应该在虎跳峡之——后来在飞来寺碰到驴友，听说我的下一站是虎跳峡，跟我打趣说，"对于刚从雨崩走出的人，虎跳峡就是小菜一碟嘛！"此言果然不虚，后来当我独自行走在虎跳峡的山路，只觉脚步轻盈，身轻如燕，几乎不费吹灰之力就行至中途客栈。

出发四小时之后，终于走到了位于整条徒步线路约一半位置的尼农村，也是这些天来第一次收到手机信号。进入农家院落，主人用热腾腾的大碗面条抚慰我们疲惫的身体和肠胃，虽然只有简单的作料，却感觉无上美味。路遇的藏族青年再次出现在我们面前，这个简单快乐的小伙子在院里表演起足球头技，赢来阵阵喝彩。

午饭过后，继续从尼农徒步回到西当。这是一段同样漫长的路程，好在狭窄山路上，一群从满月酒宴归去的年轻妇女在沿途撒下快乐爽朗的笑声和歌声，让我们的脚步也变得轻快起来。临近西当，遇到善良的哑巴哥，硬要帮同伴背大包，还特地从路边摘来仙人果，细心擦掉毛刺让我们品尝……。当终于远远望见西当村头的那一刻，虽然身体极度疲惫，心灵却是无比轻盈。

在徒步雨崩河峡谷之前，对危险并非真正知晓，在行走的过程中，全神贯注于脚下的道路，也浑然不觉恐惧。事后回想，雨崩河边的巨石，悬崖边上的小道，以及水渠边的木板，无不暗藏危机。这一路的苍凉和险峻藏在心底，让我深深怀念。随着时间的流逝，变得越发虚幻和美好。

🚗 旅游小贴士

简介：最好不要背着大包进入雨崩，既累又不安全，可把背包寄存在飞来寺，携带随身小包即可。

雨崩村分为雨崩上村和雨崩下村，徒步雨崩河峡谷之前最好住在雨崩下村。雨崩村和雨崩峡谷内通讯不便，一直要走到尼农村才会有手机信号。

雨崩河峡谷尚未完全开发，悬崖峭壁，水流湍急，沿途诸多岔路，建议在雨崩村请个当地向导。时有大风和落石，雨季尤需注意安全。从雨崩下村到西当村，徒步约8—10小时。雨崩——尼农一线异常狭窄危险，不能骑马，游人罕至。

沿途均无餐馆，一定要在客栈吃饱再出发，可掌握好时间在尼农村的农家吃午饭。

到达：先从丽江经香格里拉到德钦县，再从德钦县城的客运站乘坐发往西当村的中巴或包车到达西当温泉，由西当温泉开始徒步或骑马前往雨崩村（全程18公里）。从雨崩下村沿雨崩河徒步到尼农村，即经过苍凉险峻的雨崩河峡谷。

周边景点：雨崩村、西当温泉、飞来寺

京杭大运河

　　20 世纪 80 年代初，杂志《人民中国》登载了一个长篇连载，报道两位记者骑自行车考察京杭大运河的故事。一个有着丰富文化内涵，又具有一定探索精神的故事，对于一名在读大学生真是有着很大的诱惑力。20 世纪 80 年代中期，在常州郊外的一个小镇，我终于有机会近距离地触摸大运河，我常常站在横跨在运河的桥上

京杭大运河

俯看着穿梭往来的船只，心想有朝一日我也骑上自行车沿着运河走上一遭，沿着 1,800 公里的人工大河从南到北地感受地理风貌的变化，风土人情的演变，切身体会国家的幅员辽阔。

　　后来，一部电视纪录片《话说运河》播出了，这部电视片把中华民族两项最伟大的工程——长城和运河相提并论，说长城和运河是在神州大地上画出的一撇一捺——一个大写的"人"字。这一比喻准确地道出了大运河的价值。骑行大运河的

梦想随着电视片起伏的旋律，明暗的画面渐渐强化。

近两年，沉寂百年的古老运河的价值又引起人们的关注，运河申请世界文化遗产的工作也紧锣密鼓地开展起来。根据以往的经验，"申遗"的项目似乎都要进行"包装"，而"包装"的结果往往都是保留了一个形似的外壳，而阻隔了文化内涵的传承。我感觉到了时间的紧迫，梦想了很久的大运河之行要尽快地实施了。由于旅行时间的关系，我选择了自驾车，而不是骑自行车。当我用了整整两个星期的时间从杭州开车北上回到北京，我觉得我需要至少4天的时间才能基本上对大运河主要节点的大致状况有所了解。

我们现在所说的大运河，通常都指京杭大运河，而且是元代截弯取直以后的南北向的京杭运河。北起北京，南到杭州，经过北京、天津、河北、山东、江苏、浙江等六省市，贯通海河、黄河、淮河、长江、钱塘江五大水系，全长大约1,800公里。一般认为大运河的肇始是以战国时吴王夫差开凿邗沟连通江淮为标志。这样算起来，京杭大运河已经有2,500年的历史了。到了隋炀帝杨广的时候，运河形成以洛阳为交点，向北通到北京，向南通到杭州的"人"字形。到了元朝，把隋朝的人字形运河拉弯取直，就形成了现在遗存的南北大运河的基本形状。明清两朝对运河有局部的开挖和疏浚，并无大的变动，主要依靠运河运粮食北上京城，称作漕运。1902年废止漕运后，运河便逐渐走向衰落。到现在，大运河山东济宁以南还能通航，济宁以北已经无法通航了。

2,500年的历史跨度，1,800公里的地理跨度，给大运河注满了历史的厚重，形成独特的运河文化。走大运河，可看的东西太多。运河两岸的风貌、地理以及人们生产、生活的状况当然要看，运河河道以及与航运有关的船闸、堰埭等设施不能不看，运河沿岸的遗留古建筑，如古桥、古寺、古塔当然也是必定要看的，因航运的昌盛而在运河两岸形成的繁华的都市和村镇更要看。我对古镇一向情有独钟，因此，古镇成了我大运河考察的主要对象。在高邮大嚼麻辣小龙虾，那是高邮湖的馈赠，与在北京吃的号称产自盱眙的"麻小"，原本就是近邻；在不产竹子的临清，看到老街上一家家竹器加工的店铺，知道那是运河南北交流而形成并保存至今的；河下镇湖嘴老街路面上铺的青石板，原本不是本地所产，而是运粮北上后压舱回来的压舱石……

　　沿着运河的古镇一路走下来，既能领会"一方水土养育一方人"的独特的地域文化，也能感受到大运河带来的南北文化的交融。随着脚步一步步北上，还能体察到无论是气候、树木、农作物，还是建筑物、生活习惯、语言口音都在慢慢地变化。我们在书本上读到淮河流域是我国南北方的地理分界，我们不甚了了，我们在媒体上看到专家争论淮河作为南北方分界值得商榷，我们不知所云。但是，当我从南到北经过淮安，我感觉到气候变得干燥了，田地里出现了玉米和大豆，我发觉街上吃东西不那么方便了，城市的尘土和噪声好像也变大了。上午在淮安码头镇跟剃头师傅闲谈，他那浓浓的苏北口音还让我颇觉难懂，下午到了新沂窑湾镇，大婶说出的与山东话相仿的语调让我倍感亲切……现在，我的亲身体验告诉我淮河无疑是南北方的分界线。

　　走大运河，即使只以古镇为切入点，可看的东西也还是太多。江南运河因河道交错，形成了东中西三条运河线路，水乡古镇星罗棋布，南浔、乌镇、同里、周庄似乎耳熟能详，塘栖、盛泽、黎里、平望犹在深闺。里下河地区历来物产富饶，古镇犹如串珠一样排列在运河沿岸，邵伯、昭关、高邮、马棚、宝应、平桥、河下、板闸、码头……光听名字就让人浮想联翩。鲁运河沿岸古镇也不逊色，"金七级、银阿城、铁打的周店"，哪一个古镇都是响当当的名字。

　　更何况，还有运河沿线的众多都市，杭州、无锡、扬州、淮安、济宁，还有北京，它们都曾经因为运河的兴盛而繁华，也都找到了脱离运河而独自发展的轨道，虽然后来的发展湮没了运河的繁华，但是星星点点的遗迹还在述说着往日荣耀，杭州富义仓、北京南新仓都是幸存下来的运河漕运的粮仓，淮安的总督漕运部院曾经是管理运河漕运的最高衙门，扬州文峰塔、临清舍利塔、通州然灯塔犹如运河航船的灯塔，照亮旅人匆匆的旅途。杭州香积寺、常州天宁寺、高邮镇国寺、临清清真寺都是商贾们身心疲惫时的心灵家园。

　　大运河的博大精深，仅仅走上一次很难领会到它的真谛。多么缜密的计划也会有疏漏，多么细心的探索也会有遗忘。14 天的行程中，我在绍兴、杭州、镇江、扬州、淮安、徐州这 6 个运河城市和安昌、柯桥、塘栖、南浔、盛泽、邵伯、高邮、河下、板闸、码头、洪泽、窑湾、邳州这 13 个古镇（含县级城市）驻足，加上以前考察过的山东聊城、临清和北京通州，总体上对大运河有了一个框架式的游历。若再有 4 天的时间，还应该在苏州、无锡、常州和济宁停留一下。有限的时间里走过这么多地方，难免疏于浮光掠影，我想以后一定还会再次重走某些地域进行更深入的考察，也会从其他切入点去体会古老的大运河。大运河不是一朝一代建成的，对大运河文化的体验也不可能在一朝一夕完成。

旅游小贴士

简介：若时间充裕（2 周以上），最好从南到北或者从北到南沿着大运河走上一遭。若没有那么长的时间，可选择游览主要节点城市如济宁、淮安、扬州、杭州和周边的大运河。如淮安市区有清江闸、总督漕运部院等遗址，市郊有河下古镇、码头古镇等可以参观。

游览大运河可以有很多角度。比如，具备较多专业知识的人可以考察船闸、河道、古桥等运河设施；对宗教感兴趣的旅行者可以考察沿途的佛教寺庙、清真寺和基督教及天主教堂；热衷古建筑的人可以参观古桥、古塔、老房子；对古镇有兴趣的人可以沿途考察众多的古镇。

考察运河与游览长城不同，登上长城就能体会"不到长城非好汉"的壮怀激烈，而运河文化需要具备一定的背景知识，慢慢地品味。

到达：如果时间充裕，骑自行车走运河是最好的选择。自驾车、徒步、利用公共交通工具沿途城镇一站一站地走也是好办法。

周边景点：无

独龙江

　　在云南最偏远的西北部，克洛劳河与麻必洛河从西藏流过来在雄当汇合成独龙江水，然后一路经龙元、献九当到达独龙江乡政府所在地孔当，再流经下游的巴坡、马库、迪政当，而后经月亮大瀑布流至缅甸，始称恩梅开江。这一路浩浩荡荡、呼啸奔腾中收容接纳了从江东的高黎贡山和江西的但当力卡山来投奔的大大小小、数以千万的瀑布溪流，同时也造就了独龙江两岸壮美瑰丽的景色。无论春夏秋

独龙江

冬，独龙江江水总是清澈如初，除非是连降大雨，江水暴涨时，才变得污浊起来，但雨后，很快就又纯清了。也不知道独龙江的萤火虫在夜幕降临时一下子是从哪里冒出来的，若遇到晴朗的夏夜，千千万万的夜的精灵更是聚集在树上，晃悠在空中，如繁星点点，闪闪烁烁，把独龙江点缀成一个亮晶晶的童话世界。

这一方水土世居着一个"太古"之民族——独龙族。他们在江边耕种着小块的玉米地，在河里捕捉小鱼，在寨子里祭祀各种各样的鬼神。政府禁止打猎后，每家都有补贴大米，可独龙人还是不富裕，而他们却喜欢用大米酿造出好酒来款待远道而来的旅人。"路不拾遗"的民风依然代代相传。曾几何时，基督教传入了独龙江，也有了为数不少的教徒和四间简陋的教堂。

在独龙江里，没有川流不息的车辆行人，没有任何不和谐的噪音，时光仿佛在这里倒退了千年，你所看到的只是那间覆盖厚厚茅草的原木屋下编织着五彩独龙毯的女子，那路上赶着马帮，匆匆运货的男子。还看到那在江边埋头劳作的妇女偶尔一抬头，一张如青蝶飞舞的文面女的脸就定格在你的眼中。

下雨了，踏上孔当江面上那用细铁丝缠绕在两边的吊桥。盯着那常年遭受风吹雨打的木板褴褛而成的独木桥，强压住心底的几分惊慌摇摇晃晃地走过去了！不时，可以看到江中出现一个美丽的长满树的小岛，对岸不时看到从高黎贡山跌落的飞瀑和建在瀑布旁的几间木屋。转过一个山坳，遇到了一队马帮，十几匹马排着队去乡里拉货。此后的每一天，在路上或在村子里都会和马帮相遇或同路。

沿着江边的弹石路途步，到达献九当。一个很小的独龙村子。村公所是村里占地最大的房子，其中还包括了卫生所，在这里落脚的时候，就看到一个从山上走下来打吊针的老婆婆，据说走了一个小时，这还不是村里住得最远的人家。村里人分散着住在附近的山上。包括村公所在内的所有房子都是用原木搭建的，屋顶则是用几年前国家提供的石棉瓦盖的。绕着村公所住着几户几家，一个独龙女子就在她家的走廊上编织长长的独龙毯。就是在献九当的独龙人家里，我第一次领教了独龙自酿米酒的美味，度数不高，很香，很甜，特别是喝了之后，一直落在后面的我，居然脚下生风，疾走如飞。

去龙元的路上我用了四个半小时，路上有一片密密的树林，长在江中一个心形小岛上，相当漂亮，我又逗留了很久，两个同伴终于先走去龙元了，他们实在没有那个耐性等我看见一束路边的野花也停下来，看见几栋茅草房顶冒着烟的木屋也掏出相机。反正他们也知道就一条路，绝对不会迷路。等我一路磨磨蹭蹭地到达龙元，在村公所前拿着同伴递过来的长凳坐下，一抬头，眼睛就被定格在眼前的那栋原始而又古朴的木屋：只见几块大大小小的石头和几节木桩垫底，就把原木搭拼的木屋支撑得稳稳当当，顶上覆盖的茅草上居然长着几株碧绿的植物，而一个传说中的文面女，正在走廊上那一大堆背篓旁忙碌着。

后来，在独龙江下游，因为贪恋沿途的美景，我又被同伴甩了。一个人沿着担当力卡山的山腰走，一直是很吃力的上坡路。终于看见马库了，弯弯曲曲的山路旁，零零星星分布着人家。有时，听见有人近在咫尺地对话，却不见人影。一抬头，才看见路旁的竹林里隐藏着木屋。有时，眼睁睁地看着白雾把坡上的村舍吞没。马库的美景实在是太一言难尽了！放眼四周，对面的高黎贡山上，飞流直下无数条瀑布，直接坠入江中，江面、山腰云雾缭绕，恍若仙境。

走了一弯再一弯，还是没有看到我的同伴，看见一个破旧的篮球场，零星的几户人家，还是没见村公所，只看见一间孤独的木屋前，一个六、七岁的小女孩在带弟弟，于是停下来问小姑娘。小姑娘腼腆地笑着指了指前面上坡的路。哎，马库，怎么都没有一块平地！又拐了一个弯，忽然听到身后传来细碎的脚步声，一回头，便看见刚才那小姑娘跟在我后面，斯斯文文地说：我妈妈叫我来送你。而她的母亲牵着小男孩在远处朝我们挥了挥手。心中立刻涌上一股暖流。

两个晚上都住在马库，没有电，把火塘烧得旺旺的，和独龙江的儿女在一起唱歌，听他们唱古老的猎歌、动人的情歌和独龙小伙子谱写的《七彩独龙毯》。美妙动人的歌声在漆黑的夜里，在摇曳的烛光中传唱。虽然不懂独龙语，但依旧在美丽的旋律里被那份情怀所感动。

"你那美丽的独龙毯哟，美丽又漂亮；我那闪亮的独龙刀，刚强又威武。让我们唱起甜美的歌儿，一起来祝福……""我可爱的故乡哟，山清水秀风光美，歌声悠悠心欢畅……"，这甜美的歌声，仿佛让我们又看到了青山绿水独龙江里男猎女织古老的生活方式，同时也听懂了对他们对自己家乡的依恋与热爱。

旅游小贴士

简介：进独龙江最好头一天找好车，打探好消息，因为有很多的不定因素，比如说不够七个人司机一般是不走的，有时候还会因塌方而断路。另外和司机口头定好前面些的位置，因为路实在是颠簸。

独龙江行程较艰苦。每年的10月至次年5月是大雪封山期，进去时要从安全、时间的角度考虑周全。

独龙江乡也叫孔目，又称孔当，上下游的老乡还喜欢称之为三乡。大凡进独龙江的其他村寨，都必先到孔当，特别是在2002年贡山进独龙江96公里的弹石路通车后，原先的那一条从贡山徒步进巴坡需要三天的线路已被独龙人逐渐放弃了，乡政府也由巴坡搬到了相隔18公里的孔当。孔当至此就成为出入独龙江及马帮往来的集散地。孔当没有银行，要在贡山把所需的现金备好。独龙江全线没有联通信号，目前只在孔当、巴坡、马库有移动信号。

独龙江的有些地段会有蚂蟥，往上游去的方向出现蚂蟥的情况会比下游方向少得多。等到了上游的当雄一带，蚂蟥几乎就绝迹了。而下游过了马库，特别是月亮大瀑布一带蚂蟥非常多。被蚂蟥叮咬，一开始会有轻微痒痒的感觉，立刻用手拔出即可。若吸的时间长了，可用烟头烫，或撒些盐，蚂蟥即会松口掉下。

到达：可先到贡山县，在县城汽车站对面每天上午会有一辆吉普车发往独龙江，全程是96公里的弹石路，需7—8个小时到达。在电信局附近的街边也会停着好几辆进独龙江的白色货车，可搭车前往。

周边景点：怒江大峡谷、丙中洛

尼洋河

翻过色季拉山，汽车一路下坡。五彩斑斓的树林覆盖路旁整座山体，是那样厚实密集的金黄、翠绿和绯红，这秋天的灿烂色彩啊，看得人如痴如醉。藏族司机心情也越发放松，哼着小曲一路疾驰，眨眼工夫就到达林芝镇附近的检查站，被警察顺理成章地拦下——超速一小时。司机施展嘴皮工夫开始和他慢慢周旋，我也并不着急——对于已在川藏线上行走十多天的我，各种意外早已成为家常便饭，趁此机会到附近转悠，没准还可以拍几张好照片。

下车，伸胳膊踢腿，舒展一下委屈了几个小时的筋骨。走过了通麦和排龙天险，靠近林芝的这段公路路况相当不错，难怪司机会不知不觉地超速。金色的杨树林整齐排列在公路两旁，仿佛在列队欢迎我们经过了艰苦的川藏线，终于来到丰饶秀美的林芝地区。

一路伴随我们奔腾咆哮的帕隆藏布早已被远远抛到身后，取而代之的是一条蜿蜒迤逦的秀美河流，这就是雅鲁藏布江北侧的最大支流——尼洋河。视野开阔，水流平缓，河水时而分流，时而合并，和滩地纵横交错，形成一道道优美的弧线。河滩被分割成各种形状的小块，生长着一丛丛茂密却不失飘逸的柳树，间或有牛羊在河滩上悠闲漫步，低头觅食，或成群结队，或独自发呆。川藏线一路行来，我早已习惯藏区的苍凉、豪放和冷峻，此时此刻，尼洋河展现出的温柔和妩媚让人意外，好一派迷人的西藏江南田园风光！

发源于海拔 5,020 米的米拉雪山，尼洋河一路向前，流经工布江达和林芝，从最初悄无声息的涓涓细流逐渐发展为接纳百川的滔滔激流，到了中游，水势却重新变得平缓，水面也越来越开阔。它和拉萨河发源于同一座雪山，在流经不同的方向之后，最终同样相会于伟大的雅鲁藏布江的怀抱，这是多么奇妙的一件事情。

尼洋河

　　林芝镇距八一仅 18 公里，伴着美丽的尼洋河，我们很快进入这个崭新的城镇。八一坐落在青山绿水的怀抱，清清的尼洋河贯穿整个小镇。我们漫步在崭新的街道，不知不觉来到城边的滨河路。黄昏时分，滨河路上非常安静，沿着尼洋河慢慢前行，河水在身边温柔静谧地流淌，没有轰鸣，没有咆哮，只有清冽的风缓缓吹过。远远看见有人在河边拍洗衣服，小小的红色身影，大大的碧绿河流，构成一幅绝美的画面。尼洋河的水色深邃而碧绿，像丝绸，又像翡翠，显得如此清凉冷洌。洁白的云朵几乎铺满整个天空，远处的杨树林被黄昏最后一丝光线笼上一层金色光晕，背后的雪山呈现温暖的黛青色，在云雾中若隐若现，风吹得堤岸上的狗尾草剥剥作响。这一刻的世界如此奇幻和美妙，我静静倚在堤岸，看着光线逐渐消逝，心里那个声音在诉说：神啊，请让这样的美多停留一分一秒吧。

　　暮色渐渐浓重，尼洋河越发变得静谧，仿佛承载了太多的美丽与哀愁，不知向谁诉说，唯有沉默不语，奔流而去。

　　翌日，我从八一前往派镇，再次与旖旎的尼洋河一路相随。班车司机是个乐呵呵的四川小伙，一看车上数人的驴友行头，便主动提出路上可以停车拍照——多么善解人意啊。于是，我终于得以从容不迫地驻足观景台，欣赏尼洋河和雅鲁藏布江两水交汇，而不是在疾驰颠簸的汽车上施展摄影技术。极目远眺，江面水域宽广，温柔的尼洋河不动声色地投入壮阔的雅鲁藏布江怀抱。大约由于季节因素，尼洋河水清澈湍急，雅鲁藏布江却也并不浑浊。汇入雅江之后的尼洋河水逆流而上，两水浩浩荡荡相拥而去，奔向遥不可及的远方。

> **🏍 旅游小贴士**
>
> 简介：八一镇是艰苦川藏线上条件最好的地方，可以吃得欢喜，住得舒适，且价格并不贵，普通旅馆标间在六七十元左右，条件通常不错；街上有各色风格各种档次的饭馆，和川藏线上的路边店水平不可同日而语。
>
> 骑自行车沿着尼洋河旅行是很惬意的事情，可在八一市内的高山自行车俱乐部租到山地自行车，从八一往林芝机场或林芝镇的方向骑行均可。
>
> 到达：可从成都、昆明等城市乘飞机直达林芝；或者从拉萨乘汽车到达林芝，从早到晚都有班车，需时6—8小时。
>
> 周边景点：鲁朗林海、雅鲁藏布江大峡谷、南迦巴瓦、苯日神山

楠溪江

永嘉的山水怎地多情，吸引着一代又一代的文人墨客留下锦绣的文字。三百里逶迤曲折，烟树横碧，滩林如黛，所谓水秀、岩奇、瀑多、村古、滩林美，这样笼统概括的赞美之词仅仅是支起了楠溪江风景粗略的骨骼，无论是丹青水墨，还是诗词颂咏，都无法完整还原这片山水佳音的灵犀风华。

我为一幅楠溪江上渔舟唱晚的图画而打动，想象中是那断霞残照之下，一叶扁舟轻帆卷，半江渔火舞愁红。我奔波千里而来，只为登上这一叶江上竹排。可惜天公无情，等到暮云黯黯，未见夕阳的半点灿烂，葭苇萧萧风淅淅，一任锁清江，只

楠溪江

我们一方孤零零的小舟无助地漂流，哪里有渔灯一盏为我们燃起火焰？暮色苍茫，隐约中只见得远山披着纱衣的影子，层层叠叠，渐渐地与江水融为一体，夜色漫过来的时候，依然执着地不愿离去，遐思翩翩，也许幻想着那江面的远方蓦然吹响一声清笛，那滩林的深处亮起一袭渔火，可是，终究，还是只等到失落。

次日清晨，拨开薄雾冥冥，终于看清了这溪水的颜色，日复一日地竹筏漂流，人声鼎沸的嘈杂喧闹，却丝毫没有混杂江水天然明净的本色。再度泛舟而去，狮子岩畔风光如画，江心的大石上早已绿树成荫，多少个朝朝暮暮，年华共，混同江水，流去几时回。

天空突然飘过厚重的云彩，一瞬间阴雨霏霏，风淅淅，雨织织，整条楠溪江啼泣不止。纵有无限伤心事，一种烟波各自愁。

烟轻雨小，打着伞走过丽水长街，一条明嘉靖年间的蓄水堤，曾经只许莳花种树建亭的风雅之所慢慢演变为繁荣的商业街巷，只是那一湾临水的弧线，那古朴的屋檐披盖，在时光流逝的沧桑中依旧透露出婉约的优雅。

走进芙蓉古村，一本《楠溪江中游的古村落》让不少天南地北的游客手持此书寻迹而来，山清水秀的自然环境成为避世者的桃花源。芙蓉、枫林、苍坡、鹤湾，

一个个有着灵秀动听名字的古村在江畔扎根繁衍，牛角挂书，亦耕亦读，山水情怀和书香气质相互融合，孕育出了楠溪江流域浓厚毓秀的乡土文化。

背靠芙蓉崖，面向楠溪江，芙蓉村是一座方形的堡垒村寨，蛮石砌起坚固的寨墙抵御外敌，内中格局"七星八斗"，街巷沟渠形成密织的网络结构。古村的整体布局规划以及建筑形式都无所不在地体现着某些人文思想的精粹，这亦是楠溪江古村落共通的特色。民居、祠堂、书院，古老的建筑依旧穿越时光活在今天的日常生活中，没有皖南古村那些深宅大院的雕梁画栋，更多的是一间间朴素简洁的田园农舍，少了精致贵雅的官宦之气，多了疏朗洒脱的自然之风。

芙蓉池中芙蓉亭，这里是古村的中心广场，纳凉聊天的老人，洗涤衣物的妇女，趴在地上打盹的小黄狗，四处昂首阔步的大公鸡，缓慢悠闲的生活节拍就这样淡然随意地渗透于古村风物的细枝末节。就停在这旁边的村里人家，尝一碗楠溪江素面，简简单单清清香香，舌尖回味的是这份山水情怀的味道。

辗转进入大若岩，天色终于渐渐明朗起来，雨歇天高，望断翠峰十二，那十二峰景区内烟雾缥缈，人迹罕至，只有那些硕果累累的柚子树在雨露的滋养下宫腰低压，楚楚动人。前路茫茫，只这一组山峰高低错落，相伴万重烟水，尽无言，谁会凭高意。

就宿于大若岩，夜晚与两个孩童走在田埂小路上，不期然真的邂逅流萤，好像是一盏盏小灯从田野中飘忽而来，在这漆漆的黑夜里，格外的亮眼，追逐而去，只恨手中无有轻罗扇，只得眼睁睁地看它飞入田间无觅处。就是这样一个夜晚，有着草香虫鸣的夜晚，孩童天真开心的笑声回荡在静寂的田间，我在这笑声中找回的是都市中迷失已久的真情流露。

还有，还有，还有木舟横渡小三峡，看四壁青山揽翠，一池潭水幽深，分明画出春色；还有九祭石门台的飞瀑溪流，白练当空，珠矶四射，空谷回音；也有苍坡的古柏戏台，琵琶井边旧日的雕梁画栋，一条小路走过落日和烟雨，一种心情抛开相思和离愁。

我想有一天我还要重返楠溪江，这孕育了谢灵运山水诗的楠溪江，也许我会从仙居一路南下走过她所有最美的流域，将百感千愁齐都付与流水，也许有一天，这种寄情山水、耕读传家的审美情怀会再一次穿越历史的洪流，在现代社会的复古轮回中翻开一页新的篇章。

烟残照，摇曳溪光碧，昨夜扁舟泊处，波声渔笛。再见，楠溪江，凭栏悄悄，目送春光，多情不惯相思苦。休惆怅、好归去。

旅游小贴士

简介：楠溪江的行程至少要安排两天，石桅岩和大若岩景区都需要坐车前往，古村落距离岩头镇都不远，可以步行或者乘坐三轮车前往。

岩头镇是住宿餐饮中心，各类档次的宾馆旅社都有，节假日价格稍有提高。

漂流是从岩头镇东的小港码头坐竹筏到狮子岩，最好能赶到狮子岩看日落。漂流时最好穿防水的鞋或者凉鞋。漂流价格可以砍价。

古村落主要是苍坡村、芙蓉村、岩头村，都具有很丰富的人文内涵，在村里可以品尝一些当地土家风味，如小溪鱼、楠溪粉干等，还有著名的楠溪江素面。

到达：可先乘坐飞机或火车到达温州，温州有开往楠溪江的班车。上海和杭州有直达楠溪江的班车。

周边景点：雁荡山、泰顺廊桥

秦淮河

秦淮河，这个名字让人联想到的第一印象绝不会是长江的一条支流，或者南京的母亲河。这条河流演绎的历史传奇已远远超过了它的自然风貌。

秦淮河中飘荡的是六朝金粉的鼎盛繁荣，商贾云集，文人荟萃，金粉楼台，画舫凌波；秦淮河里倒映的是秦淮八艳的佳丽倩影，在香艳的才子佳人传奇中演绎着一段历史情怀的流离与动荡。"江南锦绣之邦，金陵风雅之薮"，那彩灯高挂的河岸两边，寺庙王府私家园林古建林立，那乌衣巷内出入的，都是王孙贵族世家子弟。粉黛奢靡，一转眼，秦淮河水洗尽铅华，一场繁华一场梦，"旧时王谢堂前燕"，终于"飞入寻常百姓家"。

今天的秦淮河已经开发为一条丰富多彩的旅游风光带，夫子庙、瞻园、白鹭洲、中华门、桃叶渡，古迹、园林、画舫、市街、楼阁，秦淮河是一条纽带，沿河而行或者乘船而去，金陵风光民俗尽收眼底。

夫子庙乃是孔庙的俗称，全国地建有孔庙的地方很多，棂星门、大成门、大成殿、明德堂、尊经阁，建筑犹在，当年供奉祭祀的文庙如今已成为城市的商业旅游中心。明清风格的仿古街打造起来了，酒肆茶楼热闹起来了，风味小吃和土特产充斥其间，这里成为游客来南京的必游之地，但今时今刻，人们心中牵念的不再是万世师表，于古老文化遗存中体验现世繁华，正是古城文化之旅约定俗成的惯用伎俩。

秦淮河的游览总是从夫子庙开始，这并不是一条多么壮阔包容的城市之河，像流经南阳的白河，她也更不是一条山明水秀的乡野之河，如阳朔之遇龙河。在秦淮河看的不是这条河的风姿靓貌，甚至也不完全是那灯火通明的夜景灿烂，秦淮河水映射的永远是那些数小尽道不完的历史渊源，她背后的传奇和掌故远远要比这条河的波光潋滟更加让人心驰神往。

江南贡院考中了 58 名状元，走出了唐伯虎、郑板桥、翁同龢、张謇，名士风流。

那乌衣巷内，王、谢两大豪门巨族鼎立，如今可还寻得到旧日富贵的痕迹？

南岸媚香楼内住过名妓李香君，"白骨青灰长艾箫，桃花扇底送南朝"，那血染桃花扇的烈性奇女子，难道不胜过那些自命风流却最终苟且偷生的公子名士？秦淮八艳的故事为人们津津乐道，并不只是为这些南国佳丽的绝色倾城，也不只为那才子佳人的风流韵事，他们对忠贞爱情的向往和追求让人怜惜感慨，她们于生死存亡

秦淮河

之间坚守不畏的民族气节更让人击节吟咏。可惜，她们生在乱世游离之中，秦淮河畔的笙歌宴舞打造的不过是一片虚幻平和的假象，朝代变迁的历史洪流最终搅碎了她们的梦想。当我们今天透过历史的尘埃再去审视这几位风尘女子，一个个聪慧、灵秀、坚忍、多才多艺与侠骨芳心的身影跃然眼前，她们的传奇给这条秦淮河水披上幻影婆娑的霓裳，从此，秦淮河多了一丝女性的柔媚风姿。

瞻园曾是明中山王徐达的府邸，太平天国时为东王杨秀清王府，亭阁、曲廊、假山，江南园林的经典布局丝丝入扣，如今已成为太平天国历史博物馆，1,600多件历史原物展现眼前，足够还原那一场轰轰烈烈却又惨淡收场的农民运动。

白鹭洲公园也是一座园林，15座襟带小桥古雅玲珑，这里也曾是徐达王府的东花园。当年为明朝开创立下赫赫战功的中山王，"以智勇之资，负柱石之任"，却也留下了朱元璋赐蒸鹅而死的传闻疑案，鸟尽弓藏兔死狗烹的历史悲剧在一代代的帝王将相中不断重复着相似的结局，是不是扭转乾坤容易，改变人性的宿命却比登天还难。

桃叶渡，秦淮河上的一个古老渡口，只因为当年王献之在这里迎接他的爱妾桃叶而取了这样一个婉约的名字。"桃叶复桃叶，渡江不用楫，但渡无所苦，我自来迎接"，王献之写了一首又一首桃叶诗，古老的渡口从此成为世世代代女子心目中的爱情守望地。可是，王献之的爱情生活却并不幸福，他即使贵为世家公子，即使书法造诣与其父之名并驾齐驱，皇帝一纸令下，他依然不得不休妻现娶。休了青梅竹马的郗家女，另娶新安公主，关于他和公主后来的生活状况在史料中找不到什么答案，但想来二人的感情也多是相敬如宾要不王献之怎么会如此宠爱一个小妾，并为她写下了这许多缠绵悱恻的动人诗句？

秦淮河的故事何其多，可以轻易让你迷失在历史长河的烟月朦胧中。趁着夜色，乘船而去吧，两岸迷幻的彩灯可会胜过当年十里秦淮的烟火，你是否在桨声灯影中看到有人轻纱曼舞，听到有人丝竹笙歌，有一丝恍惚，有一丝迷醉，有一串串历史人名在脑海里徘徊而过，有穿越时空的错觉在不知停在哪个年代。船形缓缓，驶向灯火阑珊处。

"烟笼寒水月笼沙，夜泊秦淮近酒家。商女不知亡国恨，隔江犹唱后庭花。"那时候诗人笔下的秦淮是一种国恨家仇的绝望，光阴再度轮回，秦淮再度重现，"梨花似雪草如烟，春在秦淮两岸边，一带妆楼临水盖，家家粉影照婵娟"，不一样的时光，不一样的心境，秦淮河却还是那条秦淮河。

🏍 旅游小贴士

简介：坐游船游玩秦淮河风光带，在夫子庙大成殿前码头上船，普通路线全程50分钟。

建议夜游秦淮，彩灯耀眼，更能体会曾经六朝粉黛的风流婉约，如果能单雇一条小船游十里秦淮，更是别有一番滋味在心头。

夫子庙是南京著名的商业步行街，这里各种店铺餐馆林立，能品尝到很多南京小吃。

到达：可乘飞机或火车到达南京，再乘车到夫子庙。

周边景点：中山陵、明孝陵、玄武湖、总统府

遇龙河

桂林的山，漓江的水。碧莲峰下，漓江码头，日日不停地迎来送往，从简陋的木船到豪华的游轮，人们熟悉了九马画山，人们记住了兴坪那二十元人民币上的经典组景。一张又一张模式化标准范本的桂林山水剪影诞生于漓江之上。这时候，遇龙河还藏在深闺人未识。

终于有一天，人们厌倦了马达声的轰隆作响，厌倦了嘈杂拥挤的游船空间，厌倦了千篇一律的合影留念。人们走入了田野乡间，撑起了竹筏漂流，发现在这群峰叠翠之间还流淌着一条小家碧玉般的美丽河流。她没有漓江那么开阔纵容的大气势，她温柔回眸之间徐徐展露笑颜；她不是单一不变直直抖落的山水画卷，她绕经乡野探访古村，古桥民居稻田水车都可落入她的画笔。她更加具有从容随意的亲和力，她在山水之中流露婉约的人文诗意。于是，越来越多的人知道了遇龙河，她逐渐成为阳朔旅行的第一关键字，人们亦亲切地称她为"小漓江"。

走入阳朔的西街，随便找一家旅馆安顿好住处，租一辆自行车，直奔遇龙河。一路骑行在遇龙河的左岸，远山深邃多姿，高高低低层层叠叠，身边原野碧绿，芳草清香，呼吸中荡漾的都是自由欢快的分子。有很久没有这般奢侈的自行车经历了，随时可以停下脚步，随时可以扔下车子走入稻田深处，随时又可以整理心情再出发。古树农庄、村舍炊烟、嬉戏孩童、灌溉水车，一路田园风光逶迤，一路河水涓流潺潺。

工农桥，这里已是遇龙河的末端，这座桥的名字起得颇有些不解风情，可在这里却寻到了一个近乎完美的夕阳西下标准照。等待中，太阳终于缓缓地垂到了远处山峦的顶端，近处的山峰已经渐变为黑色的剪影，倒映水面，波光粼粼，天边一片妩媚的玫瑰红，今日没有一丝云彩，太阳鲜红的倒影在河面上拉出长长的影子，一

遇龙河

叶扁舟正从山林掩映中缓缓驶来，渐行渐近，落日风景的精粹就定格在这条小舟的行进节奏中，一旁的三脚架长枪短炮早已噼里啪啦响个不停，短短十几秒钟，夕阳已经各啬地收回她的彩袖裙摆，西沉而下，遇龙河今天的演出落幕了。

遇龙桥是阳朔最大的一座明代石拱桥，遇龙河的名字也许正是得名于它。古老的石桥掩映在两岸的树木葱茏中，石围栏上残留下的精美雕刻依旧保留着昔日的风采遗韵。站在遇龙桥上，上游烟火弥漫，绿木成荫，富里桥金龙桥守卫一方。下游群山奔腾，村落点点，稻田农舍相互依偎。而遇龙桥下的竹筏早已蓄势待发，随时等待游人的召唤。

我们另辟蹊径，选择了逆流而上，遇龙河的上游如此平静宁和，河水清清浅浅，遇上小小堤坝便下得筏来推舟前行，仅仅漫过小腿肚的河水，更像是一条潺潺流动的小溪，充满灵动的遐思，充满嬉戏的真趣。幽幽富里桥，拱形的桥身和水中的倒影形成了一幅满月的形状，如此优雅，如此安详，河道幽深，水面平静，只有我们的小船悄悄地走进，打破了这份顾影自怜的寂寞。登桥而上，几百年光阴的痕迹流露在青苔石缝间，桥旁的小树早已长成枝丫参天，最美好的年华已然流逝，依旧无怨无悔不改初衷。独立小桥风满袖，时光敲打在心间的节奏犹如这桥下流水的平缓淡泊，仿佛映得出前世今生的轮回，一凝神间，天荒地老。

在河畔就近的农家享受午餐，又一只老母鸡遭了殃，新鲜散养的土鸡做成的黄焖鸡当真美味，摆在河边露天的小饭桌也在更吸取了自然灵气，胃口便也格外的好，脚下更有狗狗等着你赏赐骨头佳肴。不知为什么，这样山清水秀之地却偏爱一味啤酒鱼的浓烈，那绝不是崇尚清汤寡水的原汁原味，而是啤酒辣椒浓汤侉炖，菜色品相也颇具豪迈粗犷之风。相比之下，还是米粉与这方山水更加搭调，洁白、圆细、爽滑、柔韧，无论是卤菜粉、汤粉、马肉米粉，无论是名家招牌还是大排档夜市，任何一种味道都胜过远在京城的复制品，米粉的灵魂离了这方山水的滋养，即使玉碗金筷也要黯然失色。

遇龙河的下游，视野逐渐开阔起来，小溪终于汇成大河，山峦气势初现磅礴。一片乌瓦粉墙映入眼帘，这是唐代开德四年的归义县城，有唐代的城墙，明代的民居，清代的庄园，历史沧桑的交错沉淀出浓厚的人文气质。依山傍水的古老村落自然是人才辈出，状元、进士、武魁的牌匾比比皆是，祠堂犹在，墙上革命时期刷过的标语犹在，一扇窗棂上的镂空刻花残存，时光却已轻飘飘地斗转星移。踏上青石板路，拐入幽深的小巷，曾经深宅大院的老房子内依然透露着鲜活的生活气氛，遇龙河水百年如一日地在村前流过，日子便也如同这流水一般，缓慢悠长，波澜不惊。

桂林，漓江，阳朔，遇龙河，人们探寻的目光循序渐进，然后突然有人醒悟，遇龙河明明就是桂林山水最浓缩的精华剪影，她将山明水净的自然风光挥洒得淋漓尽致，她又在恬淡宁静的田园乡野中带给人们心灵的休憩。没有人工雕琢，没有尘世喧嚣，钟灵毓秀丽质天成的一位小家碧玉，你如何能不与她喜相逢？

🚗 旅游小贴士

简介：遇龙河的游览方式主要是竹筏漂流，有不同的路线可以选择，全程12公里，从金龙桥一直到工农桥，时间在4—5个小时。漂流的价格浮动很大，需要砍价。

除了漂流，还可以在阳朔租一辆自行车，骑行在田野间的感觉也很自在，可以一直骑到工农桥，工农桥上也是看日落的好地方。

阳朔是很适合休闲的地方，应该多住几日。各种档次的宾馆旅社都很齐全，比较受欢迎的西街那些小型经济的家庭旅馆，价格便宜又很有生活情调。

阳朔的夜晚是酒吧咖啡馆的天下，各类购物的小店也是琳琅满目，在这里的游客永远不会感到孤独。

阳朔最有名的美食当属啤酒鱼，漂流的路上也可以跟船工商量在就近的农家吃饭，能吃到很新鲜的土鸡活鱼。

到达：乘坐飞机或者火车到达桂林市，然后乘坐汽车到达阳朔。

周边景点：桂林、漓江、龙脊梯田

漓江

漓江是世界上风光最秀丽的河流之一，全长 160 公里。自桂林至阳朔 83 公里水程，是广西东北部喀斯特地形发育最典型的地段。沿途碧水奇峰，风光绮丽，犹如一幅绚丽多彩的画卷，故有"百里漓江、百里画廊"的美称。

岸边堤坝上的凤尾竹终年碧绿，微风徐来，便似少女的裙裾随风摇曳，婀娜多姿。百里漓江每一处的景致都可谓是一幅典型的中国水墨画。

古今中外无数文人墨客为漓江的绮丽风光写下了脍炙人口的诗文。唐代大诗人韩愈曾以"江作青罗带，山如碧玉簪"来赞美这条如诗似画的漓江，更有戏说："桂林山水甲天下，漓江神秀天下无。"

漓江是世界上最美的画廊，是中国风景线上的一颗明珠，是桂林美景的精华所在。无论是烟雨漓江、浪石奇景、九马画山还是漓江倒影，都能让你不由自主地沉

漓江

醉在漓江那独有的魅力里。

　　浪石奇景在漓江左岸林茵翠海中，这里是漓江景区的山水精华所在。两岸奇峰罗列，水曲天窄，右岸有大黄山、文笔峰、笔架山、狮子山等，高低错落；左岸有观音山、白兔山、金鸡岭等，千姿百态。

　　前望水穿江峡、旁视峡衬帆影，云遮雾绕、烟波浩渺、山川隐约、幻景天成。

　　九马画山在漓江东岸画山村附近。它五峰连属，临江石壁上，青绿黄白，五彩缤纷，浓淡相间，斑驳有致，宛如一幅神骏图。

　　九马栩栩如生，神态各异，或立或卧，或奔或跃，或饮江河，或嘶云天。关于此景，清代诗人徐曾赋诗赞叹："自古山如画，而今画似山。马图呈九首，奇物在人间。"

　　江水赋予凝重的山以动态、灵性、生命，把人带进神话的世界。漓江兼有山青、水秀、洞奇、石美四绝，还有洲绿、滩险、潭深、瀑飞之胜。

　　两岸的山峰倒影在碧水之中，几分朦胧，几分清晰。渔舟荡漾在烟波之上，从山峰倒影的画面上漂过，仿佛"船在青山顶上行"。雄奇瑰丽的百里江水长卷，使人赏心悦目，涤荡心灵，弃俗绝尘。

相传当年龙王三公主见修筑万里长城的民夫太累太苦，顿生怜悯之心，于是骗来秦王的赶山鞭把石头变成飞禽走兽，让它们快到长城。结果它们却被桂林山水所迷，都不肯走，最后化成了石山，把江水也给堵死了，造成了旱灾。

龙王知道后就传来金龟将军，命令他快去扒开石山堵塞的河道，还特别叮嘱："记住了，一定要扒宽。"金龟将军把扒"宽"误听成是扒"弯"。于是，他把漓江扒得很弯很弯，从桂林到阳朔83公里的水路，扒出了99道弯、64条滩。旱情解除了，金龟将军完成了任务，回到龙宫交旨。龙王怒道："叫你扒宽，你却偏偏扒弯，这是违抗圣旨！"于是就罚他下界变成石龟爬山。

现在，如果乘船游漓江，还可以看到岸边有一个石龟在爬山呢，那就是传说中的金龟将军。

🏍️ 旅游小贴士

怎么去：桂林两江国际机场，可通航29个内地城市和香港、澳门特别行政区及日本福冈、韩国济州。火车可直达国内主要城市，火车站广场有中巴直到阳朔。

观光：桂林山水向以"山青、水秀、洞奇、石美"四绝闻名中外。一江（漓江）、两洞（芦笛岩、七星岩）、三山（独秀峰、伏波山、叠彩山）很具有代表性，是桂林山水的精华所在。

美食：啤酒鱼是阳朔最有名的地方菜，游客一定要尝尝。手工刀切面也是阳朔一绝，除此之外，还有啤酒鸭、米粉、斑鱼火锅、黄焖鸡、干锅狗肉、阳朔糍粑、阳朔田螺、阳朔油茶、鼎锅饭等。在步行街还能吃到世界各地风味美食，如美味的炭火烤比萨。浪漫的情调让人胃口大开。

购物：在阳朔可以买到各种独具民族地方特色的工艺品，如竹木制品、阳朔画扇、竹凉席、戏剧脸谱、仿古陶器、书画作品、山水盆景、特色文化衫、阳朔镇纸等，其中以阳朔画扇最为有名。还有特产漓江虾、漓江鱼、漓江螃蟹、漓江田螺、桂林腐乳、沙田柚、罗汉果、三花酒等。

金沙江虎跳峡

峡谷长 16 公里，右岸玉龙雪山，左岸中甸雪山，中间江流宽仅 30-60 米。虎跳峡谷坡陡峭，蔚为壮观。江流在峡内连续下跌 7 个陡坎，落差 170 米，水势汹涌，声闻数里，为世界上最深的大峡谷之一。

明万历四年（1576 年），此地爆发了著名的罗旁战役，肉翼大王在这里抗击陈璘的征讨，英勇牺牲。为了纪念他，瑶民在虎跳口建了一座庙，现如今庙已被废弃。

1996 年 2 月的丽江七级大地震，哈巴雪山一侧发生大滑坡，使得此处江道阻塞，水流囤积，宛如在江中形成一个高湖。偶然间的灾难也使这里成了旅游景点，特别是虎跳峡的徒步旅游项目在国外十分风靡。其实在古代，虎跳峡就是文人墨客的宝地。

清代雍乾之际的云南诗人孙鬃翁，在《金沙江》一诗中曾这样描绘虎跳峡："劈开善城斧无痕，流出犁牛向丽奔。一线中分天作堑，两山夹斗石为门。"虎跳峡的壮美风光吸引了大批国内外"背包客"来这里徒步旅行。

被称为世界上最深的峡谷之一的虎跳峡，一向以"险"而闻名天下。虎跳峡谷天下险，有两险一美，两险为山险、水险，一美为景色壮美。"险"中也蕴藏着一种美，一种摄人心魄的壮美，吸引了国内外游客到此寻幽探险。

峡谷两岸，高山耸峙，险象环生。东边有玉龙山，终年披云戴雪，银峰直插云霄，山腰怪石峥嵘，古藤盘结，山岩壁立，直插江底，常常可以听见虎啸猿啼，常常会有狼豹出没；西边有哈巴雪山，峥嵘突兀，山腰间有台地，山脚为陡峻悬崖。西岸山峰，高出江面 3000 米以上。

三峡蔚为壮观，而它的最大落差仅 1500 米；美国的地狱峡谷世界著名，而其

金沙江虎跳峡

最大高差，也仅 2400 米。所以虎跳峡的深邃，可想而知！它不仅深，而且窄，许多地方，双峰欲合，如门半开；身入谷中，看天一条缝，看江一条龙；头顶绝壁，脚临激流，令人心惊胆战。

两险之二：水险

由于山岩的断层塌陷，造成虎跳峡无数石梁跌坎，加之两岸山坡陡峻，岩石壁立，山石风化，巨石常崩塌谷底，致使江中礁石林立，犬牙交错，险滩密布，飞瀑荟萃。

从上虎跳峡至下峡口，江流特急，不少段落，每秒达六米至八米。因而江水态势瞬息万变，或狂驰怒号，石乱水激，雪浪翻飞，或旋涡漫卷，飞瀑轰鸣，雾气空蒙，构成世上罕见的山水奇观。

上虎跳是峡谷中最窄的段，离公路边的虎跳峡镇 9 公里，其江心雄踞一块巨石，横卧中流，如一道跌瀑高坎陡立眼前，把激流一分为二，惊涛震天。传说曾有猛虎借江心这块巨石，从玉龙雪山一侧，一跃而跳到哈巴雪山，故此石取名虎跳石。

"在大云江的尽头，数百米宽的江面陡然收缩成十来米的激流，两块巨石隔岸矗立。相传，老虎从这里跳跃过江。流不尽的云江水从这下面轰隆隆地落入地下，只需一分钟左右的地下奔腾，再见天日时已经属于异国。"这是一位外国友人在去过虎跳峡之后的感想。

去过虎跳峡的人都会被虎跳峡的壮丽所感染。当正午的太阳照亮了落水洞幽暗的深渊，撞碎的浪花闪现出七色的彩虹，任何落下去的物体都会在一瞬间变成齑粉。还有什么比埋藏在这荒野里的美更让人震动心魄呢？

相传金沙江、怒江、澜沧江三姐妹和玉龙山、哈巴山，原是五兄妹。三姐妹长大了，相约外出择婿，父母又急又气，要玉龙、哈巴去追赶。

玉龙带着十三把剑，哈巴挎着十二张弓，抄小路赶到丽江看守三姐妹，并约定谁放过三姐妹，就要被砍头。轮到哈巴看守时，玉龙刚睡着，金沙姑娘就来了。聪明的金沙姑娘就利用哈巴爱瞌睡的毛病，唱歌使得哈巴睡着了。她们瞅准这一机会，从哥哥身边溜走了。玉龙醒来见此情景，又气又悲，气的是三姐妹已经走远，悲的是哈巴兄弟要被砍头。他不能违反约定，抽出长剑砍下了哈巴的头，随即转过身去痛哭，两股泪水化成了白水和黑水，哈巴的十二张弓变成了虎跳峡西岸的二十四道弯，哈巴的头则落在江中变成了虎跳石。

🚗 **旅游小贴士**

　　怎么去：大多数城市的飞机都能直飞丽江，也可以从昆明、重庆、成都中转到丽江。到丽江客运站，买到虎跳峡镇（桥头）的车票，到了虎跳峡镇再包车去虎跳峡，费用不是很贵也很方便。也可以选择先坐车到大具，再徒步游虎跳峡。

　　观光：虎跳峡以"险"闻名天下。山之险在于两岸山坡陡峻，岩石壁立，山石风化，巨石崩塌谷底，使江中礁石林立，犬牙交错，险滩密布，飞瀑荟萃。水之险在于落差大，江流急，狂驰怒号，飞瀑轰鸣，雾气空蒙，蔚为壮观。

　　美食：丽江境内物产丰富，当地出产的素菜口感清爽，多为类中珍品。肉类多以烤、炖为主，有烤全羊、烤鱼等。鸡豆凉粉、丽江粑粑、青豆焖饭、糯米血肠、腌酸鱼等风味小吃也足以让游客一饱口福。还有虎跳峡的土鸡，是来此的徒步旅行者必尝的。

　　购物：竹编是傣家人擅长的工艺，种类繁多、造型古朴、美观实用的竹编工艺品一定会让你爱不释手。傣锦是傣族民间织锦，傣锦以织工精巧、图案别致、色彩绚丽而闻名。当地还产冬虫夏草，是上乘的中药材和滋补品。

太鲁阁大峡谷

　　峡谷两岸悬崖万仞，直入云霄；山岭陡峭，怪石嶙峋；谷中水流湍急，草木葳蕤，具有长江三峡雄奇景观连绵不断的气势，被誉为"宝岛的三峡"，为宝岛八景之冠。

　　太鲁阁源自泰雅语"鲁阁"，"鲁阁"是桶的意思。这里地势险要，曾多次作为战场，随处可见石头碉堡，易守难攻。它好似铁桶江山一样，故称"鲁阁"，通常叫太鲁阁。

　　太鲁阁在高山族语里，是山峦绵延之意。整个峡谷风光由太鲁阁、长春祠、燕子口、大断崖、九曲洞、天祥等景观组成，并以太鲁阁命名。峡谷由结晶石灰岩形成，沿线山岭高耸入云，河流两岸呈千古绝壁，溪流蜿蜒如带，飞瀑溅若银珠。

　　太鲁阁大峡谷，高山险峻、峡谷幽深，幽美的自然风光吸引了众多游客。而大峡谷内的太鲁阁公园，则以其独有的动植物资源形成了独特的景观。

　　从长春祠深入峡谷，沿着溪流在巍巍山崖间行进，倏然一座壁立万仞的大断崖横空出世，人们称它"屏风岩"。危崖两岸皆垂直石壁，无路可通，唯有凿岩取道。

太鲁阁大峡谷

高山石壁遮天蔽日，人们只能凿通崖壁，开窗取光，工程之浩大、艰难，实属罕见。进入太鲁阁的迎宾峡，就到了中横公路中最险峻的地段——锥鹿隧道。这里是驰名世界的"锥鹿大断崖"，高达 1660 米，由工程人员沿溪在崖缝中凿出凹槽，将公路嵌镶在岩石峭壁上，险峻无比，可以说是人类战胜自然的智慧和力量的印记。

太鲁阁峡谷中最令人惊心动魄的是"虎口一线天"。人在峡中，只见三面崖壁和谷天一线。由于峡谷断裂线毫无规则，险崖犬牙交错，左转右旋，因此，钻进岩腹的隧洞一个接着一个，如九曲回肠，人们称之为"九曲洞"，是中横的一大奇观。

太鲁阁大峡谷是由湍流不息的溪水经过千万年的切割而形成的，峡谷中的溪水从海拔 3000 多米的合欢山急流而下，到入海口只有 100 公里左右，许多地方每公里落差达 20 到 30 米。水流的不断切割使峡谷越来越深，于是形成了太鲁阁大峡谷这一世界奇观。

百万年来，由于溪水不断侵蚀，切开了厚度超过 1000 米的大理石层，形成了今日中横公路太鲁阁到天祥间垂直壁立的 U 形峡谷，造就出公园中最撼人心弦的地景。峡谷两岸各个地质时期的岩层像一本天书样，排列在这个大断崖面上，向游人诉说着太鲁阁数百万年来的沧桑史。

太鲁阁公园的原始森林面积广阔，动植物资源非常丰富。共有山椒鱼、莫氏树蛙、台湾黑熊、水鹿、长鬃山羊等数百种动物，更有云杉林、台湾芦竹、冷杉林、箭竹草原、玉山圆柏及铁杉林等多种珍奇植物，形成了园区内的特有景观。

太鲁阁公园还有一处名叫"神秘谷"的景区。神秘谷保存了相当程度的原始风貌，溯溪而上，两岸岩石交错，树木葱茏，还有众多的蝴蝶及热带雨林景观。

太鲁阁大峡谷及太鲁阁公园都是因为这个地区原是太鲁阁族人主要的居住地而得名的，关于太鲁阁族还有个有关彩虹桥的传说。

从前的太鲁阁族祖先常对孩子们说，人死后，灵魂会在彩虹桥的桥头。凡斩获过敌人首级的男人和会织布与编织的女人，一洗手立刻冒出血来，像这样的人会允许通过彩虹桥，到祖灵那里享福。可是没有取敌人首级的男人以及不会织布和编织的女人，就不能通过彩虹桥，而被丢到河底，被螃蟹吃掉。因此为了能经过彩虹桥，男人要去取敌人的首级，女人必须会织布与编织。祖先又说，不可用手指头指向彩虹桥，否则手指会断掉。

直到今天太鲁阁族人对于彩虹桥的传说仍是深信不疑，而他们依旧沿袭着他们祖先的传统，祖祖辈辈生活在这片美丽的土地上。

🚗 旅游小贴士

怎么去： 乘火车从台北到花莲，在花莲新城站下，搭往崇德、洛韶、天祥、台中等地的花莲、丰原客运，均可抵达太鲁阁，后三者并可分往中横沿线的各景点。

观光： 观赏景点有：长春祠、燕子口、靳珩公园、九曲洞、慈母桥、天祥、锥麓断崖、流芳桥、大禹岭、布洛湾、砂卡礑步道、绿水合流步道、清水断崖步道、白杨步道、豁然亭步道、莲花池步道和黄金峡谷等。

美食： 剥皮辣椒、赤科山金针、七星柴鱼、花莲薯、小麻薯、小米酒、乌鱼子、番薯饼、山葵饼。

购物：花莲市的大理石工艺品美观大方，还有玉石宝石制品，色泽自然、工艺精细。大到壁炉、屏风、桌、椅，小到饰品、花瓶、笔架，种类繁多，让人眼花缭乱。

天山库车大峡谷

1999 年的夏天，库车大峡谷被一对牧羊人发现，后便引来国际国内众多专家游人造访。2002 年 6 月被评为国家 AA 级旅游名胜风景区，2003 年入选"中国十大最美峡谷"。

天山库车大峡谷属塔里木河支流的库车河河谷，当地的维吾尔族人称之为"克孜利亚"，意为"红色的山崖"。它集天山奇景之长，蕴万古之灵气，融神、奇，

天山库车大峡谷

险、雄、古、幽为一体，景异物奇，令人神往。谷侧奇峰嶙峋，争相崛起；峰峦叠嶂，劈地摩天，崖奇石峭，磅礴神奇；神洞秘窟，各蕴其意。谷内蜿蜒曲折，峰回路转，步步有景，举目成趣；泉水叮咚，鸟叫蝉鸣；寒暑不浸，游人称绝。

库车大峡谷就像是一位红装女子，隐没在天山脚下。它以红色的山崖，奇特的山峰、幽美的峡谷和那佛洞中千年的壁画静静地等待，等待着我们一起去发现它的美丽。

库车大峡谷整个峡谷皆由红色砂岩、砂砾岩构成。在天山强烈上升的过程中，这些红色岩层发生了各式各样的褶皱弯曲，加上水流侵蚀和风蚀，造成峡谷内奇峰异石，嶙峋百态。它像一位着红装的神秘女子隐秘在美丽的天山南麓，吸引着众人的目光。

令人惊讶的是，此地虽为内陆干旱地区，但峡谷内却常年有汩汩清泉，每当朝夕之际，风起之时，峡谷中便有雾气升腾，或有谷鸣之声，加上光影变幻，其神秘诡异不可言状。

无山不成谷，峰奇谷更幽。峡谷区域平均海拔 1600 米，最高山峰 2048 米。庞大的红色山体群形成于亿万年前，经亿万年的风剥雨蚀，洪流冲刷，形成纵横交错、层叠有序的垄脊与沟槽，远看如诗如画，状若"布达拉宫"，仙天琼阁；近瞧若人似物，如梦似幻，惟妙惟肖，神韵万端，令人有鬼斧神工、奇景天成之慨叹。峡谷尤以谷口处的三座山体（乃头山、丽人山、佛面山）最为壮观，特别在夕阳斜射，朝霞映山时，极目远眺，色艳红天，大有不是火焰山，胜似火焰山之奇感。

远远看去整个峡谷犹如一条尾震天山头，口饮库河流，曲身九十九的巨龙劈山而卧，呼风唤雨，神秘莫测。更令人称奇的是，距谷口 1400 米深处，高约 35 米的崖壁上，有一始建于盛唐时期，壁画丹青的千佛洞遗址，就文字记载和绘画艺术而言，在古西域地区至今已发现的 300 多座佛教石窟中绝无仅有，实属罕见。这里的壁画精美而且保存完好，不仅见证了这里在历史上的繁华，更是见证了历史在这里留下的印记。

藏宝洞位于峡谷内，嵌于百米悬崖之上。相传唐朝有得道高僧到西域传经，一路翻山越岭、穿越大漠，历经艰辛来到龟兹，在寻找佛缘圣山时进入大峡谷的通天洞，并在此羽化成仙升入天界。

也有传说在成吉思汗挥师西域时，古龟兹王带领王公贵族携带财宝而逃，藏进大峪，并将财宝藏于此洞，且封闭洞口，免遭元兵搜捕。到了20世纪60年代曾有弟兄二人进谷寻宝，发现了藏宝洞，取走财宝远走他乡，仅留下至今朽在洞口下方一段木质软梯的遗迹。后来，不断有人进谷寻宝，可再也没有找到第二个藏宝洞，只是意外地在谷口两侧半山坡上发现了汉代冶铁、炼铜遗址。

藏宝洞虽然没有了宝藏，但是依旧吸引了许多游人的目光。

 旅游小贴士

怎么去：可以从库车县包车前往。当地景点比较分散，最好包车。

观光：库车大峡谷的著名景点有神犬守谷、通天洞、旋天古堡、玉女泉、一线天、悬心石、月牙谷等。

美食：馕是当地的特色饮食，小馕、薄馕、油馕、肉馕、芝麻馕各种各样，还有烤羊肉串、烤包子、薄皮包子、烤乌鱼片、烤鸡肠、烤鸡肝、烤毛蛋、烤豆腐皮、烤豆腐干等等，味美色香。

购物：库车最有名的特产就是白杏。白杏个头小，果肉黄白，有"库车白杏赛蜜糖"的美称。库车的"卡拉库尔"羔皮手感柔软、细滑，在国际市场上也享有盛誉。还有库车小刀、绣花帽、马褂子、维吾尔民族服装等特色产品。

怒江大峡谷

是世界上最长、最神秘、最美丽险奇和最原始古朴的东方大峡谷。由于受印度洋西南季风的影响，这里有着十里不同天的立体垂直气候。

2005 年 10 月 23 日，"中国最美的峡谷"排行榜在北京发布，怒江大峡谷成了中国最美的十大峡谷之一。

怒江傈僳族自治州有三大峡谷：怒江、澜沧江和独龙江。其中怒江大峡谷是最为壮观的。怒江大峡谷在云南段长达 300 多公里，称为"东方大峡谷"，谷地呈南北走向。怒江大峡谷的长度是美国科罗拉多大峡谷的两倍还多，它神秘而又源远流长，很多人向往着它的美丽险奇，向往着它那原始古朴的风情。

怒江大峡谷以其气势磅礴，古朴美丽受到中外游客的赞赏。它不仅有高山和深谷，更有湍急水流造就的"怒江第一湾"，而峡谷两岸独特的民俗文化也是吸引游客的一个重要原因。

怒江大峡谷

怒江大峡谷山高、谷深、水急。怒江东有碧罗雪山，南北逶迤、绵亘起伏，雪峰环抱，雄奇壮观。怒江峡谷有高山有急流，山峦山谷相间，奇观迭出，险要的峡谷有双纳瓦底大峡谷、齐那桶峡谷，位于怒江上游，几乎一亩平地，江两岸陡壁直立，山两边原始森林一望无际。江边岩石时有崩裂，崩落滚石横陈江边，水击浪打，石块出现很多穿洞，大的直径 1 米多。像江心的蛤蟆石在水浪冲磨下，就变得格外平滑光溜，熠熠闪光。江东与西藏交界的牙关河有不少瀑布，上有水潭，水满四下溢溅，正所谓"挥弄洒珠，拊拂瀑沫"，令人赞叹。

怒江第一湾位于丙中洛坝子南部。怒江流经孜当村附近时，本是由北向南流，但被王期岩挡住，只好由东向西流，流出 300 多米后，又被打拉大陡坡挡住了去路，它又调头由西向东急转而过，再次流经王期岩时，又被挡住去路，只好向南流去，江水多次被挡，形成了个半圆形的大弯，俗称怒江第一湾。

江湾处地势开阔，风景绮丽，因怒江环绕，成半岛状。岛上桃花甚多，故名桃花岛。这个村至今还保留着古老的桃花节。桃花岛有层层农田、房舍和桃树林，恍如世外桃源。

峡谷内居住着傈僳族、怒族、独龙族等多个民族，每个民族都有与众不同的民族文化，不同的服饰、歌舞、年节活动、婚姻形式、生活习俗和宗教活动等展现了各自独特的魅力。而勤劳勇敢、粗犷豪放、淳朴善良、热情好客则是各族人民的共同特征，如果有远方客人到来，不论是哪里人，主人家都要热情留宿，并拿出美酒美食款待。这里，民族民俗的多样性构成了一幅和谐的峡谷风情画。

每年的 3 月，桃花岛上桃花怒放，一年一度的"桃花节"将在这里举行。桃花节是一种古老的生殖崇拜仪式，一年以男性为中心，一年以女性为中心，轮流举行。

桃花节那天，村里最有威望的老人如果在桃树上挂上织布用的工具，就表示"女人节"；而挂上男人所用的砍刀、弩弓等东西就是"男人节"。这一天，身着民族盛装的各少数民族和来自各地的游客都会聚到扎那桶村，参加隆重的庆祝仪式。仪式的程序一般是先表演精彩的文艺节目，然后举行传统的念经祭神、结彩绳绕村庄等活动以示吉祥，还有藏传佛事、驱鬼祭天保平安、跳锅庄舞、体育竞技等活动。

每年来此的游客除了被这里浪漫的桃花所吸引，更因这充满了野性而又浓郁的民族风韵而流连忘返……

旅游小贴士

　　怎么去：先乘飞机或火车到达昆明，再从昆明西部客运站坐班车去六库，行程大约 10 小时；或坐飞机到大理，再坐班车约 3 小时到达六库。

　　观光：主要景点有怒江第一湾、铅锌之都、锣锅箐、双拉怒寨风光、独龙江、普化寺、重丁教堂、那恰洛峡谷、石门关等、过溜索、人马吊桥、老姆登基督教堂、江中松、石门关、丙中洛、飞来石、石月亮等。

　　美食：当地特色食品有老窝火腿、鸡脚稗酒等，还有六库的夜市小吃也很不错。

　　购物：怒江草果、怒江兰花、弩弓、老姆登茶、大理石、依珠梨、黄果、斯叶黑、贝母、独龙毯都是当地著名特产。其中弩弓是当地傈僳族和怒族的男人出门必带的装备，备受游客青睐，既可以当作纪念品，又可以做家居装饰。

澜沧江梅里大峡谷

　　峡谷左岸的梅里雪山——卡瓦格博峰海拔 6740 米，右岸的白马雪山——扎拉雀尼峰海拔也高达 5460 米，峡谷的最大高差达 4734 米，有一个近于垂直的坡面。如此陡峭的高山纵谷地形，如此奇异绝妙的地理构造，实为举世罕见。

　　2005 年 10 月 23 日，"中国最美的地方"排行榜在京发布。"中国最美的十大峡谷"分别是雅鲁藏布大峡谷、金沙江虎跳峡、长江三峡、怒江大峡谷、太鲁阁大峡谷、黄河晋陕大峡谷、大渡河金口大峡谷、太行山大峡谷、天山库车大峡谷以及澜沧江梅里大峡谷。

　　这是个神奇的峡谷，留下了人民无穷的智慧；这是个险峻的峡谷，处处可见

"峰峦重叠起伏，峡谷急流纵横"的壮丽景色；这是一个充满生命力的峡谷，动植物种类丰富多彩，亦是罕见。

这是一个神奇的峡谷。在这里可以看到普桥——丽江商人赖耀彩出资建起的一座铁索桥，为方便人马可顺利渡桥。在这里还可以看到溜筒江渡，这是澜沧江艰险的古渡口，是茶马古道的必经之地。新中国成立前漫长的年代里，人们靠篾索桥过往这凶险之江。过桥的工具为一个大竹筒，倚此在篾索上滑过，江流因此又称"溜筒江"。历史上人马财物在此坠江，损失不计其数，但实为滇藏交通之咽喉，竟有"溜筒锁钥"之称。

这里是云南省高差最大的地方，相对高差竟有4734米。从江面到顶峰的坡面距离为14公里，每公里平均上升337米，峡谷有一个近于垂直的坡面。澜沧江在德钦奔流的那一段，是最险峻、最瑰丽、最汹涌的150公里，山形直入江中，江在

澜沧江梅里大峡谷

几近垂直的两山间如困兽一般，吼声如沸，漩澜连续不绝，浪跃巨石，飞溅四裂，极尽险峻。更有绝妙景观"抬头一线天"，一线天里还不时有苍鹰飞来，盘旋于岩壁之间。这里的江水如万马奔腾，掀起排排巨浪，浪卷起风，风推着浪，猛力向岩墙撞击，发出巨大的轰鸣。

澜沧江峡谷内的各种自然景观，使游历之人大开眼界。两岸的树木郁郁葱葱，

它们的形态是如此多姿，纵有千种的想象，万般的才华，也无法尽述其美、其奇、其韵。峡谷当中的村落、古寺镶嵌在无数的小溪间，绿色拥抱着它们，清秀可人。两岸的垂直景观层次分明，从绿树到雪山横跨了好几个自然带，不同的色彩层叠在一个山面上，呈现出不同的美丽，仿佛流动的画，独具生命的魅力！

澜沧江险峻异常，这里的江水如万马奔腾，时常掀起巨浪，并发出巨大的轰鸣。天长日久，江水像一把锋利的宝剑，终于把山岩劈成两半，奔流直下。而沿江两岸的岩石平直如墙，沿水面垂直而上，只见"抬头一线天"。也许谁都想不到这里曾是古代商人经商的必经之路。

过去，人们在东岩的岩墙上凿石穿木，修成栈道，北通西藏及印度。不知有多少的马队和商人滚岩落江，葬身鱼腹。直到1946年，做滇藏印度生意的丽江籍商人赖耀彩出资建起一座铁索桥，命名为普桥。从此，人马可顺利过桥。现在到澜沧江梅里大峡谷还可以看到那些古栈道留下的遗迹，也可以看到那座普度众人的普桥，让我们不得不佩服古代商人们的勇气。

🏍 旅游小贴士

怎么去：先到达云南丽江，再到香格里拉乘班车到德钦，从德钦县包车前往飞来寺，再从飞来寺坐车至奔子栏，途中可观赏到澜沧江大峡谷。

观光：主要景点有溜筒江渡——茶马古道上的古渡口，普桥——古道上的铁索桥，阴风口岩墙——北通西藏及印度的栈道。

美食：以藏餐为主，藏民家的酥油茶，还有青稞酒、手抓羊肉、烤牦牛肉，还有奶渣都很美味。也有很多川菜。

购物：在德钦县城里有许多具有典型的藏族风情的木碗、木盒以及民族服装、藏式木器、藏香等。还有名贵的中药材，如冬虫夏草、雪莲花、藏红花等雪山珍宝。

黄河晋陕大峡谷

　　1938 年，诗人光未然第一次见到黄河壶口瀑布，即被它的气势所震撼，开始了《黄河大合唱》的诗词创作。相传大禹治水遇险，他的妻子为救夫而飞身挡住落下的巨石，大禹得救，而其妻却化成黄河岸边的一座山峰，后人将其称为"母亲峰"。以上提到的这两幅堪称经典的黄河画面都来自同一条峡谷——黄河晋陕大峡谷。

　　在当地，老百姓将此段黄河称之为"黑三角"。由于黄河丘壑泥沙俱下，晋陕大峡谷河段的含沙量竟占全黄河的 56%，可以说真正的"黄河"是在这里成就的，深涧腾蛟，浊浪排空，黄河峡谷的典型风貌尽集于此。

黄河晋陕大峡谷

2005 年 10 月 23 日，黄河晋陕大峡谷正式被确定为"中国最美的十大峡谷"之一。

晋陕大峡谷是中国最美的大峡谷，它由一系列著名的峡谷组成，是黄河干流上最长的连续峡谷。峡谷两岸的地貌变化多样，沿着峡谷分布着许多古镇，一直以来都吸引着游人前往观光。

黄河在出了青藏高原后，穿山过岭，经过九曲十八弯后跌宕下行，在郑州桃花峪由开沟凿谷转为沉沙造陆，因此黄河的峡谷都分布在桃花峪以上。

晋陕大峡谷自内蒙古河口镇至山西禹门口，是黄河干流上最长的连续峡谷。黄河峡谷的典型风貌尽集于此，其中又以禹门口以上的龙门峡最为壮观。李白谓之"黄河西来决昆仑，咆哮万里触龙门"，恰好点出晋陕大峡谷在此形成的最后的高潮。

在晋陕大峡谷，水与石的较量成就了神奇美丽雄伟的黄河百里画廊。这段河岸形成了富有诗情画意的天然水蚀地貌奇观，其形态表现极富艺术感染，有的像密密麻麻的"天书"，有的像音乐符号，有的像动植物人形，有的像蜿蜒曲折的"迷宫"……生动形象，姿态万千。每每游人在它的脚下，仰视而见其伟岸身姿，不禁会心思汹涌，感慨万千。

谷岸悬崖峭壁，山峰耸秀，烟迷玉黛，如诗如画，风光独特，甚为壮观，被誉为北国的"小三峡"。这里有称为"晋西第一门户"的孟门镇，也被誉为"九曲黄河第二镇"。地处秦晋通衢，地理位置险要，是控山带河的重要关隘。曾与晋东娘子关齐名，有"东有娘子关，西有孟门关"之说，历来为兵家必争之地。

而被称为"九曲黄河第一镇"的碛口镇，经过历史的辉煌，留下了灿烂的文化。游人前去必看的景点有"古镇风韵""水旱码头""麒麟沙滩"，"黄河土林""红枣园林"和以"西湾民居"为代表的一批具有黄土高原建筑特色的晋商"老宅院"。漫步在古镇的长街上，就仿佛穿越了时空隧道中，走进了历史，一切都那么悠远、深沉、厚重。

文笔塔旧称状元塔，位于黄河晋陕大峡谷的河曲县内，关于这个塔还有一个传说。

相传清初，河曲很穷，民谣说："河曲保德州，十年九不收，男人走口外，女人捡苦菜。"为了翻身，大家便请来了风水先生。先生走遍了河曲大街小巷，也找不出要害所在。直到日落黄昏时，先生踏上大河堤坝，猛然发现对岸的内蒙古大口村，位于一条形似黑龙的长沟沟口。地貌古怪，阴气习习，如黑龙血盆大口，虎视眈眈，正在吸吮河曲的精气。有如此异兽酣卧睡侧，河曲城焉能聚金生财？于是大家决定在城头建塔镇妖。31米高的状元塔，不久就直插云天。其倒影又如一条缚住黑龙的长索，越过黄河，镇在怪兽的头上，镇住妖气。

说来也巧，河曲城在乾隆年间修建了状元塔后，城内一年比一年兴旺，不仅百姓的日子好过了，还吸引了许多商人到此经商。之后状元塔的名声也就传开了。

🚗 旅游小贴士

怎么去：碛口距离太原230公里，游客可先乘飞机到达太原，在迎泽西大街小王村客运西站乘车，到离石站后可以在车站直接转乘发往碛口的客车。

观光：黄河进入大同碛，河面急剧收缩为百米左右，河水涌向落差约10米长3000米的倾斜河道，顿时水流湍急、浊浪排空、咆哮如雷、声震十里，观者无不惊叹。

美食：碛口的小吃有着浓郁的乡土风味，例如哨子碗脱，是由荞面精制而成，辅以辣油、芝麻酱、老陈醋为作料，吃起来口感柔软，富有弹性，还具有清火的功效。红印印饼子，是以白面为主料，加少许油、盐，表层撒芝麻，盖有红印，象征吉祥。还有面鱼，是把面搓成一个个半圆形的"小贝壳"，放入水中煮熟，捞起来加入鸡蛋青菜炒食，吃的时候再咬几口生大蒜味道更纯正。

购物：碛口盛产红枣，有滩枣、壶瓶枣、无核滩枣、香酥脆枣、骏枣、酒枣等。还有许多名贵的黄河石，如青海黄河源石、兰州黄河石、宁夏黄河石、内蒙古黄河石和洛阳黄河石等。

大渡河金口大峡谷

峡谷两岸山峦起伏，悬崖陡立，无论从峡谷上端还是下端进入，当逼近峡口时，就会明显感受到一种异样的气势。由于地势险峻，"二战"时期，这里成了易守难攻的据点，当时修建的东西公路至今还盘旋在惊险的山势之中。

由于谷底宽度仅 70~200 米，局部小于 50 米，因此人行峡中，极感幽深雄奇。大渡河金口大峡谷是四川境内最长、最险、最窄、最深、最雄、最齐、最幽的大峡谷，比世界著名的高 2133 米的美国科罗拉多大峡谷还深 542 米，最窄处两岸仅为 10 米，比原来公布的世界最窄的大峡谷——虎跳峡窄 20 米，是不可多得的探险、旅游胜地。

大渡河金口大峡谷

2001 年，此地被国土资源部评为国家地质公园，为"中国最美十大峡谷"之一。国际盛名不绝，美国自然科学家贝伯尔称之为"世间最具魅力的天然公园"。

金口大峡谷是集长、险、窄、深、雄、齐、幽于一身的奇特峡谷，有着得天独厚的自然风光，范冰冰主演的电影《观音山》的外景拍摄地就在这里。这里不仅有丰富的自然资源，还具有可供研究的地理资源，同时这里也是一个独具人文特色的地方。

大峡谷的两岸有落差近千米的绝壁，其间草木丛生，遮天蔽日；更有飞泉沿壁而下，犹如白练，可见飞瀑溅玉；更有栩栩如生的天然石刻比比皆是，如佛、如神、如兽等形态各异。每到秋冬时节峡谷之间银装素裹；而至春夏之间，到处山花烂漫，与大瓦山构成一幅天然的神奇画卷。

大瓦山是世界上最大的孤峰状平顶山。登上山顶，可观赏到日出、云海、佛光等奇景，南可俯瞰雄险如削的大峡谷；北与峨眉山釜顶遥遥相望，聆听那厚重的钟声；西可极目贡嘎山如玉的雪峰。山脚下，还有五个冰川湖，即大天池、干池、鱼池、高粱池和小天池。湖水澄明清秀，波光粼粼，有残枝落叶落入水面，就会被飞鸟衔走，因此常年无漂浮物，清澈透明。

金口峡是我国大型河流上最为典型的嶂谷和隘谷，被誉为"地质天书、旷世幽谷"。峡谷谷坡直立、谷地深窄，谷底几乎全为河槽占据，河滩不发育。而峡谷两侧有众多支沟，深不见底、窄如刀缝，呈现出绝壁深涧一线天的奇观。

在这里各地质时代层层界面清晰，沉积构造丰富而典型，化石门类丰富，属种齐全。两岸的石壁是一条独一无二的完善地质剖面，犹如一部翻开的"地质天书"，记录了我国上扬子台缘沉积地壳（一种地壳运动的专业名称）演化历史，反映出大峡谷各重要时期沉积构造运动特征和海陆变迁、海平面升降变化的特点。

这里早在三千多年前就被开发了，到第二次世界大战时期，修通了乐西公路，成为抗日战争的运输大动脉。到 20 世纪 70 年代初建成举世闻名的成昆铁路，奔驰在成昆线上的列车穿越崇山峻岭，如地龙时隐时现，构成了区境内一道独特的风景线。值得一提的是金口河车站还是闻名的独一无二的桥梁车站；关村坝是唯一的隧道车站。

金口河区是少数民族聚居地。这里洋溢着别样的民俗风情。那一个个深居幽谷的彝乡山寨永远都散发着火一样的热情。每年，彝族人民都会举办各种各样的活动，比如彝族青年男女喜结良缘的背新娘活动、泼水、喝杆杆酒、吃长席宴、篝火晚会等，丰富多彩，引人入胜。

在20世纪60年代，年轻的共和国面临内忧外患，决定修建成昆铁路。但是必须要穿越地质大断裂带，设计难度之大和工程之艰巨，均属前所未有。沿线山势陡峭，奇峰耸立，深涧密布，沟壑纵横，地形和地质极为复杂，曾被外国专家断定为"修路禁区"。

1962年，铁路二局用炸药，造就了这个隧道内车站——关村坝车站，因此它也被称为"一炮炸出来的火车站"。关村坝隧道长6107米。成昆铁路是20世纪人类三大杰出成就之一。而成昆铁路大渡河段的建造过程更是一篇悲壮的史诗。直到1971年成昆铁路才全面通车。成昆铁路的修筑，成为人类在险峻复杂的山区建设高标准的铁路的成功范例，更堪称世界筑路史上的奇迹。

🚗 旅游小贴士

怎么去：乘飞机或火车到达成都，再坐客车到乐山，再朝峨眉方向前进至峨边县，然后进入金口河区域。这时，可以从金口河出发，顺着大渡河前行，一路走来看峡谷。也可以朝着大瓦山方向进发，经过天池，登顶大瓦山。另外，从成都火车南站开往普雄的8619次列车会在关村坝火车站停靠，游客可下车到峡谷观光。

观光：大渡河岸边的深溪沟、白熊沟、老昌沟、丁木沟、顺水河、毛不耳沟、宝水溪等，景色绮丽，是徒步穿越、溯溪或降溪探险的绝佳胜地。

美食：永胜腊肉、洋芋、苞谷都是当地的土特产。

购物：牛夕是当地盛产的一种常用中药材，生用散淤血、消痛肿、治跌打损伤，熟用补肝肾强筋骨。花椒，色红、个大的被称作"大红袍"，质量最佳，其种子名椒目，亦作药用。

雅鲁藏布大峡谷

整个峡谷地区环境十分恶劣，冰川、绝壁、陡坡、泥石流和巨浪滔天的大河交错在一起，令人望而生畏，因此至今仍有许多地区无人涉足，堪称"地球上最后的秘境"，是地质工作少有的空白区之一。

大峡谷核心无人区河段的峡谷河床上有罕见的四处大瀑布群，其中一些主体瀑布落差都在 30~50 米。峡谷具有从高山冰雪带到低河谷热带季雨林等 9 个垂直自然带，聚集了多种生物资源，堪称世界之最。

1992 年，雅鲁藏布大峡谷被公认为是世界最深的大峡谷。1998 年 9 月，国务院正式批准其科学正名为"雅鲁藏布大峡谷"。为了保护这里丰富的地质物产财富，2000 年国家颁布了《雅鲁藏布大峡谷国家级自然保护区总体规划》。后被确立为国家级自然保护区。

雅鲁藏布大峡谷地带是世界上生物多样性最丰富的山地，是"植物类型的天然博物馆"，"生物资源的基因宝库"。同时，大峡谷处于印度洋板块和亚欧板块俯冲的东北挤角，地质现象多种多样，堪称罕见的"地质博物馆"。

大峡谷地区生物资源极其丰富。其中维管束植物约 3500 余种，千余种植物具有可观经济价值，有药用植物、油料植物和纤维植物等。特别要提到的是高山杜鹃，因为大峡谷的高山灌丛主要由常绿杜鹃组成。这一区域内有 154 种杜鹃，占世界杜鹃总种数（约 600 种）的 26%。除此之外，这里还发现了大面积濒危珍稀植物——红豆杉，因此这里可以称得上是"植物类型的天然博物馆"。

大峡谷地区茂密的森林及高山灌丛草甸栖息着种类繁多的动物，包括多种国家重点保护的珍稀动物。如皮毛动物水獭、云豹、雪豹、石貂、青鼬，豹猫、白鼬和小熊猫；药用动物马麝、黑熊、穿山甲、鼯鼠、蛇蜥、银环蛇、眼镜王蛇；医用动物猕

雅鲁藏布大峡谷

猴；观赏动物长尾叶猴、棕颈犀鸟、红腹角稚、红胸角雉、排陶鹦鹉、大阳鸟、火尾太阳鸟、红嘴相思鸟、白腹锦鸡、黑颈鹤、藏马鸣、蟒蛇和羚羊等。更发现了昆虫家族中的"活化石"——缺翅目昆虫。因此也堪称是"生物资源的基因宝库"。

大峡谷地区是青藏高原最具神秘色彩的地区，因其独特的大地构造位置，被科学家看作"打开地球历史之门的锁孔"。

雅鲁藏布大峡谷的发现，被科学界称作是 20 世纪人类最重要的地理发现之一。它形成的地质特征和美国科罗拉多大峡谷基本相似，因此这里是地球系统中层圈耦合作用研究最理想的野外实验室。高峰与拐弯峡谷的组合，是世界峡谷河流发育史上十分罕见的自然奇观，因此这里也被称为"地质博物馆"。

早在 1991 年和 1993 年科学研究组就开始对雅鲁藏布大峡谷进行科研。在 1994 年经过论证确认雅鲁藏布大峡谷是世界上最大的峡谷。

曾被列为世界之最的美国科罗拉多大峡谷（深 2133 米，长 370 公里）和秘鲁的科尔卡大峡谷（深 3203 米，长 90 公里），都不能与雅鲁藏布大峡谷等量齐观。当时新华通讯社向全世界及时报道了这消息，全球为之轰动。

直到 1998 年，大峡谷科学正名为"雅鲁藏布大峡谷"，英文字母拼为 YarIung-Zangbo Daxiagu。1998 年考察队徒步穿越了大峡谷，再次对大峡谷进行测量，进一步确定了其世界最大峡谷的地位。

直到今天，这个高原上的美丽峡谷，才最终被全世界所认识并吸引世界各地的游客前来，一睹它的魅力。

🏍 旅游小贴士

怎么去：先乘飞机或火车到拉萨，然后乘坐班车到林芝，再从八一到排龙，然后徒步到扎曲游览雅鲁藏布江大转弯和世界上最深的峡谷，再回到排龙，经米林到加查，途览雅鲁藏布江大峡谷风光。

观光：雅鲁藏布江的看点在于：高——峡谷两侧，壁立高耸，南迦巴瓦峰米和加拉白峰海拔都在 7 000 米以上；深——峡谷最深处达 5382 米；润——整个大峡谷地区异常湿润，布满了郁密的森林，形成了世界上生物多样最丰富的峡谷；幽——峡谷内林木茂盛，环境特别幽静。长——雅鲁藏布江大峡谷以长达 496.3 公里，比号称世界"最长"的大峡谷——科罗拉多大峡谷还长 56 公里；险——雅鲁藏布江大峡谷中许多河段两岸岩石壁立，根本无法通行，所以至今还无人全程徒步穿越峡谷；低——雅鲁藏布江大峡谷最低处的巴昔卡，海拔仅有 155 米；奇——它有世界上最为奇特的马蹄形的大拐弯；秀——山秀、水秀、树秀、草秀、云秀、雾秀、兽秀、鸟秀、蝶秀、鱼秀、人秀、村秀；窄——大峡谷最窄处只有二十几米。

美食：这里的食物风味饮食沿袭了西藏的传统风味，如青稞酒、糌粑、酥油和酥油茶等，还有一些少数民族的特色食品，例如珞巴族最有特色的食物——烤老鼠，这一般是用来招待贵客的。

购物：林芝地区有野芭蕉、野菠萝、野香蕉、野柑橘、野柠檬、花椒、八角、竹笋、油瓜、破布子、马蛋果、白藤、臧瓜、草婆、树蕨、山龙眼、莲花蕨等丰富的森林自然资源，还有药用植物像五眼果、三台花、海南粗榧、延龄草、黑节草以及重要名贵药材南酸枣、三七、灵芝、虫草、贝母、雪莲、草乌、五味子、七叶一枝花等。另外，还有门巴木碗、竹编、珞巴石锅和陶器等少数民族手工艺品。

太行山大峡谷

谷内台壁交错，雄险壮观。其间分布有形态各异的峰、峦、台、壁、峡、瀑、潭、泉、洞、溪，是中国北方山水的典型代表。景区地质、地貌齐全，生态植被优良，保持着大自然的原始自然形态，各个地质时期的岩石出露明晰，被地质学家称为"天然地质博物馆"。

峡谷内民风淳朴独特，民宅、石街、石院、石柱、石墙等就地取材，古朴典雅，与自然风光浑然一体。峡谷内有三九严寒桃花盛开的桃花洞、三伏酷暑水寒结冰的冰冰背等自然奇观，峡谷两侧山峰以千姿百态的造型地貌耸立摩崖外侧，构成百里画廊，极其壮观。

这里清幽的自然环境，吸引了历史上诸多名人遁世于此。商代有商王武丁和宰相傅说在此居住；东汉有名士夏馥因"党锢之祸"在这里隐居避难；明代则有河北道人赵得秀修身养性于此，居山不舍；清代兵部督捕右侍郎许三礼也曾在这里修筑别墅安度晚年。如今，太行山已经是久负盛名的国家4A级旅游景区，它敞开怀抱迎接来自五湖四海的游客。

太行山大峡谷是峰的"海洋"，是石的国度，是洞的世界，是水的宝库，是植

太行山太峡谷

物生长的园地，是动物栖息的天堂。

峡谷内的山区万峰突兀，方圆百里，风光绝佳。这里古称抱犊，有"南五夷（山），北抱犊（山）"之说，是"海内不可多得"之胜境。山区中又以紫团山最为著名，因山有紫气缭绕成团而得名。历史上有颂扬它的诗词百余篇，有一首叫36景诗，因此称为峰的海洋并不为过。

这里有镇守着自己领地的威武"雄狮"；有悠闲品茗，好似切磋棋艺的"仙人"对弈；还有"超然云雾中，不与群山伍"的照壁峰；更有沐浴着朝阳的金鸡报晓，各个形象逼真，超然出众。其中以五指峰最为著名，形状好像是伸出的五指，不仅有刀削斧劈的悬崖，又有千奇百态的山石。

五指峡中的黑龙潭水清澈如镜，终年不息。五指峡因五指山得名，峡内有仙人桥，离仙人桥不远处，连接着一座桥梁，跨过这座桥和相连的山洞，就进入了龙泉峡。龙泉峡和五指峡分属两个不同的气候带，良好的气候条件使龙泉峡水丰草美，物产丰富。走出龙泉峡，第三个峡谷是王莽峡，丰富的水资源造就了众多的峡谷风貌。

这里芳草萋萋，有苜蓿、紫草等百余种；这里百花争艳，有牡丹、兰花、菊花、玫瑰等80多种；这里药材飘香，有柴胡、连翘、党参、何首乌等160多种，这里鸟兽共居，有鸳鸯、锦鸡、戴胜、黄羊、野猪、金钱豹等80多种野生动物。这里是动植物的乐园，特别是自然生长的亚热带树种——南方红豆杉在大峡谷的出现，使大峡谷更添神秘。

女妖洞为太行山大峡谷国家森林公园主要景区之一。它是一个悬空天然石灰岩溶洞，洞深无底，号称天下"第一无底洞"。相传此洞因曾有一女妖栖身而得名，更因宋朝杨六郎大战女妖的民间传说而名扬于世。相传在宋成平年间，淅河两岸百姓深受女妖之害。杨六郎率军途经此处，水月观音托梦给他："为国尽忠，为民除害，元帅本色也。"翌日，杨六郎率兵大战女妖，并将女妖降伏，从此百姓方能安居乐业。

旅游小贴士

怎么去：先乘飞机到达太原武宿国际机场，再乘车到长治，然后乘长途车到壶关县，之后包车前往景区。

观光：特色景区有：紫团山、真泽宫、五指峡、五指峰、龙泉峡、女妖洞、羊肠坂、王莽峡、王相岩、桃花谷、太行平湖等。

美食：窝窝头、板栗面、高粱面、红薯面、玉米面、杂面条汤、杂面条桃仁、野面条、泡小米饭、荆芥汤、炒玉米面糊糊粥、小米稠饭、马齿苋煎粑、好面煎粑、山韭菜油饼、炒面、手擀面条、拽面条、卤面等都是这里风味独特的民俗饭菜。

购物：山楂片是太行大峡谷景区的纯绿色土特产品，还有柿饼、党参、何首乌、花椒、连翘、香菇、南瓜、黄花茶等佳品。

长江三峡

三峡两岸高峰夹峙，港面狭窄曲折，港中滩礁棋布，水流汹涌湍急，"万山磅礴水泱漭，山环水抱争萦纡。时则岸山壁立如着斧，相间似欲两相扶。时则危崖屹立水中堵，港流阻塞路疑无"。郭沫若在《蜀道奇》一诗中，把峡区风光的雄奇秀逸，描绘得淋漓尽致。北魏郦道元所著的地理名著《水经注》中生动地叙述道："巴东三峡巫峡长，猿鸣三声泪沾裳"，将三峡景色描述得十分传神。

瞿塘峡的雄伟，巫峡的秀丽，西陵峡的险峻，以及三段峡谷中的大宁河、香溪、神农溪的神奇与古朴，使这驰名世界的山水画廊气象万千——这里的一山一水，一景一物，犹如画中仙境，并伴随着许多美丽的神话和动人的传说，令人心驰神往。

瞿塘峡，山势雄伟险峻，两岸青山笔直陡峭，如被斧劈过一样，夹江的峭壁逼人而来，似乎人需要屏住呼吸控制身体的些微起伏才能通过。江面最宽的地方约100米，最窄的地方只有几十米而已。滔滔江水仿佛要把峡谷冲开似的，却总是徒劳，直至涌出夔门之后，还耳听闻到江水那遗憾地呜咽声。瞿塘峡可以说是流水冲击出的雄奇美景。

巫峡是包含龙门峡、巴雾峡、滴翠峡的小三峡。小三峡不比漓江的精致，但是它是雄奇之中带着秀美。龙门峡的峭壁高耸入云、群峰相对，巴雾峡的江水多变，可湍急似箭，又能平静无波，而滴翠峡那遍布的钟乳石、幽深的景色，倒与"滴翠峡"这诗意的名字相得益彰。

而巫山十二峰就像是镶嵌在江畔的一串绿宝石。最美的神女峰让人们不禁仰望，并走到跟前膜拜。同样美丽的还有关于神女的传说，至今似乎还能让人聆听到她留下的声音，闻到她独有的香气，看到她走过的脚印。

神农溪处于巫峡和西陵峡的交界地带，流淌于莽莽青山之中，溪水两岸山崖峻

长江三峡

峭，峡谷幽深。长江冲出瞿塘峡，在美丽的巫峡舒展了腰身，到了西陵峡又恢复了激情的性格。西陵峡的险峻和瞿塘峡的雄奇可相媲美。西陵峡有嶙峋的奇石、参天的古木，让游船一路经过兵书宝剑峡、牛肝马肺峡、崆岭峡等峡谷之后，仍然回味在那荡气回肠的气势之中。也正是因为西陵峡的险峻才助长了长江水的雄浑。

白帝城，原名紫阳城，坐落在紫色的白帝山上，是一座历史悠久的古城。它因李白的诗句："朝辞白帝彩云间，千里江陵一日还。"而闻名古今，关于这座城还有许多历史典故。

相传西汉末年，公孙述据蜀为王，筑城自卫，因城中一井常冒白气，犹如白龙飞升，公孙述借此称白帝，改城名为白帝城。到了三国时，相传刘备不听诸葛亮的劝告，亲自率兵征伐东吴，为义弟关羽、张飞报仇，不料被东吴大将陆逊杀得大败而回。刘备退到白帝城，无颜回见群臣，于是在白帝城修了永安宫安居，不久郁闷而死。临死前刘备把政权和儿子刘禅托付给丞相诸葛亮，史称"刘备托孤"。

直到现在白帝城内的白帝庙中，还塑有刘备托孤的彩色群像，艺术地再现了当时刘备托孤之情景。许多游人到此都会到白帝庙中一观刘备和诸葛亮当时的风采。

旅游小贴士

　　怎么去：可以从重庆顺江而下观赏三峡的奇特风光；也可从上海、南京、武汉逆流而上进行游览；还可从宜昌逆流而上去欣赏。

　　观光：长江三峡美不胜收，瞿塘峡、巫峡、西陵峡、大坝旅游区、秭归、白帝城、昭君村、三峡人家、丰都鬼城、忠县石宝寨、万州青龙瀑布、云阳张飞庙、巫山小三峡、神女峰、神农溪、九畹溪、三峡大坝都是著名景点。

　　美食：三峡美食既有川菜善于利用麻辣的优点，又有鄂菜善于烹鱼和蒸菜的特长，荆州皮条鳝鱼、石首鸡茸鱼肚、荆州鱼糕丸子、洪湖红烧野鸭、峡口明珠汤、江府菜、水煮鱼、辣子鸡、香辣蟹、张飞鱼、昭君桃花等美食都会让你垂涎三尺。

　　购物：沿途的购物场所很多，有大型百货商场，还有专门的工艺品商店出售当地的特色产品。宜昌著名的西陵彩陶、文房四宝，三峡石纹理组成的图案像字、像画，此外，三峡柑橙、名酒、金头蜈蚣等都是购物佳品。

第十八章　瀑布游

黄果树大瀑布

　　"翻岩喷雪，溪皆如白鹭群飞。一溪悬捣，万练飞空。捣珠飞玉，飞沫反涌，如烟雾腾空，势甚雄励。所谓珠帘钩不卷，飞练挂遥峰，俱不足以拟其状也"。面对气势雄伟的黄果树，我国古代旅行家徐霞客，欣欣然写下了如此气象万千的文字，堪称平生经典笔墨之一。如果说"夜郎"是贵州的历史符号，那么，黄果树瀑布则堪称当今贵州的金字招牌。

　　一进大门，便是盆景园。路相当好走，都是修好的石台阶，旁边还有栅栏。稍微往前走一点儿，就看到了在树丫中时隐时现的瀑布，而空气中也弥漫了水汽。有山有水的地方，什么都是景，一路走去，处处有值得浪费电池的地方。走一路，拍了一路。也不知道走了多久，不知不觉就看到了雄伟壮观的瀑布，开始是侧面，慢慢就转到了瀑布的正面。瀑布对面建有"观瀑亭"，亭上有对联曰："白水如棉不用弓弹花自散，虹霞似锦何须梭织天生成。"于是这一路就又留了很多的影。

　　沿山而下，继续往里走，就看到了一个石碑，上写水帘洞两个字，这就走到了瀑布的里面。原来，水帘洞隐藏在黄果树瀑布的半腰上。洞内有 6 个洞窗、5 个洞厅、3 股洞泉和 6 个通道，主要景点有倒挂仙人掌、古榕悬根、藤帘、袖珍花园、鼓风口、水晶宫、摸瀑台等。游人穿行于洞中，从里面看外面，是一种异样的感觉，还可以从水帘洞的各个洞窗看到犀牛潭的双道彩虹。飞瀑就在你的头顶往下泻，眼观道道彩虹，别有一番情趣。

出了水帘洞，又一路往下走到最下面，是瀑布下泻后生成的跌水深潭。河水从 70 多米高的悬崖绝壁上直泻潭中，响声震天，十里之外，即闻其声，如万马奔腾，令人惊心动魄。满潭为瀑布所溅的无数水珠所覆盖。跌水深潭名为犀牛潭，因传说有犀牛出没而得名。犀牛潭旁边是一个索桥。过了索桥往右走，就能够从犀牛潭正面观看瀑布了，而沿着山路走，游客可以 360 度地欣赏瀑布。

黄果树大瀑布

眼前的瀑布大气磅礴，震撼人心。犀牛潭峡谷两侧壁立苍翠，各类喜水植物枝繁叶茂，同大瀑布一起构成了一幅大自然的立体山水画。河水奔涌而出，轰然坠落，变成雪白耀眼的巨大水墙，迸溅而出的水雾弥漫在几百米开外的空间里。据说瀑布激起的水雾，还能飘洒在黄果树街上，所以就有了"银雨洒金街"的美称。我就在隆隆的声响里品味着这壮观的景色，却怎么也看不够。传说吴三桂兵败路过这里，曾沉宝于犀牛潭中，但这深不见底的潭中究竟有没有珍宝，却谁也说不清。

对于来去匆匆、略显疲惫的游子来说，瀑布的美，随着时光的推移，犹如陈酿美酒，历久弥香。让我们背上行囊，暂时忘却尘世的一切喧嚣，尽情陶醉于黔山秀水合奏而出的精彩华章吧！

🚗 **旅游小贴士**

简介：观赏瀑布的时候，最好选用防水性能较好的相机。同时不要忘记携带遮光罩和塑料袋，或者带个大檐休闲帽，主要用来为相机和镜头遮雨防水。还要带块镜头布，随时擦拭镜头上的水珠。数码相机的变焦镜头更应该防水。

若在雨季黄果树瀑布水量很大时游览，当地有雨衣卖，几元钱一件。如果你想近距离观看瀑布而又不想成为落汤鸡的话，雨衣就显得十分必要了。枯水季节如在水帘洞里呆的时间较长，也是必要的。

"黄果树瀑布"的另一概念是瀑布群，所以附近还有很多瀑布，都只能坐"摩的"，再步行一段距离才能够到达。

到达：可在贵阳旅游客运中心车站乘一日游专线车，沿贵黄高速公路行车2小时即到。

周边景点：龙宫、天星桥

藏布巴东瀑布群

藏布巴东瀑布群实际为两个瀑布群，这里出现两处瀑布，分别高35米（藏布巴东瀑布Ⅱ）和33米（藏布巴东瀑布Ⅰ），前者宽仅35米，为雅鲁藏布大峡谷中最大的河床瀑布。科考队员这样形容发现瀑布群时的情景：第一个瀑布中间被巨石隔开，形成左右两股，下面升腾起高达100米的水雾，蔚为壮观。它处在雅江主干河道上，同时雅江在此做了个 S 形的锐角状拐弯。沿雅江顺流而下大约 600 米之后，又出现了第二个主体瀑布，和前者呈平行布局。这是瀑布群里最窄、流速最急的一个，瀑布下跌的水拍击石壁，响声如雷，底下形成深潭，水花翻腾，颇像煮沸的牛奶。

1998 年 11 月 11 日雅鲁藏布江大峡谷科学考察队瀑布分队，首次发现了传说中的大瀑布——那是一处典型的河床瀑布。到了 22 日，第二瀑布往下大约 100 多米之后，又连续发现了四个小瀑布，落差都在 5 米左右。至此，藏布巴东瀑布群才真正展现在人们面前。

藏布巴东瀑布群

藏布巴东瀑布群，其落差之大，范围之小，形成时间之短被科研界认为极具研究价值；它的全部面貌还笼罩在那层层水雾之下，颇具神秘色彩；当地少数民族的独特风情更是为瀑布群增色。

从第一个瀑布到最后一个小瀑布之间，雅江水面下降了 100 多米，说明了瀑布群总落差不小于 100 米。在这么短的范围内，在大江干流上形成多级大瀑布，这在中国是首次发现，在世界上也实属罕见。

这些瀑布的形成都不过几十年的事，这表明青藏高原在大峡谷地区的地质构造运动十分强烈，也说明这里是大峡谷水能资源最丰富的区域。这一切都引起了科学家们对藏布巴东瀑布群的强烈兴趣，也决定了其具有极高的科研价值。

藏布巴东瀑布群气势壮观、澎湃激昂，是西藏雅鲁藏布大峡谷内的神秘壮景。但是洪水期时，雅鲁藏布大峡谷内江水泛滥，人根本无法进入，因此深入峡谷考察只能选择枯水期。所以到目前为止有幸见到藏布巴东瀑布群的也只有少数科学家、探险家和摄影师，让它颇具神秘色彩。虽然至今无人拍到洪水期的照片，枯水期时也只能从数百米之外的高处拍摄，但藏布巴东瀑布群的雄浑之美仍然令人震撼。

瀑布群所在地区是少数民族聚居地，这里有民风淳朴，热情好客的门巴族、珞巴族和藏族。你若走进农家，主人都会以黄酒相待，女主人站在客人面前，一碗接一碗地喝，除非客人以主人之酒回敬，主人方能停止敬酒。

这里还有丰富的植物。随处可取的野果野菜，不胜其数的食物和香料，长达100多米的白藤、革婆、结香、昂天莲，还有丰富的淀粉植物薯蓣、树蕨、山龙眼，药用植物更是达上千种之多，常见的有治疗心脏病的五眼果，名贵药材有灵芝、虫草、贝母、雪莲、草乌等。

藏布巴东瀑布群小吃中最出名的是糌粑。糌粑是藏族的主食，藏族人一日三餐都离不开它。糌粑实际上就是青稞炒面，是将青稞麦炒熟、磨细、不过筛的炒面。吃糌粑时，碗里放些酥油，冲入茶水，添上炒面，用手搅拌。拌时，先用中指将炒面向碗底轻捣，以免茶水溢出碗外；然后转动着碗，并用手指紧贴碗边把炒面压入茶水中；待炒面、茶水和酥油拌匀，能用手捏成团，就可以进食了。吃的时候要用手不断在碗里搅捏，将其糅合成团，然后往嘴里送。如此独具特色的吃法和独特的味道，常常令游人难忘不已。

旅游小贴士

怎么去：先到达拉萨，再坐车到林芝，然后前往排龙，再包车或徒步前往。

观光：藏布巴东瀑布群被评为中国最美六大瀑布之首，各种气势壮观、澎湃激昂的瀑布让人叹为观止。

美食：糌粑是当地人的主食，还有抓饭、烤猪肉等。

购物：当地产白藤、革婆、结香、昂天莲，还有丰富多彩的淀粉植物薯蓣、树蕨、莲花蕨、山龙眼等。药用植物更是种类繁多，有治疗心脏病的五眼果，抗癌药源的海南粗榧，预防疟疾的三台花，延年益寿的延龄草等。

诺日朗瀑布

诺日朗在藏语中是男神的意思，象征高大雄伟。因此诺日朗瀑布就是指雄伟壮观的瀑布。滔滔水流，经瀑布的顶部流下，如银河飞泻，声震山谷。南端水势浩大，寒气逼人，腾起蒙蒙水雾，尤其，在朝阳照射下分外迷人。

瀑布对面有一座观景台，站在台上，可将瀑布全景一览无余。秋季，瀑布的三百米飞流在秋色、云雾的衬托下，化成了一幕波澜壮阔的画面。曾有诗《九寨沟诺日朗瀑布口占》："远离俗世恋山幽，飞瀑如帘一望收。心似滔滔千丈水，只存清澈不存愁。"赞美它的美丽。

2005年10月23日，"中国最美的地方"排行榜在京发布，此次活动由《中国国家地理》主办，全国34家媒体协办，其中，诺日朗瀑布被评为"中国最美六大瀑布"之一。

诺日朗瀑布景色优美，春夏秋冬，各不相同，一年四季都演绎出独具特色的美。春天的诺日朗生机勃勃；夏天的诺日朗气势恢宏；秋天的诺日朗婀娜多姿；冬天的诺日朗银装素裹。昼夜的诺日朗也各具特色，令人沉醉。每个季节，每个时段，诺日朗都展现出不凡的气质。

春天的诺日朗瀑布，宛若一个初生的婴儿，焕发着生命萌发的朝气，展现出一派空灵翠绿、生机勃勃的景象。满山的翠绿，绿油油的像油画般铺满了瀑布旁边的山头，使人感受到春天浓浓的气息，山水相映成一片绿色的海洋。

夏天的诺日朗瀑布，像是个充满活力的少年。每当夏日来临，瀑布水量增多，声势渐壮，水流跌落在瀑下岩石上，激起水花万朵，如银珠万斛，四处抛洒。而其细微之处，水流有如帘幕一般，垂落下来，有如断续的珠子，滴落入潭，令人玩味无穷。

秋天的诺日朗瀑布，就像是位华衣粉黛的妙龄女子。每当到了金秋季节，山谷坡地，万紫千红，若一幅浓重的油画，诺日朗瀑布在一片片红叶、黄叶之中，分成无数股细流，飘然而下，这时候的景色最为迷人，往往也最让游人流连忘返。

诺日朗瀑布

冬天的诺日朗就像是温驯的羔羊。若至隆冬时节，瀑布早从奔腾不已的流动状态，转变成固定不动的固体状态。这时候的诺日朗瀑布就成了一幅千姿百态的冰瀑画卷，各式各样的冰凌、冰柱还有冰镜，让人眼花缭乱，使诺日朗瀑布在太阳的照耀下闪烁着璀璨的光芒。

白天阳光下的诺日朗瀑布，就像是个爱美的姑娘变换着多样的装扮。它不仅多姿多彩，更有迷人景色。早晨的诺日朗就像是刚苏醒，在朝阳中舒展它的筋骨；中午的诺日朗就像是会变脸，在太阳的折射下展现它不同的风采；下午的诺日朗，伴着夕阳展现出它柔和的色彩和美丽；而每当夜幕降临，皓月当空，清辉如练，诺日朗瀑布更有一番令人沉醉的诗情画意。清朗的明月、奔腾的白练、静谧的夜色，让人不禁沉醉在这如诗如画的无边月色中。

瀑布顶部平整如台，传说以前这里并没有瀑布，只有平台。相传有一年，远游归来的扎尔穆德和尚带回了贝叶经、铁犁铧和手摇纺车，并把这些传教教给当地人，让他们学习。

聪明美丽的藏族姑娘若依很快学会了纺车纺线。她把纺车架到三沟交界的平台上，让过往的姐妹观看、学习，人们便叫这里为"纺织台"。

但是凶残的坏人罗扎认为她在搞歪门邪道，便污蔑若依是个女巫，想迷惑人心，于是一脚把她连同纺车都踢下山崖。谁知道就在若依掉下山崖的瞬间，山洪就暴发了，一下就把罗扎和帮凶冲下悬崖，而纺织台就成了今天的诺日朗瀑布。

千百年来，这里的人们不仅会纺织，更对瀑布充满了敬意，因为那是若依姑娘的化身！

旅游小贴士

怎么去：乘飞机到达成都，在成都新南门车站、茶店子车站乘坐发往九寨沟的大巴车。到达九寨沟后可乘坐环保观光车，或步行游览。

观光：诺日朗瀑布景色，四季变换，昼夜迥异。春天，生机勃勃；夏天，气势雄浑；秋天，万紫千红；冬天，冰瀑如画。诺日朗瀑布一年四季都充满着诗情画意。

美食：诺日朗餐厅是瀑布景区内唯一的餐厅，提供自助式快餐，饭菜的质量和用餐的环境都很好。

购物：这里可以买到当地独有的羌族刺绣、茂汶苹果及藏族手工艺品，比如藏戒、藏刀、佛珠等，还有贝母、虫草、麝香等名贵药材。当地的花椒、蕨菜、木耳等风味独特，尤其是蕨菜，不管炒菜还是凉拌，口味一绝，深受游客喜爱。

罗平九龙瀑布

景区内景观丰富，景点集中，特点突出，风景迷人；景点融雄、险、奇、秀为一体，组合较好；瀑间浅滩深潭千姿百态、异彩纷呈，景色随季节和水流大小变幻无穷；各级瀑布瀑姿各异，或雄伟、或险峻、或秀美、或舒缓、美不胜收、绝伦无比。

九龙瀑布又被称为"南国一绝"，当地的布依族人一向称之为"大叠水"。"幅宽、差大、极多"是它最突出的特点。碧日潭、月牙湖、戏水滩、神龙瀑、情人瀑、白絮瀑……一级级展开，一景胜一景。烟雨、微风、碧水、流云、飞花、青

罗平九龙瀑布

山，在你面前展开一幅壮丽的山水画卷。层层叠叠，自成一绝。罗平还是"油菜花之乡"，瀑布与油菜花形成了一道美丽的风景线。

奥地利维也纳大学地理系主任，首席教授汉斯费希尔考察后激动不已，欣然道："非常罗曼蒂克的锥状喀斯特，非常绝妙的钙化瀑布群，非常自然美的罗平。"

2005年，罗平九龙瀑布被《中国国家地理》"选美中国"活动评选为"中国最美的六大瀑布"第四名。

罗平九龙瀑布的著名不仅在于瀑布之壮观，更有当地独特的风情。神龙瀑、情人瀑水潭幽深，雄奇壮丽，是游人必去的地方，此外，当地热闹的节日更是不容错过，当地人民热情好客，与游客共同分享节日的欢乐。那是一种截然不同的体验，一定会让你难以忘怀。

神龙瀑是九龙瀑布中最为壮观的。它隐藏在层层叠叠的山峦之中，有着无穷无尽的绮丽风景，优美的景致如索居深闺的绝世佳人。

瀑布左边有巨石耸立，就像是一辆驶入潭中的古代战车。据当地布依族群众说，这巨石是神龙大战铜鼓精时，那鼓被砸得粉身碎骨的地方。从瀑布底下往上看，就像一条天河，从天空中飞泻而下。又像是一条银练垂在空中，使得深潭之上玉絮飞花；又有飞溅的水珠结成雾气，弥漫在空中，最后化成蒙蒙细雨洒向下游河谷；每当艳阳高照之时，那朦胧的水雾就会化成五彩的长虹，悬挂在空中，无比的绚丽灿烂。

情人瀑，高 43 米，宽 39 米，被称为第二大瀑布。两岸峭壁耸立对峙，瀑水湍急翻腾而下，冲入幽深静谧的脚潭，卷起朵朵银色浪花。瀑下水潭幽深静谧。沿着瀑布边陡峭的石阶路，攀上瀑布顶，回首俯视，碧日潭、月牙湖、戏水滩、钙化叠水尽收眼底，美不胜收。

当地除了泼水节、火把节、尝新节、采花节、古尔邦节外，每年的三月三还是布依族的对歌节，这天各族的男女老少来到河边听青年们唱山歌，观看孩子们比赛划竹排、打水枪。

青年们跳起古老的野毛人舞、高跷舞、把式舞，对歌求偶，热闹非凡。动听的情歌和着音乐随着飞瀑倾吐："大河涨水慢悠悠，丢棵竹子顺水流，空心竹子不落水，实心小郎妹不丢。"你定会难以忘怀这样独特的少数民族风情。

罗平是油菜花的故乡，如果二三月去罗平，就能赶上油菜花的盛景，满山腰的油菜花梯田，漫山遍野的金黄色让你沉浸在花的海洋，你的视野所及，除一座座小山包以外，全都是油菜花。

金鸡峰林是罗平最出名的观景点，登高俯瞰，金黄色油菜花铺满大地，只露出一座座绿绿的小山包，漫山遍野的油菜花像是浩瀚的海洋，而小山包则像是露出花海表面的小岛，唯美之极。你会深深地沉浸在这样的美景中，如痴如醉。

油菜花与瀑布相互辉映在一起是一种无法形容的美景，只有当你身在其中，才能感受到那份无法比拟的美。

旅游小贴士

怎么去：可先乘飞机到，再从昆明坐火车和汽车到罗平，行程约 4 小时。

观光：罗平九龙瀑布具有"幅宽、差大、极多"的特点。著名景点有碧日潭、月牙湖、戏水滩、神龙瀑、情人瀑、白絮瀑等，美不胜收。

美食：白果肉丁、布依族竹裹粑粑、饵丝等，最有特色的是布依族的五彩花饭。油菜花盛开的时节还可吃到凉拌油菜芽、清炒鲜油菜花。平罗县城振兴路新华书店对面的步行街里一到晚上就有很多小吃摊，味道不错，价钱也不责。

购物：罗平的蜂蜜质纯味正，主要品牌有云岭、罗康、罗悦等。菜油和黄姜也都很有名。还有当地的布依族服饰、菱角、蛋包，也深受游客喜爱。

独龙江月亮大瀑布

一早，在流水声中渐渐地清醒过来，透过独龙江马库村简陋的木头窗户，眼睁睁地看到浓重的云雾游移着把隔壁的小屋吞没了，正疑惑还在梦中，赶紧揉揉眼，却又看见，云雨席卷而去，把我记忆中的木屋又释放了出来。我就在这种云里雾里的仙境里上了路，直奔月亮大瀑布。

马库，是通向月亮大瀑布的必经之路，也是独龙江下游最大的一个村寨，一般过往的游人，都会在这歇脚补充体力。从马库出发的开始，就可以不时看到许多从江那边的高高山巅落下的瀑布直入江水，那场景甚是壮观，每每见到，我都忍不住惊叹不已，而我们的小导游阿升却这样打击我：等见到月亮大瀑布，你就知道什么叫小巫见大巫了。于是更加期待地一门心思朝前走。翻山越岭，穿过大片的原始森

独龙江月亮大瀑布

林，终于来到钦朗当，在稀疏的几栋木屋间游走，看到月亮大瀑布非常醒目地出现在一片绿色里。

远远的，还在独龙江下游的最后一个村寨钦朗当，就清清楚楚地看见了瀑布，如同仙女的玉带从天上直落在一片青山碧水间。沿江继续下走，踏过田埂，穿过树林，走过马库河上的吊桥，还没看见瀑布，先已听到瀑布的声音，峰回路转处，骤然看见了月亮大瀑布，相隔几十米远，明显地感觉到坠落的巨大水柱溅起的水花和扬起的风给我造成的威胁。端着相机，已再也不能靠拢，除非打算人和相机一起透湿。

同行的两个小伙子，再也忍不住脱掉多余的衣服，一头扎进瀑布里，只听见几声吼叫，人已不见了踪影，等到他们经过瀑布的洗礼出来，整个人仿佛真如脱胎换骨般清爽。

我抬头仰视，眼中有泪！那是瀑布送的见面礼。人仿佛那一瞬间凝成一颗水珠，被席卷进去和那一大片的洁白一起铺天盖地地坠落，扬起的风猎猎作响，和瀑布的声音交响在一起，已然难别。瀑布造就的水汽和雾气拧成一股主流，气势磅礴地涌向独龙江，把江面渲染得雾气蒸腾，烟雾弥漫！这是何等瑰丽壮美的画面，一个游弋动荡的仙境萦绕在我的周围。此景只应天上有，人间却在独龙现！这份绝美，惊天动地！

好像是为了证明些什么，从那瀑布的水帘下面忽然若隐若现地看到几个"天仙妹妹"，目瞪口呆地看着她们从水雾中飘过来，才知道是从缅甸那边过来亲戚家串门的缅甸女孩。

我们的小导游阿升用独龙语来跟她们沟通，居然可以懂个八九不离十，据说，这边的独龙语和那边的缅甸语有六、七成是一样的。当然啦，共同的祖先，同饮一江水，只不过，很久以前，有一些独龙人，穿过了瀑布，到缅甸那边去谋生。月亮大瀑布里，有一条滑溜溜的石头路，那就是到缅甸或者从缅甸过来的必经之路，从那里过，必须用雨衣把自己严严实实地包裹起来方可有些保证。

马桂英是独龙族少之又少的女性老共产党员，她在离瀑布还有十分钟脚程的地方开有一家小驿站，主要接待缅甸过来的一些小商人和过路人。当我们退回到马桂英的小木屋时，在火塘边又看到了那几个在月亮大瀑布时眼睁睁看着他们变魔术般从水帘洞下走出来的女孩。此时，卸下了雨衣和背上的竹筐，洗净了裤腿上的泥巴，穿上了缅甸传统的筒裙，长相清秀的她们有些腼腆地出现在我们的视线里，和独龙女孩并没有什么两样。在烧得很旺的火塘旁，她们特意为我们跳起了缅甸的民族舞蹈，或者说，是缅甸独龙族的舞蹈。歌声唱起，手儿扬起，脚下的节奏踩起来，我们围坐在一起轻轻地和着节奏。

这个欢乐火塘歌舞会，没有事先编排，更没有导演，然而，一切都那么完美。美妙的歌声、动感的舞步、飞扬的青春、怀旧的往事和几个外来的游人都融合在这个独龙族遗世独存的木屋里。木窗外，月亮大瀑布依旧怒吼着敲击江面，为我们且歌且舞打出阵阵节奏。

旅游小贴士

简介：如果不下雨，没有任何事情，一旦下雨，穿过森林时的蚂蟥和瀑布附近路段的蚂蟥是最可恶的，常常在你没留意的时候黏上来。其实，独龙江之行，被蚂蟥上身无数，其中也被咬了几口，但都可以轻松拔下，并没发生任其吸饱滚落下来或血流不止的现象，也并没有一些攻略上写得那么可怕。细心点就可以早发现，拿下来就是了。

独龙人去缅甸或者是缅甸人过来，是不需要办理手续和出示证件的，就如同到邻居家串门一样简单。游人若到月亮大瀑布或者是过境，必须在马库村委的武装干事那里填写你的名字和身份证号，然后交费。

瀑布过去再走一个小时左右，就是中缅41号界碑了。

马桂英老人在离瀑布还有十分钟脚程的地方开有一家小旅店，主要接待缅甸过来的一些小商人。吃就在她家的火塘边，简单地炒些土豆韭菜什么的，还有煎烤的大饼。

到达：先从昆明到六库再转车到贡山县，进入独龙江乡后到达钦朗当。

周边景点：中缅41号界碑

井冈山瀑布

"久有凌云志，重上井冈山，千里来寻故地，旧貌变新颜。"三十八年后毛泽东重上井冈山写下的诗句俨然换了一份观山的视角。

这里曾是吹响革命号角的根据地，经历了惨烈的炮火洗礼，黄洋界上的大石狠狠地砸向山下的围剿者，挺拔的毛竹化身削尖的竹钉作为抵御外敌的武器。人们在红米饭南瓜汤的充饥里苦中作乐，在革命理想的憧憬中描绘未来，哪里有人会在血与火、生与死的存亡之间顾得上看一眼井冈山的如画风景。

大井旧居、红军医院、烈士陵园，这些是井冈山的红色外衣，这是一批一批游客接受爱国主义教育的基地，老人在时光中回忆往昔，孩子在懵懂中接受启蒙。只是，仅仅一个红色革命的主题并不能代表井冈山的全部。毛主席三十八年后重上井冈山看到的是"到处莺歌燕舞，更有潺潺流水，高路入云端"。在硝烟炮火的摧残创伤抚平之后，一代代毛竹重又焕发碧翠新颜，雨水滋润了山石土地，云雾化解了血腥佞气，大自然用温和包容的怀抱重新梳理了井冈山的脉络，人们也终于能怀着一份闲暇散逸的心情入山看风景了。

都说毛竹是井冈山的象征，那满山遍野摇曳的碧翠，那一排排羊肠小道旁的遮天蔽日，都是井冈山植被最美的装饰。可是，是什么样肥沃的土地孕育了这样盎然的生机，是什么样润泽的空气赋予它们连绵的绿意，只有水，井冈山的水才是这座山林依托的灵魂。

丰润的雨水给井冈山带来的是大大小小几百处飞瀑，飞瀑之下多有深潭，藏在山林深处，飞珠溅玉的回响和风过翠竹的啸鸣合奏为一曲迷人的天籁之音。这里的瀑布没有开阔雄奇的大场面，也没有飞流直下的超高落差，井冈瀑布的美更像婉约温润的小家碧玉，在山间溪谷时隐时现，随时一个转弯又出现眼前。它们的数量太多，一场暴雨过后，不知就会有几处涓涓细流化身为瀑布的冲击。它们又太调皮，走在山路小径里，不经意间就会被瀑布飞起的雨雾拦住去路，你需得穿行腹地淋上一身雨珠方能通过。亲切活泼，温婉自如，井冈山的瀑布不是高高在上让人仰视的神仙幻境，而更像来自民间的南方少女，一颦一笑就近在身边。

最能体现瀑布美的地方就是龙潭，九潭十八瀑说的就是这里。在龙潭景区的山路上，不期然就遇到了一场雨。刚刚赏析过碧玉潭珠帘玉冠般倾泻的体态，还没有走入第二潭的腹地，雨便飘飘荡荡地来了，开始不以为然，没想到竟愈演愈烈，一时间乌云盖顶，倾盆而下，游客狼狈地四窜而去，我却不幸正走到毫无遮挡的山路上，虽然不断有大树的浓荫遮盖，也挡不住这般瓢泼的大雨宣泄。三岔路口别无选择，朝着山上的小路狂奔，好不容易找到一块凸出的岩石，紧靠石壁踮起脚尖勉强

井冈山瀑布

能避得身躯。雨水就哗啦啦地在眼前汇成密密的珠帘，无奈仰望阴云密布的天空，祈祷那刚刚隐去身影的阳光能快一点破云而出。

山里的雨，来得急，去得也快，雨势缓了，却不认得来时的路了，穿过陡峭的一线天，山侧的路越来越窄，耳边渐渐哗哗的水声越来越多，难道这一场突如其来的暴雨又增加了多少瀑布的流量？前面几个游人却突然停住了脚步，一片雪白的迷雾飞散，雨似乎已经停了，可仍然感觉得到扑面的水汽，原来前面是个水帘洞。其实原本只是山路向内弯曲，上方凸出的岩石上有水流流下，形成如我刚刚避雨那般境界的一个水帘洞而已。可是这场雨却大大膨胀了上游水势的汹涌，原本轻描淡写的水帘终于汇成奔流而下的一道飞瀑。这道飞瀑重重地砸在行人必经的山路之上，五米以内没有安身之处。这就不是穿行一个水帘洞了，而是要完完全全走入瀑布之内，绝处方能逢生。有人打了雨伞冲过去了，那强劲的风力仿佛生生要把雨伞拉下悬崖，看得身后的人连连惊呼。没有退路，向前吧，冲进烟雾水花的帘幕，贴着最里层的石壁而行，真的走到了瀑布中心的后方，有那么一瞬间，我停住了脚步，一生中能有多少机会能走到瀑布的另一面，在另一面欣赏它飞洒飘逸的仙姿呢？离得那么近，竟不觉有一刻失神，却忘了是怎么走出瀑布，再回头，密密的树枝已阻挡了它的身影。摸一摸头发，竟已完全湿透了。

这场雨大大纵容了山间的水流，它们肆无忌惮地冲破了山林的束缚，奔腾着跳跃着冲上石阶路，随时身边都会有水花拍起，时时刻刻卷起千堆雪。一路不断有瀑布溪流做伴，一路不断有水声流淌回旋，直到走到了仙女潭。仙女潭是龙潭最美的一个瀑布，仙女的称谓异常形似，尤其那最后散开的呈梯形冲入深潭的水流，犹如华服少女的裙摆飘扬，曲线优美动人。游客们纷纷合影留念，瀑布的表演规则终于恢复成为正常的远观不可亵玩。可是，我还是很想念那条曾穿行腹地之中的不知名的飞瀑，那条也许明天就会消失的飞瀑，我觉得那才是井冈瀑布最美的一个瞬间。

水口景区似乎是容易被游客遗忘的角落，游人非常稀少，可怜那条绚烂的彩虹瀑如此寂寞，藏在深闺人未识。奇虹峡是一座天然氧吧，任是夏日烈日炎炎，峡谷内依旧清冷扑面，寒气袭人。溪流潺潺，潭水幽深，彩虹瀑未见真容，先听水声。并没有雨后初晴的彩虹横空，也没有阳光散射的彩虹映照，这片瀑布的姿态却犹如挥舞了彩带翩跹，细细柔柔，丝丝缕缕，慢慢汇成主流，最终奔入深潭。她的彩袖就这般重复着又变幻着已挥舞了多少年，在这水滴石穿的岁月里，可有一棵树，一块石，一朵飘过的云彩，一只跳过的松鼠，读懂了她的爱与哀愁？

百度百科上对瀑布的名词解释是河水在流经断层、凹陷等地区时垂直地跌落，如此不解风情的死板学究气，可是，万能的大自然却把这样枯燥的跌水创造出了人工无法企及的人间美景。它们是那样鲜活跳跃，请以亲近的赞美表达对它们的珍视吧。

🚗 旅游小贴士

简介：山上天气比较凉，要带保暖衣服，而且山里湿气大，洗衣服不容易干。

可在茨坪住宿，大宾馆和小旅社都有，旅游旺季尤其暑期最好提前预订。

别忘了忆苦思甜吃点红米饭、秋茄子、南瓜汤，井冈山的红米酒味道也很醇香。

　　井冈山一般可作两日游安排，主要景点有水口、主峰、黄洋界、龙潭、北山革命烈士陵园、茨坪旧居、大井旧居、百竹园造币厂、红军医院（小井）、红军谷（五马朝天）、南山公园。瀑布风景主要在龙潭和水口。

　　到达：北京、上海、广州等地已开通了井冈山旅游专列，南昌、吉安、泰和等地每天都有长途汽车开往井冈山。

　　周边景点：吉安、流坑、庐山

庐山三叠泉

　　"不到三叠泉，枉为庐山客"。第一次上庐山的时候，也知道三叠泉的名声，却被三千级台阶的艰险吓地落魄退缩了，于是，遗憾地与三叠泉擦身而过。

　　光阴荏苒，再上庐山时，三千级台阶的山路听闻已经由新建的缆车缓解了一半行程，去三叠泉已不再是一场纯粹攀登的体力拉锯战，这一次不能再错失良机。

　　还是这样名副其实的避暑佳地，早上7点钟在九江的室外已经难耐热浪袭人，可是一上山，不过刚刚进入庐山大门，迎面吹来的风已变了另外一种触感，清冽之中甚至让穿着背心短裤的游人不禁有了那么一丝寒意。

　　牯岭小镇已经越发繁华了，出售特产的大超市一家接一家，高档的疗养院宾馆见缝插针地遍布各个角落。还是花径、锦绣谷、天生一个仙人洞，还是老别墅影影绰绰中唤醒百年光阴记忆，还是"三石一茶"赫赫有名，还是《庐山恋》日复一日地循环放映。可是，却找不到曾经徘徊流连走向花径的小路，盘山公路已铺设得四通八达。也找不到曾经迷恋的路边小摊阳春面的味道，随之流逝的是梦一般缥缈的花季青春。

　　才一上山刚刚落稳脚步，先遇到台风登陆。庐山被整日整夜的雨水浇灌，催生

庐山三叠泉

出一片雾气氤氲的迷茫世界。密林深处望不到出路，湖边徘徊看不清对岸景致，峡谷内升腾着大团大团的云雾渺渺，宛如仙境。就这样在迷迷蒙蒙中走向了三叠泉。

三叠，顾名思义，源自五老峰、大月山的水流，沿着天工琢成的三级"冰阶"断崖折叠而下，一叠垂直降落，二叠宛转入潭，三叠抛珠溅玉，九天飞散。这样的三叠，古人赞之"上级如飘云拖练，中级如碎石摧冰，下级如玉龙走潭，散珠喷雪，真天下绝景。"论雄浑论气魄，它也许不能拔得头筹，可这三叠之巧三叠之妙，当称得瀑布一绝，再无二处。

来到景区才知，其实所谓的缆车只是开通了最上面的一小段路程，而这段路程只是全程路线中最缓和的地方，也就是说，其实坐不坐缆车意义不大，而这也意味着，通往三叠泉的路还是要靠双脚丈量。也是啊，最美的风景总是藏在那些不易到达的地方，因为人迹罕至才能更好地留住弥足珍贵的原始生态瑰宝。

三叠泉的第一步不是向上攀登，而是一路不断地向下，原来我们的入口就在那第一叠处，需得循序向下，最后才能到达第三叠身边，也才能看清三叠全貌。

山间的路依旧是雾气弥漫，隐隐约约仍有雨丝飘过，游人们身着各色简易雨衣，将这片翠绿的山谷点缀出几许妩媚活泼。一路向下，其实一叠瀑布已经近在身边，只是那山林的遮掩太深，那浮动的云雾太浓，似乎听得见水声淅沥，却看不到瀑布真容。

迎面有铁锋屹立，刀削斧劈，跨过一道小桥，峡谷内巨石嶙峋，铺叠向远方，远处雾气缭绕不散，传来隐隐轰轰的瀑流回音。走向三叠泉的一路，一路都有风景，这么充满诗情画意的空灵俊秀，这样尽情拥抱自然的无拘无束，走三千台阶又何妨，又何必将自己关入密闭的缆车而错过身边的风景，这些山峦、巨石、溪涧、峡谷之美当也是三叠泉密不可分的铺陈之路。

二叠走过去了，终于露出了三叠的源头，瀑布分流两侧，因这场台风暴雨，水量暴涨，迫不及待地从二叠的深潭中奔流而下。常年被瀑流冲刷的峭壁石岩呈现出面貌狰狞的褶皱，可是那飞流而过的水浪又是那么洁白无瑕。在相机快门速度的掌控下，瀑布的水可以呈现清晰飞洒的水珠点点，也可以模糊为一片温柔的水雾茫茫。已经离得这么近了。三叠全貌已经就要展现眼前。

能来到这里的人都是幸运的，殊不知朱熹住在白鹿洞书院的时候，也只是请人描画三叠瀑布景色给自己观赏，"未能一游其下以快心目"。而李太白写下了"庐山东南五老峰，青天削出金芙蓉；九江秀色可揽结，吾将此地巢云松。"却不晓得他隐居多年的屏风迭下就是三叠泉瀑布跌落的九迭谷，近在身边却擦身错过。不由得叹息三叠泉的诗咏中又少了一首旷世佳作。

走下最后一节台阶，眼前豁然开朗，第一叠竟有那么高，因着雨雾阻隔，已经看不真切最初的奔流，而我们亦是从那样高的地方一路走下来啊，山径蜿蜒，溪涧潺潺，我们终于走到了三叠瀑布最后的汇流之处。一叠泉已隐在云端，二叠泉在仰面的视角中压缩了全貌，看得最真最痛快淋漓的就是这第三叠，这场及时风及时雨成全了瀑布丰沛的水量宣泄，从如云似絮的喷薄吞吐到汹涌澎湃的飞流直下，水石冲击，珠进玉碎，飘者如雪，断者如雾，不敢走上前去，轻薄的雨衣无力抵挡三叠之上冲击而下的水雾，只听得耳边雷霆鼓鸣，空谷巨响，最终汇成巨流深潭，源远流长。

这就是三叠泉瀑布，远看它似山间飘飞的白鹭，灵气逼人缥缈若仙，走近身前，它又变身呼啸的巨人，气宇雄浑凛然不可侵犯。停留在三叠泉前不愿轻易离去，更不愿回首相望那三千级台阶的来时路。可是，若不是这样深谷密林的层层阻隔，又如何保得住这般浑然天成的三级飞瀑不被世俗的红尘染色，又或者说，不走过这一路山涧溪谷的铺陈，不经过这样循序渐进的翘首企盼，又如何能拾得最终精彩的动容。

"激石成三叠，驱云到四溟"，三叠泉，值得你走这一遭。

旅游小贴士

简介：可住在庐山的牯岭镇，各种档次的宾馆旅社非常多，镇中心的宾馆比较吵闹一些，但吃饭购物方便，远一些的疗养院宾馆环境清静，但去商业区就要步行一段距离。庐山宾馆的位置比较适中，环境雅致，后山还可以直接登山游览。

庐山美食有石鸡、石耳、石鱼等，街心公园周边饭馆很多，要看好菜单价格。三叠泉景区附近也有不少农家饭店。

庐山电影院现在仍然每天放映《庐山恋》。电影院虽然新修了，但里面还是很简陋古朴的氛围，有些时光倒流的感觉。

即使在夏天酷暑时期，山上早晚温度也偏低，要带长袖衣服或外套，阴雨天气也常见，备好雨具。

到达：可先乘飞机或者火车到达九江，然后乘汽车上庐山。去三叠泉景区要包车前往。

周边景点：南昌、婺源、流坑

雁荡山大龙湫瀑布

　　雁荡山素有"东南第一山"之誉，灵岩、灵峰、大龙湫并称"雁荡三绝"，是雁荡精华之所在。在中国的著名瀑布中，大龙湫瀑布以其197米落差独步天下，芳名远播。曾有人将雁荡山与黄山对比，结论是黄山雄奇，雁荡灵奇。雁荡山奇在怪石峰峦，灵在泉瀑流水，大龙湫瀑布便是对灵动二字的完美诠释。

　　我游雁荡时正值盛夏，前夜住在古寺中还是皓月当空，清辉逦地，次日早上竟然下起了夏季少见的细雨，寺内老者告诉我，这样的天气，去看大龙湫最合适。遂

雁荡山大龙湫瀑布

从其言，安步当车，沿着鹅卵石铺就的山路走过去。有了雨，雁荡便有了灵气，云雾从陡峻的山间腾起，嶙峋的岩石变得柔和起来，崇山峻岭被雾岚轻纱浅笼，幻动着万般风情，远山含黛，野芳滴翠，古木苍劲，满眼的青葱翠绿直沁心底。山路溯

淙淙而来的锦溪逆流而上，这溪水即源自龙湫，清澈见底。溪流两旁奇峰耸峙，翠嶂相连，大自然在这里突然焕发了雕塑的激情，将凡尘间的各种活物都定格在两侧岩嶂之上，鬼斧神工。一会儿是"灵猫捕鼠"，一会儿是"莲台观音"，这边刚刚"母子相偎"，那方即现"狐假虎威"，如果没有人提醒，看起来不过是普普通通的岩石山影，一旦旁边导游指点迷津，就越看越像，那惟妙惟肖的神态，那活灵活现的身形，无不呼之欲出，不由得啧啧赞叹。山谷中光线明暗交织，烟霞氤氲，恍若置身神仙洞府，细雨纷纷，鸟啼声声，人行谷中，如在画里，如此千姿百态的画廊，为大龙湫的出场做足了铺垫。

转过一道岩嶂，大龙湫瀑布的声响已隐约可辨，迎面却被一座形似剪刀的山峰挡住了视线，这便是传说中的剪刀峰了。之前的景观都是静止的画面，眼前的这座山峰却可以像万花筒一般旋转变换。初见时，两峰间裂缝露出一线天空，恰如一把巨大的剪刀直裁云端，而单看剪刀峰右侧，又酷似一位云鬓斜倚、明眸善睐的少女。复前行，少女的倩影消失不见，变成一只活灵活现的啄木鸟匍匐在树干上。转到剪刀峰侧面，一根细腻光滑的擎天柱顶天立地。待围绕着剪刀峰转过 180 度，回首看时，山峰已经幻化作一面巨帆，左峰犹如笔直的桅杆，右峰似船帆迎风飘扬，正驶向万古不竭的大龙湫。此时大自然终于穷尽了它移步换景的魔术手段，空间豁然开朗，大龙湫瀑布已经在望了。

山谷尽头，略呈马蹄形的崖壁撑起一片天空，一道细长的瀑布从天而降，轰鸣着直泻龙潭，这声音在山谷中传得很远，既豪放又婉约，似春雷滚过云层，如骏马在草原驰骋，又似簌簌晚风穿越竹林……裹挟着雨丝水沫的凉风扑面而来，令人神清气爽，飘然若仙。其实大龙湫瀑布不该称瀑"布"，它更像自悬崖垂下的一匹白纱，缥缈轻盈，如梦如幻。这束白纱从近二百米高的悬崖飘荡而下，在空中逐渐散开，化作盈盈水雾，忽而如阵阵云烟随风飘散，忽而似朵朵雪白的棉团飞堕半空，棉团不断拉长变细，瞬间变成无数箭头窜入深潭。水花犹如一条条银龙在碧绿潭面上游走不止，摇头摆尾，闪转腾挪，"龙潭"这名字再贴切不过了。飞溅的水珠被高高激起在空中，又纷纷扬扬地落下，宛如珠落玉盘，漫天飞舞，直把整个水潭都笼罩在蒙蒙的细雨之中，一时间竟看不清水雾究竟是在下落，还是在升腾。再向上望时，大龙湫似乎又变成了一条不见首尾的巨龙，张牙舞爪地向头顶扑来，飞舞的水柱就是不堪束缚而挣扎扭动的龙身，四散的水流则像龙爪伸向空中，而那些在山石上撞得粉碎的水滴，分明是脱落的龙鳞龙甲。

大龙湫的最奇绝之处，在于因季节、晴雨的变化呈现出多姿多彩的迷人景象。丰水季节，大雨初过，大龙湫就像一条健硕的银龙猛扑而下，直捣潭心，如轰雷喷雪，震天撼地；晴朗的冬日，大龙湫像一斛散珠，随风飘荡，上下飞腾；阳春三月，大龙湫又是另一番面目，忽忽悠悠，晃晃荡荡，时而像乳白色的纱绉，时而又化为青烟，水烟云雾难分辨；若是阳光明媚，大龙湫则呈现出瑰丽奇炫的七彩长虹。清人袁枚曾赋诗曰："龙湫山高势绝天，一线瀑走兜罗棉。五丈以上尚是水，十丈以下全为烟。况复百丈至千丈，水云烟雾难分焉。"

滂沱、飘逸、轻盈、灵动、扑朔迷离、袅娜多姿……无数的词语在我脑海中闪过，却总觉得难以全面描绘大龙湫的风采。大龙湫自古即为旅游胜地，许多文人骚客，如唐朝的杜审言、北宋的沈括、明朝的汤显祖等人都在这里留下过诗篇，但却没有堪与"飞流直下三千尺，疑是银河落九天"相比肩的名句，最出名的竟然是一句感叹："欲写龙湫难着笔"，只有身临其境，才感受到大龙湫有着万般变化，的确难以描摹，纵然诗仙李白再世，恐怕也要为此绞尽脑汁吧，环顾四周，还是山坡上那通石碑既简练又传神："白云烟"。

大龙湫虽然没有贵州黄果树瀑布的宽阔宏伟，也不如庐山三叠泉瀑布那般娇羞秀丽，更不及黄河壶口瀑布的气势恢宏，但其柔媚飘逸的风格正如一位温婉可人的江南女子，那清新扑面的空气，恰似美女体香幽幽；那噪噪切切的水声，宛若美人徐行环佩叮咚。这女子养在深山，清丽脱俗，令我在多年以后，依然时时回想，心向往之。相传唐初，如来佛的弟子、十六罗汉中排位第五的诺讵那率三百弟子进山造塔建寺修行，后留恋于大龙湫不舍离去，竟然观瀑坐化，他的弟子特地在此修建了宴坐亭以示纪念。高僧大德竟然与我区区一介凡夫有着同样的迷恋，又有谁能够抵挡大龙湫的诱惑呢？

旅游小贴士

简介：灵峰夜景是雁荡山的招牌景色，惟妙惟肖，千万不要错过。

雁荡山景区很大，好在各主要景点间有交通车运营，建议住在龙岩景区一带，去往各景点都比较方便。

雁荡山山路曲折，但相对比较平缓，上下梯级不多，比较适合老人小孩游玩。

雁荡山餐饮有浓厚的温州特色，水产丰富，很多菜式和小吃中都以海鲜提味，一碗简简单单的面条，加上蛏子、鲜虾等海味，马上变得鲜美无比。特色菜有香螺、番薯粉丝汤、雁荡烙饼、米粉丝面、茴香五味豆腐干、绿豆面等。

到达：杭州到雁荡山约350公里，绝大部分路程为高速，乘坐大巴约5小时到达；上海到雁荡山自驾车约6小时，芷新客运站有大巴直达，车程约7小时；温州新南站直达雁荡山的班车1个小时左右就可以到雁荡车站。雁荡车站有开往景区的班车。

周边景点：楠溪江

德天瀑布

　　绿草苍苍，白雾茫茫，有位佳人，在水一方。我乘坐一叶小舟逆流而上，想更近地看到她的容颜。然而是什么迷住了我的眼？几乎不能睁开！只听到大瀑布特有的声响。

　　朦朦胧胧中，佳人的美丽依旧如梦似幻；侧耳倾听，佳人的话语如大珠小珠落玉盘敲打出清脆的声音。近了，更近了，终于看清楚，这位横跨在归春河上的仙女

——德天瀑布，从天上飘然而下，在她身边簇拥着众多姐妹，一如传说中的仙女下凡！但见那一股股激流铺天盖地，从那古树参天、花草掩映中直落而下，呈现非常壮观的三级跌落。

最壮观的第一级瀑布之水，仿佛从天边，来到那高高的悬崖之巅，以雷霆万钧之势直落天池，连成高约 30 米、宽约 751 米的半圆形水幕。天池水深达 7 米，宽约 2,000 平方米，水质清澈，水雾迷蒙。从天池左侧出水满溢出多道水帘，又形成落差约 23 米的第二级瀑布。第三级瀑布呈 120 米的弧形高约 12 米，更奇妙的是，就在这水帘之中，藏着一个 20 米深的水帘洞，洞口高 4 米，宽 3 米，据说洞里石笋石柱遍布，而我也只能远远地隔着水向隐隐约约的洞口观望而已。

德天瀑布

探之太险，只好弃船登岸，沿着瀑布右下方一条湿滑的石板路拾级而上，两边高大的竹丛、枝繁叶茂的老树、缠缠绕绕的古藤把太阳光严严实实地拒绝在外，偶有一缕阳光泄露下来，打在浅水上，折射出美丽的光波，恍若仙境。水珠、雾气一并袭来，凉飕飕的感觉，正所谓云烟飘逸，曲径通幽。一路登高，瀑布在左侧相依相伴，此时此地的德天瀑布，铺天盖地的压迫感，身临其境的真实感，流水特有的喧闹声，带给你的又是另外一种震撼。

从水流潺潺的石阶继续上行，沿路是许多亲水的蜻蜓，甚至在树林掩映中隐约可见一个破败古旧的小庙宇，在诸多野花的陪伴下终于登临山巅，重见天日。只见多道高低不齐、大大小小的水流穿过丛林一起涌到悬崖边，来了一个九十度的直转，造就了横跨中越两国的大瀑布。放眼远眺，更见大好河山，峰峦叠嶂，绿意盎然。对岸的农舍稻田，一目了然。河边青草地上，越南的牧童悠然坐在牛背上。细看之下，在德天瀑布左侧，也就是在归春河的对岸越南的地盘上另有一座小瀑布，水流量也不小，只是在德天瀑布的衬托下才差点被我忽视，据说那边的越南人称其为"约板瀑布"。站在瀑布之巅，小小的我油然而生饱览众山的英雄豪气。

沿水流右岸继续前行，就可以看见矗立在那里的53号中越国界碑。此碑本身就是一个历史文物，是1896年清政府所立，上刻"中国广西界"，当时越南为法国殖民地，所以碑上还附有法文。界碑正面所对的土地是越南领土，背面所对即是我国领土，因岁月的侵蚀，碑已有破损，但更显其沧桑。

游程到此结束，不必再下到谷底原路返回，可以顺着为瀑布特意修的柏油路一直走到大门。在大门附近的观景台，你会发现，这里是观赏德天瀑布全景的最佳去处，云里雾里，你可清晰地看到德天瀑布层层跌落，一如一群翩翩下凡的仙女，在水一方。

🚗 **旅游小贴士**

简介：55号中越国界碑的后面是附近最高的炮台山，山上留有清政府为抗击法国殖民者的侵略而修筑的炮台遗迹。站在山顶，可俯瞰山峦叠翠的中越国土和美丽婉约的归春河。

在55号中越国界碑附近，有当地或越南边民在摆摊卖越南名小吃，其中绿豆膏和木菠萝片最受欢迎。

到达：从南宁市区乘车到大新县车站，换乘到德天的中巴车一小时左右可到。旅游旺季时，南宁琅东车站每天都会发一班车到德天瀑布，朝出夕归。

周边景点：明仕田园

四川牟尼沟扎嘎瀑布

据说很久以前，牟尼沟没有干净的水源，沟里的百姓生活在瘟疫横行、污水毒瘴遍布的环境中，整个山谷十室九空，死殍遍野，满沟一片人间地狱般的惨景。为了给父老乡亲找到干净的水源，有一个叫作扎嘎的青年历尽千辛万苦，最后在天神的指引下用锄头捅破了天，大水从天而降，冲走了原来的污泥浑水，从此人们生活在清泉碧水之中。但是扎嘎因为凿天取水违反了天条，被天将压在了白石山下，但他仍张口吐水，为乡亲的福祉矢志不渝。扎嘎吐出的水顺山而下，形成了现在的扎嘎瀑布。

扎嘎瀑布

去扎嘎瀑布要从松潘县城出发，早八点前司机热巴就来到房间，几乎与 morning call 同时到达。我热情邀请热巴共进早餐却被婉言谢绝，更不好意思地买了几个包子带上，他才把车发动了。

热巴一路上成了讲解员，过一个村寨告诉我一个名字，只是憨厚的热巴不会讲传说而已。从安宏大桥右转算是正式进入了牟尼沟，过了几个路边的小村庄后到了三联镇，热巴这时放慢了车速，在一个路口往里指说那边就是扎嘎瀑布，往前走是二道海。

在景区栈道上就听见了潺潺的流水，随水声的方向看见一条在树木间舞蹈的溪水。水流之下全是金黄、嫩绿的颜色，与其他溪流水下的泥沙、石块形成了鲜明的对比。这里的名字叫作"柳荫湖"，说是湖未免有些牵强，不过是溪流在一个山坳里稍做停留形成的一洼水池，但是水下的颜色非常惹人喜欢。

看了看栈道和水流的方向，发现这次的扎嘎瀑布之旅可以算作寻瀑溯溪，栈道是随着流水的反方向溯水而上的。栈道边有一块景区费了不少心思绘制出的路线图，上面标有详细的景点位置和景点的芳名。柳荫湖之上是"千瀑迎宾"，由无数股小水流形成，落差也就一米左右。

经过"池中莲台""罗汉红柳""林中叠瀑"，都是一些人文刻画得有点做作的名字，审美的疲劳不禁使人有一些兴趣索然。拖着步子走到"溢彩池"时精神才为之一振。溢彩池是个圆形台地，好像一个盛着美酒的彩碗，这只酒碗因为灌注进去的酒太多太急，从碗的四周流出了玉液琼浆。

"九叠环瀑群"是一个钙化溪流台面流水景观，成梯状，有九层，每层的流水跌跌撞撞往下奔流，气势虽不宏大但很有灵秀之美。再往前走又是一段平寂，"玉钵溢瀑""双龙潭"景色一般。过了双龙潭就是景区的出口栈道，因为景色不尽如人意，听见已经有游客商量着就此作罢从这里出去了，心中也有些动摇。转念一想绝景在深山，来这里是为看扎嘎瀑布的，没到跟前就半途而废有点可惜，况且隆隆的水声已经隐约可闻。

加快脚步往前急走，在林间的空隙已经看得见气势汹汹的激流了。再往前走，路过一个叫"玉液飞瀑"的小景点也没停下，像扑向宝藏一样到了近前。好壮观奇特的瀑布啊！幸亏刚才没有放弃，只见一块块像丝被一样隆起的钙华映衬着珍珠挂帘般的瀑布流水跌跌宕宕从天而降，这座中国第一大的钙化瀑布果然不俗。奇怪的是瀑下的潭水只是微有波澜，一副泰然自若的样子。顺瀑旁的栈道上去，走得有点气喘吁吁，每走一步侧身看一眼扎嘎瀑布，就有一块隆起的钙化岩块独立地摆在眼前成为一道景观。在上到十几米的地方，水幕之后若隐若现有一方洞口，可能这就是线路导游牌上描述的"水帘洞"。按照水帘洞的描述说扎嘎瀑布分为三阶，第一阶的中间就是水帘洞，仔细观瞧，发现这里正好是第一阶的中间部位。再往上走过"第二阶""第三阶"，直上到瀑布的顶端，这时俯视整个瀑布又是另一番风光，特别是在两边水流不太急而且有土的慢坡上，不知什么植物如绿毯一般覆盖地表，像是细细嫩嫩的苔藓。

从另一边的栈道下到瀑布下面，踏上往外走的路，还有点舍不得，频频回头。走上岔路后发现原来此处还有两个景点，一个叫"佛扇瀑"，一个叫"益寿泉"。"佛扇瀑"需要冬季整个瀑布冻上以后才能看出佛扇之妙。不过"益寿泉"倒有些意思，路过时发现很多人在那里排队打水，一打听说是沟里头的居民，专门到这里打水喝，说这泉水是第二号的泉水。第二号的泉水？那第一号的是不是翡翠矿泉啊？在来之前就听说了翡翠矿泉的威名，这眼位列全国十大泉水的名泉就在牟尼沟里，但在扎嘎瀑布找寻了一圈也没见它的影子。这第二号的泉水又勾起了我对它的兴趣。

回到停车场后，热巴发动汽车，我还没有发话，他先说到了我心里，既然来了这里翡翠泉是一定要去的，他还想请我帮忙打一瓶回去给人治胃病呢。我连忙发问是信仰这里的泉水能治病，还是真的和药一样？他笑而不答。

来到翡翠泉，却没见到多少人接水。正奇怪时，看见两拨喇嘛打扮的人提着大水桶过来了，搭上话一问原来一拨是沟里肖包寺的僧人，另一拨是后寺的。交谈中才知道这眼泉水以前有很严格的规定，只有两寺的喇嘛才知道也才能享用此泉水，而且是为治病使用。现在虽然没有这样的等级制度了，但是人们因为尊重高僧们也不常来这里打水。听到这儿我赶紧喝上几口，洗了几把脸，洗着洗着心里觉得有点不妥，抬起头来看这些喇嘛，他们笑呵呵地看着我。我连忙说对不起，这些喇嘛说："你是客人嘛，用这水是应该的。有瓶没有？再带点回去，家里的老人喝了这水不生病"。我拿着自己的水壶打了一壶，这时听见几个喇嘛口中都在颂着经，心里突然一热。这肯定是好心的喇嘛们为我这壶水颂着吉祥的经文，请佛爷保佑喝这壶水的人健康。

　　感激地帮着几位喇嘛师傅忙活了一阵后，怀揣佛祖的庇佑，虔诚地为喇嘛师傅们祝福着走上了平安顺利的归路。

旅游小贴士

　　简介：包车一日即可游览完整个景区，含一顿午餐费用，可以在牟尼沟内的牟尼乡或其他农家乐内用餐，一般为点菜，价格不低，但可以要求打折。如果参加马帮，可选择三天的行程，所有食宿均不用自理，马帮的马锅头会为游人服务。

　　扎嘎瀑布的游览顺序是"柳荫湖""千瀑迎宾""池中莲台""罗汉红柳""林中叠瀑""溢彩池""九叠环瀑群""玉钵溢瀑""双龙潭""玉液飞瀑""扎嘎瀑布""溅玉台""水帘洞""佛扇瀑""益寿泉"。

　　扎嘎瀑布的出口栈道在面向瀑布的左侧，环游瀑布选择右上左下可以节省不少路程，也避免从双龙潭到瀑布的一段走回头路。

　　翡翠泉在扎嘎瀑布入口北约五公里处，如果没有汽车请不要步行前往，来回二十里的高海拔地区山路不是每一个人都能走下来的。

　　牟尼沟内还有石林、野鸭湖、月亮湖等景点，如要前往只能步行。二道海景区有栈道直通这些地方，但路程比较遥远且很少有人抵达。

　　到达：可先到松潘县城，再包车或者参加马帮旅行到达扎嘎瀑布景区。

　　周边景点：二道海

第十九章　海滨海岸游

三亚亚龙湾

　　那只在希望与失望、再希望再失望中成长起来的名叫麦兜的小猪，儿时最大的愿望便是能让老妈麦太太带他去有椰风海影、有水清沙白的马尔代夫看看。那里是一个漂流在印度洋上很夏威夷的小岛屿，那里水清云碧，那里有柔软缠绵的沙滩，那里有棕榈和椰树摇曳着热带的舞裙，那里远离大陆被蔚蓝所包围。而接近赤道的一切马尔代夫的风景，在中国的最南端三亚的亚龙湾也能找到与之相似的风情，这里是中国北纬 19 度，是被誉为人间仙境的"天下第一湾"。

　　多少次，期待着那海与天的湛蓝，多少次，为那绽放碧海的朵朵浪花涌起莫名的感动，多少次，想要和他去那碧蓝色的长长海岸线编织浪漫。心神荡漾间，飞机掠过了琼州海峡，第一眼望见那个碧海中静卧的绿岛，就已爱上了她。

　　向往亚龙湾，向往那片缔造梦幻的蔚蓝大海。在北纬 19 度的那片翠蓝里，去倾听每一朵浪花的歌唱吧，去收藏每一滴海蓝色的泪珠吧，去呼吸每一缕海风的清朗吧，去轻触每一片海沙的温柔吧。

　　清晨迫不及待跳入海中游个畅快，午后躲进树影里做一个花气熏人的 SPA，黄昏上演一天最美的海鲜与水果的缤纷盛宴。在这里，眸子自然会被海沁润得明亮、澄澈。你看，海上的拖伞在蓝天下展开飞翔的翼，摩托艇划出的水浪勾勒出海另一侧岛的痕迹，渐烫的白色沙滩留下了姑娘舞蹈后的脚印，阳伞下的躺椅有人在轻声慢语，有人在听涛望海发呆，有人在暴晒自己油光发亮的肌肤，还有定格在胶片里的老夫妇的笑容也被凝固在了海边。

三亚亚龙湾

　　除此之外，亚龙湾中心广场的贝壳馆和蝴蝶谷也值得一游。广场中央有引人注目的大型图腾雕塑群，它在质朴独特中体现了华夏民族对原始与自然的崇拜，广场外围五组造型优美的白色帐篷以及盛大的彩色喷泉，也给亚龙湾的夜晚增添了一道迷人的风景线。而神奇的贝壳馆中，更有颜色艳丽的树状珊瑚，神秘的翠色九孔螺，洁白的天使之翼海鸥蛤，色彩斑斓的澳洲海扇蛤、著名的活化石红翁戎螺和鹦鹉螺以及来自四大洋的数千种珍奇贝类，都在等待着你的来访与发现。

　　在贝壳馆另一侧的蝴蝶谷内，展示了中国及世界各地的名贵蝴蝶与昆虫标本500多种，还有模拟的蝴蝶生态园、蝴蝶繁殖园以及蝶类文化商品的购物中心，在这里可以看到生活在新疆天山等高寒地区如水晶般剔透的绢蝶；也可以看到生活在海南岛被誉为"蝶王"的金斑喙凤蝶。这些风中起舞的精灵，一起来亚龙湾认识最美的翻翻斑斓吧。

 旅游小贴士

简介：无论你是否住在亚龙湾的某个酒店，只要从酒店大堂穿行而过，就到了一片蔚蓝色的水清沙白的世界了。亚龙湾沙滩上的躺椅多是酒店的私有财产，如果你不是本酒店的客人，很可能刚躺下就会有保安劝你起来。

亚龙湾的海滩坡度较大，这里随时会有戴红帽子、晒得黝黑健硕的海上救生员在岸边巡视待命。

如果觉得在亚龙湾的酒店内吃饭很不划算，建议可以去市内的春园、明润、168海鲜排档以及第一市场吃些物美价廉的三亚本地美食。

到达：从三亚市区乘公交车或新国线双层巴士均可到达。

周边景点：蜈支洲岛、大东海、三亚湾

北海银滩

天蓝蓝，海蓝蓝，海浪在翻滚出的白色五线谱上尽抒情怀，海风在吹着美妙的乐章轻轻和唱。早起的我一如那些玩过家家的小屁孩般提着一个小红桶，赤足踩入干爽松软、细腻洁净的沙滩，再穿过湿润的居住着成千上万小螃蟹的沙地，来到海边，寻找退潮时留在沙地上的美丽小贝壳。

北海银滩这条长长的海岸线，是我最喜欢去的地方。曾经在还太年轻的时候，不懂得如何拒绝不属于自己的感情，以至于伤害了别人，自己也变得低落。那些日子画出来的画都是灰色的调子。最终忍无可忍地买了火车票逃避到北海。这是我第一次看到大海，依然记得第一次看到海的那份震撼，整个人就被定在银滩上，被那份与天俱来的浩大所折服，整个人就待在原地不能动弹，心甘情愿地接受那蓝色的洗礼。而我的一个怀着大海梦的女伴，则惊叫一声，奔向大海的怀抱，任凭海水打湿她的衣衫。眼前的整个世界水天一色，那一抹大气、饱和、晶莹的蓝是调色板上无论如何都不能调出来的色彩。那份美丽，那份壮观，那份生已俱来的浩瀚让心灵豁然开朗，原来，退一步，真的就是海阔天空。从此就爱上了银滩，每一次，心有不畅或是忙碌之后，我都会来到这里。

有时可以很惬意，一整天泡在浪花里，任凭一浪一浪地把自己冲到岸边，之后又重新回去，周而复始。

北海银滩

有时可以很小资，就住在银滩西边侨港的宾馆，离海滩仅有几步之遥。懒懒地躺在床上看海上朝霞日落，然后在海边的海鲜档吃一顿地道的海鱼鲜虾猛蟹。

有时候可以很浪漫，在海边林中的沙地里支一顶帐篷，让快乐的日子从指缝间如沙般滑落定格成一种幸福。

不知何故，这片美丽的海从没有鲨鱼的骚扰，却是海豚很留恋这片海滩，近日，一只小海豚还因为贪玩而滞留在沙滩上，大家费了九牛二虎之力才把它抬回海里。

离开阳光、沙滩、海水打造的银滩，走在北海古老的骑楼老街，空气中迎面而来的依旧是海的气息，清新、温润、沁人心脾，风中隐隐有海的呐喊和呢喃。

这片南方的海域，冬无严寒，夏无酷暑，长长的四季大多数时间里都可以下海游泳，也因此吸引了很多游人。平整的海滩、洁净的海水、细腻的白沙、柔柔的海浪扬名在外，被誉为"天下第一滩"。

🚗 旅游小贴士

简介：银滩通常是指中部一段海岸，去的人很多，特别是节假日。如果不想去凑这份热闹，可去银滩西部的侨港，那一片海域风平浪静，海边的松林里有经营烧烤的，味道绝对一流。

银滩海滨全年平均水温二十几度，四季都可以度假休闲。

到达：从北海市北部湾广场坐公交车可直达。

周边景点：涠洲岛

大鹏半岛

大鹏半岛东临大亚湾，与惠州接壤，西抱大鹏湾，遥望香港新界，拥有独特的山海风光、旅游资源、丰富的人文资源、明显的区位优势和巨大的发展潜力。由于生态资源得到严格保护，大鹏岛成为深圳市目前面积最大、保存最为完好的生态乐土。

大鹏半岛属山地性半岛，植被为旱中生性亚热带（意为土壤旱瘠而石砾多）草坡、季风常绿阔叶林和马尾松林。土壤为赤红壤。海岸曲折，滩涂面积少。矿产有钨、钼、大理石等。沿海水产资源丰富，有鲍鱼、石斑、海胆、紫草、花蟹等。这里名胜古迹有大鹏守御千户所城（深圳景点，明朝时期），王母观音庙、王母妆台及风吹罗带等。还被称为深圳的"桃花源"，是国际知名的海滨旅游胜地。

2004 年 8 月，深圳市单独设立滨海规划分局，经过几年的准备，大鹏半岛旅游项目正式启动。

大鹏半岛的海岸线长 133.22 公里，森林覆盖率 76%，被称为"桃花源"就是因为它拥有良好的自然环境。主要景观有西涌和西冲这两个美丽安静的地方，以及文物城——大鹏所城和地质公园——七娘山。

西涌位于大鹏半岛南澳南，这里有深圳最长的海滩，金色沙滩如绸缎般飘逸、舒畅。山、海、湖、岬角风光旖旎，青山绿水、海天一色，最美的景色就在西涌最幽静的浪琴湾。随着盐坝高速公路和坪西快速路的建成通车，这里的交通得到极大的改善，很多深圳市民常常驾车到此过浪漫而惬意的周末。

大鹏半岛

在大鹏半岛核心处的鹏城村，还坐落着深圳唯一国家级的文物保护单位——大鹏所城，全名即大鹏守御千户所城。"鹏城"的由来即来源于这座始建于 1394 年的卫所。大鹏半岛并非没有现代时髦的场所，浪骑游艇会就是其中之一。这个位于桔钓沙海畔，背靠深圳第二高峰七娘山的游艇俱乐部，是国内首家已建成的大型游艇会，并被誉为国内游艇会项目的建设样板。

说到大鹏半岛，不能不提七娘山，它是华南沿海地区"燕山运动"留下的一个典型的火山岩喷发地。地质专家认为，该区域可以建成为具有典型地质意义和景观意义的国家地质公园。七娘山下有一颗美丽的"珍珠"——东山珍珠岛，它独一无二的优势就是其珍珠养殖开发的附属功能，因此是个休闲的好地方。

西冲位于深圳市大鹏半岛的最南端，是深圳东部的重要旅游基地。海岸线上风景壮丽，沿途有众多的亚热带植物，是中国最美丽的八大海岸线之一。它拥有深圳市面积最大的优质沙滩，腹地宽阔，沙滩长近5公里。海水清澈，沙质洁净，海岸边土地开阔平坦，近在咫尺的蚊帐山林密叶茂，为深圳市重点综合旅游景区，各项设施完善，是个度假的好地方。

大鹏半岛有着悠久的历史文化和众多的文物古迹。考古证明，早在新石器时代中、晚期，先民们便已在这块土地上生息、繁衍。春秋战国时期，这里先后是越国、楚国的属地。大鹏所城设于明朝，是防倭、防盗的军事重镇。在清朝鸦片战争期间，大鹏所城官兵在协查禁鸦片，抗击英军过程中起了重大作用。

此外，据《深圳市文物志》记载，大鹏半岛有文物古迹67处之多，著名的有大鹏所城、大坑烟墩、龙岩古寺、东山寺、明清将军墓园、水贝古寨等。作为经济开发区的深圳市，大鹏所城是仅有的历史文化地区，因此常常有游人到此参观，只为了瞻仰古迹，感受历史留下的气息。

🚗 旅游小贴士

怎么去：先乘飞机到达广州，从汽车客运站坐班车去澳头，或经惠州中转至澳头。然后在码头包快艇前往。

观光：大鹏半岛国家地质公园园区的景观以古火山和海岸地貌为主，具山、海、林、天立体景观组合。大鹏山，由七座形态各异的山峰组成，其中最高的七娘山，主峰海拔为867.4米，是古火山遗迹、海岸地貌。

美食：这里汇集了天南地北的珍馐百味，光明乳鸽、椰子炖鸡汤、红泥煨鸡、毛氏红烧肉、泰国濑尿虾、公明烧鹅、龙岗三黄鸡等。

购物：这里水产资源丰富，有南澳鲍鱼、石斑、海胆、紫草、花蟹、沙井鲜蚝、西乡基围虾、福永乌头鱼，还有各种水果如石岩沙梨、坪山金龟橘、西丽芒果和南山荔枝。

崇武半岛

崇武半岛向东伸入大港与泉州湾间，北有青屿，南有羊屿，东临台湾海峡，西以后洋、东坑一线与山霞相连。在岬角和基岩岸段，有海蚀洞、海蚀阶地，海蚀崖等；滨岸有沙丘、沙垄等风沙地貌。

崇武半岛三面临海，西连陆地，地势起自大雾山脉，蜿蜒起伏，十分壮观。它夹在湄州湾与泉州湾之间，往北与莆田的南日、湄州互为犄角；往南与晋江的永宁、祥芝互为犄角；东临台湾海峡。近处海域遍布岛屿与礁石，地形复杂，易守难攻，是个战略位置十分显著的国防要塞，历来为兵家必争之地。

半岛上的崇武古城毗邻台湾海峡，这里曾多次发生战役。清顺治八年郑成功驻此抗清，留下了"马蹄石"，1998 年被国家列为重点文物保护单位。

崇武半岛不仅有美丽的岛屿和海岸，更有充满历史气息的崇武古城，以及独具特色的岩雕艺术。这里的自然风光和人文历史相结合，让游人总是感到惊喜不断。

中国现存最完整的花岗岩滨海石城——崇武古城位于惠安崇武半岛上，是我国古代东南海疆的一座抗倭名城。

崇武半岛在中国古代的海防史上占有重要地位，现为全国重点文物保护单位。它的古城门、古城墙、古民居、古文化，无一不吸引着游人的目光。崇武古城还以"石雕之乡"而驰名，几百年来这里的石雕艺术走遍了大江南北，也把美传遍了中国。

在半岛的海岸线上，分布着 12 个月牙形金沙海滩，各种形态的岩石礁屿让人惊叹。在傍晚的落日余晖中，站在沙滩上，向远处遥望，能让你的心平静而安逸。

金沙碧水的"半月沉湾"和"西沙银蛇"天然海滨浴场十分著名，而海岩边惟妙惟肖的"神龟戏水"，多彩绚丽的海螺、贝壳，孤岩兀立的"峰后险石"，以及那"白鹤升天""狮石照晚""玉碧传音"，更使人如临仙境。

崇武半岛

这里的岩雕大多数是浙江大学洪世清（1929～2008）教授的作品，洪教授用三分之一取材原始礁岩的形态，三分之一以艺术和人工雕琢，留三分之一让时间和大自然去风化，让作品更独具特色。其中最具代表性的是全国最大的大型岩雕作品——大地艺术，是崇武旅游风景区最具特色、文化品位极高的景点。它融入天之灵气，天地之精华，饮誉海内外。另外位于南门外海门石亭下的大石龟，雄威凛然，气势磅礴，是全国最大的石龟岩雕。

崇武岩雕艺术作品与古城、大海、沙滩、岩礁汇成一种交融和谐之美，令人神思遐想，感叹盘桓。古城下，沧海边，这朵艺术奇葩以其独特的魅力吸引着八方来客。

　　闻名中外的惠安女就在这里。她们黄斗笠、花头巾、银腰带、短上衣、宽裤筒，配之那精巧艳丽的头饰，可与蓝天白云相映衬，随大海波涛而起舞。惠安女不仅有美丽的外表，更以勤劳贤惠而著称。她们开公路、修水利、洗衣服、补渔网、敬公婆、教子女，里里外外一把手，可称得上全能媳妇。

　　惠安女的服饰及日常生活习惯独具特色，与众不同。在这里，粗活、重活全由惠安女承担，而她们的丈夫却在看店带孩子。你一定会觉得很不可思议，然而这就是那里的风俗。不但如此，其"不落夫家"的婚嫁习俗也很特别，惠安女在结婚后也不入住夫家，而是仍然住在娘家，直到生了孩子，才跟丈夫搬到一起。

　　惠安女的独特风情，不仅吸引了众多游人，更给古城风光增添了几分魅力。

🛵 旅游小贴士

　　怎么去：游客可先坐飞机到福州，再乘车到泉州，然后乘坐直达崇武的班车。也可乘飞机到厦门高崎国际机场或晋江机场，再到松柏长途汽车站，乘坐到崇武的班车。

　　观光：著名景观有古城门、古城墙、古民居、古迹群、惠女民俗、惠安石雕、崇武海岸等。

　　美食：崇武鱼卷是当地名菜，鱼卷是由马鲛鱼肉打成泥，配以地瓜粉、鸡蛋清、猪肉泥等原料，制成长条状。口感劲道，弹牙。活梭子蟹，肉多味美，营养丰富，属于宴客佳肴。还有碗糕、嫩饼菜、芋果、橘红糕、咸粽、元宵丸、花生仁汤等食品，做法上别具一格，令人垂涎。

　　购物：惠安石雕、德化瓷器、清源茶饼、木偶头、料丝花灯、安溪乌龙茶等都是当地的特色产品，其中以木偶最为出名，游客不妨买几个回家以作纪念。

维多利亚港

  维多利亚港港阔水深，自然条件得天独厚，其水域总面积达 59 平方公里，可以停泊远洋巨轮。海港的西北部有世界最大的集装箱运输中心之一的葵涌货柜码头。每天日出日落，繁忙的渡海小轮穿梭于南北两岸之间，渔船、邮轮、观光船、万吨巨轮和它们鸣放的汽笛声，交织出一幅美妙的海上繁华景致。

  维多利亚港是中国第一大、世界第三大海港，仅次于美国旧金山和巴西里约热内卢的港口。维多利亚港的名字，来自英国的维多利亚女王。

维多利亚港

  维多利亚港的皇后码头曾一度是东方国度的大门，1952 年兴建以来，皇后码头一直是政府官员和皇室政要的专用码头。1975 年，英国女王伊丽莎白二世首次访问香港，1997 年香港回归，查尔斯王子也是从该码头离去。2007 年，A380 在全球首航特地选择在维多利亚港上空进行来回低空飞行表演。

维多利亚港不仅仅是一个港口，现在更是香港的政治中心，每年的新年都会有上万人在这里进行新年倒数。来到维多利亚港，海底隧道、葵涌货柜码头是绝对不可不看的地方，当然最不能错过的就是维多利亚港的夜景，来过这里的人都为之沉醉。

香港海底隧道又名红磡海底隧道，简称红隧或旧隧，是香港第一条海底行车隧道，目前是世界上最繁忙的 4 线行车隧道之一，也是香港最繁忙、使用率最高的道路。

海底隧道南端出入口位于奇力岛，北端出入口位于红磡以西。它早在通车 10 年后行车流量已经饱和，每天上、下午繁忙时间经常出现堵塞情况。而在周末及假日前夕，有时到凌晨 12 时左右仍可见车龙。

葵涌货柜码头位于香港葵青区醉酒湾，是香港最主要的货柜物流处理中心，目前是全世界吞吐量第二大的货柜港口，仅次于新加坡，堪称香港乃至全球最繁忙的货柜港口。葵涌货柜码头占地庞大，可停泊最大型的货柜船。葵涌货柜码头处理的货物来自香港及珠江三角洲一带，对整个中国华南地区的对外贸易极为重要。在这里你会真正感受到"千帆万舟聚良港"的壮观景象，也更能感受到香港回归后的繁荣与发展。

维多利亚港的海岸线很长，南北两岸的景点多不胜数。岸边有鳞次栉比的高楼大厦，有充满时尚气息的香港新地标——香港会议展览中心，也有怀旧的天星小轮码头；九龙则有香港艺术馆和香港太空馆。维多利亚港日间蓝天白云碧水，到了夜晚便更加灯火璀璨，缔造东方之珠的壮丽夜景。

每当夜幕降临，维多利亚港一片灯火辉煌，各色炫丽的灯光照到海面上，又被一波波的海浪荡漾成美丽的波纹。海面上的，岸上的灯光相互辉映，形成一道美丽的风景线。如果乘着油轮在微风习习的海面上前行，不仅能呼吸到海风吹来的清新气息，更能看到整个维多利亚港的美景，真是大饱眼福。

皇后码头是香港一个可供小型船艇泊岸的公众码头，毗邻香港大会堂，面对维多利亚港。在殖民地时代，它是香港政府官员及英国皇室成员使用的码头。1975 年英女王伊丽莎白二世首次访问香港、1989 年戴安娜王妃访问香港时都是在皇后码头上岸。皇后码头也是历届香港总督的就任、离任的必经场所。查尔斯王子和前总督彭定康在 1997 年 7 月 1 日清晨参加了香港主权回归仪式之后，也是通过该码头离开香港。它还是很多香港电影和电视剧中常用的背景，不论是男女主角英雄救美、偶遇、相识、谈心、定情、分手、三角恋摊牌等，都在此地发生，十分有趣。

由于城市规划建设的需要，皇后码头现已拆除。

 旅游小贴士

怎么去：先乘飞机到达深圳，从深圳过关，再搭乘港铁到红磡，再转到尖东，出站就是维多利亚港。

观光：搭乘天星小轮是游览维多利亚港首选的方式，可以欣赏沿途美景。在星光大道，可以看到地面装嵌着 101 名电影名人的牌匾，30 多块名人的手印。到太平山顶，可以远眺维多利亚港及九龙半岛的景观。

美食：香港是有名的美食天堂，世界各地的美味佳肴在此汇集。法国菜、日菜、韩菜、泰菜、意大利菜、地中海菜、尼泊尔菜、北越菜、西班牙菜、阿根廷菜应有尽有。著名的港式小吃有云吞面、牛丸、清汤腩、牛杂等。您可以在"大排档"品尝一些当地极具特色的咕噜肉、椒盐濑尿虾等。

购物：香港素来被称为"购物天堂"，有许多大型商场，商品种类齐全，价格便宜。如中环的置地广场、国际金融中心商场；尖沙咀的半岛酒店商场、海港城、新世界中心；铜锣湾的时代广场、崇光百货；金钟的太古广场；沙田的新城市广场等。但中环一带的商场大多比较高级，商品高档次，高价格，许多明星都会在那里购物；而铜锣湾、尖沙咀等地，是大众化的购物场所；油麻地、旺角一带，物品档次不高，商品价格较低廉。游客到香港购物，一定会满载而归。

成山头

　　成山头自古就被誉为"太阳启升的地方"，春秋时称"朝舞"，是中国最早看见海上日出的地方，被誉为"亚细亚——太阳启升的地方"，又称"中国的好望角"。这里群峰苍翠连绵，大海浩瀚碧蓝，峭壁巍然，巨浪飞雪，气势恢宏，是理想的避暑胜地。

　　古时成山头被认为是日神所居之地。据《史记》有载：姜太公曾在此拜日神迎日出，修日主祠；秦始皇也曾两次驾临此地，拜祭日主，求寻长生不老之药；汉武帝刘彻东巡海上，拜成山日主祠，观日出，建成山观，还做了赤雁歌。

成山头

　　成山头自古就是兵家必争地，三国、隋唐、明清，均有兵事发生。震惊中外的甲午战争最后一战黄海海战，也发生在这附近的海域。新中国成立后，多位党和国家领导人以及国内外著名作家、艺术家都先后到此观光。胡耀邦同志还亲手题写了"天尽头""心潮澎湃"七个字。

成山头不仅风景优美，而且具有浓厚的历史文化底蕴，它是中国最东部的山头，自古以来就是兵家必争之地，所以这里留下了许多古迹：有始皇庙、秦代立石、天尽头等，更有沿海而建的西霞口野生动物园和海洋博物馆，值得游客前去探访。

这里有座始皇庙，史书又称秦皇宫、始皇宫、秦皇殿，坐落于成山三山南峰阳坡。据记载：当年始皇东巡东山时，在此修筑秦皇行宫，后当地居民为纪念始皇临此，不断扩修成为始皇殿。直到明代正德年间，其规模达到顶峰，有正殿三幢，配殿房屋不计其数，但是此庙后被烧毁。现在的庙内存有始皇塑像、双银杏树、御赐邓世昌碑、海神娘娘庙等，可供游人观看。

秦代立石是秦始皇东巡到成山头，命丞相李斯写下"天尽头秦东门"，并立碑于成山头山顶峰而得名。因年代久远，石碑断成两截，上半截有字部分落入大海，现存山顶的底座高 120 厘米，宽 145 厘米，厚 75 厘米。游客若是前去，依旧可以感受到秦始皇当年统一六国所留下的风采。

成山头被秦始皇称为"天之尽头"。而到了 1984 年，胡耀邦同志视察成山头时，见眼前海天一片，大海浩瀚，峭壁巍然，巨浪飞雪，气势恢宏壮观，感仿秦汉古韵，不禁有感而发，挥笔手书"心潮澎湃""天尽头"七个字。"天尽头"三字就立碑于此，碑高 180 厘米，碑宽 85 厘米，碑厚 35 厘米，让人不禁抚今追昔。

三面环海，一面接陆，形成天然围墙。西霞口公园靠海，因此院内不仅植被丰富，景色宜人，更放养了老虎、狮子、猴子、矮马、梅花鹿、野猪等 30 多种近 500 只动物。因此也吸引了不少游客前来观看。

秦桥遗迹传说是秦始皇求寻长生不老药时所留下的一处遗迹。相传秦始皇东巡来到成山头，要在此修建一座大桥到东边观日出和寻找仙药。

他派人日夜运石填海造桥，感动了东海龙王，龙王命海神帮助造桥。海神一夜之间造桥四十余里。始皇感邀不尽，要面谢海神。海神说："我长得太丑，只要不画我的像，愿与帝王见面。"谁知始皇不守信用，让画师藏于工匠之中，把海神画了下来。海神察觉后，十分生气，斥责始皇违约，立即毁桥而去，只留下四个桥墩。

在历史资料中也曾载有秦始皇在成山造桥之事。但不管是历史或是传说，这都给成山头增添了一抹神秘的色彩。

🚗 **旅游小贴士**

怎么去：先乘飞机到达威海机场，再乘汽车或出租车前往景区，路程约为75公里。

观光：主要景点有始皇庙、秦代立石、天尽头碑、秦桥遗迹和射鲛台等。

美食：当地盛产海鲜，有锅煽海蛎子、炸海蟹、红烧大虾等各种美味，还有媳妇饼、猪耳朵面之类的面食。参加渔家游的游客一定要品尝一下七珍煮羹、渔家饭等风味美食。

购物：当地有许多名优土特产，如海参、威海对虾、鲍鱼、贝类、威海苹果、荣成黄桃、乳山阳梨、钓鱼竿、锡镶、毛绒玩具、山花地毯、威海大花生等。

蓬莱海滨

相传汉武帝多次驾临山东半岛，登上突入渤海的丹崖山，寻求"蓬莱仙境"，于是后人便把这海边的丹崖山唤作蓬莱，到了近代，又于丹崖山下建了防备倭寇的水城，戚继光将军曾在这里训练水军，指挥沿海的抗倭斗争，逐年发展扩大也就成了如今的蓬莱。

建于蓬莱海边丹崖山上的蓬莱阁号称中国四大名楼，从景区入口拾级而上，经过一路名人石刻，到达山顶阁楼处，景致确实壮丽，就如清末刘鹗在《老残游记》中的描写："这阁造得画栋飞云，珠帘掩雨，十分壮丽。西面看城中人户，烟雨万家；东面看海上波涛，峥嵘千里。"不过在我看来，此阁还是更宜远观，薄雾弥漫之时，海鸥泛影，波光粼粼，茫茫大海中若隐若现一阁，还有绿树掩映，遇此美景真乃夫复何求呀。在阁楼一隅，找一僻静处东望，就是当年戚家军抗倭的水域，硝烟早已散去，但千古传颂的民族气概似乎还在空气中弥漫，两艘古代战船也停于水城内接待游人航行，国强则民强，国盛则民安，缅怀先人的同时也庆幸自己活在这么一个太平昌盛的年代。

蓬莱海滨

从山崖下来，见有一戏台可以观看海市蜃楼的录像，于是买票进去，那种好奇就和当年始皇探寻仙境一样迫切。看了一段山东电视台记者碰巧拍到的纪录片，一边感慨拍摄者的好运，一边感慨这海市蜃楼的神奇，大气产生层差时，各种奇异景象时分时合，缥缈虚幻，变化莫测，乍现乍隐，恍如仙境，不过要想亲历如此神奇，就如行走途中的一次次美景和感动，都是可遇而不可求的。

蓬莱阁东边的八仙渡海口虽说人工痕迹很重，不过追寻着美丽的传说是一定要来看看的，相传当年八仙在蓬莱阁醉酒后相约去仙境一游，于是在此凭借各自的宝器，凌波踏浪、漂洋渡海而去，留下"八仙过海、各显其能"的传说，所以到蓬莱是一定要喝酒的，如果你想成仙的话。在这喝酒不用担心喝不到位，山东人的好客精神和劝酒本事准能把你喝得云里来雾里去的。

蓬莱的海水浴场知名度并不高，每年夏季来胶东避暑的人大都会涌向青岛、威海和烟台，大概也是因为这知名度欠些，游泳的人也少，据说这儿的水质指数仅列三亚之后位居全国第二，加上地处黄渤海分界，沙滩因为不同水质海水的冲刷更加平缓细腻，风平浪静的时候居多，很适合在这体验大海的温情，特别是傍晚游人稀少时，和爱人一起在沙滩漫步，偶尔下海冲个凉，更是惬意。

当离开蓬莱时，竟有些不舍，蓬莱古阁的飞檐时隐时现，长岛渔船的汽笛声鸣，还有那对海市蜃楼的期待，而即将告别假日无拘无束的短暂，重新面对都市的喧嚣时，真的希望时钟能停止，把酒言欢、对海临风、亦痴亦醉，如此神仙一般的生活，我等凡人何尝不想一直继续下去呢。

🏍 **旅游小贴士**

简介：蓬莱阁景点人很多，可以在下午或者清晨上去，或许能找到些清幽脱俗的感觉。

如果想去热闹的地方玩海，那就要渡海去那隔海相望的长山岛了，一个昔日的渔村孤岛，如今遍布了酒店和渔家乐，环山拥水的独特美景正是吸引大家的地方。

蓬莱阁景区和长岛林海公园都有黄渤海分界线可看，长岛的因为海面宽广看得更有气势些，S状更明显。

到达：可坐火车或者飞机到达烟台，烟台到蓬莱的班车很多，十几分钟一趟。

周边景点：长岛

厦门海滨

如果乘飞机来厦门，不管哪一个季节，从空中俯瞰，蓝天碧海中郁郁葱葱的厦门岛，万绿丛中点缀着星星点点红屋顶，第一眼就会喜欢上这座"海上花园"。40多公里绵延曲折的海岸线，滨海的环岛路边一个接一个的海滨浴场，就算冬天也让人按捺不住要去水里游一番。

厦门的环岛路被称为中国最美丽的环岛公路，碧蓝的大海边上蜿蜒着一条绿树成荫的公路，其实没有什么特别的景点，但在这样的公路上骑车或徒步就是一种享

厦门海滨

受，迎着蓝天碧海总让人有想放声歌唱的冲动。清晨或黄昏，日出或日落，看着巨大的火球在微波粼粼的海面上缓缓升起或坠下。慵懒的午后，带着游泳衣到椰风寨或亚洲海湾酒店的海滨浴场畅游一番，累了就躺在沙滩上晒晒太阳，吃几串烧烤，

看大大小小的轮船在海面上行驶。还有玩舢板的、驾帆船的、放水上风筝的，热闹却不嘈杂，有海涛声声在耳畔，一不留神就打了个盹。黄厝海边"一国两制，统一中国"的红色大标语是要去看看的，如果能见度好，海面上大担岛上"三民主义，统一中国"的标语肉眼就能看到。

在鼓浪屿上，除了环岛旅游电瓶车外没有其他机动车辆，有着"结庐在人境，而无车马喧"的安宁。徒步环岛路，一阵接一阵的潮湿鲜活的暖风，一个接一个的海滨浴场，一幢接一幢的老别墅老房子，让人目光迷离充满幻想，恨不得立刻搬到这岛上来成为居民。其实环岛路的好处还在于，走过鼓声洞，可以看到在涨潮时因波涛撞击会发出如鼓浪声的"鼓浪石"，庭院式的旅游度假村鼓浪别墅，还有华侨亚热带植物引种园，在这些通常游人较少到达的地方感受别样的小岛。

徜徉于那些安静古朴的街巷，在年代久远的老别墅里重温昔日的繁华，参观钢琴博物馆和风琴博物馆，登上日光岩一览整个厦门岛的美丽，尝一碗皮脆馅鲜的鱼丸汤，吃两个香甜可口的叶氏麻糍，这样的日子让人想起来都醉。常常跟自己说，等哪天中了头彩，就上这岛买幢老屋，开间小店，聊度余生。这样的想法终究只是梦，我只能一次又一次走上这小小的岛屿。

傍晚的时候从轮渡出发，夕阳洒在海面上泛起星星点点的光芒，如同绸缎的细碎光泽，小木船上的渔民悠闲地划动手中的木桨，阳光勾勒出曲线优美的身体，带着海水味道的凉风掠过脸庞，轻轻拂动头发，不由自主地沉醉其中。我们去拜访一个家庭旅馆，两个外国游客在小岛上布置的中西合璧的一幢别墅。几分钟的渡船很快过去，熙熙攘攘的龙头路是鼓浪屿上最热闹的街市，也最能体味小岛上市民的日常生活。走过卖鱼丸的小吃店，走过卖肉松的老字号，走过赶海回来的渔民的挑子，走上泉州路的时候，四周逐渐归于安静。拐个弯走到安海路，三一堂的尖屋顶赫然眼前。从笔山洞边上的斜坡往上走，不过十来米，路的右边一栋高大的建筑，门牌上大大的笔山路1—5号的字样，顺着楼前的窄小巷子右转，继续向上。很安静，听得见路边树叶落地的声音，自己因为上坡的气喘吁吁的声音。两个人安静地走，没有说话，路边的围墙越来越高大，路势不断上升，一栋一栋老别墅风格迥异。林文庆别墅、亦足山庄、夜百合宾馆、观彩楼、春草堂，这些老房子在那个夏目黄昏的暮色中迎面而来，让我喜欢得措手不及。

鼓浪屿与厦门岛相隔不过几分钟轮渡，夜晚过去也极其方便。那夜我们在中山公园附近，突然生了要上岛的念头。坐车，过渡，上岸，不过半小时，双脚便踏在那岛上。深夜的渡船很安静，我们在二楼船尾的椅子上看夜色里的厦门，一点点远离，海风吹打得人浑身惬意。看那些星星点点的灯，明亮闪烁，自己却在暗地里凝视，都是轻松。这样两个岛，一大一小，隔了几分钟的海水，深夜从一个岛赶到另一个岛，如此事情，在别的城市只是想想也就罢了。又想起有一次夜里上岛，那夜的月亮特别圆，陪着两人在岛上转了又转。这夜的玄月如钩，月色依然，生怕啪啪的鞋跟声惊扰了那安静，脱了高跟鞋拎在手上，双脚一寸一寸地量着这小岛的街巷。

🚗 旅游小贴士

简介：鼓浪屿环岛路长度大约为4公里，从钢琴码头上岸，左转到鹿礁路上。然后沿着海边步行，经过皓月园、大德记浴场、观海园、菽庄花园、港仔后海滨浴场、鼓声洞、美华浴场、鼓浪石、鼓浪别墅、华侨亚热带植物引种园、福建工艺美术学校校园、内厝沃、燕尾山、三丘田旅游码头、海底世界、钢琴码头。

鼓浪屿具有"万国建筑博览馆"的美称，数以千计的别墅散布在绿树成荫的岛屿各个角落，其中以漳州路、福建路、鹿礁路、复兴路、中华路、泉州路、笔山路、鼓新路等路段比较集中。

钢琴码头出口处有不少导游拉客，多是野导。建议还是自己买本鼓浪屿手绘地图，按图索骥。鼓浪屿这样的地方需要自己细细品味，除了地图，还可看岛上各岔路口的路牌，也可多问问当地人，他们都很热情。

到达：可乘飞机或火车到达厦门。

周边景点：南普陀寺、厦门大学

野柳

　　大约在 600 万年前，地球造山运动活跃，野柳的两侧地段出现了两道裂层。原来的海底被挤压凸出地表，破碎的断层带易受侵蚀，海水冲击，风吹雨打，日积月累，断层遂凹入成湾，中间突出形成今日的野柳海岬。

　　2003 年，野柳海岸被《中国国家地理》"选美中国"活动评选为"中国最美的八大海岸"第二名。

　　台湾的野柳是一处被海浪雕塑成奇特形状的海岸，这里是石的艺术天堂，海滩上奇岩怪石密布，种类繁多，各尽其妙。这里最具代表性的奇石有蕈岩、蜂窝岩、烛台石、风化纹等。

野柳

海岸边颜色较深的钙质砂岩，顶端因抗侵蚀力较强而留存较多，下面的砂岩则受到侵蚀较快而较小，在海浪常年冲击摩擦下，就形成了蕈状或菇状的岩柱。这种奇石远远看去就像海边上一朵巨大的蘑菇，极具观赏性。

野柳海岸上的蜂窝岩也是一大奇景。蜂窝岩是蕈岩顶部或纯钙质砂岩上布满的如蜂窝般的小洞穴。关于其生成原因有两种说法，一种说法是它曾遭受穿孔贝的刺穿之后，经海浪拍打，海水留在孔中，因热胀冷缩而形成多个小孔洞；另一种解释是岩面变化造成的爆裂，海水漩流的磨蚀及水压迫孔穴中空气造成的爆破效果，时间久了，就在钙质砂岩面上留下大小不同的孔洞。最小的孔洞称为蛀洞，稍大的即蜂窝，再大的叫风化窗，造型极为特别。

野柳海岸上的烛台石更是妙不可言。烛台石下粗上细，酷似一根蜡烛，顶端中央还常有形似烛焰的钙质砂岩结核，和蕈岩的形状上下相反，大约是所处位置和当时海浪侵蚀路径的影响造成的。这种奇石景观的形成要由海浪冲击的路径而定，极为难得，而在野柳海岸，这种奇石数量极为可观。

美丽复杂回旋的风化纹，为单调土黄色的平台岩面增添了几许细腻色彩。不过，更精彩的是生痕化石的遗迹。

有些岩面，可以清晰地看到许多海底生物或追逐、或觅食、或逃跑、或排遗的身形，其中星盾海胆及圆碟海胆的化石颇为明显，见证了此处原本在海底受到沉积，而后上升受到侵蚀，之后再隆起成为今天的平台状。

风化纹在孤寂的黄、褐色间加添了许多喧哗的"回声"，而生痕遗迹则清楚地向游人们宣示，死寂的岩石曾经展露过的生命气息。

"野柳海洋世界"，位于风景区入口右侧，是全台湾岛唯一的海豚、海狮表演馆。它有美妙的水上芭蕾舞表演、惊险的高空跳水和生动有趣的海豚、海狮表演。

这里也是台湾岛第一座海洋动物表演馆，各种有趣的动物表演，令人捧腹大笑。外墙粉刷成了深深浅浅的蓝色，呈现出野柳海洋世界的亲水特色，外观湛蓝色彩正好和海天相辉映，与大自然景观整合为一体。

园区另一主题为长约400米的海底隧道，集中了世界各地的稀有名贵海洋水族，走入隧道中，上千尾各式各样的鱼儿在身边穿梭，十分有趣。其海豚表演、海底隧道等每年都会吸引大量的游人，为野柳增色不少。

旅游小贴士

　　怎么去：先到达台北，从淡水捷运站搭去往基隆的台汽客运，于野柳站下车。

　　观光：野柳的海蚀平台上有蕈岩、蜂窝岩、姜石、烛台石、海蚀洞、风化纹及各种奇形怪状的岩石，堪称奇观，风景绮丽。

　　美食：当地特色小吃有蚵仔煎、红烧鳗羹、天妇罗、鱿鱼羹、鼎边趖、肉羹、卤肉饭、香烤鸡肉、水果冰品等，让人回味无穷。传统的糕饼点心也很有名，绿豆糕、寸枣、蛋黄酥、凤梨酥等，风味独特，深受大众喜爱。

　　购物：当地海产、海鲜资源丰富，有干贝、鱼板、虾球、鳕鱼卷、豆竹、建宝虾仁干等特色食品。游客还可以买一些鱼章纪念品，有钥匙圈、胸针、磁铁、领带夹等用途，造型别致，有花卉、动物、植物、古物等。

昌黎黄金海岸

　　20世纪80年代，这片处女地被科研专家们研究发现，那迷人的风光迅速使得这里成了一鸣惊人的"黄金海岸"。1990年这里被列为中国首批五个国家级海洋自然保护区之一。

　　该区的海滨因受风、潮汐、海流及河流的作用，形成一条长30公里，宽4公里的沙带和沿海数道沙堤以及泻海等沿海沉积地貌。在沙质海岸还分布有40余列高20~40米的沙丘，这不仅在中国罕见，世界亦少见，具有重要的科学价值。

　　同时，这里适宜的气候条件，奇特的沙丘地貌和广阔的沙质海滩，也是旅游和避暑的胜地。距北戴河海滨较近的黄金海岸，风光独特、迷人，具有与北戴河海滨迥然不同的神韵。

昌黎黄金海岸因为具有良好的海洋环境和秀丽的风光而著称，这里有美丽的翡翠岛生态观光园，著名的金沙湾沙雕大世界，刺激的黄金海岸国际滑沙场，每年都吸引众多游客来此游玩。

工匠艺人们在昌黎国际滑沙娱乐中心与翡翠岛之间，利用上千年来由于海潮季风的作用而形成的 40 多米高的岸边沙丘，雕刻了 37 米高的沙雕大佛及 20 多座精美的沙雕艺术作品。

昌黎黄金海岸

在沙滩上，还可以看海鸥飞舞、滑沙滑草、打沙滩排球、踢场足球赛。这里活动众多：出海打鱼、深海垂钓、空中飞人、海上快艇、沙滩摩托、沙滩迷宫、水上自行车、儿童沙雕自创乐园等。到了傍晚，还可以在海边进行沙滩烧烤、篝火晚会、燃放烟火，绝对乐趣无穷。

翡翠岛位于河北省昌黎县黄金海岸南部沿海，是一座金沙细软，植被葱郁的半岛。岛上沙山连绵起伏，方圆 7 平方公里，素有"京东大沙漠"之称。登高远眺，片片槐树像镶在黄金上的翡翠一样，所以被称为"翡翠岛"。

岛上还开展滑沙、沙滩卡丁车、摩托艇、快艇、海上飞伞、动力三角翼等多项休闲活动。这里还是滑翔伞、帆板、水上风筝训练基地，也是沙雕活动基地、拓展训练基地、房车营地。

由于海潮和季风的作用，在海岸沿线形成了世界罕见的大沙丘，高度达 20～40 米，这就是著名的滑沙活动中心。这些呈新月形的金黄色沙丘，不仅相互交错而且造型优美，形成了独特的海洋沙漠风光，景色极为壮观。如果坐在滑板上，从沙山顶飞驰而下，你会体验惊险刺激的滑沙之旅，安全之余定会让你惊喜不已。

相传很早以前，秦皇岛七里海一带还是一片大海，后来慢慢形成一个湖泊。在这个湖里，有个巨大的水怪，每到夜幕降临、月色朦胧时，便露出水面，游来游去，时而喷出数丈高的水柱，时而发出惊雷般的怪吼，经常害得周围百姓不得安宁。为了降伏水怪，人们想了很多办法但是都没用。

有一天一位白发老人告诉人们说道："降水怪，莫用慌，一条大河向东南；危难时，朝天吹，神灵出自云雾里。"人们都不理解这是什么意思，但老人一下就不见了。人们只好根据老人的意思，挖了一条大河让湖水流向大海，水怪见水少了，就开始暴跳，并张开血盆大口，人们看了很害怕。一个小伙子想起老人的话忙拿着笛子向天吹，一只麒麟从天而降，最终把水怪制服了。

后来这片湖水就变得水草丰美，周围百姓也都安居乐业，人们念念不忘麒麟的恩德，从此将千顷烟波称为麒麟海，后来叫惯了，才改成七里海。

🛵 旅游小贴士

怎么去：从北京乘火车到昌黎站下车，乘中巴前行 10 公里到达黄金海岸。也可先到秦皇岛，从长途汽车站乘坐到黄金海岸的班车。

观光：主要游览区有沙雕大世界、黄金海岸浴场、翡翠岛生态游乐园和黄金海岸滑沙活动中心。

美食：昌黎盛产对虾、文蛤、扇贝、河豚等各种水产品。烤大虾、晓晓炸排骨、杨长子火腿肠、孟和尚粉肠、锦发酱驴肉、长城饽椤饼、回记绿豆糕、老二位麻酱烧、四条包子、煎饼合子都是有名小吃。

购物：当地特产有玫瑰香葡萄、昌黎苹果、昌黎猪、昌黎鼋鱼酒、河北对虾、赵家馆饺子、两山蜜梨、十里铺葡萄、干红葡萄酒等。

威海海滨

一首好听的歌常常引起我们对歌中所唱的那个地方的美丽向往。"天蓝蓝，海蓝蓝，我家住在大海边，海边小城威海卫，她的故事说不完……"谷建芬在这首歌中写的就是她的家乡威海，一座美丽干净的海边小城。

在中国 18,000 公里漫长的海岸线上，天蓝蓝海蓝蓝的并不少。威海的独特之处在于一方面它是渤海湾边上的天蓝蓝海蓝蓝，另外它是海滨却不潮湿。由于地理和人为环境的因素，南中国海是最为湛蓝的，由南向北，海水逐渐由蓝转绿，再转为灰黄色。威海的海却是北方少有的浅蓝，轻柔而明朗。一般常识中，海边多潮湿，空气中水分和盐分大。威海却由于得天独厚的地理位置，一年四季不干燥，不潮湿。可以在离大海一步之遥的酒店，打开窗，有海风吹进，床铺干爽而清新。

第一次去威海时，行前预订酒店，目标是找个靠海的。结果被人嘲笑，要在威海找一个看不到海的地方还真不容易。这座半岛城市，在山东半岛的东端，三面环海，一面靠山。骑上自行车，从南向北沿海岸线一路晃悠。海上公园、威海公园、环翠楼公园一路绵延达数公里，在依海而建的狭长地带中，北方阳光下，沙滩、礁石与绿树、雕塑相间。威海的海滩经过独具匠心的规划与设计，有不同的主题、不同的风格，打上了深深的威海人独特的烙印。在开放式的公园里，威海人尽情地享受这片得天独厚的海滩。海边都是散步、聊天、遛狗的人，并不为取悦旅游者而刻意做些什么。游走其间，偶然端起相机，镜头里是自在生活的威海人和他们的家园。

过了威海客运港再往北，路有些起伏，上坡下坡，骑自行车颇有些气喘。威海的地形北高南低，到了此处，山已在脚下，这路便是依山而修。身后是青山，身前是碧海，眼前有未出海的渔船，到了吃饭的时间，船上人家升起了炊烟。许多疗养院建在这里。半山处绿树丛中，点点小楼点缀其间，各单位的疗养院和培训中心占据了最好的地形、最美的景色。住在这里，少了些旖旎的浪漫，多了些宁静踏实的享受。

威海海滨

再经穿山隧道，就到了西面的国际海水浴场，有人气却不嘈杂喧闹。奔向大海，随波逐浪，泡个海澡，洗去一路骑行的汗水，那个舒爽畅快啊。

饿了，随意推开一间小馆子的门，来一盘鲅鱼水饺，真正的新鲜鲅鱼剁成的馅，蘸醋一嚼，满口一个香。再叫个渔家一锅鲜，小黄鱼，蛏子，鳊鱼（当地叫平鱼）、虾等各类胶东海鲜，满满一锅，端上桌时，蛏子涨得纷纷立起，好像岸边渔船林立的桅杆，透着胶东汉子的豪爽。

威海卫的名字自明朝就有了。明初倭寇时常骚扰，1398 年明朝在此设卫屯兵，取"威震海疆"之意，定名威海卫。威海在历史上一直都是海军要塞，清朝曾经威震一方的北洋海军的大本营就在刘公岛。然而，自甲午以来，威海却屡遭战乱之苦、饱受丧权之辱，"威震海疆"只能是一代代威海儿女苦苦追寻的梦想。刘公岛上至今还保留着当年战斗留下的锈迹斑斑的战舰甲板和大炮，一百多年前的那场惨烈的海战，即使现在还能感觉得到那种震撼。这里至今仍驻有北海舰队，走在路上，会看到穿着白色海军服英姿勃发的年轻水兵。这就是威海，像一个渔家女子，外有随和亲切的笑容，内有一副铮铮傲骨。

在大都市匆匆人流中，霓虹闪烁，俗事繁杂。累了，便想放自己几天假，逃到这里。清晨薄雾里和爱人在海边跑步，夕阳下携手在岸边散步，夜里独自坐在海边听涨潮时的浪拍礁石，一波赶着一浪，海上偶然驶过的舰船有点点的灯光，远处市区的喧嚣隔着夜色显得有些恍惚。仿佛在第五维度看着这个世界，少年时的理想，青涩时暗恋的姑娘，是否在那灯火阑珊处。

旅游小贴士

简介：建议住在东山一带，小渔港就在眼前，步行到市内也很方便。

威海的旅行方式最好是度假，小住几天，吃海鲜、游泳或者坐在海边看潮起潮落。

到达：可乘飞机或火车到达。

周边景点：成山头、天鹅湖

青岛海滨

说到大海，说到仙山，说到啤酒，说到美食，说到欧陆风情，说到奥运帆船，人们都会提及青岛，这个红瓦绿树下的海上都市。青岛是不平凡的，因为她有太多的城市名片，有太多让人流连的东西。

"碧海、青山、红瓦、绿树"是康有为对青岛的总结，贴切但不全面，海还是那片海，山还是那座山，房子还是那栋房子，但在今日，青岛给了我们更多的内涵，更多的期待。百年沧桑的痕迹，东西文化的交融，啤酒海鲜，现代建筑，所有这些，让我们迫不及待地想和青岛有个约会。

出了青岛火车站，朝着大海的方向走过一小段路，你就能看到栈桥，几乎每个来青岛的游客都要在这里留影见证自己的青岛之行，所以栈桥一直被视为青岛的标志，就像天安门对于北京的意义一样。栈桥始建于1899年，起初是清政府的军事码头，青岛被德日侵占期间一度成了帝国主义的货运码头。栈桥南端深入青岛湾的半圆形防波堤和上面的八角亭阁"回澜阁"则是1934年扩建的。

青岛海滨

栈桥之美，美在群景相衬，交相辉映。栈桥似道长虹远引入海，尽处一玲珑亭阁，似在倾听大海的声音。每遇涨潮，惊涛拍岸，飞雪溅玉，蓝天下翱翔的海鸥更是让此景充满了生机；落潮时分，岩礁露出水面，引来众多赶海拾贝的游客，时起的波澜，亦能带来游人阵阵的欢笑。青岛十景中的"飞阁回澜"就是在这取的景。

青岛第一海水浴场在汇泉湾畔，无论从历史、规模还是未来的发展，在全国都是首屈一指的，你即使不在那洗海澡，也应该下去踩踩那儿的沙滩。和其他海滨城市的大型浴场不一样，这儿的水质并没因游人众多受到很大的影响，而成为2008年北京奥运会的帆船比赛场地。2008年的青岛第一海水浴场，阳光、空气、海风、沙滩、竞技和人类在这汇聚而成了一幅和谐美景。第一海水浴场万人竞浴的场景同时也是青岛十景之一，取名"汇滨踏浪"。

到了青岛当然要去崂山。海边的高山既能入云，又能入海，"海上、天上、人间"之境界是内陆的高山所不能比拟的。我国18,000公里海岸线上可数的山并不多见，而海拔过千的更是少之又少，崂山则是其中海拔最高的，主峰"巨峰"海拔1,133米，黄海岸边如此一高峰傲然屹立于雾海云天之间，也不枉为"泰山虽云高，不如东海崂"的美誉了。

🏍 旅游小贴士

简介：因为在青岛旅游中的标志地位，栈桥上常年人头攒动。清晨和傍晚人少些，可以上桥上吹吹清新的海风；白天建议在岸边远眺即可，没必要上桥去凑热闹。

栈桥是青岛海滨旅游线的西起点，在这乘公交车可到达沿海一线的任何景点。从栈桥沿中山路往北进入老城区，可以看到浙江路天主教堂等经典老建筑，一般步行即可。

如果想饱览"汇滨踏浪"美景，建议到第一海水浴场西边的小鱼山公园，从浴场步行到小鱼山公园南门大概十几分钟路程。公园里有青岛名建筑的露天模型展览，很值得一看。

崂山共有大小9个景区，区区有景，景景不同，各有特色。一般旅游团组织游览的是太清景区和仰口景区，这两个景区相距10公里，如果不徒步登山的话，这两个景区一天就能走完。

到达：乘飞机或火车可到达。

周边景点：八大关

浅水湾

踏上沙滩的那刻便忍不住感叹，香港如此弹丸之地，却有那般开阔清澈的海滨浴场，浅水湾真是香港的奇迹。

海岸线在这里划出一道优美的弧，形成平坦而开阔的沙滩，大概因为深入陆地的缘故，这里常年风平浪静，是香港最美最热闹的海滨。脱了鞋，赤脚站在洁白细腻的沙滩上，环顾四周，蔚蓝的天空底下湛蓝的海水，碧波万里的海面上轻盈的帆船，水中被翠绿树木覆盖的小岛，沙滩上穿着艳丽的比基尼女郎，阳伞下闭眼打盹的年轻情侣，一派清凉而浪漫的浅水湾之夏。虽然在海边生活了将近二十年，见识过众多美丽的海湾，我还是被浅水湾所打动。

母亲带着孩子在沙滩上挖沙子、堆沙雕，学生带着喜爱的书籍和音乐在树荫下享受远离闹市的安静，还有许多人舒展了身体做日光浴。海面上除了在波涛里搏击海浪的游泳者，还有帆板、水上风筝、游艇爱好者的身影。香港是个国际化大都市，吸引着很多国际友人到此定居或游览，从浅水湾沙滩上可见一斑，这是我在国内见过的外国游客最多的海滩，各种肤色各色头发的人们其乐融融，构成一道绚丽的风景线，这大概是它被称为东方夏威夷的原因之一吧。

浅水湾的另一道独特风景，是依山傍水的一栋栋豪华别墅。站在沙滩上四顾环望，周边起伏的山丘上遍布各种风格的豪华建筑，多是独门独院的别墅，也有个别高耸入云的公寓楼，这里是香港的一块风水宝地，港岛著名的高级住宅区之一，富商明星云集，还有不少政客都在这里有豪华私宅。正巧有旅游团经过，导游正指引游客们眺望山顶的红色院落，据说那里住着某个著名影星，追星的孩子们大声欢呼起来。

对于普通工薪阶层来说，这里的豪宅都是可望而不可即的童话，不过只是看看也是享受，湛蓝的海水、苍翠的树木和现代感极强的建筑交相辉映，它们的存在，让浅水湾有了与众不同的亮丽。

浅水湾

　　而最让我惊讶的，应该还是沙滩上的妈祖庙，同伴跟我说的时候，我很疑惑，及至亲眼看到不远处的中式庭院门前面矗立着两尊巨大塑像。寺庙香火旺盛，除了"天后圣母"和"观音菩萨"，还有财神爷以及各方神仙的众多雕像，笃信佛教的香港人喜欢来这里烧香，还要摸一摸塑像求平安。庙前的古老榕树下站立着龙王塑像，它仿佛在提醒着游人，这不是夏威夷，这是香港。

旅游小贴士

简介：沙滩东端的林荫下，设置着许多烧烤炉，玩累了可以在这里补充能量，也给休闲之旅增添许多野趣。

下海游泳要注意查看天气预报，香港的雨警报一般都很准，沙滩上的广播也会播报天气情况。

沙滩上严禁乱扔垃圾，违者将被罚款，特别要注意不要乱丢喝完的塑料水瓶。

到达：地铁香港站 D 出口出来，步行至中环交易广场巴士总站乘巴士可到。

周边景点：香港海洋公园、赤柱小镇

第二十章　湖泊游

纳木错

　　第三纪末和第四纪初，喜马拉雅山运动凹陷，形成了巨大肖盆，这就造就了纳木错。处在"世界屋脊"青藏高原上的纳木错被称为世界上最高的大湖。纳木错被称为"天湖"，因为它像蓝天降到地面，而当地藏族人民叫它"腾格里海"，意思也是"天湖"。

　　相传这里是密宗本尊胜乐金刚的道场，信徒们尊其为四大威猛湖之一。作为朝圣者心目中的圣地，这里每年都吸引着西藏当地和青海、四川、甘肃、云南的教徒们，他们迢迢千万里，完成艰辛的旅程，来转湖朝圣，以寻求灵魂的救赎。

　　纳木错的形状像静卧的金刚亥母（女神），湖中有五岛，湖边有平原，在四面有四座寺庙，更有迎宾石（夫妻石）、合掌石、善恶洞等特色景观，凡是到过纳木错的人，都会觉得整个灵魂被纯净的湖水所洗涤。

　　湖中有五个岛屿，屹立于碧水之中，俯察世间万物，传说是五方佛的化身，只要前去神湖朝佛敬香的人，都会对它们顶礼膜拜。

　　岛上怪石嶙峋，奇异的石柱和石峰似象鼻，似人形，似松柏，造型各异，姿态万千。岛上还有许多岩洞，有的浅短，有的狭长，有的洞里还布满了钟乳石。岛上地貌千奇百怪，实属奇观。

纳木错周围是广阔无垠的湖滨平原，湖滨平原与皑皑雪山相互辉映，风景秀丽迷人。

这里不仅生长着苔藓、蒿草、火绒草等草本植物，还栖息着种类繁多的野生动物，如野牦牛、岩羊、野驴、狗熊、狐狸、獐子、旱獭等。夏天的纳木错最为热闹，成群的候鸟从南方飞来，在这里繁殖后代，为纳木错增添了勃勃生机。

清澈透明的湖中有许多细鳞鱼和无鳞鱼类，湖区还产名贵的中药材，如虫草、贝母、雪莲等。纳木错是个名副其实的自然博物馆。

纳木错

在纳木错的周围有四座寺庙，东南西北分别是扎西多波切寺、古尔琼白玛寺，多加寺和恰妥寺，象征着佛教上所说的愠、怒、权、势，而且这些寺庙的墙壁上有许多自然形成的佛像，令人称奇。

据传纳木错是帝释天之女，念青唐古拉之妻，因此这里被善男信女视为神圣之地，每年来朝拜的人络绎不绝。

迎宾石也称夫妻石，是纳木错的门神。相传纳木错是一位女神，她掌管着藏北草原的财富，如果商贩要外出做生意，必须先到此地朝拜纳木错，以求生意兴隆。而要拜见纳木错，必须先得到门神的同意。

在蓝天白云的悠远的背景中，两块巨石紧紧依偎在一起，这就是著名的合掌石。合掌石也称父母石，相传是父亲念青唐古拉山神和母亲纳木错女神的化身，象征着他们忠贞不渝的爱情。此石为莲花生大师修行时合掌祈福万物的显像，因此过往的情侣总会在此祈福，希望爱情能够忠贞不渝。

关于纳木错的传说举不胜举，但最打动人心的还是纳木错的爱情传说。

在西藏，流传着一些古老的神话和久远的民歌，它们都歌颂了纳木错和念青唐古拉忠贞不渝的爱情。

相传纳木错是念青唐古拉的明妃，他们在一起度过了七千万年的漫长岁月，后来念青唐古拉变成一座山，而深情的妻子纳木错为了与他生死相依，便化身一座湖依伏在念青唐古拉山脚下。经历了千百年风吹雨打、雷鸣电闪，时至今日，念青唐古拉山依旧威武挺拔，而纳木错依旧温婉动人，他们依然陪伴在彼此身旁，互相守候。

旅游小贴士

怎么去：从拉萨坐班车到当雄，再包车或徒步前往纳木错，运气好能搭上便车。

观光：迎宾石（夫妻石）、合掌石、善恶洞等是纳木错生态旅游景区内的主要景点。站在纳木错湖边，眼前的神湖会令你足够震撼，仿佛置身于一个蓝色的梦幻世界。

美食：可以在拉萨吃到各种特色小吃。饭店中，主要以藏菜、川菜为主，几家旅店内的餐厅同时也供应尼泊尔和印度菜，部分旅店附设藏式餐馆，也有许多餐厅都供应西餐。

购物：在拉萨可以买到各种独具特色的手工艺品，如地毯、藏毯、卡垫、毪氆还有藏装、木碗、藏刀、唐卡以及各种珠宝首饰。野驴、野牦牛等野生资源特产和熊胆、麝香、冬虫夏草、人参果、天麻、雪莲等名贵药材也值得购买。

玛旁雍措

早上从藏北小镇帕羊出发，经过水草丰美的贝松塘草原和安静的小村庄玛雍，大家已经对颠簸的路面习以为常，这不过是拜访神山圣湖途中最轻松的苦难罢了。下午时分，向着神山的方向继续前行，圣湖带着那摄人魂魄的幽蓝出现在眼前，蓝得纯粹，蓝得深沉，四周是裸露着金色肌肤的微微起伏的山丘，地平线上多座雪峰呈屏风状排列，拱卫着圣湖。通往即乌寺的路绕圣湖转了约四分之一圈，这段路风情万种：洁白的纳木那尼壁立万仞，蔚蓝的玛旁雍措波澜不惊，大地有着性感而平顺的曲线，爬坡的时候车头向上，坐在前排的我感觉车子竟似欲冲入朵朵白云，车轮碾过细砂路面，沙石敲打着轮眉沙沙作响，车后滚滚红尘随风飘逝……

抢在日落前到达即乌寺脚下，终于可以接近圣湖玛旁雍措了。扛着机器、架子飞奔到湖边，我突然有些犹豫，圣湖看上去是那么气度非凡、涵养无限，小小的一张照片能留住她的几分神韵呢？湖水如镜，倒映着蓝天白云，岸边覆盖着一片红色的水生植物，踩上去软绵绵的，富有弹性，湖水迅速地从脚踩处漫上来；南侧的小沙洲上，白色的水鸟在阳光下惬意地梳理着羽毛，不时还"嘎嘎"地唱上两句；湖边拦着一圈铁丝网，估计是怕有人玷污了圣洁的湖水，我觉得这铁丝网还是相当必要的，有了五色风马旗的点缀，铁丝网显得不那么生硬，阳光从即乌寺所在的山头后面射过来，给寺庙建筑镀上一圈金边，更增添了神秘色彩……真想就这么在湖边呆上几天，什么也不干，看看云卷云舒，数数日月更替。

走过西藏的几大圣湖，我最喜欢的还是玛旁雍措。藏族人喜欢用女性来形容他们眼中的湖，在我看来，玛旁雍措狭长而曲折，东边日出西边雨，幻化着不同的面容与情绪，像是永远也猜不透心思的吉普赛女郎；纳木错尊贵而神秘，胸怀博大却冷艳孤傲，像是凛然不可接近的皇家公主；玛旁雍措则平和而内敛，从容不迫中充满着慈爱与包容，像是等待着游子归家的母亲，轻轻拍击湖岸的湖水，恰似母亲温柔的手，湖面上的微微涟漪，犹如母亲脸上细细的皱纹。玛旁雍措被苯教、藏传佛教、印度教等多个宗教同奉为圣湖，信徒们认为，这里的圣水能洗掉人们心灵上的"五毒"（贪、嗔、痴、怠、嫉）。玛旁雍措在藏语中的意思是"永恒不败的碧玉湖"，名字源于11世纪在湖畔进行的佛教战胜苯教的一场宗教大战，我没有感受到圣湖在宗教中战无不胜的魔力，但幽蓝平静的湖水让我想起母亲的怀抱，我的心逐渐安静下来，进入忘我的境界。

玛旁雍措

今天的住宿地是即乌村，位置得天独厚，南北两山夹峙，西侧是鬼湖拉昂措，东侧隔即乌寺与圣湖相望，连接鬼湖与圣湖的小河绕村而过。传说水位高时，鬼湖与圣湖就通过这条小河暗通款曲；温泉汩汩而出，在即乌寺与村庄间汇成一汪小湖，湖面上浮着热气，水草茂密。旅馆名叫扎西，叫这个名字的旅馆在西藏遍地都是，尽管这里只有一排土坯房，没有上下水，使用太阳能蓄电池供电，但是有味道不错的酥油茶喝，有炉子和锅让游客自己做饭吃，还有无与伦比的风景以及神山圣湖的庇护，谁又能奢求更多呢？

第二天的行程经过了充分的讨论，没有勇气享受九月底的圣湖水，大家一致同意放弃去普兰的机会，改为在圣湖边泡温泉！佛祖慈悲为怀，在这高原腹地专门为远道而来的信徒们准备了一大盆洗澡水。温泉浴池就在村子边上的土坡下，不像我想象的那样就是一个露天的大坑，而是用砖砌了个像模像样的建筑，里面隔成一个个小间，是男女分开的那种，也好，免了换泳装的麻烦。一根粗大的水管穿过所有房间，出水口用木楔子裹上看不出本色的布堵着，把楔子拔下来，温泉水便汹涌而至，正是最适合泡澡的温度，脱光了衣服跳进池子，我情不自禁地发出由衷的赞叹："啊，舒服！"旁边屋子的同伴发出了同样惬意而愉悦的声音。将自己放平在池底，才发现这浴池的设计者绝对是天才，他竟然想到用玻璃做了浴池的天花板！这是真正的"天"花板，缕缕白云正缓缓地流过蔚蓝的天空……温泉水包裹着疲惫的身体，看着阳光的印记在墙上一点点地移动，氤氲的热气在屋子里蒸腾飘散，腌臜烦恼附水去，但愿长泡不愿醒，恍惚间，我的灵魂似乎已经出窍，永远地留在了圣湖边。

🚗 旅游小贴士

简介：藏历羊年是转圣湖最好的年份，圣湖周长约90公里，转湖需要2—4天时间，藏传佛教按顺时针方向转湖，三分之二的路程紧靠湖岸线，北部的路要经过霍尔乡，沙滩、砾石、沼泽路面交替，有时需蹚水过河。沿途有寺庙可供住宿，但要自带食物，沿湖边远足虽然没有转神山的上下山坡那样艰巨，但多为松软的细沙路，走起来很费力。

圣湖海拔近4,600米，需提防高原反应。圣湖边的村庄可以住宿，卫生条件一般，吃饭需自己解决，有小卖部售卖方便面、饼干、饮料等。

高原泡温泉时间过长容易诱发短暂的高原反应，杨贵妃当年"侍儿扶起娇无力"绝不是装的，应该是洗温泉时间过长造成的脑缺血症状。

到达：圣湖位于阿里腹地，旅行者大多需要包越野车前往。从拉萨到圣湖需要约3天时间，从狮泉河到圣湖需要1—2天。

周边景点：神山冈仁波齐、鬼湖拉昂错

长白山天池

　　长白山天池原是一座火山，自16世纪以来爆发了3次。当火山爆发喷射出大量熔岩之后，火山口处形成盆状，时间一长，积水成湖，便成了现在的天池。

　　曾有长白山天池水"冬无冰，夏无萍"的说法。夏无萍是真的，冬无冰却不尽然。在冬天，冰层通常很厚，而且结冰期能达到六七个月。不过，十分奇特的是天池内有多处温泉，形成几条温泉带，水温大约42℃，热气腾腾，若是在寒冬时节去泡个温泉，实在是一种独特的享受。

长白山天池

　　长白山天池就像是一面平滑的镜子镶嵌在长白山上，是中国最大的火山湖。这里有世界上落差最大的火山湖瀑布，有众多的温泉群，更有至今未解的水怪之谜，吸引了越来越多的游客前来观光。

　　长白飞瀑，是世界上落差最大的火山湖瀑布，它从天池倾泻而下，声如雷鸣，雾气遮天。而位于冠冕峰南的锦江瀑布，两次跌落后汇成一股巨流，直泻谷底，气势雄浑，摄人心魄，与天池瀑布一南一北，遥相呼应，蔚为壮观。"疑似龙池喷瑞雪，如同天际挂飞流"的神奇境界，让游客产生凉透心田的惬意感受。

　　除了最著名的天池和长白飞瀑布，长白山上还有不少湖泊和瀑布。比如，天池旁边的一个小天池，又叫长白湖，湖水碧蓝清澈。还有在树林间的岳桦瀑布和在半山腰的梯云瀑布，规模也不小。

　　此外，离长白瀑布不远的地方还有长白温泉，这个温泉群的分布面积多达 1000平方米，水温在 60℃~80℃，共有 13 处泉眼向外涌水。神奇的是温泉水中含硫化氢，还可治愈关节炎及皮肤病。闲来在此一泡，感觉更是惬意、舒服。

　　据说，自 1962 年至 1980 年，共有 20 多人目睹过天池水怪，他们描述的水怪形象为：头比牛头还大，嘴突，颈长，体硕。

　　对天池水怪的看法众说纷纭，持否定意见者认为：天池由活火山口积水而成，形成时间并不长。假设确实存在这样一类大型动物，食物来源自然是最大的问题。还有一种观点认为，天池中常时隐时现的礁石，也如动物一样有时露出水面，有时沉入水中。还有火山喷出的大石块在水中漂浮，有风吹来也一动一动地在水面浮动，远远看去，也如在水中游泳的动物一样。直到现在，"水怪"一直是这个高山湖泊中的不解之谜。

　　传说，天池原是太白金星的一面宝镜。王母娘娘有两个女儿，都长得花容月貌，沉鱼落雁，但是谁也说不出姐妹俩究竟谁更美。

　　在一次蟠桃盛会上，太白金星掏出宝镜说，镜子知道谁最美。小女儿先用镜子照了一下，便羞涩地递给了姐姐。姐姐对着镜子左顾右盼，越看越觉得自己漂亮。这时，宝镜说："我看，还是妹妹更漂亮。"姐姐一气之下，将宝镜抛下瑶池，落到人间的宝镜便变成了天池……

　　还有个传说称：长白山顶有一个喷火吐烟的火魔，使全山草木枯焦，整日烈焰蔽日，百姓苦不堪言。有个名叫杜鹃花的姑娘，为了降伏作孽多端的火魔，怀抱冰块钻入其肚，用以熄灭熊熊大火，火灭后山顶形成了湖泊。

旅游小贴士

怎么去：长白山机场是全国第一个森林旅游机场，北京、长春都有直飞长白山的航线。机场还将陆续开通长白山至沈阳、大连、上海、深圳、广东等地的航线。

美食：长白山区的饮食以东北风味和朝鲜风味为主，其中以山珍为原料制成的菜肴是不可不尝的美味。长白山珍宴采用人参、鹿茸、熊掌、雪蛤、飞龙、松茸等数十种珍稀产品为原料制成。朝鲜族的日常饮食以米饭为主食，包括大米、小米以及五谷饭等，副食有汤、酱、咸菜等，其中朝鲜泡菜清脆爽口，非常有名。

观光：从西坡登山，主要景观有：老虎背、喘气坡、梯子河、高山花园、锦江瀑布、王池、鸳鸯泡、松桦恋，以及驰名中外的长白山大峡谷。从南坡登山，沿途奇峰怪石嶙峋，云雾缭绕。主要景观有：鸭绿江上第一哨、碳化木生成带、鸭绿江大峡谷、长白松桦峦、岳桦林奇观、高山花园、中朝界碑、长白山天池景观。从山顶可见天池全景。

购物：长白山的人参、貂皮、鹿茸、乌拉草号称是"东北四宝"，除此之外，野生灵芝、长白山雪蛤、黑木耳、野生榛蘑、不老草、松子、山核桃、熊胆、蕨菜、猴头菌、松茸、元蘑、榛蘑、党参、天麻、榆黄蘑、五味子、林蛙油、蛤蟆油、刺五加、细辛、黄芪、刺参等都是东北长白山特产。

青海湖

青海湖的面积比中国最大的淡水湖鄱阳湖还要大450多平方公里。湖中有5个小岛，以海心山最大。鸟岛位于湖的西部，是斑头雁、鱼鸥、棕头鸥、鸬鹚等10多种候鸟繁殖生息的场所，鸟类数量多达10万只以上。

　　青海湖地处青藏高原东北部，被巍巍高山所环抱。站在湖畔极目眺望，苍翠的远山，碧澄的湖水，葱绿的草滩，成片的羊群，欢跃的鱼群，翱翔的飞鸟……大自然的一点一滴中都散发着自由的气息。

青海湖

　　青海湖又叫"卑禾羌海"，是因为这里早先属于卑禾羌的牧地，汉代也有人称它为"仙海"，从北魏起才更名为"青海"。

　　青海湖景色秀丽优美，山、湖、草原相映成一幅风光壮美、景色绚丽的画卷。这里盛产湟鱼，还有著名的鸟岛，每年夏季都会吸引众多的游客前来观光。

　　青海湖鱼类资源十分丰富，其中以湟鱼最为著名。青海湖湟鱼，学名"裸鲤"，俗称湟鱼、花鱼、狗鱼、无鳞鱼。作为青海湖独有的鱼类，湟鱼味道鲜美，"水中饶有鱼类，色黄无鳞……"这是关于湟鱼的最早记载，见于清朝乾隆年间的《西宁府新志》中。

　　每到冰冻时节，青海湖冰封后，人们就在冰面钻孔捕鱼，鱼儿在阳光或灯光的诱惑下自己跳出冰孔，其味道鲜美独特。

鸟岛位于青海湖西部，是青海湖最具有吸引力的地方，素有"鸟儿王国"之称。每年春天，大批的海鸟从印度、尼泊尔等地千里迢迢来到青海湖繁衍生息，秋天又携儿带女飞回南方。

一览"鸟儿王国"之盛况的最佳时节是在每年的春末夏初，因为这时，正逢鸟儿们搭建"鸟城"，无论大鸟小鸟，雄鸟雌鸟，都在辛勤忙碌着。踏上鸟岛，群鸟惊飞，或翱翔于蓝天之间，或嬉游于碧波之中，或栖息于沙滩之上，熙熙攘攘，热闹非凡。婉转动听的鸟鸣，把游人带进了音乐的大千世界。岛上遍地都是各式各样的鸟巢和五光十色的鸟蛋，几乎没有游人的下脚之地。

相传在遥远的古代，青海湖湖底是片茫茫草原天然牧场。这里有一口神井，甘甜的井水汇成一条清湛湛的小溪，年复一年不曾停歇。牧民就在这里居住，过着衣食无愁的平安日子。后来，这里出了一个大智者，名白马江乃。他住在神井边上，一面刻苦地做学问和修行，一面布施神井的水。人喝上这水，立刻解渴生津，精神倍增。后来智者要去修行，临走之前嘱咐徒弟要继续布施神水，但一定要记得盖好井盖。

但是有一天，徒弟却忘了盖井盖，于是大水把村庄和村民都冲走了，顷刻间成了一片汪洋大海。白马江乃走到西藏，知道出事了，于是随手抓起一座山放在井口上，压住了喷涌的大水。当时，那里住着个千年熊精，见洪水泛滥，他就想趁机称霸，于是把山掀开，水又开始泛滥。这座被推进水中的山，就是现在的海心山。白马江乃感到井水仍在不断的涌溢，于是他又抓起了两座小山把井口压住，但不久又被熊精掀掉了，于是他赶紧回去把熊精赶走。第二次被掀掉的两座小山，就是现在的海心西山和鸟岛。

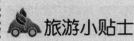

旅游小贴士

　　怎么去：乘飞机或火车到达西宁，在西宁长途汽车站坐汽车到黑马河，然后再租当地的小面包车去鸟岛。

　　观光：主要景点有鸟岛、黑马河乡、日月山、金银滩草原、沙岛、西海镇原子城、盐湖。每年7月，青海湖北岸有大片的油菜花开放，是青海湖的一处重要看点。5~7月，鸟岛鸟蛋遍地，幼鸟成群，热闹非凡，适合观光。

　　美食：当地饮食以面食（尕面片、拉面等）和牛羊肉为主，也有羊排、血肠、糌粑、酿皮和酸奶等。

　　购物：青海湖有众多名贵特产，如湟鱼、黑紫羔皮、冬虫夏草、人参果等。土族的织品、手工制品都具有极高的收藏价值。游客可在湖边的账房旅游品商店内选购自己喜爱的民族特色装饰品。

喀纳斯湖

　　喀纳斯湖所在地域曾先后隶属部族地方政权鲜卑汗国、柔然汗国、突厥汗国、铁勒汗国、回纥汗国、蒙古汗国、准噶尔汗国辖理。

　　喀纳斯是蒙古语，意为"美丽富饶、神秘莫测"或者"峡谷中的湖"。早在800年前，喀纳斯的名字就和成吉思汗的名字连在一起，成吉思汗西征路过喀纳斯湖时，被喀纳斯湖的美景所吸引，亲自下马欢捧湖水，仰头痛饮。所以后人都把喀纳斯湖的水称作"王者之水"。

　　喀纳斯湖既具有北国风光之雄浑，又具有南国山水之娇秀，加之这里的"云海佛光""变色湖""枯木长堤"等胜景、绝景，所以来这里的游客无不为之惊叹、沉醉。

　　提到喀纳斯景区，不得不说说它的唯一：这里有亚洲唯一的瑞士特色风光；是中国唯一和四国接壤的自然保护区；是中国唯一的北冰洋水系——额尔齐斯河最大支流布尔津河的发源地；是我国唯一的南西伯利亚区系动植物分布区，生长有西伯利亚区系的落叶松、红松、云杉、冷杉等珍贵树种和众多的桦树林；是中国唯一的图瓦人聚居区。来此一游，收获这么多唯一，绝对不虚此行。

　　充沛的降水，凉爽的气候，使喀纳斯湖区常常笼罩在朦胧雾霭之中，而高出云雾顶部的山峰，则成了观看佛光的理想地方。

　　八月的雨后清晨，山区云雾缭绕，只露出一座座 2000 米以上的峰顶。登高望远，雪峰在朝阳下反射出灿灿的光芒。当太阳升到一定角度时，在湖西山谷的云雾中，便逐渐显现出一个巨大的半圆形的彩色光环，赤橙黄绿青蓝紫，七色具备，鲜艳夺目，下部则没于云雾中。

喀纳斯湖

　　随着云雾的浓淡变化，光环色泽也时深时浅，时明时暗。佛光大约可以持续一刻钟左右，随着太阳升高和光线角度的变化而逐渐隐去，令人飘飘欲仙、终生难忘。

变色是喀纳斯湖的又一奇观，因此被称为"变色湖"。从每年的四五月间冰雪融化到十一月冰雪封湖，湖水在不同的季节和天气呈现出不同的色彩。五月的湖水因为冰雪消融，湖水幽暗，呈青灰色；六月的湖水随周山的植物泛绿，呈浅绿或碧蓝色；七月以后为洪水期，上游白湖的白色湖水大量补给，由碧绿色变成微带蓝绿的乳白色；到了八月，湖水受降雨的影响，呈现出墨绿色；进入九十月，湖水的补给明显减少，周围的植物色彩斑斓，一池翡翠色的湖水光彩夺目。

千米枯木长堤是喀纳斯湖奇观之一。洪水期时枯木长堤会漂起来，并奇怪地浮动着逆流而上，长长地横列在喀纳斯湖的最上游六道湾。

这是因为每当洪水季节，强劲的谷风在遇到喀纳斯湖南面的巨大山体后，风力变向将漂入湖水中的浮木推动着逆流上漂，日积月累逐步在湖口汇聚堆叠，形成一条百余米宽、两公里长枯木纵横交错的"千米枯木长堤"这一特殊的自然景观。

月亮湾像是嵌在喀纳斯湖上的一颗明珠，会随着喀纳斯湖水的变化而变化。月亮湾迂回蜿蜒于河谷间，水面平波如镜，在上下河湾内形成两个酷似脚印的小滩，当地人称为"神仙脚印"。两只巨大的脚印，传说是当年西海龙王收服河怪时所留下的，为使其永世不得翻身，龙王用脚踩住河怪的经脉，留下了大大的脚印。另一传说是讲嫦娥专门来此偷食灵芝，差点儿误了升天的时间，匆忙奔月时留下了足迹。还有传说称这是当年成吉思汗在追击敌人时健步如飞留下的脚印。总之，每个传说都给喀纳斯增添了一抹神秘的色彩。

🚗 旅游小贴士

怎么去：在乌鲁木齐有飞机飞往喀纳斯景区。也可从乌鲁木齐包一辆面包车到达布尔津后再到喀纳斯。

观光：主要景观有：千米枯木长堤、云海佛光、变色湖、鸭泽湖、神仙湾、卧龙湾、月亮湾、图瓦人村落等。

美食：当地的美食主要有奶制品油塔子、纳仁、薄皮包子、粉汤、羊肉串和手抓饭。

购物：当地有著名的伊犁苹果，色泽鲜艳，果肉松脆多汁，富含多种维生素，耐储藏。还有被称为"新疆茅台"的伊犁大曲，属浓香型白酒，香气浓郁，入口绵甜。

错高湖

巴松措是个瘦长的湖泊，因为地处错高乡，当地人都唤作错高湖。湖水顺着路边的一个一个村庄蜿蜒，湖水安静而清澈。湖面最开阔的地方，有一湖心小岛，岛上建有一个喇嘛庙。

为了拍日出，我们6点多就起床，步行到湖边的渡口上了小艇，在湖上驰骋，寻找观察日出的最佳点。清晨的湖很安静，我们小艇的马达突突地响，在平静的湖面划起一道道涟漪，凭湖迎风，意气风发。寻了半天，发现湖心小岛最边缘的一块岩石竟然是最早看得到日出的地方。事先打听过这个季节太阳出来的时间大约是早上7点半，只剩下十分钟不到。匆忙驱船到岸边抛锚登陆，一路小跑着到了那块石头上。

支开三脚架，旋上快装板，把摄像机架上云台开机，换上新磁带，相机开了镜头盖打开电源待命。才刚准备就绪，东面的山峰尖部已经变红，红色光芒很快辐射到整个天空，洒到湖面上的阳光是金色，和湖水一起轻轻荡漾着耀眼的光泽。两个山顶之中的凹陷部越来越亮，几秒钟的工夫，一个金色的圆球横空出世，冲破云层的阻隔跃到空中，一道耀眼的亮光顿时晃得人睁不开眼。

顷刻间朝阳的光辉洒遍湖面，所有东西都蒙上一层金色。太阳出来了。

然后才有心思打量这湖心的扎西岛和喇嘛庙。

很小的岛，建于唐代末年的错宗工巴寺是红教寺庙。岛上古树参天，树林中五色风马旗迎风飘扬。岛上有处水葬台遗址，现在已经不再使用，但是因为这个缘故，当地藏族是不吃鱼的，虽然巴松措盛产鲜美的湖鱼。湖水上漂浮着少许白色哈达，同行的当地朋友说，此处藏民有哈达沉底的风俗，若抛到湖里的哈达沉入水底，说明此人极有孝心，反之则是个不孝之徒。

靠西的一端有一条小路环岛一周，最终把我们引向岛中心的喇嘛庙。

错高湖

清晨8点的光景，轻轻推开大殿的铁门，伴随着吱嘎一声闷响，佛像、酥油灯、壁画等如同一幅画面扑入眼帘。喇嘛庙叫作错宗寺，供奉的是莲花生大师。左边的角落里全是经文，精美的经卷整齐地放在一格一格的木架子里，透着神圣和威严。阳光穿过木窗户的缝隙，斜射到大殿里来，无数个跳动的空气分子，淡淡的蓝色光柱笼罩着身披红色喇嘛服的阿尼。她们正在做早功课，身前的小桌上放着写满藏文的经书，一页一页地念，一张一张地翻。受其感染，我也到佛前双手合十而拜。诵读经文的悦耳声音流淌在空气里，愈发显出殿里的安静来，唯愿时光就此停留。

寺里的三个喇嘛住在大殿边上靠湖水的石头屋子里，邀请我们去喝酥油茶。青稞面里加酥油和奶粉还有白糖，酥油掺进去一起揉，然后团成小块，再放进嘴里。我学着喇嘛的样子拿一块尝，很香，比以往吃过的糌粑味道都合我的胃口，一口气吃了三块，就着碗里的滚烫酥油茶，才想起自己还没吃早饭。

庙里有个扎羊角辫的小姑娘，是被父母送到这里来过暑假的，尖尖的下巴大大的黑眼睛，抿着嘴巴看着我微笑。我们一起到屋外坐下，清晨的阳光撒在身上脸上，说不出的惬意。小姑娘和阿尼一起唱歌，用我听不懂的藏语。纵然不明白那语言，音乐的感染力却让我忍不住也想开口唱点儿什么。

渐渐人多了，开始有游客上岛。通往小岛的交通工具是木筏子，几块木板拼在一起，湖面上浮了一条钢缆，从路边系到岛上，摆渡的人上了筏子，有专人负责拉纤，借助拉动钢缆的惯性把筏子送到岛边的码头。阳光也毒辣起来。下了小岛，准备到湖对面的村子里转转。

前一日我们到过一个临湖的村子，因为当地生产木材，全部屋子都是木结构，和别的藏族村庄很不一样。这个村子还是当地藏香猪的生产基地，村子里四处可见猪妈妈带着一群小猪仔觅食。黑乎乎的小家伙看上去笨，行动却很敏捷，摇着细长打卷的小尾巴，在草垫子上移动着胖身子，模样可爱至极。我们沿着村庄的水稻田朝湖边走，许多座雪山把湖和村庄包裹其中，映衬着湛蓝的湖水，大片成熟的庄稼，田园美景美不胜收。夕阳把雪山顶峰变成了红色，底部仍然是浓重的青黛，近湖的树林剪影浮动在水面，湖水幽蓝。当时我以为这就是人间天堂。

没想到今天到的另外一个村子更让人吃惊。这个名叫错高的村子，在巴松措的湖尾。我们乘快艇穿过湖心，到达湖尾的岸边，泊了艇，沿着湖水徒步进村。一路是鲜美的草，许多马儿，有的立在齐膝的水中吃草喝水，有的卧在绿油油的草地上打盹儿，悠闲的样子羡慕死人了。它们不怕人，被惊动以后，抬头看看入侵者，并不逃走。一步三回头地看这些幸福的家伙，很快就到了错高村。

万万没有想到会在工布江达找到这样的村子。背靠的雪山触手可及，面临的湖水里漂浮着多色的野花，几群小猪在水草里散步，山坡上吱吱嘎嘎的水车。禁不住惊呼。

因为中午，村里几乎没有行人。我们都饿了，敲开一家院门，同行的藏族姑娘拉姆说明我们的来意，主人立刻热情地邀请我们进去做客。家里只有一个小女孩，她倒酥油茶给我们喝，拿面饼给我们吃。她把面饼撕成小块，放到柴火灶里烤。还有风干的猪肉，小家伙拿出把藏刀，割下一块肉丢进火里，准备烤熟了给我们吃。接着她架了铁锅在火上，给我们炒鸡蛋。用酥油炒鸡蛋，这在我还是头一遭。

拉姆说这是招待贵宾的待遇了。藏族的饮食并不讲究，平常吃的东西是糌粑酥油茶，还有饼，鸡蛋和猪肉普通日子是不会吃的。吃着从灰堆里刨出来的饼，咬一口流油的肥肉，夹一块喷香的炒鸡蛋，坐在火塘边的地板上就着酥油茶，感觉自己过的日子赛过神仙。

🚗 旅游小贴士

简介：每年藏历4月15日，也就是6月1日前后，当地人有转湖的风俗，错高湖有很明显的一条徒步小路，不会迷路，徒步旅行一般需两天，中途没有住宿的地方，只能自带野营装备。

沿度假村旁边的路继续向前15分钟的车程还有个结巴村，碧绿的错高湖一直延伸到村旁，村子依山傍水，在这里，你能感觉到原来远离喧嚣的尘世也是一种可遇不可求的幸福。

到达可在扭萨汽车东站乘坐拉萨至八一的巴士在巴河下车，再换乘面的到巴松措。

周边景点：秀巴古堡、巴结巨柏林、布久喇嘛林寺

羊卓雍错

羊卓雍错位于雅鲁藏布江南岸，在山南地区浪卡子县境内。如果从拉萨出发，

就会一路沿着雅鲁藏布江江岸而行，接着在那像蛇一般弯曲险峻的山路上向上爬山，在顶部的经幡飘扬的山口，一块碑石上赫然出现了"冈巴拉山—海拔4,850米"，一汪蓝蓝的、亮亮的湖泊毫不遮掩地展现在蓝天白云下。如果说纳木错是大家闺秀，那么羊卓雍错就是小家碧玉，以绝对的美色深藏在群山的怀抱里。

　　站在冈巴拉山山口，羊卓雍错安安静静、坦坦荡荡在你脚下铺天盖地而来。由于深浅和光源的变化，清澈的湖水呈现出层次丰富的各种蓝色，依傍着山根，在九曲十八弯里撒下一路柔情。

羊卓雍错

　　夏季，在明亮纯净的湖边，分布着大块大块亮丽的柠檬黄和深深浅浅的绿色块，因为距离太远了，分辨不出到底是青稞地，花丛，还是草地。蓝、黄、绿这些干干净净的大色块共同构筑了这一方世外桃源般的净土。冬天，那一片饱和的蓝色凝结起来，山川草地全染成了白色，好象到了童话世界里，雪山是晶莹的城堡，湖面成了仙女们散步的后花园。

　　晴朗的时候，明净的湖水泛着碧蓝的光，蓝天白云雪山把羊卓雍错衬托得分外妖媚动人；阴雨的时候，依旧清澈的羊卓雍错显露出一种更加深沉的蓝，无论乌云如何压下，湖水上方的天空总会挣扎出一抹亮光来，在与阴雨的争斗中慢慢扩大，直至让第一次到来的游客欣喜起来，才挂出一道彩虹。

　　游客一般只在湖畔北侧边缘擦肩而去，已经能领略羊卓雍错独有的景致，如果有时间，深入到羊卓雍错边沿和岛屿，或者是在浪卡子县住上一晚，这一高原湖泊会更加淋漓尽致地把它的魅力展现出来。

对羊卓雍错，一直情有独钟，每次到西藏，必定会去看望她。早几年，羊卓雍错的堤岸一直蔓延到浪卡子下的公路边，如今已退却不少，需要穿过大片野花烂漫的芳草地才能到达。把行囊在浪卡子安顿下来，时近黄昏。那成群的牛羊，正挤挤挨挨地向家而去。湖畔寂静下来，只有湖水有节奏地拍打着岸边紫色的花丛。视线中的天边，依旧是湖面，湖面上那块紫红的天空，亮丽的色彩慢慢退去。黯然下去的湖面变得光怪迷离，轻晃着，闪动着，游移着。

夜凉如水。静立湖边，心中一段凄美的往事在渐渐地沉入湖底安安心心地睡去。抬头望星空，几时见过如此闪亮，如此逼近，仿佛伸手可及的星河？不时可以见到美丽的流星划过夜空。风不知何时停驻，忽然看见点点滴滴的满盘星子坠落湖中，此时，天、湖合二为一，这份来自天上的奇景，给我独享，又如何承受得起！可每一次见到羊卓雍错，都倍感亲切，都如此心安理得地享受那份宁静祥和，仿佛我的前世都生活在这里，只是今生漂泊在外。

起风了，忽然记起那个为了梦中的橄榄树而流浪远方的三毛，居然凭着感觉可以在遥远的印第安人生活的偏僻山村，找到她心中熟悉的湖。

如果每个人的心中都有一片心湖，那么羊卓雍错就是我心停泊的地方。

🚗 旅游小贴士

简介：羊卓雍错在行政区域上属于山南地区的浪卡子县，但是很多游客都选择去日喀则地区旅游时取道这里。

牦牛皮筏是羊卓雍湖主要的交通工具之一，如果想上湖中岛屿，最好请一个当地导游，清晨风平浪静时，在湖畔点燃一小堆杂草升起白色的烟，便有岛上居民划着牦牛皮筏望烟而来，体味一下这种原始的召唤也很有意思。

到达：可从拉萨汽车站乘车前往。

周边景点：卡若拉冰川群、桑丁寺

赛里木湖

有人说，新疆有四大美人湖，其实这里出名的湖泊又岂止区区四个，新疆的水就是一位多面娇娃，有着变幻莫测喜怒无常的多张面孔。她时而展开喀纳斯那般绝世艳丽的容颜，时而冷酷高傲如天池水的雪寒冰封，时而是纯净无瑕的草原天鹅湖，时而轻轻一笑化作博斯腾湖畔一览浩渺烟波。可是，当她静下来的时候，当她低首凝思默默梳理少女情怀的时候，我想，凡是到过新疆的人，没有人能忘记赛里木湖那一刻的柔情似水。

蓝色，蓝色，接近赛里木湖的人们总是先为这抹色彩的震撼而感动，虽然看过了喀纳斯湖那样神秘出世的变幻之蓝，月亮湾畔倒映彩林斑斓，但是，它们似乎都没有赛里木湖蓝的这般沉静这般深邃，这般纯粹无瑕又通透自然，毫无遮掩，毫无借喻，就是这样大大方方坦坦荡荡铺现眼前，每一个路过的人却不禁为这般气度动容。

长途跋涉的班车驶入赛里木湖领域已是下午，阳光尚好，湖水安详静谧，几乎没有一丝波澜。牵马的维族小伙子殷勤地招揽游客，上山吧。其实已经过了旅游的旺季，天气有些凉了，湖畔经营帐篷和马匹租赁的人们正在做着今年生意的最后努力。是啊，该上山，赛里木湖虽美，也要周边的山峦草场交相映衬。

虽然已经不是盛夏碧翠荡漾的青山绿草，可是新疆的草原并不是内蒙古那般的一马平川，这里的草场随着山势起伏跌宕而逐渐打开视野的帷幕，山峦之中又夹杂着林木层层，给草原的深远开阔平添几许俊俏挺拔的身姿。策马扬鞭，豪情万丈，虽然草场有些枯黄了，可是游客稀少也还给了这片山林难得的宁静，开阔而清澈的视野中只有蓝天白云青山绿树相伴，一口气便奔到了山坡高处，勒马回眸，还是那抹蓝宝石般幽幽的湛蓝，只一眼，刚刚还飞奔激扬的心跳顷刻间平静了下来。站得高了，离得远了，那湖水的蓝更是泛出丝绒般柔亮的光泽，湖边一顶顶白色的蒙古包点缀其间，湖岸的线条曲折舒缓，倘若你站在湖边的时候还会被路上不断经过的汽车喇叭声惊扰，登上高山，这片景物终于尘埃落定，陷入了一种完美状态的遐思。

赛里木湖

　　马儿吃草，人在一旁席地而坐，马倌小伙子干脆躺在斜坡上酣然入睡了，讨生活的人也很不容易，现在正是伊斯兰的斋月，刚刚这个年轻的男孩子还在轻声说着，"我今天还没有吃饭呢"，太阳不落山是不能进食的，可是这样一个正是血气方刚年龄的小伙子，刚刚又翻山越岭消耗了不少体力，肚中空空如也当真也不好受，不知来自信仰的传奇能否带给他足够精神力量的支持。有羊群从坡下走上来了，白色的、黑色的、黑白相间的，有母羊带着小羊，规规矩矩地跟着队伍行进，只是陌生人一靠近，它们就躲闪了。发出咩咩的鸣叫，夹杂着赶羊人的鞭喝，还有游客们的嬉笑，给平淡的草原乐章增添上几个跳跃的音符。羊群走了，风却渐渐凉了，下山，去迎接今天的夕阳。

　　绝不应该错过赛里木湖的日出和日落，那是这片湖水吸取天地灵气滋养的精华风姿。今天并没有很绚烂的火烧云，天色只是渐渐地沉下太，但夕阳的霞光还是会在天际留下淡淡的红晕，即使太阳已经沉下山头，即使湖水已经看不清蓝色轮廓，那抹彩袖飞扬的红晕依旧迟迟不肯散去。游人都已经返回帐篷，寂静的湖边只有一个骑马的男孩子不断地来回折返，踏入湖边浅浅的水岸，荡起细碎的涟漪，哗啦哗啦，不知他是在和他的马儿嬉戏，还是在和这片湖水嬉戏。殊不知他自己也成为夕阳湖水下一个刻画生动的艺术剪影。

今天是个不一样的夜晚，今天竟是八月十五月圆中秋。没有月桂飘香，没有菊簪蟹咏，但是有赛里木湖的月色，这是一生中何等难得幸运的机缘。吃过一顿热气腾腾的纳仁，再走出蒙古包，月亮已经升上山头了，湖水暗下去了，天空却隐现出了深邃静默的蓝，映衬得月光愈加冷冽明亮。起风了，听得见一浪又一浪的水波声，不是惊涛拍岸，而是温柔浅浅。走在这样的夜里，这样的冷月当空，这样的湖水微澜，是不是有一些冥冥中未知的感悟迎面袭来，是否串起了一些关于前世今生的记忆。

相对于夕阳无限好，我也许更爱赛里木湖的朝霞。天色微明的时分，空气中还泛着清冷的气息，走在湖边，波浪的声音还是昨晚那样的轻盈，只是无形中多了一点升腾的期望。期望新的一天能抛开前尘旧梦的困扰，期望新的一天能鼓舞蒸蒸日上的激情。天边的彩霞已经晕染了远处山峦的剪影，有水鸟低飞而过，湖水的颜色一点一点地清亮起来，一点一点地舒展沉睡的眉目，还是日复一日不变的蓝色篇章，却又仿佛每日都有新的脱胎换骨。都说是黎明前的黑暗，可是在日出之前的朝霞却分明是最妩媚动人的，而霞光映衬下的赛里木湖就是那个刚刚晨起梳妆的少女，带着明媚的娇慵，缓缓展露柔美的笑颜。早起的游客拼命抢在第一道阳光从山后射出之前按下相机快门，捕捉下这份黎明破晓前未见光的深情。而一旦太阳露出了头，云霞涣散，湖水翻腾，光芒四射，真正的赛里木湖日出美景到此已经结束了。

我想，我与赛里木湖的约期竟是如此幸运完满，贪心地包揽了日出日落月色一样不落，她的宁静深敛娇美温柔尽入眼底，虽然之后也曾拜访了雪域高原的神湖风采，可是说到新疆，想起赛里木湖，还是情有独钟她那份柔情深湛的蓝。

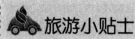 旅游小贴士

简介：湖畔在旺季有很多蒙古包帐篷旅馆可以住宿，尽量选远离交通主路的地方，否则夜里过路车会很吵。

赛里木湖的旅游季节主要在夏季，一般过了10月帐篷就全都搬走了，十一虽然还可以一游，但草原已经枯萎，不是最佳时节了。

坐班车要控制好时间，返回都是搭过路车，最好事先打探清楚。

湖畔四周的高山草场也很美，可骑马或徒步登山，到高处一览湖水美景。

到达：伊宁和博乐市有班车可达，从阿勒泰和奎屯方向开往伊宁的班车也会路过。

周边景点：果子沟

博斯腾湖

从乌鲁木齐出发，乘夜车翻过天山山脉，再换车来到这面浩渺的湖天一色的水域时，你一定会惊诧于这荒漠戈壁中有水则灵的秀美。天山雄姿影影绰绰倒映在碧蓝的博斯腾湖水面，竟也多出了几分婀娜和妩媚，就连诗人也会被激发出喷薄的灵感，把对大海才有的一份浪漫才情毫无保留地倾诉给博斯腾湖。

纯净的天山雪水融汇成1,200平方公里的浩瀚水域，如此大片的湖水对于古丝路上西域三十六国的人们而言，俨然就是一片汪洋大海。难怪博斯腾湖在古代被唤作"西海"，唐代甚至称作"鱼海"。此刻，初秋时节，翠苇碧水，雁鸣鸭欢，白色的天山雪峰映衬在天边，马儿在湖边悠闲地吃草饮水，完全使人忘记了这是站在中国最大的沙漠边缘。博斯腾，蒙古语的"站立"，这是巴音郭楞最大片的水，

这是新疆最大的"海",更是中国最大的内陆淡水湖。真没想到,博斯腾湖竟然占到了好几项"湖泊之最"。

我喜欢西海这个大气的名字。当赤足踩在湖边金黄柔软的沙滩上,我相信眼前就是一片美丽的海——中国最西端的"大海"。"雪融博湖芦莲,四色一体连天,游之消暑忘倦,居之世外桃源"不正是对博斯腾湖最真实的写照吗?对于动辄与干旱相联系的新疆大地而言,博斯腾湖显得弥足珍贵。它不是黄金腹地中的大海又是什么?

博斯腾湖

金沙滩,原本属于海滨的一个美丽名词,不曾想却出现在西域的博斯腾湖畔。如果只看局部的照片,你一定会误以为这里就是真正的海滩!也难怪金沙滩被誉为"新疆的夏威夷"。金色的沙子柔软细腻,蔚蓝的湖水碧波荡漾,夏季的金沙滩分明就是一处天然的浴场。这不是"海滨"又是什么?刚一走进金沙滩景区大门,远远地就能看见"东方夏威夷,和硕金沙滩"几个大字。放眼望去,游艇和摩托艇激起雪白的浪花,滑翔伞在空中自由翱翔,水中上下浮动着游人的各式泳姿,沙滩上的游客或休闲,或打着排球,完全一幅南国海滨浴场的生动景象。我被眼前的动感画面深深感染,迫不及待地加入游人欢动的行列。

来到莲花湖，水鸟在高高的芦苇荡中自由翻飞。一艘艘快艇，就像是一只只在水面滑翔的白色大鸟，转瞬消失在芦苇丛中。当快艇在湖水中冲起巨大的波浪，我已经完全忘记了自己竟是置身于西域新疆。若是赶在夏季，这片中国最大的野生莲花保护区里莲花盛开，朵朵出水芙蓉娇嫩欲滴，白鹭徜徉，群鱼游弋，好一个人间仙境般的生态乐园。它有湖一般的幽静，又有海一样的宽广，恐怕也只有在地广人稀的辽阔西域才会出现如此气派的大片湖泊。

相对于金沙滩和莲花湖，西海渔村只是博斯腾湖静谧的一角。它没有游人如织的热闹景象，却能独享碧水蓝天的悠然美景。一个小木楼、一座蒙古包、一条伸向湖中的码头，这就是渔村的全部。卸下行囊，脱掉鞋子，让奔波的双脚以最放松的形式踏上松软的沙滩。前景，随风荡漾的芦苇，中景，悠闲吃草的马儿和自由嬉水的白鹭，远景，天际线下若隐若现、如海市蜃楼般与白云连成一片的博格达峰。凡目力所及，处处堪称完美的取景构图，再好的相机此刻也显得多余，你要做的就只剩用眼睛和心灵心情地记录下这西域大海的美景。

🚗 旅游小贴士

简介：博斯腾湖水域浩大，通常来说，去博斯腾湖旅游只是一个泛指，具体已开发的景区则分为南岸和北岸两片景区线路。南岸景区包括莲花湖、阿洪口、扬水站、白鹭洲和湖中长堤等5个景点；北岸景区包括西海渔村、芦花港、银沙滩和金沙滩等4个景区。

购票进入莲花湖景区后，还必须乘快艇才能到达各个景点。船费标价较高，不过可以议价，快艇约几十元/人。

在金沙滩景区，夏季可以游泳。但一定要注意保护环境，不要以任何方式污染湖水。乘船游览时，无论是否擅长游泳，都一定要穿好救生衣。

到西海渔村看博斯腾湖的游人较少，相对更加清静。湖边有几家卖烧烤的小店，有烤虾、烤五道黑鱼等。

九寨沟

很久以前，有一个男神名字叫达戈，他强壮勇敢，勤劳善良，和一个名叫沃洛色嫫的女神深深相恋。有一天，达戈心血来潮用风来打磨月，想要做出一面宝镜来送给色嫫作为礼物。达戈磨啊磨，终于磨出了一面光华万千的宝镜，达戈欢天喜地捧着宝镜来见色嫫，色嫫非常喜欢，他们的感情更加深厚了。两人正在甜蜜之际，魔鬼歇幺因为嫉妒他们的恩爱和贪恋色嫫的美貌，施展妖法来抢色嫫。色嫫在挣扎中失手打碎了达戈磨制的宝镜，碎片混着色嫫的泪水掉下凡间，散落在了山林之间，化作一百多个美丽炫目的海子，这里就成了被誉为人间仙境和童话世界的九寨沟。

九寨的魔力也许就是因为达戈与色嫫的爱情，他们的真爱打动了上天，上天才赐给人间这样的美景。在爱情魔力的感召下，九寨的水也有了诗意，在长长的山谷里续写着神话。九寨的颜色也有了激情，不断在四季变换中碰出爱一样的火花。在缠绵的爱情故事中走入九寨，感受一下浮华之外的瑰丽、喧闹之外的宁静，不失为另一种人生机缘。

原始森林往往会成为九寨沟游览的第一站，在纯洁的空气和幽深的森林中游走一圈后可以远观剑岩悬泉，一条从500多米高的孤峰上垂直陨落的泉水，传说中这是女神沃洛色嫫在寻找男神达戈时留下的相思泪水。美丽的传说再次萦绕着绝世风景，看着天造的奇迹谁又会不感慨这段凄美的爱情呢?

从熊猫海经瀑布到五花海、孔雀河道是九寨沟的"黄金栈道"，移步换景非常美丽，不妨一走。往熊猫海瀑布方向走下去就算进入了这条"黄金栈道"，在声震幽谷的水声引导下来到瀑布的下方，一抬头能看见一条粗大的水柱轰然而下，大有击穿地层之势，这是九寨沟落差最大的瀑布。据说这挂飞涧不是常年都有的，冬季会断流，到了每年的6月27、28日必会从熊猫海跃出，应时而至很是奇妙。

九寨沟

随着流水继续前行，在略带水汽的林间漫步，呼吸着新鲜的空气，好像能把整个身体更换一新。当深呼吸得累了就已经来到五花海，这片被称为九寨沟最艳丽的海子还有两句诗文相颂："幽谷嵌磨镜，海底现蜃楼"。往湖底一看果不其然，色彩纷呈，实有五花之妙。大概是因为钙化沉积水底藻类和沉入水底植物的缘故吧! 五花海还有一个名字叫孔雀海，此名是源自它的形状。在栈道上面是看不见这只斑斓的孔雀的，要到公路上"老虎嘴"的观景台上才可以。细心的游人在湖边行走时肯定会发现时常出现在宣传资料里的"水中鳄鱼"，这是一段湖中央高出水面的枯木，与鳄鱼的长上腭相似，上面还生长着一小丛植物，植物的根须从露出水面的木头上往水中延伸，像极了鳄鱼的长牙。在五花海边可以不时地变换角度看这只"鳄鱼"，有充足的时间发挥想象。

长海是九寨沟最大的海子，在四周的山峰包围下真有海湾的感觉。岸边的一棵柏树沧桑横屹，一边枝叶挺拔，一边光如刀削，这正是九寨沟的名片式风景——长海独臂老人柏。传说中这是一个把九寨沟的百姓从恶魔手中拯救出来的老英雄，为了保护九寨沟的安宁仗剑屹立于此。沿阶梯下到"老英雄"的脚下，更亲近地到了长海边。以前还有伐木工传说这里在 20 世纪 80 年代曾有水中怪兽出没，不知谁有这个运气能再睹"湖怪"的尊容。没有了树和山的阻拦，静静的水蓝得更耀眼，长海比起其他海子除了瑰丽还有一番壮阔，更像一个俊美的少年将军。看到这片海，常山赵子龙、幽州俏罗成等人的故事全都涌上心头。

告别"老英雄"和"美将军"，走一段树丛中的下山栈道，在林间不怕人的小鸟和松鼠的陪伴下来到五彩池，池水美得让人瞠目结舌。传说这里是沃洛色嫫洗脸的地方，达戈每天从长海为她打水，色嫫洗下的胭脂染就了这一池五彩的水波。

容中尔甲歌里唱道："美丽的诺日朗，奔流向前方"，又一个九寨沟的招牌景点——诺日朗瀑布就在面前。这座高 25 米、宽 320 米的瀑布的雄浑气势在名字中就得以体现，藏语中诺日朗为男神的意思，也有雄伟高大之意。站上公路旁的观景台，整个瀑布和诺日朗群海尽收眼底。

从老虎海到树正寨这一段要尽量走着过去，不然会错过树正瀑布。隐约能听见瀑布流水声，随水声而去倒也洒脱，从老虎海流过来的水在这里遇到了深渊，全都奋不顾身地跳了下去，在摔得轰轰惨叫后又汇聚到了一起。走一段水边栈道，流水一路相伴。不知不觉来到了树正寨的下方——树正群海。海子上，一座水磨坊、一架横跨群海插满经幡的桥。古老的磨坊、五彩的经幡镶嵌在蓝如宝石的海子上，一幅"天堂藏家图"出现在了眼前。顺石阶上到树正寨的观景台能俯瞰树正群海全景。一排一排的灌木把海子分割成梯田状的小块，每个小海子之间还有小型的瀑布相连，难怪会得到"九寨沟缩影"的赞许。

到火花海后，火花海瀑布这两股永不交汇的流水首先进入视线，它们又被叫作"相思瀑"。闻此名让人觉得有一些淡淡的哀愁，是否是被恶魔抢去的色嫫与达戈长相思却永远不能相见了呢？但是火花海又是两人一见钟情的地方，擦出爱的火花的地方。难道说宿命在两人相识之日起就注定了是以悲剧收场？火花海不但是达戈和色嫫爱情故事的演绎场，也还是九寨沟的功臣。据说在 1992 年申报世界自然遗产时，这里曾上演了一幅折服评审专家官员的戏剧。故事的大概是这样的：评审官员第一次进沟时天公不作美，一直下着雨，当来到火花海时天空突然放晴，一挂彩虹横架天穹，满湖碧水泛起涟漪，在阳光下金光闪闪，好似火花万朵，众官员顿时不约而同纷纷跪下顶礼膜拜。

芦苇海是来时看见的第一个海子，随风飞舞的芦苇在水中摇摆起伏，好像与游人道别。芦苇海在秋天时是别有风味的，白白的苇花立在黄里透红的苇秆之上，一大片一大片的芦苇丛间流淌着蔚蓝的水，泛舟荡漾其间定是另一番景象。起于斯终于斯，回到盆景滩。那里生长于水中的植物，高的有各种树木，矮的是各种灌木，这些精灵还在淙淙水流的冲刷中舞蹈，或许是九寨的植物具有特殊的生命力吧。

🚙 **旅游小贴士**

简介：九寨沟景区主要由三条沟组成：日则沟、则查洼沟、树正沟。另外一条扎如沟是后开发的线路，主要为人文景观，从中可以了解藏族的风俗民情。

要早起奔赴景区，最好能在七点左右上景区的环保观光车，第一站一般会把游客送往日则沟的最顶端——原始森林，游览日则沟，然后下到诺日朗中心站，到达中心站的时间以午前十一点为宜，然后转车到则查洼沟顶端，游览长海、五彩池，可在长海吃点自带的干粮。下午一点到两点回到诺日朗中心站，坐下行线的车游玩树正沟，下午五六点出沟。如有剩余时间可以到扎如沟一游。

九寨沟沟口基本都是酒店，主要的聚集点有三个：漳扎、龙康、彭丰。在旺季前往时要提前预订好房间。

到达：从成都新南门车站或茶店子长途车站乘坐长途班车可到。

周边景点：黄龙、牟尼沟、神仙池

神仙池

　　神仙池终年躺在原始森林的怀抱之中，从未被人类的喧嚣所打扰。这里在没有开发出来之前经常能见到熊猫、雪豹的"芳踪"，即使是开发之后，神仙池箭竹林里的小鸟、松鼠都不惧怕游人。

　　也许旅人最乐于寻找美景，这也可能是人类崇尚大自然的一种表现，特别是对一些附带有神话色彩的地方更是从古至今乐此不疲。神仙池虽然不在汉族文化的神话传统之中，也不如《山海经》《镜花缘》等玄幻经典故事表现得那么宏大怪异，

神仙池

但实实在在地可以算在仙女传说的外围。神仙池是当地传说中天上仙女沐浴的地方。至于是哪位仙女？怎么会选择此处？为什么沐浴？没有个缘由。神仙池的传说也是和董永与七仙女一样从沐浴开始的，唯一不足的是没有发展出牛郎与织女这种

悲悲切切流传千古的下文。

　　前往神仙池，首先要到位于距离九寨沟沟口 20 公里左右的神仙池游人接待中心。接待中心建在一座山的半山腰，全木质的建筑显得十分豪华。对面的山脚下，有一座朴素的小村子，山下林中，鸡犬相闻，很有世外桃源的田园美色，这就是上寺寨。

　　从上寺寨出发就开始了进山的路，寨子和神仙池隔着一座大山，山路从此蜿蜒盘旋，上上下下直到景区入口。路两旁的森林明显比九寨沟一线原始许多，以前大规模的砍伐还未曾毁到这边。随着汽车的爬升，车窗外的植被也在不断发生变化，山脚下还是高大的杉树，越往上走植物越低矮，在快要到达最高的垭口时，出现了成片的高山杜鹃，这种羌族叫作羊角花的美丽高山植物是尔玛（羌族人的自称）的爱情花，羌族姑娘所穿的传统羌袍上到处都有它的影子。

　　通往景区的入口是一座横架在河上的廊桥，廊桥上拉着许多祈福的风马旗。走过廊桥，一条栈道在箭竹丛中伸向山坡。随林间小道一路爬升，眼前豁然开朗，出现一片金黄。乍一看起来很像黄龙洗身洞的那一面钙化挂壁，这上面也有一个叫水帘洞的小洞，也许这里在亿万年前的冰河纪也是冰山的出水口吧。这一面挂壁和黄龙的如此相似，上面一定也有钙化滩涂了。

　　果不出所料，水帘洞之上确实有一片和黄龙的金沙铺地相似的钙化滩涂，不过规模更小，坡度更陡。水波像是浪涌一般一个接着一个从高处往下打，在钙化滩涂上好似浓稠的金汁缓慢流淌。这个景点的名字叫作金银滩，最佳景致要在积雪未化时才能看见。积雪覆盖下的金银滩一半有雪，一半流水，太阳照耀下滩涂和白雪都闪闪发光，仿佛一半是金一半是银。

　　按照黄龙的路线，过了金银滩就该是彩池群，这里的彩池群只有一组，干脆就叫"瑶池"。神仙池彩池虽然规模不及黄龙，但浓缩了黄龙彩池的所有优势。无论是碧水还是池形都与前者相同，就连池中有树、池中套池都如同孪生，难怪让人觉得神仙池集九寨与黄龙之长，缩海子与彩池之妙。

　　彩池的上方即是高山湖泊。这在看过了九寨和黄龙的人看来不得不说十分稀奇，因为九寨沟内连结海子与海子之间的是瀑布，黄龙内连结彩池与彩池的是钙化滩涂。而神仙池则独特地为海子连彩池，彩池连海子。瑶池上的第一个海子是青龙海，与九寨沟的双龙海、卧龙海一样是由湖底的一条钙化埂而得名，这里的海子比较小巧，能够一眼遍望整个湖面，不会留下什么遗憾。

顺栈道再接再厉更上一层就是莲台彩池，这个介于彩池与海子之间的湖泊说起来是个四不像。说是海子，它的周围有明显的钙化埂，面积也不是那么宽广；说是彩池，它的深度能达到几米，又比一般的彩池大出好几号。把它叫作莲台彩池确实是神形兼备、恰如其分。

莲台彩池的上面就是这个景区的最大噱头——仙女池，想来这里就是开篇提到的传说中仙女沐浴之处。这是一湾面积很大的彩池，在彩池的中间突出一块形似坐凳的钙化平台，水中有一株不知倒伏了多少年的枯木，已经被钙化沉积物装饰得像一块巨大的珊瑚。虽然没有任何关于仙女如何沐浴的故事，但一窥便知在这个故事里那块平台是沐浴时落座之处，水中的树珊瑚是沐浴时消遣之物。

仙女池过后的神蛙海应该是神仙池最大的海子，也是最鲜艳多彩的海子，连海子中倒伏的树珊瑚也是最大的。到了夏日时节，附近生活的各种蛙类都会到此集体繁殖，届时雄蛙吸引配偶的叫声将此起彼伏。

再向上就到了景区的最高处——摸佛洞。这个洞被密密匝匝一层又一层的经幡所覆盖，由此可见它在当地藏族人中的地位。摸佛洞其实是几棵树下的山壁上一条形如女阴的石缝，当地藏族同胞认为摸一摸这条石缝可以保佑六畜兴旺，一家大小身体健康。如果从宗教信仰的角度来看，这是藏族群众信仰的本教流传下来的原始生殖崇拜。

🚗 旅游小贴士

简介：神仙池游览时间为一天，游览路线为：从住宿点出发—神仙池游人接待中心—乘坐观光车到达景点—在解说员的陪同下游览景区—到景区入口的游人休息大厅（翠苑餐厅）用午餐—乘车返回神仙池游人接待中心——回到住宿点。

神仙池是一个孤独深入的景区，与外界的联系只能靠观光车，景区附近没有任何住宿点。游客可住在九寨沟，由观光车接送。神仙池游人接待中心距离九寨沟口20公里左右。

到达：从成都新南门车站或茶店子长途车站乘坐长途班车到九寨沟后转车可到。

周边景点：九寨沟、黄龙、牟尼沟

西湖

几乎所有的游客，千里迢迢来到杭州，都是为了一睹梦中的"人间天堂"。而西湖，就是这"人间天堂"的核心所在。西湖并非古来即有，两千多年前这里还只是一处浅海湾，因各种原因湾口堵塞而形成湖泊，这样的湖泊比比皆是。后人为了治理水患而筑堤掏滩，为了改善景观而堆岛建园，于是有了苏堤、白堤、湖心三岛，成了一处城市园林。宋代大文豪苏东坡曾这么写道："天下西湖三十六，就中最好是杭州。"如果说人工的营造还只是给美人披上了一件漂亮的衣裳，那历朝历代的歌咏吟唱就是赋予了她高雅的灵魂。

靠近市区的湖滨一带是观赏西湖秀色的佳处，昔日的南宋国都，就依偎在这西子湖畔。如今城已不存，故址上满是现代建筑，只余下清波门、涌金门、钱塘门等一个个古老的名字。漫步湖滨，沿岸杨柳依依，路旁树木葱茏，在湖与城之间筑就了一道绿色的城墙。放眼望去，湖中三岛历历在目，苏堤白堤杨柳依依，南北高峰相对而立，保俶雷峰双塔并峙，湖光山色一览无余。西湖之美，也许只有当你身临其境，才能深切感受得到。

乘坐游船到达最大的一座湖心岛上，发觉远望浑然一体的岛内原来别有洞天。

这座明万历年间用疏浚湖泊的葑泥堆成的小岛，只筑了外围环形堤埂，后又在中间以桥和堤构成十字形的通道，形成一个"田"字形的格局。岛内隔成四个小湖，湖中有岛，岛中又有湖，可谓独具匠心。岛上建筑主要集中在南北轴线之上，从北面的先贤祠起，走过九曲桥和竹径通幽，经岛心的迎翠轩、木香榭、花鸟厅，再过御碑亭到我心相印亭，这里就是观赏西湖十景之一的"三潭印月"的最佳所在。三座葫芦形小塔排列成等边三角形状，犹如悬浮于水上一般。据说原意是为防止西湖淤塞而立，规定三塔之内不许种藕。但自北宋建塔之时起，就成了赏月的圣地。每逢月夜在塔内点上蜡烛，烛影月影交织，"烟笼秋水月笼纱"的诗般意境就跃现眼前了。

一般都以为，白堤是白居易在杭州为官时修筑的。但此说有不少的异议，认为

杭州西湖

白堤的历史甚或在更早以前。不管如何，白居易有诗云"最爱湖东行不足，绿杨荫里白沙堤"之句，也足见他对白堤的深情。白堤上最为引人注目之处，当属断桥无疑了，而这都要归功于许仙和白娘子"断桥相会"的故事。断桥其实并不断，原来也不叫断桥，早在一千多年前的唐代，它就已经存在了，现桥建于民国时期。据说每每冬天雪后，桥中间的雪先融化了而两边还留有残雪，看起来像断了一样，因此

后来就更名为断桥，"断桥残雪"也就成了西湖十景之一。除此以外，其实白堤上还有另一座外观相差无几的桥梁——锦带桥，却大都为人所忽略了。

苏堤是苏东坡在杭州为官时所筑，当是没有什么疑问的了。这条全长近三公里的湖堤，南起南屏山麓，北至栖霞岭下，如长虹一般横贯于西湖的西侧。堤身是利用疏浚西湖挖出的葑泥筑成，原是一项造福百姓的水利工程，只是也许连他自己也从未想到，自建成后就深受人们喜爱，到南宋时"苏堤春晓"已是西湖十景之首。

早春之际，漫步走过种满香樟树的林荫小道，两旁的桃花争奇斗艳，犹如置身花海。除了桃花，苏堤上还栽有玉兰、樱花、芙蓉、木槿等多种花木，一年四季，姹紫嫣红。跨过静卧的跨虹、东浦、压堤、望山、锁澜、映波六桥，湖山胜迹移步景移，多姿多彩。那位酷爱肆意仿造的乾隆皇帝，当然也没放过如此美景，北京颐和园昆明湖里的西堤，就是以此为蓝本，就连西堤上的六桥，也是依葫芦画瓢一般模仿了过去。只是后者的名气，却只限于皇家了。

孤山是西湖中唯一天然形成的小山，山不高大也没什么神仙，但却因文物荟萃而名，其中最重要的当为文澜阁，这是清乾隆皇帝为珍藏《四库全书》而建的七大藏书阁之一。阁体仿宁波天一阁形式，建在一处江南园林式庭院之内，阁前有假山叠石、亭榭流水。原本这是一处皇家禁地，太平天国第二次攻占杭州时阁身倒塌，却有一部分图书侥幸留存下来，流散民间。后光绪年间文澜阁得以重建，图书也重新藏入阁内，成为江南三阁中唯一留存的一座。今天这些珍贵的文物已安家在旁边新建的浙江省博物馆内，文澜阁也作为博物馆的一部分开放。

浙江省博物馆不仅仅有文澜阁的藏书，更是以河姆渡的陶器、良渚的玉器、越国的青铜器和南宋的瓷器见称。仿古园林式的现代大楼内，珍藏的可大都是数千年前的珍贵文物，分为历史文物馆、青瓷馆、书画馆、钱币馆、工艺馆、礼品馆、吕霞光艺术馆、常书鸿美术馆、明清家具馆、精品馆等十个展馆，藏品多达十万余件。流连于其中，仿佛在历史长河中游走，一日而历经数千年。

在西湖南岸一座叫雷峰的小山上，原来矗立着一座雷峰塔，与北岸的保俶塔遥相呼应，呈现出"一湖映双塔，南北相对峙"的景致。传说它下面压的是白蛇娘子，直到1924年的一天，雷峰塔轰然倒塌了，雷峰也从那时候起被改称为夕照山。

鲁迅先生曾撰文叫好，因为白蛇娘子终于摆脱束缚了。然而从文物和建筑的角度而言，这却是一个很大的损失。事隔七十多年，一直冷清的遗址却又重新吸引了人们的目光，雷峰塔的地宫重现天日了。白蛇娘子的踪迹没有发现，却出土了一大批珍贵的文物，令世人惊叹。如今，用现代钢筋玻璃筑就的塔身又重新矗立起来，虽然它已经和原来的古塔大不一样了，但是，西湖十景之一的"雷峰夕照"毕竟又重现了。

千万不要只把雷峰塔当成是一个崭新的人造景点，其实它还是一处重要的历史遗址、一座珍贵文物的陈列馆，同时也是西湖的一个很好的观景平台。新雷峰塔是仿照南宋画家李嵩《西湖图》中所建，每层四壁陈列着各式现代工艺作品，出塔檐之外可尽览西湖胜景和杭州市貌。现代化的塔身之下，就是原雷峰塔的地宫遗址，正中的地宫离得较远看不真切，但四条通道却是清晰可见，虽然只是一堆残砖和泥土，却是历史的真实见证。

🚗 旅游小贴士

简介：游览西湖可以有各种各样的方式，取决于你期望如何的享受。如果只想尽情陶醉于这湖光山色之中，可以泛舟湖上从黎明划到日暮；如果满足于匆匆地掠过一下西湖的轻纱，可以坐上电瓶车沿路走马观花；如果希望自由自在地领略风光的绮旎，可以租辆自行车边骑边看；如果不甘心放过每一个细节，也可以沿着河岸随心漫步；又或者，你还可以有更多新颖独特乃至匪夷所思的想法。

虽说春天是西湖最美的季节，这时候苏堤上的桃花正争相绽放，还可去龙井村品茶。但夏天有曲院风荷，秋天有平湖秋月，冬天有断桥残雪，出游的季节选择，对杭州似乎并不是一个很大的问题。

到达：在杭州市区乘坐多路公交车都可到达。

周边景点：灵隐寺、虎跑泉、龙井村

镜泊湖

　　火山爆发或地震运动造就了堰塞湖奇观，这种突发而至隔断扭曲了某种自然状态而形成的地质现象，反而在不经意间成全了很多人力难以企及的湖泊美景。长白山天池、巴松错、五大连池、叠溪海子，无不如此，而这中间更有一个世界之最，镜泊湖被公认为世界最大的火山熔岩堰塞湖。

　　一万年前的火山喷发阻塞了牡丹江河道，形成了一片90多平方公里的火山熔岩堰塞湖泊，这就是今天镜泊湖的雏形。呼尔金海、忽汗海、毕尔腾湖，这都是镜泊湖曾经的名字，清平如镜，清平如镜，传说中无非又是哪位女神失手遗落了宝镜，却难得跌落人间还能保留得如此完整平静。

镜泊湖

　　步入镜泊湖景区，呼吸中先透入了一丝清新的湿凉气息。未见湖岸，先闻水声。"飞落千堆雪，雷鸣万里秋；深潭霞飞雾漫，更有露浸岸秀"，这样的诗句咏颂的乃是吊水楼瀑布。熔岩堤坝阻塞了江水而形成湖泊，而堤坝之上跌落的湖水在25米高度落差之中又打造出了一条气势喷薄的瀑布巨流。两侧悬崖峭壁，三面溢水，幅宽达百余米，声势磅礴，最后跌入一片黑色玄武岩所呈环状的落水深潭。正是夏季雨水丰厚的时节，瀑布的水声轰响如雷，飞落之下腾起团团白雾水花，而周边树木还是碧翠葱郁，偶有野花绽放点缀其间，秀美婉丽的自然景致给野性难驯的瀑布激流增添了几许侠骨柔肠。

与湖水接触的第一印象就是这片湖泊的范围太广阔了，早已超越了心目中熟识的关于"湖"的概念。由于本是江水受到阻塞，所以镜泊湖并非传统湖泊的圆形，而是如一条大江奔流而去，有岛屿山峦点缀其间，烟波浩渺，一望无垠。而这片湖水之所以这般风平浪静，也并非来自神女宝镜的魔力，只是因为它所在的地段处于全年风力的最低点，夏季平均最大风速也只有每秒一米左右，而全年有30%以上的时间里，是根本没有风的。没有风力眷顾的湖水，自然无法轻易泛起波澜，于是镜泊湖安享着这份与世无争的从容淡泊，岁月静好。

在等待游船的时间空隙里，先去拜访一下湖边的鱼馆。镜泊盛产"湖鲫"，肉质细嫩鲜美，曾作为皇室的贡品。更有鳌花鱼、湖鲤、白鲢、红尾等四十多个品种，来一场奢华的鱼宴自是不虚此行。

游湖的大船起航了，船行水面滑过的圈圈涟漪终于给平静的镜泊湖掀起了波澜。站在二层桅栏前极目眺望，淡蓝色的湖水和远天的色彩合为一体，周边山峦青翠，错落有致的湖岸别墅成为这片山川美景的最佳点缀。

穿越珍珠门，这是镜泊湖最狭窄的一处航道，两座小岛分列左右，相距只有十米。十米啊，思索间大船转眼已冲过隧道乘风而去，转头回望，渐行渐远间两座小岛宛如两颗撒落湖面的珍珠，又如晨曦间浮动于绿叶上的两滴露水，晶莹圆润，小巧别致。

大孤山，小孤山，都是地壳运动后留下的花岗岩残块，在堰塞湖水的浸润下逐渐改头换面成为如今绿树葱茏的水上岛屿，大孤山气势雄奇，小孤山婉约精致，为这片壮阔无垠的"湖光"添上几分"山色"。

路过白石碰子，"碰子"是一种当地方言，意思就是山顶上的大岩石。白石碰子本来是三座并立的石峰，在漫山绿荫覆盖中竟然独独漏过了一侧，眼前呈现一片白色山体，却并不是岩石本来的颜色，而是长年不断积蓄于此的白色鸟粪，久而久之形成了这独具特色的白石碰子。谁能想到鸟粪也能成为风景的一分子，而它又确实是功不可没。

城墙碰子，却是一处唐代渤海时期的山城遗址，曾为屯兵重地，地势险要，可扼控整个湖区。千年光阴流逝，城垣的轮廓犹在，叠砌结构清晰，虽然荒废了零落了，历史却又如何能够遗忘！

道士山、毛工山、老鸹碰子、鹿苑岛，两个小时的游程不知不觉中已经走向终点，可是，还没有吹够那拂面温柔的和风，还没有看够那波光粼粼湖水的涟漪，一个小女孩指着湖边那些有着私家游艇码头的别墅群，央求她的父母："我们也去那里住几天吧"。是啊，那样独享镜泊湖一隅风光，小住怡情，才是真正的逍遥度假之旅吧。只是，这一次我与这样的时光擦肩无缘。

后来看到一些关于镜泊湖门票和船票价格过高的投诉，其实，对于匆匆一日游的过客来说，全程接触湖景的时间也不过那短短 2 个小时，仅仅惊鸿一瞥很难深切感受其中的美，自然也就会觉得花费的性价比严重不符。为什么湖岸边建了那么多高低错落的别墅宾馆疗养院呢，还是要留住时光，还是要静下心来小住几日，也许根本不用游船，也许只是登上某座小山眺望湖面，也许只是沿着湖岸迷人的曲线漫步而行，任何美丽的风景都需要平心静气地亲密接触，交付时间与耐心，方才能得到丰美难忘的回报。某种旅游方式的错并不是镜泊湖的错。

后来，我走到了镜泊乡的某个小村，原来这里一样还是镜泊湖的水域范围，一样的湖光浩渺水色潋滟，少了精致的湖岸线别墅群豪华游船，多了朴素的农家旅馆和简陋的小渔船。不需要再为风景买单，更能无偿享受一份真实而质朴的乡野田园妙趣。这时候，再走近镜泊湖，在日出日落潮起潮涌之间，隐隐然又是另外一番风情在心头了。

旅游小贴士

简介：镜泊湖景区的标准行程一日游就可以了，但那样只是很匆忙地游览，如果想要体会镜泊湖更深邃的美，还是在湖边找一个位置好的宾馆住下来，能够更好地亲近自然。

游船有不同路线，有全程和半程之分，全程行程两个多小时，但线路的选择并不完全由游客来决定，售票处是每条船凑人数来售票的，一般需要等待。

景区里面住宿的宾馆很多，各种档次都有，北门外也有很多宾馆旅社，相对来讲价格更实惠。吃鱼的饭馆价格都偏高，而且价格要事先问好，以免造成纠纷。

如乘坐到敦化的班车，中途在镜泊乡下车，那里也是镜泊湖边的小村，风景更加纯朴天然。找一家农家旅馆悠闲的呆上几日，品尝农家鱼鲜，也很逍遥自在。

到达：可先乘坐火车或者汽车到达牡丹江市，牡丹江市有发往镜泊湖的班车。

周边景点：渤海国上京龙泉府遗址、兴凯湖、珍宝岛、长白山

千岛湖

千岛湖是自然造化和人工智慧的产物，多姿多彩的山峦和岛屿耸峙在湖面，形成了 1，078 个岛屿，整个湖面又分中心、东南、西北、西南、东北五个各具特色的湖区。至于要说千岛湖最具特色的资源，当数"千岛秀水"和"千顷森林"。千岛湖平均水深 34 米，水质澄清，透明度在 7 米左右，农夫山泉就是取自千岛湖。

观之百丈见鳞，品之有点甜，泳之如佳人肌肤相亲，单就这一湖秀水，就足以令人骄傲。在千岛湖景区内，除了一眼碧水，驰目所及还有绿色的岛，绿色的树，郁郁葱葱的树木成了岛上的绿肺，整个湖区成为天然大氧吧。入夜，清风袭来，微波不兴，带给游人的又是一支远离尘嚣的"绿岛小夜曲"。

梅峰观岛是纵览千岛最佳处，素有"不上梅峰观岛，不识千岛真面目"之说。关于"梅峰"得名的原因，一说是在千岛湖没有形成之前，这座山峰被五座小山丘环绕，似一朵盛开的梅花；另一说，以前这座山峰上遍布着许多野生的柳叶蜡梅，故而得名。如今，作为旅游景点，梅峰现有人工栽种的各种梅树五千多株，每当梅花盛开之际，这里便成为千岛湖的赏梅胜地。观赏梅峰胜景，必须要走一段山路，大概半个小时的路程，你也可以选择坐轿子或者索道。到了山顶，有一个很平坦的观景台，游人争相在此留影。在此处远眺千岛湖区，只见众多岛屿高低错落，青山

千岛湖

绿水，蓝天白云，静中有动，变幻多端，韵味无穷。在平台下面有一间茶室，可以在里面品茗赏景，人少时感觉很好。此外，从梅峰下来有条"旱草滑道"，游人可以乘坐滑车，从30度左右的陡坡高处滑下，十分刺激。

龙山岛是为纪念南宋年间淳安人方逢辰高中状元而得名的。方逢辰号"蛟峰"，

蛟为蛟龙，峰系山峰。刚上龙山岛就见一"龙山"牌坊矗立眼前，这是当年皇帝所赐，现在重新修建的。在牌坊后面有三级平台，每级平台分别矗立着两根粗大的龙柱，共六根，寓意好事成双、六六大顺。龙山的石峡书院人才辈出，龙柱的树立也就有了双重含义：一是表示状元及第恰似身登龙门；二来龙绕大柱寓意栋梁之材，从而恰如其分地向人们道出了"石峡书院活龙山"的深刻寓意。石峡书院是以前方逢辰讲学的地方，书院由一厅一堂（书院学堂）一祠（先贤祠）两斋（复礼斋、居人斋）组成。

此外，龙山岛还重新修建了海瑞祠和以前朱熹所作诗《咏方塘》中的半亩方塘。海瑞祠是龙山岛的精华所在，祠堂中的八幅木雕壁画堪称一绝，分别描绘了海瑞徒步上任、制定耗银、巧分田水、为民背纤、大堂题词、怒责富绅、平反冤案。为母祝寿的八个场景，可以说是对海瑞崇高品德的高度概括和总结。每个壁画都有一段美丽的故事，有兴趣的不妨好好听听导游的讲解。龙山上还有一座钟楼，钟楼顶悬有一只大铁钟，相传铸于宋代，距今已有一千多年的历史了，钟楼也是个观景的好地方。

千岛湖良好的生态环境极其适合森林动物的繁衍生长，在原有猴岛、神龙岛（蛇岛）、孔雀园的基础上，三潭岛动物系列景点蛇园和鹿园也已经开放了，其中尤以三潭岛的面积最大。三潭岛是因为原先山下有三个泉水潭而得名，景区体现了人与自然山水环境、动物以及山越文化的有机结合。在三潭岛上有一个生态蛇园，分水蛇池、蝮蛇池和毒蛇池，夏天，人一走过去还可能会遇见蛇，甚至被蛇缠住，不过这些放生在外面的蛇都是无毒蛇。三潭岛上还有天鹅湖、鹿苑等动物生态区、在山越茶庄有时还会有山越麻绣制作表演。

羡山是一个半岛景区，这里山势陡峭，岩溶地貌景观丰富，经过多年的建设，羡山成为千岛湖有名的花木、水果、茶叶基地。满山满坡的果树，春有杨梅、枇杷，夏有葡萄、梨头，秋有柑橘、文旦、胡柚等，一年四季空气清新，水果不断，成为名副其实的"花果山"。此外岛上还有虎穴、情人峡、将军帽等景点。

蜜山岛充满禅味，山顶有一座蜜山禅寺，"三个和尚没水吃"的故事就发生在那里，在半山腰处还为此建有一六角形的佛塔，为三个和尚圆寂的地方。有人曾以

"碧湖青山藏古寺"来形容蜜山岛，的确，自古以来蜜山就是一处佛教圣地，近年来又经过大规模的治理，如今已成为一座独具神韵的湖上仙苑。

桂花岛是千岛湖诸岛中唯一以花命名的一座岛，因岛上野生桂花丛生，所以给它取了如此动听的名字。花开时节，桂子飘香，故有"桂枝别样情意浓"的美誉。岛上的地质是碳酸钙经过亿万年雨水侵蚀而成的喀斯特地貌，形成了惟妙惟肖的乌龙出水、蟾宫仙坞、通天石门、群羊戏耍等景观，另外这里的水下石景更为离奇，有"水下石林"之称。

从地理位置上看，千岛湖并不属于古徽州地区，不过千岛湖湖水下的淳安古城正是新安文化的中心，而新安文化是徽学的一个分支，加上徽州母亲河——新安江将千岛湖和徽州地区一衣带水般地维系在了一起，正是美丽的千岛湖，才有了徽商的繁荣，才给了徽州更多接纳吸收外界文化的机会，所以说，她应该享有徽州的一切荣耀和历史。

🚗 旅游小贴士

简介：在千岛湖可乘坐游船去各个岛屿，游船的选择方式很多，你可以选择不同的航线进行游玩。仅仅逛岛也太无趣了，夏季千岛湖的温馨岛会推出很多水上娱乐项目，水上自行车、水上摩托艇、水上降落伞，总有一项你会喜欢的。玩累了，在岛上的小木屋住上一夜，吹吹凉风，你一定会感慨生活是多么美好。

在千岛湖吃鱼已经成了当地的特色旅游项目，镇上最有名的当属入选中国名餐馆的"鱼味馆"了，常有杭州市区的朋友开车来此一品鲜美的"千岛鱼头煲"。

到达：可走徽千高速公路抵达千岛胡，从歙县的深渡港到千岛湖镇每天都有班船。

周边景点：渔梁古坝、棠樾牌坊群、唐模、潜口、呈坎

瘦西湖

瘦西湖与其说是一个湖，不如说是一条稍宽的河道。其实它原本就是河道的一段，在此转了几个直角的弯，形成了一个折尺形，南边与扬州护城河相接，北面则通往蜀冈。据说当年开凿河道时，怕堤岸不稳，在河岸遍植柳树。隋炀帝下扬州时，赐柳树与其同姓，于是便称"杨柳"。后世不断在湖边兴建亭台楼阁，尤其在清初康熙、乾隆南巡时达到极致，于是有了"两堤花柳全依水，一路楼台直到山"的秀美景观。

今天运河船只已不再由此经过，湖区之内也不再有皇家禁苑。十里湖堤尽可供游人尽情漫步，古式画舫也成了水上巡游的工具。从当年的御码头起步，沿曲折的湖中水道，可以直达北面的蜀冈大明寺之下。沿途杨柳依依、水波粼粼、亭阁耸峙、塔桥映衬，令人陶醉，难怪当年皇帝之尊也要屡次流连于此。

瘦西湖

在瘦西湖南大门的东侧，有一座三孔低坡石拱桥，名叫虹桥，是瘦西湖名景之一。

进园门向北，左边路旁是桃林片片，右边堤岸是杨柳成排。每年春季，桃红柳绿的时候，是最为烂漫的景致，所谓"长堤春柳"。堤北端转角处建有一园名徐园，园子不大，但结构得体，穿过月洞园门，中心一叶荷塘，北面是园主体春草池塘吟榭，旁有听鹂馆，馆前两具铁镬据说是南朝梁时遗物。徐园前过东侧春波桥原来是清康乾时期的趣园，园久已荒废，20 世纪 60 年代于旧址建楼，称"四桥烟雨"楼。

小金山在徐园北对岸，是由开挖莲花埂新河的泥土堆积而成，那时满岭遍植梅花，称"梅岭春深"。现建筑是清光绪时重建。

小金山西部，有一片长渚直伸湖心，一座重檐四角亭立于渚尖之上，从亭之西、南两个月洞门望去，五亭桥和白塔分别收于其内，三景合一，是瘦西湖的著名小景。

五亭桥是瘦西湖的标志，位于湖区的正中心，连接南北两岸。桥的造型独特，中间圆拱之上建有重檐小亭，四角小拱又伴有四座小亭映衬，故名"五亭桥"。因形状像一朵盛开的莲花，所以又称莲花桥。五座亭子一色的黄瓦顶，立于青石筑就的桥体之上，借鉴北京北海琼岛春荫之景，却又因地制宜另辟蹊径，乾隆南巡时大为赞赏。据说当年乾隆皇帝曾感言可惜少了一座白塔，第二天桥南岛上就出现了一座白色喇嘛塔，原来是当地盐商连夜用盐堆就。盐做的塔当然不可能竖立那么久，这座白色喇嘛塔其实是用砖建成，因位于莲性寺内而名莲性寺塔。"白塔晴云"，原也是瘦西湖二十四景之一。

"二十四桥明月夜，玉人何处教吹箫"是晚唐诗人杜牧的名句，但二十四桥到底所指为何，却一直没有定论。新建的二十四桥为单孔石拱桥，东有九曲桥连接重檐亭，西为熙春台、望春楼、十字阁，亭台楼阁交相辉映，重现当年的"春台明月"景致。

二十四桥以北都是近年增建的休闲景区，环境幽雅，游人疏落。从河道两岸都可一路直到北门，远远可见那座高高矗立的四角九层新栖灵塔，那就是大明寺的所在。

 旅游小贴士

简介：相对于人山人海的杭州西湖，游人确实要少一些，但也是扬州的旅游热点，节假日的时候游人也是熙熙攘攘。

瘦西湖南门北的长堤之畔，密密麻麻地停靠着众多的仿古游船，有大的有小的，有手摇的也有电动的。人多的话不妨租条船水上游湖，还可以随处泊岸，游览拍照。船妹子们大都是来自各乡镇的渔家姑娘，除熟习水性以外还有一定的文化素养，可以熟练地向游客讲解典故，或唱上几曲扬州民歌。

扬州小吃名满天下，著名小点如扬州干丝、蟹黄包、春卷、三丁包、干菜包等，都有很浓的地方风味，可去老字号饭店如福满楼、富春茶社、冶春茶社等品尝。

到达：扬州市区乘多路公交车可达。

周边景点：大明寺、个园、何园

第二十一章　地貌游

札达土林

中午从门土乡出来，窗外的景色就变得越来越荒凉，越野车驶入了札达土林的疆域，只记得一抬眼，那重重叠叠、沟沟壑壑、起起伏伏、景象万千的土林就巍然横亘在了车前，一层层惊心动魄地绵延开去，直到与天边白雪皑皑的喜马拉雅雪山相依相衬，渐次融为一体却又各展雄姿，浑然天成而为一幅气势磅礴、用色奔放的油画长卷，慢慢地在眼前展开。

土林呈现出万千姿态，像莽莽的森林，像神秘的城堡，像巍峨的宫殿，像狰狞的鬼怪，像窈窕的女子，像威武的勇士……参差嵯峨，仪态万千，只需稍稍凝望，便生出无数怪力乱神的想象，似乎那些黄土城堡里依然秘密驻扎着古格王朝的千军万马，只要将军一声令下，随时都会杀将出来，在车前排列出一片枪戟的森林，然而无论凝望多久，终究等不到那样的一声怒喝，除了死一般的寂静，什么都没有，就连无处不在的风，也消失在无边无际的黄土中。

札达土林是世界上分布面积最大的第三系地层风化形成的土林，总面积竟然达到2，400多平方公里。它堪称是对"沧海桑田"一词的最好诠释。土林地貌在地质学上叫河湖相，远古时代这里曾经是一片湖泊，无数年的沉积在湖底形成厚厚的土层，喜马拉雅造山运动让湖盆逐渐隆起，水位线递减，冲磨出像楼房一样的层高，历经多年风雨侵蚀，不断崩塌，在壁立陡峭的山岩上雕琢出今日的模样，终于成为年轻的青藏高原上一处奇观。

徜徉在土林中，到处可以看到风蚀的水平岩层，也隐隐可见山体被水流冲刷过的沟壑，这是千万年风与水的雕琢，是大自然鬼斧神工的伟大作品。这层峦叠嶂莽莽苍苍的土林，在千沟万壑之中究竟埋藏了多少前尘往事？它见识过吉德尼玛衮的隆隆车队，也接纳了丰田、东风等钢铁怪兽滚滚的车轮，它研习过尊者阿底峡的佛法大义，也听到过拉达克人的动地鼙鼓。与大自然相比，人类永远是渺小无助的，当古格王朝只剩下残垣断壁的时候，曾经见证过古格辉煌与覆灭的土林依然矗立在那里，似乎从未改变过模样。

札达土林

停车路边，极目远眺，心底不禁涌起一声叹息。我曾经领略过美国科罗拉多大峡谷的绮丽风光，与之相比，土林的规模更大更宏伟更空旷，也愈发显得苍凉。在大峡谷至少还看得到悬崖上遒劲的老松，看得到天空中盘旋的苍鹰，看得到有不同颜色的岩石交错垒叠，而在土林中穿行了几个小时，我却看不到一棵树，间或有低矮的灌木，也是悲悲切切地蜷缩在角落里，带着找不到同类的孤独。札达土林是名副其实不折不扣的土林，除了黄土，就是黄沙，除了黄色，还是黄色，没有绿树，没有生灵，很难想象这里曾经那么繁华并且孕育过灿烂的象雄文明。

司机告诉我们，土林的黄昏是最美的，他要带我们赶上西沉的太阳。札达土林里没有固定的道路，司机常跑这条线，当然知道选择方向，在根本找不到规律的遍地车辙中跑得飞快，我们就像逐日的夸父一般跋山涉水。土路在峰谷间上下穿梭，高高低低的土林始终伴随两侧，浩浩荡荡上百公里不曾远离。爬上峰顶，俯瞰土林一片沟壑纵横，就像四通八达的迷宫；行至谷底，仰观山壁峭立挺拔，如同怎么也冲不出去的深井。终于，在迷人的红色光线逐渐褪去之前，我们抵达了一片开阔的河谷，札达县城已经隔河在望了。

残阳斜照，一天中最辉煌的时刻已经到来，绚丽的晚霞中透出缕缕带有生命的灵光，炫目地照耀在土林上，向阳的一面顷刻间变得生动起来，闪烁出点点红晕，土林固有的黄色被阳光照射得更加饱和，仿佛披上了橘红色的衣裳。平坦的河谷上，阳光如熔化的金水般倾泻于地，满川碎石在地面上投射出长长的影子，象泉河在更深的河床底部默默流淌，河面映着蓝蓝的天空。这种瑰丽壮观的景象只持续了十多分钟，夕阳便沉了下去，不过一眨眼的工夫，一切又归于平淡宁静，逐渐加深的夜色中，凹凸不平的土林竟然变得狰狞恐怖起来，土林被夕阳点燃的辉煌如同一个美好的梦，在睁眼的一刹那，连同记忆全部消失，没有留下一点痕迹。

🚗 旅游小贴士

简介：可以在札达县城住宿，最负盛名的旅馆是人武部招待所。

土林是土的世界，自然尘土飞扬，请为自己和相机提前做好防尘准备。

土林的昼夜温差很大，白天太阳照不到的地方也不暖和，最好穿着容易穿脱的衣物。

到达：从拉萨或狮泉河包车前往，也可乘坐班车，但看风景就只能浮光掠影了。

周边景点：古格遗址、托林寺

五大连池地质公园

第四纪火山活动给人类留下了一片珍贵的自然遗产，在小兴安岭山地向松嫩平原的转换地带，方圆1,000平方公里的区域，矗立着大大小小十四座不同时期的火山，从史前200多万年前到近代200多年前，漫长的光阴延续，拔地而起的火山锥和火山堰塞湖形成了一片山川秀美的自然画卷。火山岩浆填塞了浩瀚的远古凹陷盆地湖乌德林池，化作了五个串珠般相连的湖泊，五大连池就此得名。

世界级地质公园的宝冠收入囊中，城市因此而改名为五大连池市，人们把这里的火山和美国夏威夷火山、印度洋中的留尼旺火山、法国的中央高地火山等几座世界著名火山相提并论，虽然后者规模更加雄伟壮观，可是，若论地貌形态之齐全、之集中、之典型，非五大连池莫属。石龙、石海、熔岩瀑布、熔岩暗道、熔岩钟乳、熔岩旋涡、象鼻熔岩、翻花熔岩、喷气锥碟、火山砾和火山弹，千姿百态的火山地质状貌在这里一览无余。何况还有那五弯晶莹澈亮的堰塞湖水，地质奇观与自然美景交相辉映，更有疗养奇效的矿泉神水助兴，这样的一个五大连池，世界级的资源遗产搭配世界级的称呼，又岂是浪得虚名？

五大连池之旅已不仅仅是一场简单的风光之旅，这里的风景资源打造出了一座天然的地质博物馆，这里的每一种地貌特征都是陌生的接触，大自然用一本图文并茂的教科书让我们亲身体验这场地质之旅。

因了这片山水佳境和神奇的矿泉疗效，风景区内建起了一座又一座疗养院，慢慢地，人流聚集，商业繁华，逐渐形成了一个热闹的小镇格局。距离小镇中心最近的景区就是南北药泉公园了。五大连池的药泉举世闻名，在火山爆发的过程中，地热产生了大量二氧化碳气体，这些气体溶解于地下水，对周围岩石进行长期的溶蚀，最终孕育出了这种铁硅质重碳酸钙镁型低温火山冷矿泉，成为世界三大著名冷矿泉之一。在市内的特产超市内你可以买到有品牌包装的火山矿泉水，而在药泉公园，你能随意品尝到最天然质感的火山矿泉，和很多地方的天然矿泉并不一样，大多数矿泉可能本身并没有很特殊的味道，人们可能也仅仅是出于心理原因觉得味道中带点甘甜或者酸涩。可是五大连池的矿泉绝不是这样的，其口感绝对不是普通蒸馏水的味道，因为二氧化碳的含量高，又被称为"含汽水"，也就是说这个矿泉水的口感就像无味的汽水一般，是带"气儿"的，似乎还有那么一点辛辣感，着实神奇。

五大连池地质公园

品过了矿泉，去拜访火山。老黑山是十四座火山中最高的翘楚，由于山体遍布黑褐色的火山砾而得名老黑。沿盘山道而上，直达山顶，便能看清这火山口的样貌。漏斗状的火山口，直径约 350 米，深约 140 米，可惜这不是长白山天池，这深邃的火山口没有聚成碧波荡漾的湖水波澜，也因此，站在老黑山山顶向下俯瞰的时候，那空旷森然的陡峭内壁只能令人望而生畏，而无法演绎任何浮想联翩的诗情画意了。

然而最壮观的景色还在于周边的浩瀚石海，火山爆发的岩浆奔涌而去，冷凝后形成一片玄武岩的海洋。走在石海的栈道上，周遭布满形态万千的怪石嶙峋，仿佛有惊涛骇浪铺天盖地而来，风中隐约传来尖利的啸声。就在这样上演恐怖片的气场中，你走到栈道的尽头，登高眺望，却是远处那五大连池湖水的一抹静谧安详，淡淡蓝色的水痕，远远地与天边相连，没有波澜壮阔，也看不清波光粼粼，只是那样安然静默的水色，顿时就让刚刚还为石海震撼的心瞬间平静下来。

待真的走到了二池、三池水边，这弯湖水并没有特别绝色的姿容，只是在这片火山鼎立、熔岩遍布的奇特地貌之中，一池自然平淡的湖水恰如其分地缓和了那份过于坚硬的荒凉之气，显得弥足珍贵。湖边隐隐飘过烟火气，原来是烧烤的架子摆出来了，烤的自然是湖里的鱼。堰塞湖的矿泉水养育了几十种矿泉鱼，据说这些鱼体内都含有对人类有益的微量元素，俨然又是大自然馈赠五大连池不可多得的一宝。

去火烧山的路上路过五彩沙滩，那是火山爆发时升腾而出的岩浆飞沫，由于呈粒状质量偏轻，从而被抛向远处的熔岩台地上，形成了沙滩。大片土黄色的火山砾中夹杂着红、粉、紫、白等颜色，而这层火山砂砾还铺出一定厚度，走在脚下的感觉真的形似沙滩的力度，而这些美妙绚丽的色彩全部来自地热高温气体的烘烤，没有任何人为的痕迹，也是任何人力无法绘成的天然画卷。

火烧山是老黑山的姊妹山，规模较小，也少植被，似乎缺少看点。但又有另外一种奇观，走近火烧山，你就会发现脚下的地面铺满了很多拳头大小密布小孔的石块，踩下去咯吱咯吱不停作响，这叫作浮石。走在这样的浮石道路上，身体似乎总在左右摇摆，大地仿佛时刻在滚动前行，漂浮在"太平洋上永不沉没的火山"原来就是这样的奇观。

火山熔岩象形石、火山喷气锥、熔岩石塘、地下冰河，五大连池内的每一处景点都带来视觉理念上崭新的惊艳，大自然在这片方圆不过千平方公里的土地上制造了一个又一个地貌奇迹。与山川树木所拥有的鲜明的自然的生命特征相比，它们似乎是被扭曲的变异的，可是它们等待了那么漫长的亿万年光阴啊，它们带来远古的讯息，它们透露地壳的秘密，在地热的弥散中，在矿泉的气泡里，在石塘岩缝间孤零零绽放的一朵野花，换了一种姿态，带来的依旧是生命延续的生生不息。

五大连池的地质之旅，是传奇之旅，亦是生命之旅。

旅游小贴士

简介：住在风景区内最为便利，这里已经逐渐发展成为一个小镇的规模，宾馆、餐馆、商店一应俱全。

风景区内餐饮多是小饭馆，多集中在火山路转盘南边以及向西拐的一条路上，以烧烤、饺子、骨头馆为主，几乎家家都有五大连池的活鱼，但据说都是养殖的，难辨真假。

五大连池为火山地貌气候，昼夜温差大，要准备长袖保暖衣，穿轻便的鞋子，携带雨具。

主要景点安排一日游就都可以了，但需要包车游览。景区内一日游的车辆很多，可以多人拼车前往，比较方便。车费也不贵，司机主要靠门票回扣收入。总体来说，五大连池的旅游管理欠规范，包车时候要多留意，谈好路线时间。

到达：可乘坐火车到五大连池站下车，再乘坐汽车前往景区，距离30公里左右。外省游客可先到达哈尔滨，然后再选择乘坐火车或汽车前往五大连池。

周边景点：哈尔滨、大兴安岭

乌尔禾魔鬼城

现在几乎寸打草不生的乌尔禾魔鬼城在大约一亿多年前的白垩纪时曾是一个巨大的淡水湖泊，水中栖息繁衍着乌尔禾剑龙、蛇颈龙、准噶尔翼龙和其他远古动物，是一片水族欢聚的"天堂"。经过两次大的地壳变动，湖泊变成了陆地瀚海，间夹着砂岩和泥板岩，地质学上称它为"戈壁台地"。

虽然这片风蚀地貌定名为"风城"，但人们习惯称其为魔鬼城。蒙古语称"苏木哈克"，哈萨克语称"沙依坦克尔西"，都是指魔鬼出没的地方。因地处风口，风力每时每刻侵蚀着岩层，有时可达10级至12级，天长日久，形成了奇形怪状的风蚀地貌，形态诡异，组合多变。20世纪60年代，在乌尔禾发掘出一具完整的翼龙化石，后被北京博物馆收藏并展出，从而使乌尔禾魔鬼城蜚声天下。

魔鬼城里堡群林立，危台高耸，绵延无际，仿佛曾经楼市林立的一片城市废墟。强风穿越其间，不时发出尖厉呼啸。城里飞沙走石、天昏地暗、怪影迷离、鬼哭狼嚎的恐怖气氛，已经被很多人描写过了，但实际上在那样的天气里进入魔鬼城游览并不合适，对于大多数旅游者来说，高矮参差、错落重叠的风蚀地貌是游览的重点，它们有的状如怪兽，有的俨然楼阁，人们从千姿百态的造型受到观感上的冲击，却往往发出近乎千篇一律的感喟和赞叹。

乌尔禾魔鬼城

2005年6月，在景区"天坛"景点附近发现一具遗体，身上的门票是2003年度的，疑为在景区内迷路或中暑后脱水而死。因此进入景区一定要带足水，尤其是如果徒步一个人不要深入景区太深。里面大部分地区都有手机信号，记住景区管理处的电话，如有问题尽快打电话求援。

因为自身独特的景观和氛围，魔鬼城已是中国八大影视基地之一，这里曾经拍摄过《英雄》《卧虎藏龙》《七剑》等著名影片。魔鬼城一带地下埋藏着丰富的石油，蕴藏着全国仅有的天然沥青矿脉，城里有路标指向沥青矿坑。夕阳下的魔鬼城附近地区，井架林立，钻机摆动，从这里驱车开往克拉玛依，沿途可以看到百里油田的盛况——这也已经成为旅行社招徕游客的标志性景点介绍了。

🔺 旅游小贴士

简介：魔鬼城24小时开放，可以在里面露营。方圆180平方公里，游览的车辆可以开进景区，自驾车要收取保护地貌资源费，旅行社的车辆免费。景区内有可供车辆行走的便道，路况尚可，一般的车辆都可以走。

游客接待服务中心设有清真餐厅。魔鬼城本身没有接待住宿的地方，参观完魔鬼城，必须到乌尔禾住宿。

魔鬼城距克拉玛依市乌尔禾区约7公里，出租车约10元可到。从魔鬼城游览出来后，可以打出租车到乌尔禾，如果门口没有出租车，也可以请魔鬼城工作人员帮助打电话让司机来景区门口接，约10元送到乌尔禾。一般日落后门口不会有出租车了。

到达：可从布尔津旅游返回乌鲁木齐，或者转道奎屯到伊犁旅游，经过乌尔禾魔鬼城时安排时间游览。

周边景点：无

龙虎山地质公园

　　"张天师祈禳瘟疫，洪太尉误走妖魔"，这《水浒传》第一回的楔子，虽然未必家喻户晓，却也相当引人入胜。当然这只是小说家之言，所谓水浒一百单八将乃"三十六员天罡星、七十二座地煞星"下凡之说，更是纯属虚构。但文中的天师张真人确有其人，也确实曾住在江西龙虎山之中。

龙虎山地质公园

　　施耐庵笔下的上清宫，绝非凭空杜撰或夸大其词，它是历代天师举行重大宗教活动的主要场所，源于道教祖师张道陵在龙虎山炼丹时居住的"天师草堂"。从汉末建坛，历经迁址和改建，尤其经唐宋元明清几朝皇家的大力扩建，其格局之宏大、殿楼之华丽在道教史上绝无仅有。可惜的是这些恢宏的殿宇，都在近代遭遇了灭顶之灾，仅在棂星门的破碎石柱上和残存的东隐院里，还能觅得往日的些许形迹。如今所能见到的雕梁画栋，只是现代复建的一小部分，那座建于"镇妖井"之上的"伏魔之殿"也在其列，不知是否后人的附会。

上清宫所在的上清古镇，据记载曾建有十大道宫、八十一道观、三十六道院，作为道教的发祥地和活动中心，其历史上的显赫是不难想见的。令人遗憾的是，经历过长期战火和动荡，这些宫观大都已荡然无存，侥幸躲过劫难的嗣汉天师府，也只剩下少量建筑。从唐代天宝七年封张道陵第十五代孙为天师起，历代张天师的起居都在天师府里，名号已承传了六十三代，故而流传有"北有孔夫子，南有张天师"之说。只是比之曲阜三孔持续至今的辉煌，这座上清的天师府显得有些晚景凄凉，终究难复旧观了。

曲折绵长的泸溪河，从上清古镇身旁掠过，丰水期从镇上的码头乘坐竹筏，可直达仙水岩景区。不过不凑巧，只能先坐一程汽车，到正一观登筏起航。溪水并不太深，清澈得几乎能看见河底的鹅卵石，在工业化大潮下能保持这一汪碧水，实属难得。河水也并不湍急，每逢拐弯急流处船夫还是小心翼翼。待到竹筏平稳下来，才如数家珍般告诉筏上的游客：这个是断头龟，那个是醉猴石，旁边是人面狮人岩，前方是仙菇石……在一处陡峭如壁、却仿如图画的山崖前面，我陷入了迷惑之中，无论如何也找不出船夫所指的"九虎一龙"。忽而恍然大悟，是自己太执着于写实的角度，其实这龙虎山的碧水丹山，就是一幅传统的水墨画，一切意境尽在不言中。

虽然并非头一次见识丹霞地貌，但龙虎山却是其中发育程度最好、序列最完整的地区，在长年累月的水流冲刷和风化溶蚀作用下，红色的砂砾岩犹如冰山一般不断崩塌堆积，形成了石峰、石柱、石崖、石门、石墙、峰林、峰丛、嶂谷、穿洞、岩槽等状态的地貌，令人不得不佩服大自然的鬼斧神工。而这一宏大的雕塑工程，至今还在持续，只是远远超出了人眼所能觉察的范围而已。

竹筏行至半程，右侧河畔的群山之间出现了一些黛瓦粉墙的身影，那是远近闻名的"无蚊村"。村中人家相传是东晋道士许逊真君的后裔，历来以打猎捕鱼为业，据说当年其老祖因打猎发现了此风水宝地，于是举家迁此。想必一路上所见撑着竹筏放着鸬鹚的捕鱼人，就是村里人家吧？我还以为这一场景只有书上方能一见了。至于村中为何无蚊，当地人盛传"张天师驱蚊孝母"的故事，也有人说是村子地理环境好，只是我们的竹筏并不靠岸，也就无法深入探究了。

到了仙水岩码头，下筏登岸，还有些意犹未尽。仙水岩是仙岩和水岩的总称，这里怪石遍布，有仙桃石、僧尼峰、云锦山等十大景点，当地称之为"十不得"。不过最令人称奇的，还是悬崖上散布着的数百座崖墓。这些大小不一、形式各异的洞穴，陈放着大量战国早期的古棺，以及许多随葬品。在距今两千多年前的古代，没有现代的起重机械，这些棺木是如何安放上去的，一直是个不解之谜。每天下午两点在这里举行的"吊悬棺"表演，也不过是后人的一种猜测，历史上是否如此，就不得而知了。

从仙女岩崖墓下走过，两山之间夹着一条狭窄的通道，只见左侧山脚下出现一个天然洞穴，酷似女性阴部，犹如一名裸身女子端坐小憩，因而又名"羞女岩"。不禁令人想起丹霞山的阴元石，不过后者是近年才找到的，无论知名度还是相似度都差了一截。和阴元石附近有阳元石一样，无独有偶，距羞女岩不远处也有一座酷似男性生殖器的山峰，名为金枪峰。这一阴一阳，遥相呼应，真是天地间的绝配，丹霞地貌的神奇简直让人叹为观止！

不知道当初张道陵是如何发现这一方风水宝地的，传说他在此炼丹时"丹成而龙虎现，山因得名"。到其第四代孙张盛时已在龙虎山定居，此地也成了道教正一派的祖庭，至今已有一千九百多年。"碧水丹山秀其外，道教文化美其中"，相信这也是许多人在游览龙虎山之后，最深切的感悟。

 旅游小贴士

简介：游览龙虎山最好是乘坐竹筏，丰水期可由上清竹筏码头出发，枯水期可从正一观竹筏码头出发，终点为仙水岩景区，约需40分钟。

每年的10月初，上清古镇会举行龙虎山道教文化节，可以观看到道教法会表演。

住宿可以在上清古镇，费用不高。古镇的豆腐嫩、板栗香、河鱼鲜名扬四方。

到达：可先到达鹰潭市，在鹰潭火车站西侧的长途汽车站乘往仙水岩方向的班车，半小时可到达。

周边景点：三清山

漳州滨海火山地貌地质公园

当我开始在脑子里认真谋划着如何描述熟悉的漳州滨海火山国家地质公园之时，才发现自己十多年的闽南生活中多处留下了它的身影。20 世纪 90 年代初，到达厦门的第一个夏天我便踏上了那片一半是火焰一半是海水的沙滩，那时候我们称呼它为南太武，一群天真无邪的孩子在一望无际的海滩上露营，赤脚走在平坦细腻的沙滩上，涨潮的时候下海游泳，捕了鱼蟹熬汤，而对于落潮以后的海水下显露出来的黝黑的岩石，不甚了解的我们有些好奇却没有太多关心。

及至 20 世纪 90 年代末，再次到达这里的主要目的就是观赏古火山的奇观，算准了海水的潮汐，在清晨的海涛声中揉着朦胧的双眼，踏着深浅不一的步伐去看"海底兵马俑"，海水咆哮着涌向成片黑色柱状火山石，不断激起白色的浪花，壮观的景象顿时将睡意烟消云散，那时的我已经明白，那样罕见的奇妙景观是古火山口喷发的遗迹，我们现在可以看到的是第三世中段上部的最后三次喷发物，距今有 2,460 万年，古火山口形状似一个朝天的椭圆形喇叭口，潮涨水淹，潮退口现，是国内罕见和世界保存最完好的海底古火山口之一。海面越来越高，火山石逐渐消失在水中不见踪影，不甘心的我们在海滩上努力寻找，竟真的还有散落在外的条状岩石，忍不住爬上去留影纪念。

隆教湾的海美丽如故，蜿蜒曲折的海湾，洁白细软的沙滩，清澈的海水，虽然已经不再年少，我们仍然在海浪中嬉戏欢笑，游泳直到夜色降临才上了岸，到附近

漳州滨海火山地貌地质公园

的渔村里冲凉，寻着一口井，两个人用床单做了简易屏障，一个人用桶打井水，一个人在屏障里清洗。那夜的月亮又圆又亮，照耀着一群快乐无边的人们。

到了21世纪初期，我很偶然地热爱上户外运动，闽南的海正是户外活动最丰富的资源，林进屿便是朋友们常常提及的小岛。这个隶属漳州的岛屿距离厦门不远，一到夏天就是户外活动者的天堂，海岛生存的基地。一群返璞归真的都市人，远离都市的喧嚣，在林进屿的纯净空气和海水中简单生活，搭个帐篷为屋，每日阳光浴和海水浴，捕些小鱼和贝壳，喝几口偷偷带来的果汁、欣赏近在咫尺的火山石和各种野花、清晨和黄昏的海面上忙碌捕捉的渔船。最为神奇的是岛上那些镶嵌在布满条纹的岩石上的圆形水坑，放一条鱼儿或海星在清澈的水果，看它们欢快地游弋。

而我对这片神奇海滩的进一步了解，是参观了漳州滨海火山国家地质公园之后的事情。当我进入黑色火山石排列而成的公园大门，沿着香山风景区，沿着木栈道观赏了岩溶平台、喷气口群等地质地貌，而后又参观了地学博物馆之后，才明白这里不仅仅是美丽那么简单。这是西环太平洋火山岩带的组成部分，2,600万年至700万年前喷出的玄武岩出露于海岸和海岛，火山口、喷气口、气孔柱群、气势磅礴的柱状节理群、海蚀蘑菇石、海蚀台柱、海蚀崖、海蚀洞等保留完整，并有因海岩沉降埋藏地下8,000年的古森林遗址。香山火山岛风景区是中心游览区，拥有11种地质地貌遗址。林进屿是由火山岩（玄武岩）组成的似椭球形岛屿，岛的东南边有一个形成于2,000多万年前的古火山口，东北海滩上则有多达16处的火山喷气口群及几千平方米的铆钉状气孔柱群，构成了国内罕见的古火山岛景观。南碇岛由140多万根巨型柱状节理玄武岩组成，是目前世界上拥有最多柱状玄武岩的滨海火山岛。

眺望海面上的林进屿，这个小岛又称为状元岛，是整个滨海火山地质公园的中心岛。传说明朝末年有个长泰人叫林震，自小父母双亡，跟随哥嫂度日。有一年瘟疫流行，小林震也不幸染疾，无奈哥嫂只好把他放在这座孤岛。小林震靠岛上的海螺、动物和野果为生，不久，他的瘟疫竟奇迹般地好了，后来还考取了状元。由于林震和林进在闽南语里发音都念成林进，后人就把这座岛叫作林进屿，以纪念这位状元。

海风夹杂着海浪扑打到脸庞上，咸而潮湿，东海和南海交汇之处的这个奇迹，如此深刻地烙印在心了。

🚗 旅游小贴士

简介：公园内地质特殊，严禁下海游泳。

观看火山地质地貌的最佳时间是潮水最低时前后两个小时，因此建议查询当天潮汐时间。

前往牛头山火山口景区，最便捷的路线是从厦门旅游码头乘船到漳州开发区，再乘坐巴士前往。

该景区盛产海珍海产品，斑节对虾，紫菜、鲍鱼、扇贝、蟹、丁香鱼等，此外漳浦被称为"中国龙眼之乡"，还有荔枝、蜜柚、杨梅、芦柑、香蕉等水果，可大饱口福。

> 到达：景区交通便捷，西北距漳州市区 40 多公里，东北距离厦门 50 公里，西南距离汕头 120 多公里。
>
> 周边景点：厦门、漳州土楼、漳浦赵家堡

黄龙地质公园

远古时水患连连，人民生活在水深火热之中。伟大的舜帝不忍坐视子民沦为鱼虾之食，治下变为水泽之国，命禹不惜一切根除水患。禹集思广益找出了疏导天下水患的办法。治水当需溯源头，大禹乘舟顺岷江而上历尽艰难险阻来到岷江上游。不想初到此地不辨东西无从下手，当地一个叫黄龙的人请缨于帐前，将水患治理成功，当地的老百姓为纪念黄龙的功绩，在一道风景绝美的山谷中立了一座庙供奉黄龙，让他享用世代香火。斗转星移，寒暑交替，不知过了多少年，一个游方道人云游到了此处，在黄龙寺下的黄龙洞中修炼了数年成仙了，位列仙班后号称黄龙真人。黄龙也成了此处的地名。

抛开烟波浩渺的历史画卷，黄龙那美丽奇幻的山水确实具有无比的灵气，层层叠叠的钙化彩池顺山而下，背后的雪山为其遮风挡雨，两侧的森林变化万千。也许是黄龙的仙气造就了山水的秀丽，也许是山水的秀丽原本就具有仙气。无论如何，去看一看黄龙的仙与凡、灵与秀吧，在她的面前，我们的身心也会不知不觉地飘飘然超凡脱俗起来。

进入景区，先经过一条原始森林中的林荫道，一面向阳的山坡出现在了眼前，山坡上有着一个个蔚蓝色的彩池，这里叫作迎宾池。池水在钙化埂的拦截下乖乖地如同躺在摇篮之中，安静清澈。黄龙的栈道曲曲弯弯一会儿环绕在池边一会儿又深入到林间，森林充满着绿色气息，由于没有像九寨沟一样遭到过人为的砍伐，这里

黄龙地质公园

至今仍保持着远古时代的原始风貌。

步行一段栈道，一挂瀑布像墙一样立在了面前，这就是被称为"飞瀑流辉"的景点。在阳光的点染下，反射出不同的色彩，远望如彩霞从天而降。在瀑布后的钙化石壁上长满了苔藓类的植物，给高原上的这挂瀑布平添了几分热带雨林的感觉。

上到一个更高的地方，眼前出现了一长段从山上跌宕起伏而下的"沙滩"，脚下的栈道上用红漆写着"金沙铺地1,338米"，这大概是修建时留下的痕迹，1,338米可能是距离景区入口的涪源桥的距离。由于碳酸盐在这里失去了凝埂成池的地理条件，因此漫坡的水浪在一条长约1.3公里的脊状斜坡地上翻飞，并在水底凝结起层层金黄色钙华滩。坐在栈道旁的木凳上细细玩味，太阳照耀下泛起的光芒刺得人有些睁不开眼。流水在钙化滩上慢慢向前，滩上有无数个像微缩了的彩池似的鳞甲，一整条金沙铺地宛如一条向下探爪的黄龙的脊背。黄龙是不是也因为这道景观更符其名了呢？

盆景池在金沙铺地左侧，由上百个水池组成。这一组彩池犹如玫瑰花瓣一般紧紧地包裹在一起，你中有我，我中有你。彩池群中还生长着高矮不一的树木，在众多彩池的簇拥下好似天造地设的盆景。往北不到500米，即到了"明镜倒映"彩池群，这里紧傍森林，幽雅寂静，山色、树影倒映水中，别有独处于尘世之间的感觉。再往前走是"娑萝映彩池",娑萝就是高山杜鹃,每到五月底六月初春末夏初时节,漫山的杜鹃争相怒放,各色的花儿倒映在彩池之中,花瓣也会被山风吹落飘入池中。

距涪源桥(景区入口)2,447米的地方是黄龙规模第二的彩池群——"争艳彩池",由658个彩池组成。由于池水深浅不一,堤岸植被各不相同,形成了彩池与彩池、彩池与植被交相争妍的美景。与争艳池遥相对应的是"琪树流芳",池中大都生长有姿态奇特的树木。

宿云桥和接仙桥相距不到200米,都是黄龙沟内的道教文化遗址,也有两个与飘飘仙境有关的传说。宿云桥桥畔常年云雾缭绕,传说曾有修行之人在此桥夜宿,梦中得道,羽化登仙,故又称为迎仙桥。接仙桥传说有一位虔诚的朝圣者踏上此桥,便听见天际传来悠悠天籁,过桥后,就能看见许多仙人在彩池边舞蹈,七色祥云中,仙人们迎接他进入了瑶池仙境。

过了接仙桥便到了黄龙中寺。中寺始建于明朝,属佛教寺庙。寺内原有五殿,分别以灵宫、弥勒、天王、大佛、观音这些佛道两教的仙名冠之,体现了黄龙景区内道佛融合的宗教文化特点。现仅存观音殿,可供游人休息。

前往黄龙寺(后寺)要经过玉翠彩池,闻名便知玉翠彩池是以池水之碧独秀于黄龙。来到水边更发现了池水的奇妙,同一池水的色彩随人的位置不同而千变万化,就像一块翡翠在光线的撞击下发出光怪陆离的异彩。玉翠彩池的上方是映月彩池,这里在白天看很平常,但一到明月高悬洒光华于池水之上时,映月之名的寓意便观者皆知了。

黄龙寺后寺是一座道观,内供黄龙真人坐像。寺后有一黄龙洞,传说是黄龙真人和他的两个徒弟的修炼之所,又叫"归真洞"或"三佛洞""佛爷洞"。这几个名字重叠在一起又一次反映了黄龙独特的佛道一体的宗教文化。

绕过黄龙后寺就是黄龙景区的"黄金地带"——五彩池。这是黄龙景区中最大的钙化池群,也是迄今为止世界上已发现的露天钙化池群之首。共有693个彩池,面积达到21,000平方米。从最上方的观景台上看去,一个个彩池好像巨大无比的玉盘堆叠在一起,有人间瑶池的华彩。五彩群池中还有黄龙八景中的"石塔镇海",

石塔镇海中的石塔于明代修建，传说是唐朝开国名将——半路杀出的那个程咬金的孙子程世昌夫妇之陵墓。现在只能看见两对石塔尖和翘檐石屋顶了，其他部分已经被钙化沉淀物所掩埋。五彩池还有一个不得不提的好处：即使是冰铺雪盖的隆冬时节，海拔这么高的五彩池也傲然静立在山谷之中，不畏严寒的肆虐，不被寒风所撼，始终不会结冰。

旅游小贴士

简介：到黄龙景区游览通常是从九寨沟、松潘和川主寺这三个地方作为出发点。黄龙距离松潘和川主寺较近，九寨沟至黄龙之间的往返也可以以这两个地方作为中转站。

包车前往时间比较自由，经过雪山梁时可以停车对着岷山主峰雪宝顶尽情拍照，到达黄龙景区以后司机会在景区门口等候。如果坐班车，班车早晨从九寨沟出发，路上的时间大约两个半到三个小时，在黄龙景区游览三个半小时左右，回程可以在公路旁等从平武发往松潘一线的班车，一般在下午经过黄龙，搭车返回川主寺或者松潘。

如果在黄龙沟口住宿，房价较高，如果在川主寺住宿，可以选择的余地则较大，而且价格便宜。

在黄龙景区游览的时间一般不会超过半天，如果上午前往会有一顿午餐的消费，一般可以自带干粮。如果需要用正餐有两种选择，一是景区内中寺附近的游客服务中心，以点菜为主，有时会有套餐或自助餐，二是出景区后两家宾馆下属的餐厅。

到达：从成都新南门车站或茶店子长途车站乘坐长途班车到九寨沟再转车到黄龙。

周边景点：九寨沟、神仙池、牟尼沟

五彩湾

　　五彩湾泛指北疆 216 国道附近的一大片区域，包括火烧山、玛瑙滩、五彩城等，景区的核心地带是五彩湾，一般来说，到了五彩城就可以认为到过了五彩湾。五彩湾大部分地区属于昌吉州的吉木萨尔县，但唯独其核心部分五彩城，将要到达时，有一个小小的路牌告诉游客，这里在行政区划上已经属于阿勒泰地区的富蕴县了，卖门票的哈萨克小伙子也归富蕴县管。

　　五彩城北距富蕴县城约 280 公里，海拔约 650 米。由倾角不大的侏罗纪地层构成，受风力和流水侵蚀作用，被分割成一座座平顶的彩色山梁，或一座座孤立的小丘，梁丘时有相连，坡体上布满了道道沟纹。一般高 10—20 米，最高约 50 米，分布面积近 10 平方公里。台地凹凸相间，岩石色泽多变，以红为主，间以绿、黄、白、黑及过渡色彩，酷似五彩古堡。

　　有人认为，这些美丽的山包实际上不过是一堆堆灰烬，源自一场多少万年前的大火。露出地表的煤层在雷电和阳光的作用下，大面积燃烧。形成烧结岩，进而形成眼前这种绚丽的自然景观。

　　中午时分的五彩城，仿佛整个世界的阳光都聚集这里，空气炽热如火，山丘的色彩在阳光的威逼下变得平淡无奇，此时显然不是欣赏景色的最佳时间。早晨的光线要好得多，但比起傍晚还稍逊几分。

　　日落前的那几分钟是五彩湾最艳美绝伦的时刻。一万年太久，只争朝夕。要把这历经亿万年形成的世间绝景凝固在胶片上，必须抓住转瞬即逝的日落时分。有经验的摄影师到了五彩城往往并不急于按动快门，而是在城里攀上爬下，四处巡视，选准位置后，把相机架起来，袖手等待，在太阳将要与地平线接触的瞬间，突然开始紧张工作起来，甚至表现得有点手忙脚乱。也许面对美景我们不能贪恋过多，能

五彩湾

在一两个角度拍到如血残阳洒在色彩瑰丽得有些刺目的城堡上的场面，就已经足够激动人心了。

五彩湾里时有黄羊、野兔出没——和那些生活在平常草原上的同类们相比，它们好似是搭乘飞船来到了火星的地表上蹦跳。但不知在它们的心目中，这里是天堂的边缘，还是彼岸的通道，抑或只是一片堆满了遗弃颜料的土堆——也许它们不会想到这是一卷色彩纷呈的现代派绘画。

从乌鲁木齐出发到五彩湾，当天可以来回，但这样往往错过了日落时分五彩城最美的那段时间。如果时间允许，可以再带上露营装备在五彩城住一晚，这绝对是北疆旅行途中最值得回味的一个晚上。一般包租越野车可以要求提供露营装备，几十元一套。7、8 月份在这里露营，一个垫子、一条普通睡袋就可以了，有时候甚至连帐篷都免了。

火烧山分布在 216 国道以西 8 公里处。是一片覆盖着火红色砾石的丘地，附近是火烧山油田的井架等采油设施。从火烧山再往西两公里后下柏油公路上土路，约 35 公里可通往五彩城。而在五彩城东南 1 公里处，有一条高约 30 米的山冈，表层盖着半尺厚的彩色粉末和晶莹的玛瑙石，称"玛瑙山"。

旅游小贴士

简介：去五彩湾包车，一定要选择去过此地的司机。油田公路在一般的地图上都没有标识，但司机的经验比任何地图都重要，好的司机不但可以快捷地把你带到你要去的地点，包括晚上的住宿地点，还可以介绍一些沿途的风景，并把你带到景区内最适合的观赏和拍照地点——千万不要选择没有去过的司机，即使他的车很便宜，在沙漠里迷路并不会充满探险的浪漫趣味，那滋味很不好受，干渴、烦躁、颠簸、阳光下单调刺眼的戈壁，很容易让你失去赏景的耐心和审美的趣味。

晚上住宿如果没有露营设备，可以驱车离开景区，到附近几十公里外的油田公路边上的一家沙漠旅社投宿，条件比较简陋，有公共淋浴间，还有一个小食堂。或到216国道附近一个叫"前指"的地方（距火烧山岔口二十几公里），那里有条件好一点的住宿地。

到达：可从乌鲁木齐包车前往。

周边景点：无

嵩山地质公园

周平王东迁洛阳后，就将嵩山定为中岳了。中岳嵩山东西长达60公里，共有72峰，东为太室山，西为少室山。说起来，太室山远比少室山有名，因为自古皇帝就是来这里的峻极峰拜谒，所以法王寺、嵩岳寺、中岳庙、嵩阳书院这些著名建筑无一例外建在了这里。只有鼎鼎大名的少林寺是个例外，少林寺——少室山林中的寺庙也！也许达摩祖师就是为了避开纷扰求个清静，把少林寺建在了这里。嵩山有

嵩山地质公园

一个界碑，它的东侧分布着距今25亿年的古元古代地层，西侧分布着距今5.43亿年的古生代地层。轻轻一步，就可以跨越20亿年。沧海桑田这么坦然地展示在你眼前，虚怀若谷而又充满自信。你永远只是匆匆过客，它依然会笑迎新人。

三皇寨是嵩山山形最漂亮的一部分。主峰连天峰是嵩山的最高峰。徐霞客曾在此写道："南顶之九峰森立于前，北顶之半壁横障于后，东西皆深坑，俯不见底，罡风乍至，几假翰毛飞去。"从南入口登上486级好汉坡石阶，就进入主景区。漫步三皇栈道，脚边是万丈深渊，头顶的山体犹如一层层书本垒叠在一起，然后几乎以90度向上直刺蓝天。穿栈道，越索桥，累得腿部肌肉发颤，却意外地找到了与山交流的最佳方式——只有行走，方能读懂山的险峻。嵩山是世界地质公园，在三皇寨这个不大的地盘，却汇聚了太古、元古、古生、中生、新生五个地质年代的多种地貌，成为世界上独一无二的"五世同堂"的"天然地质博物馆"。

"黄山归来不看岳"，嵩山没有黄山那样的奇峰云海，但你用心去看，就会发现嵩山的奇妙。其实，每一处风景都有它最美的时候，我相信只是因为我们没有在合适的时间和它相遇，所以错过了。

早春时节，刚下过雨，山门前的一株桃树缤纷满枝，开得让人不忍离去。山谷里雾气弥漫，是我最喜欢的爬山天气。从峻极峰往下看，群山点点，恍若云海中的小船，随着云海飘浮不定，若隐若现。更美的还在太室山谷里，丝丝缕缕的云在山间飘飞，简直就是一幅中国水墨画。"天地有大美而不言"，那时你会觉得用尽所有的辞藻来形容也是枉然。

盛夏时最时尚、最消暑的嵩山玩法是夜爬。晚上在郑州集合的时候还是一片酷暑，到了山门你就能感到扑面而来的清凉。这里的晚上只有二十几度。七夕之夜，不时能看到头顶上的银河一闪而过的流星，就当它是去赴鹊桥之会吧。在山路上走几乎可以不用头灯。有闪闪的萤火虫，似乎在为我们做最好的照明灯。山风吹过，这灯就飘摇而上，转瞬就消失在幽深的丛林里。

金秋十月，去三皇寨（属于嵩山的少室山）看红叶正是时候。立秋后，五角枫、三角枫先红起来，从向阳一面的山坡向山阴处延伸，耀眼的色泽仿佛是点燃的火焰。国庆节过后，唱主角的就是黄栌了。一大片一大片的，恰如红色飘带，弥散开来又如红绸席卷山谷。一到霜降，柿树、云杨、木兰、稠李一起汇入红色的大合唱，层层叠叠，霜叶和晚霞竞相争艳，几多妖媚，几多灿烂。有一年秋天，我们在三皇寨的寺庙里扎营。刚睡下，山风就呼啸而至，且越来越猛烈。那风声如此之大，好像山谷里发了洪水一般，四面八方都是巨大的回响。帐篷被吹得左右摇摆，犹如汪洋中的小船，随时要被撕拽开来。那情景就和我不久前在珠峰大本营遇见的一模一样。而从大本营遥望珠峰，我的感受就像从嵩阳书院眺望峻极峰，给你一种登顶并非难事的错觉。然而这永远只是错觉。

严冬季节，白雪覆盖了山谷，只能老老实实走台阶。清亮亮的蓝天上几乎看不到云，青松上挂满了皑皑白雪，看起来就像吉林松花江边的雾凇。雪踩起来咯吱咯吱地响，如果大家不作声，这几乎是唯一的声响。走得久了会有点闷，这时摆弄那些树挂就成了最好的游戏。正走着忽然头顶就洒下一大捧雪来，落进脖子里凉凉的，耳边就有得意的大笔，渐行渐远。

旅游小贴士

简介：嵩山的旅游路线终点是在太室山的主峰——峻极峰。高度1,492米，比泰山低了大约50米。上山的路线非常多，大部分是当地农民和驴友踏出来的。从嵩阳书院出发，经老母洞，走台阶路上山，过"十八隈"，爬三千级台阶路，这是明代徐霞客的上山路线，也是目前去峻极峰的官方旅游线路，体力好的旅行者到达山顶应该在两个小时之内；从嵩阳书院经法王寺上山，是最近几年才开辟的新路线，也铺好了台阶；卢崖瀑布这条线是武则天游玩走过的，路途最长，单程就需四个多小时，这条路线景色最富于变化。

游览三皇寨是不能登顶的，游览路线一直在山腰处。少室山比较险峻，如果想登顶连天峰需要一定的户外经验，并且要有向导。走下来差不多要一天时间。而且经常有游客离开游览路线自行登山，结果在山上迷路、甚至有死在山上的惨剧发生。所以不向大家推荐。

到达：可先到登封市，再坐车到"嵩阳书院"站下车即到。

周边景点：康百万庄园

普者黑

很多人知道珠江，却很少人了解，珠江的源头是云贵高原上一片美丽的湖泊区。地壳运动多么神奇！一片浅海，经过2.7亿年的演变，就化成数十个湖泊，流向南盘江，流向珠江。这就是普者黑。

普者黑这个名字时常让人感觉到奇特古怪，念到口中有种带着玄妙魔力的神秘气息。其实，它是彝族语，翻译过来的含义平淡无奇——鱼虾生长的地方。然而，亲身领略过它的魅力后，人们总是容易忘记含义里的平淡，而回味着、念念不忘这三个字——普、者、黑！

普者黑的山水印入眼帘，随便一个角度，都是一幅天然画卷。它有着喀斯特田园风光的特点。一小个一小个的孤峰时而密集、时而稀疏地散落在大地上，虽然地处高原，却毫无粗犷的凌厉，完全是纤巧可爱的灵秀。最妙的是，还有一个个翡翠般的湖泊环绕着山。山是绿的，水也是绿的。碧绿的湖水清凌凌的，透明得可以看见湖中水草。它又是静谧的，仿佛一个个静卧的仙子，默默守候着青山。从高处俯瞰出去，孤峰突起，湖光潋滟，山连水，水绕山，山山水水，相映成趣。

可是，还不止这些。青笋般的孤峰，果真还藏着自然界的秘密。286座山峰，就有240个溶洞，几乎每座山都是别有洞天，洞洞相连。洞内钟乳石洁白晶莹，千姿百态，仿佛瑶池仙境，美不胜收。

很多游客都忍不住感叹，普者黑真是上天宠爱的地方。的确如此，青山、绿水、奇洞，尽揽入怀，还锦上添花地拥有万亩野生荷花。

风和日丽、阳光明媚的夏季，是去普者黑看荷花的最好时光。两旁的田地里，是大片大片的荷花，碧绿的叶，白的、红的、黄的花，或清纯、或妖娆、或粉嫩，都争抢着探脑袋出来欢笑。乘小船徜徉在湖面上。到处是泼洒的水花，喜悦的笑声，还有触手可及的荷花。辽阔的湖面在荡漾，一望无际的荷花也是美丽纷呈。蓝天、白云、碧波、满目的花，亭亭玉立、风姿绰约，不用任何修饰，目光所及，都是绝美的一幅画。

在高原的阳光下，荷花更增添了一份热情洋溢的落落大方。有些游客因为太过于喜爱，忍不住摇船进入荷花深处。不由都想起那篇著名的《荷塘月色》。与朱翁笔下那池荷花相比，这一湖的荷花在风姿体态上毫不逊色，更多了份硬朗的风骨。普者黑的荷花是感受着高原的风和高原的日头盛开的。即使穿透过的这方水土，曾经贫瘠，曾经落后，它依然坚强美丽地挺拔起来。

可以感受到，那些属于普者黑夏天最美的颜色，都浓缩在层层叠叠的荷叶和层层叠叠的荷花里。就如普者黑的山山水水一样，简单灵秀，不是姹紫嫣红的斑斓，却是铺天盖地的清新。

普者黑

普者黑除了好看，还很好玩。只要有太阳不太寒冷的时节，畅游普者黑，免不了一番"湿身"的经历。往往刚到湖边，就听见笑语声一阵阵，眼前水花一片片，水柱一股股。岸边的人迫不及待就要冲锋陷阵。在一湖欢乐的水中，不管来自五湖四海，不管相识还是偶遇，都你来我往打起水仗。结盟群攻的，孤军奋战的，混乱中，人们湿了衣服，也湿了心情。那湿漉漉的心情，包含着兴奋、酣畅、放松、开怀的痛快淋漓。

夜晚，如果能泛舟荡漾，那又是另一种风情。多年前，我曾经幸运地在有月亮的晚上，偷偷去泛舟。湖水波光粼粼，淡淡的雾霭轻洒在水面，静谧得好像不是人间。湖如诗如画，人如痴如醉。人仿佛一个轻灵的音符，溶化在一首温柔的小夜曲里。恍惚中，是那种不知身在何处的沉浸。

这样的场景，因普者黑禁止夜游，已经是可遇不可求。不过，还会遇上另外一个好玩的节日——盛大而狂欢的"花脸节"。相传一千多年以前，一个妖魔跑到彝族村寨要抢年轻姑娘，村民们把脸用锅烟抹黑，一些小伙子甚至把身上涂成各种各样的图案，妖魔看到四面八方都是丑脸就吓跑了。从此以后，彝族村民就开始纪念这次事件，过起了花脸节。节日里，人们身着盛装，载歌载舞。大家手蘸锅烟、水彩，迎着每个人涂抹。到处是花脸，到处是笑声。脸上越是浓墨重彩笑得越是兴高采烈。这意味着一年里都会吉祥如意。

花脸节的晚上，人们会举行热闹的篝火晚会。小伙子们姑娘们穿着美丽的彝族服饰，围着火光冲天的篝火欢跳，有劳作的辛苦，有丰收的喜悦，有爱情的甜蜜，有生活的幸福。撒尼大三弦舞《鱼米之乡迎宾来》、传统舞《古老的仙人》《彝族两步弦》《火塘情》《弦子情深》等等让人们看到彝族人民丰富的精神文化。

"哦嘀嘀……来来来，啊来来来/欢迎你到普者黑来/普者黑风景人人夸/普者黑风景人人爱/来来来……"就这样，人们唱着歌，跳着舞，抹着花脸，沉醉在普者黑的诗情画意中一步一回头地不肯离去。

🏍 旅游小贴士

简介：夏天是到普者黑看荷花的最好时节。周末一般游客较多。游客多影响看风景，但在普者黑却有个好处，就是人多泼水会泼得更过瘾。

普者黑的烧烤要尝一尝，那些小虾小鱼都是清水里生长的，味道鲜美。还有一种紫色的小洋芋也不能错过，非常好吃。

普者黑有农家乐，吃住都可以。如果需要条件好点的宾馆，可以返回县城入住。

当地特产很多，最著名的是辣椒，被授予辣椒之乡的称谓。丘北辣椒又香又油，品质上乘。还有藕粉，来自普者黑湖里的莲藕，很正宗。三七也是全国有名的，而且作为源产地，价格很有优势。

到达：昆明每天都有多趟长途客车至丘北县城，从丘北县城到普者黑景区大约13公里，乘马车或出租车都可以到达。

周边景点：摆龙湖、猴爬岩

奉节天坑地缝

天坑地缝其实是两个景点，相距30多公里，而兴隆镇是联结两景的最佳地点。兴隆镇海拔1，300米，比长江边高了一千多米，这一千米的高度差，使兴隆的气候更接近高原地区，即使在最炎热的夏季，也比奉节要低好几度，夏季时节，这里也称得上是避暑胜地。

小小的兴隆镇，坐落在四周山丘围起的一块坝子上，两条一公里长的宽敞马路，一条穿镇而过的潺潺小溪，构成了小镇的格局。第一天到兴隆，刚安顿下来，就给我来了个下马威，太阳转瞬即失去了踪迹，先是瓢泼大雨，突然又转成冰雹，豆大的冰雹打得窗户"噼啪"作响，高海拔气候果然反复无常。第二天，又是断断续续的雨，第三天，一天之内，居然下了八场雨，太阳还不时冒出来凑一下热闹，镇上的居民对此倒是见怪不怪，和他们谈起这天气，他们轻描淡写地告诉我：我们这儿的气候，一向如此……

天坑是当地人对喀斯特漏斗的俗称。它是几座山峰间凹下去的一个椭圆形大漏斗。站在坑口往下看，一削千丈的绝壁直插地下，深不见底，令人目眩。据测，坑口直径626米，坑深660米，坑底宽500多米，总容积为1．19亿立方米，相当于5个中型水库，其深度和容积均居世界同类喀斯特岩溶漏斗的首位。据老人讲，在兵荒马乱的年代，山民常遭土匪骚扰，一旦闻讯，大家便吹竹简为号，带着干粮，扶老携幼到天坑躲藏，十天半月也安然无恙。天坑成为老百姓逃难藏身的寨堡，小寨的名称由此得来。

近几年，为方便上下，有关部门修筑了2，000多级台阶，一直从坑口到坑底。从高处看台阶蜿蜒如蛇，从下而上的攀爬高度相当于200多层摩天大厦，据说最慢的攀爬记录是由一位老汉创造的，他拄着拐杖下到了谷底，从下午2点开始往上爬，同行的老汉儿子早早便上到了坑顶，久候父亲不着，心急之下，又返身回走，去接父亲，父子二人，走一段休息一会，直到晚上八点，耗时六小时，才上到了顶端。

奉节天坑地缝

地缝又叫天井峡地缝，全长 37 公里，呈东北开口的"V"字形。其转弯处是地缝入口，右端长 27 公里，尽头是茅草坝、黑湾景区；左端长 10 公里，紧接小寨天坑，是最神奇的地段。夹缝中有众多的奇特景观和稀有动植物。峡谷上段较为开阔，有的地方宽达 100—500 米，往下游山崖越来越窄，宽度只有 3—5 米，最后十几公里最宽处不过 3 米，狭窄处仅可容一人通过，而深度自上游向下游增加，从 4 米多增至 900 米左右。

顺着石阶下行，石壁上长满了植物，走到最前面的悬瀑处，一道银线从天而降，流入谷底的深潭，水沿河道流出，再回头走向另一边，走到两道连环的天生桥下，天空飘起雨来，且越下越大，就站在桥下躲起雨来，往下望去，河水在底下汇入一个黑黝黝的洞中，发出"隆隆"的声响，冒着雨往下走了段路，到了石阶的尽头，那水声响得震耳，洞仿佛巨龙般把水吞入口中，三峡地区岩层多是石灰岩结构，易溶入水，这条地缝，肯定是在漫长的岁月中流水侵蚀而成，整条地缝都是以前的河道，到了某一天，河水顺着这个洞口又蚀出一条暗道后，以前的河道也被遗弃成了干谷。

回到天生桥等到雨停，下到谷底，沿着砾石满地的缝底往前，愈走，缝愈狭窄。有的地方，逼仄如巷，两人不能并行；陡峭的山崖，凹进凸出，奇形怪状，好像牛鬼蛇神伫立两旁；偶尔间崖顶林里不知名的飞禽走兽一声鸣叫，让人心惊肉跳。两壁陡峭如刀切，是典型的"一线天"峡谷景观。两山对峙，双峰欲合，当中显现天空一线，人行其中，心惊胆寒，如临深渊。走了约一个小时，担心雨再下起来，遂急急返身，结束了这次旅行。

🚗 旅游小贴士

简介：地缝景区，体力消耗不大，景观也比较奇特。天坑景区对体力要求较高，建议不要轻易尝试进入。

兴隆镇的小吃店很多，很便宜，味道也不错，不妨尝尝当地特色仔鸡合渣。

到达：可先到达奉节县城，再从汽车站乘车到兴隆镇。

周边景点：长江瞿塘峡、白帝城、小三峡

腾冲火山地热地质公园

36万年前，腾冲这片古老的大地开始感冒了，体内熔融的液体涌动着让她感到很不爽，忍不住打了几个喷嚏。那一瞬间，正在熔融的岩屑以极快的速度从一个个火山孔飞入空中，又以极快的速度一边下落一边冷却，在这个极短的瞬间里遇冷凝结成一个个如蛋般圆滑的石头，这种石头科学家称之为火山弹。

腾冲火山地热地质公园

随着火山弹纷纷坠落在火山四周，还有有着丰富气孔的火山浮石，铺天盖地的火山灰，漫山遍野的火山石。一时间，山崩地裂、火光冲天。最后安静下来的，是那冷却了、凝固了、静默了之后的 97 座火山，安然地坐落在腾冲这座建在火山溢出的岩浆上的小城附近，等着远道而来的你一睹她那神秘的风采。

大空山是直接面对火山公园大门的一座最具代表性的火山。一条用火山石铺就的大路直抵山脚，然后依旧是火山石铺就的两条并行的阶梯直至山顶。据资料介绍，太空山高 100 米，山顶海拔 2,080 米，底部直径 658—720 米，顶部火山口直径 200 米，深 50 米。难怪它看上去底部大圆，顶部小圆，像是一个巨大的窝窝头。

100 米的高度登顶并不难，沿着阶梯可以看到路两边裸露着的层次分明的岩浆带。也只有爬上大空山顶，才能理解古语"好个腾越州，十山九无头"的内涵，好一口问天要"米"煮的大锅呀！沿着周长 200 多米的边缘地带慢步，周边是茂密的矮树林。左邻是黑空山，右舍是小空山，都比大空山稍小。

抬头望天，几朵乌云正路过大空山头，多希望老天下一场大雨，让大坑积满水，然后借大空山底午休的岩浆的一个哈欠把水烧开，就可以倒入大片大片的羊肉，再拾几个火山弹当草果，最后撒上一把火山灰当盐巴，当然，这一生的知己好友都会被我请到"锅"边，迫不及待地举起直接用两根竹子做的巨筷开始吃涮羊肉。正美着呢，脚下忽然被草划了一道口，幡然醒悟，但见肉、汤都没有了，唯有火山口密集的松树和高高的茅草一直延伸到锅底。我唯有长叹，吃不到涮羊肉，那就把这满池的翠绿做成青菜汤吧。于是又下意识地望天，盼望着蓄水烧汤。其实，腾冲有数座火山口常年蓄满了水，称之为火山湖。在顺江，有两个当地人称之为"姐妹湖"的，就是火山喷发后火口堵塞而形成的火山湖。姐妹湖，火山口已堵，水源仅仅天上来，何以得这般清澈？谜一般的姐妹湖。

火山公园里还有一处火山沉寂后留下的美丽的伤痕——在黑水河的峡谷中，从固东江东天生桥至曲石两江口约三十公里的峡谷里，密集地分布着柱状节理。从高高的山岸上看向黑水河边，那一道道呈多边菱形的石柱大片大片挤挤挨挨地聚在岸边山崖。有弧形的，有直线的。那弧形的节理呈放射状，如一把把骨扇，又如天女散花。大自然的鬼斧神工，让我除了惊叹，再也找不出词来形容所见。当年徐霞客路过时记录在游记里说："路经菜瓜，不明其意，见曲石才明，曲石如挂树之菜瓜也"。原来当年他也没有更好的形容词，也只好人言亦言曰"菜瓜"。

黑水河里最有趣的奇观，是江南天生桥的柱状节理，那些条状的石头，如树桩一般直插入水中，只在水面露出一柱柱节理柱头，那柱头绝大多数呈六边形，俯视一如蜂巢，非常壮观。潺潺流水穿插周边，人可在柱头上跳跃而过，非常神奇。那么，徐霞客当年是不是错过了这里呢？不然，对如此美丽的伤痕，为什么没有记录？

腾冲这诸多大大小小的火山，究竟是死火山还是活火山，对此一直存在争议，20世纪80年代以前有关专家定论为死火山，而后又被相关专家推翻了，依我看，腾冲火山就算不列入活火山之列，也至少还是午休状态的火山，不然，腾冲又哪里来那么多在火山上与之同生共存的、有着千姿百态，各具特色的高温地热！

回到腾冲城，挥之不去的，依旧是火山！抬头可以看到城边的盾形火山来凤山。信步走过国殇墓园，就可以看到火山堰塞形成的叠水河瀑布，瀑布两侧排列着奇妙的柱状节理。其实，整个腾冲，就是一个巨大的火山地热地质公园！

旅游小贴士

简介：腾冲全县有火山锥体四十多座，除了文中提到的，著名的还有大鹰山、铁锅山、马鞍山等。

看起来很大块的火山石，纵然文弱的人也能轻易举起。更有趣的是，若把它扔入水中，你会发现石头浮了起来，"石沉大海"不再是一般常识！

到达：可从腾冲县城乘中巴到马站乡，马站路口到公园大门约2公里。

周边景点：北海湿地、国殇园

广东丹霞山地质公园

上中学的时候，校园就在西樵山脚下，那是一处国家级风景名胜区；和丹霞山、鼎湖山、罗浮山并称为广东四大名山。岭南的山都不高，但四季常绿，山清水秀，算得上度假胜地。后来离开家乡，到过很多名山，相较之下，总觉得广东的山缺少了一点奇特之处。难怪广东人虽然喜欢旅游，却大都钟情于省外游甚至国外游，对邻近的山水往往不屑一顾。

很多年以后，才去了丹霞山。初登山之时，也不觉得有何特别。这里的山不高，也不险要，更没有传说中的神仙，貌似平平无奇。沿路所见，大都是一种红色的岩石，那是砂岩。据地质学研究，在距今1.4亿年至7,000万年之间，这里是个大型内陆盆地，受喜马拉雅造山运动影响，四周剧烈隆起，盆地内积聚了大量碎屑沉积，才形成了这些巨厚的红色地层。地质年代，那都是不可想象的漫长，之后地层还在不断上升，据说平均每万年才上升1米，那根本是人们无法察觉的缓慢。

未到中午时分，便已到长老峰，那里有个舒缓的平台。放眼望去，前方是一片

广东丹霞山地质公园

绿意盎然，在蓝天白云的映衬下格外清新。然而就在这片绿色的海洋之中，陡然长出来很多大小不一、高低错落的红色柱子，如雨后春笋一般。岩石还是一样的砂岩，不过四周如同被刀砍斧劈一般陡峭，顶部却出奇地平缓，不似天然形成，倒像是人工杰作，也许就是仙人们的作品吧？设想一下，大雨过后，一座座矗立的山峰在云蒸雾绕之下若隐若现，如同人间仙境，谁又能说那里就不会居住着神仙呢？

说起来其实那些都是大自然的鬼斧神工，是流水日复一日、年复一年的下切侵蚀，岩壁不断崩塌后退，经过数以万年计的漫长岁月，才雕琢出这些形态各异的庞大作品。这一进程至今仍在延续，只是细微得看不出一点端倪，人类的所有雕塑作品，在它们面前都显得极其渺小。

丹霞山景区内，这样的大小石峰、石墙、石柱、天生桥据统计多达680余座，顶平、身陡、坡缓是它们的显著特征。丹霞一词，源自明末虔州（今赣州）巡抚李永茂词"色如渥丹，灿若明霞"。明灭后李永茂兄弟避乱到丹霞山隐居，修关门、凿石阶、架木梯、建房屋，安葬先父、侍奉母亲。其弟李充茂又开井引泉、构筑亭台，还买田地施作六祖堂香火。经兄弟两人的锐意经营，本不甚出名的丹霞山始为世人所知。李充茂在广州海幢寺出家的师兄澹归，康熙年间又来此创立别传禅寺，此为丹霞山道场之始。

下山后，旅程却并未到此结束。越过山下的锦江，对岸有丹霞山的地标性景观——阳元石。远远望去，那是一个酷似男性生殖器的天然石柱，经估算它从旁边的阳元山剥离已有30万年的历史，大自然的杰作有时逼真得让人叹为观止。令人称奇的是，后来人们又在对面龙翔湖附近找到了与之对应的阴元石，同样的惟妙惟肖，更加令人难以置信。想象在远古蒙昧的时代，当地土著也许早就发现这样的神奇之物，并作为生殖之神顶礼膜拜了。只是进入文明时代以后，尤其是儒家占主导地位的封建时代，文人们都羞于提及，所以直到近年才被"发现"的吧？这样的发现，相信以后还会陆续涌现。

尽管丹霞之名早已存在数百年，但作为地理学上的重要名词，仅有几十年的历史。我国的丹霞地貌分布极广，早已成名的福建武夷山、江西龙虎山都在其列，甚至远在新疆的魔鬼城，也是丹霞的一员。但以发育之典型、类型之齐全、形态之丰富、风景之优美，丹霞山都堪称国内第一，甚至在世界上也无出其右者。那是大自然赐予世间的地质奇迹，也是足以与各大名山比肩的广东名山，走向世界，也不会是很远的事情。

🏍 旅游小贴士

简介：丹霞山以两日游为宜，虽然有索道，但山本身并不太高，以徒步游览最佳。

丹霞山下有一条清澈的锦江，环绕于峰林之间，游客可乘舟漫游，欣赏沿江两岸景色和摩崖石刻。

到达：从韶关到丹霞山只有50公里，行车时间约40分钟。间隔不长就有一趟豪华中巴自韶关火车站开出。

周边景点：南华寺

云台山地质公园

　　"独在异乡为异客，每逢佳节倍思亲。遥知兄弟登高处，遍插茱萸少一人。"这首著名的思念亲人的唐诗便是王维在云台山写下的。云台山是巍巍太行山中的一处经典景色，山下是河南，山上是山西。所以站在河南你就能充分领略太行山的峰峦叠翠，雄奇险秀。仰望太行，红色岩壁拔地而起，九十度的石壁让你有难以呼吸的错觉。让你想到"脊梁"，这是山的性格，也是中华民族的性格。穿行过太行山的峡谷，在溪流间辗转腾挪，你又会忘掉它的伟岸，只记得碧潭飞瀑的灵动。

　　14亿年前震旦地壳运动所造成的地质遗迹，使得云台山成为"缩小了的山水盆景"。2300万年前的喜马拉雅运动使得云台山区进一步抬升，形成现今的地貌景观。云台山属于岩溶地貌，岩石或像墙壁一样陡立，或成岩墙，或成险谷，与南方地区的岩溶地貌截然不同。所以有地质学家认为这里的地貌应该定名为"云台地貌"。站在云台山的峡谷谷底向上看，会有一种很强的压抑感，峡谷像个口小肚子大的坛子，这是云台山最有特色的地貌类型——瓮谷。2004年2月，在法国巴黎召开的联合国教科文组织世界地质公园专家评审大会上，云台山金榜题名，成为首批28个世界地质公园中的一员。

　　由于太行山的山体内含有大量铁矿石，因此山体呈现赤红色。红石峡更是如此，整个峡谷两边都是赤红色的岩石，与峡谷间的碧水相映成趣。从景区公路下到峡谷，经过一条长长的山洞，就听到震天的水声，这里是红石峡第一个瀑布——白龙瀑。山风夹着水声迎面而来，眼前是一层一层的波纹状的山石，叠积而上。脚下是水流冲出的深深圆圆的石头漩涡，泛着幽幽的绿光。从这里开始就是瀑布接着瀑布，深潭连着深潭。循谷而下有一线天、相吻石、穿石洞、幽瀑九龙溪、水晶潭、黄龙、青龙、黑龙潭等，来时的暑热顿时消失得无影无踪。九龙溪的瀑布上满是细小的崖石，水流在这里被一道道撕开，在瀑布中形成一个个小瀑布。瀑中有瀑，整个瀑布犹如一幅缀着闪亮银片的水帘，景象奇妙。红石峡尽头还有一条百米高的瀑布，掀起的水雾能飘到十几米外。

红石峡的上游是子房水库。一般游完红石峡都从水库的大坝回到景区公路。有一年水库发现了"桃花水母"，只有拇指大小，据说它与大熊猫、金丝猴并称三绝。如果行程休闲的话，您也不妨去试试运气，看看能不能找到这美丽的小东西。

云台山地质公园

去泉瀑峡一定要在夏季的雨后，远远地就能听到瀑布的轰鸣，山谷里的空气是湿润和清爽的。过了最后一个山谷，一阵夹着细雨的微风就迎面吹来了，让你的胸怀顿时为之一开。其实瀑布还在 200 米外，轰隆的声音已经有把人淹没的感觉。"云台大瀑布"落差 310 米，号称中国第一、亚洲第二。夏天时瀑布从绝壁上一跃而下，如天河决口，几百米外都飞散着瀑布掀起的水雾。如果你没有穿冲锋衣或者雨衣，想走进飞瀑就要冒全身湿透的危险。或者你就尽兴，全身浇得湿透，回味一下童年淋雨的乐趣。游人到了这里也是最兴奋的，纷纷撑起雨伞，议论着瀑布的气势，似乎一路的委顿都被这瀑布一扫而尽了。冬天石壁下的潭水冻得结结实实，像一个巨大的溜冰场，在上面可以尽情蹦跳。

北方的山缺水，所以像云台山这样泉潭流瀑不计其数的山峦格外珍贵。潭瀑峡山谷两侧是两三百米的山峰，相距最多不到 20 米。峡谷中水流湍急，蜿蜒跌宕。我们顺着峡谷一路北去。这里的水远比石人山要好得多，胜在水量充沛、富于变幻。水流有时在乱石间穿行，有时在浅滩上漫过，有时在断崖上跳跃，瀑布、深潭不可胜数，让人有江南的感觉。

先是"情人瀑"，群瀑自高岩跌落，瀑分三层，且每个断层都有两条瀑布相吸相融流入一个潭里，如情人耳鬓厮磨，窃窃私语。我们在瀑布前休息，溪水迅疾而下，在青石上冲出深深的沟槽，然后跌下深潭。坐在水边，手浸在冰冷刺骨的水中，独自冥想。"山无棱，天地合，乃敢与君绝"。时光流转，滴水尚能穿石，世上没有什么是不能改变的，那些在风中四季传唱的爱情也许只是一个梦吧。再往前去，就到了碧玉潭。潭水碧绿，水清色美，宛如一块碧玉嵌在峡谷之中。绿油油的水草在潭中摇摇摆摆，袅袅婷婷，仿佛姑娘的纤纤细手，柔若无骨。峡谷的尽头就是犹如巨大的圆形剧场的龙凤壁。冬天，峡谷一路满是冰瀑和冰挂，走着走着就会听到冰挂脱落的哗啦声。那时龙凤壁下的深潭已经冻成了一座天然的溜冰场，会有很多人在这里嬉戏。

云台山主峰茱萸峰海拔 1,304 米，站在峰顶，常常是头上碧波蓝天，脚下千里浮云，犹入仙境，故得名云台山。王维的"遍插茱萸少一人"据说就写在茱萸峰上。现在峰顶还有白色的亭阁，叫作"重阳阁"。每到重阳节，当地人都要插茱萸，喝黄酒，登高山，以求避邪。在去云台山之前，我去过十多次太行山，所以看到云台山景色，并没有特别的惊讶，不过云台山确实有它的过"山"之处。

站在峰顶，可以欣赏"头上碧波蓝天，脚下千里浮云"的美景。可惜我来了几次，除了晴天就是雨天，雾茫茫的一片，没能看到壮观的云海。有一次上山前还看得到太阳，不一会儿云雾就掩着山慢慢上来了。风越来越大，云雾擦着山梁，在谷间迅速飘飞。雾中夹杂着细雨，纷纷扬扬而下，云台山完全隐没在浓雾中。

还值得一提的是，茱萸峰的植被茂密，古树参天，有千年名树红豆杉、五角枫，珍稀植物太行花，森林覆盖率达 93%，有天然氧吧之美誉。所以看不到云海也不必计较，就当是来做一次健康修身之旅，不亦快哉！

🚗 旅游小贴士

简介：整个景区全部走下来需要两天时间。潭瀑峡往返需1.5—2小时，泉瀑峡需2—2.5小时，红石峡需1小时左右。爬茱萸峰的话，上下差不多3小时。

因为景区大门距离景点较远，建议还是买票乘车。该车是环保型的大巴车，有空调，乘坐舒适。在停靠点儿随时凭门票上车。车上有导游讲解，还可提前告知司机或随车导游在任一景区站点下车。

在潭瀑峡（小寨沟）前的河面上用玻璃做了圆台，中心是八卦图，有陈氏太极拳表演。这里距离太极拳的发源地——温县只有几十公里。每天有好几次表演。

到达：焦作和新乡汽车站有开往云台山的中巴。节假日，郑州长途汽车中心站有开往云台山的豪华大巴

周边景点：青天河、青龙峡、神农山、八里沟

云南石林地质公园

云南石林早就声名远扬，记得我还念初中的时候就被大人们带去玩了一圈，那年去昆明，因为时间紧，大人们只去了石林，滇池等都没去，而世博园那时压根就还没影呢，所以一直以来，在我印象中，石林就是昆明最值得去的地方。

石林景区在昆明市郊，从高速出来，路旁的喀斯特特征越来越明显。喀斯特地貌也称岩溶地貌，是经过漫长的地质演化和复杂的古地理环境变迁形成的地质遗迹，世界各大洲都有这样的地貌类型，而云南石林则有"世界喀斯特精华"之称。

除了出发前临时补充的一点喀斯特地貌形成知识外，我对石林还是很陌生的，这种状态似乎更能展开遐想的空间。

到了景区门口，完全是一派现代化公园的建筑味道，看来要想列入国家 5A 景区，景区大门是一定要现代气派的。不过现代的大门终归压不住景区里那一块块石头厚重的形成史，参差不齐、错落有致的石头，准确地说应该是岩溶地貌，展示着它们各自的风姿，石牙、峰丛、溶丘、溶洞、溶蚀湖、瀑布、地下河，这些亿万年前的熔岩在一起形成一定的规模后是如此壮观，让人叹为观止。

云南石林地质公园

从门口走到大石林附近，还没怎么揣摩石头的奇趣，竟然感觉有些累了，毕竟大中午的太阳和这段不算近的路让人走起来有些吃力，正巧几位外国友人邀我一起拼坐景区游览车，于是欣然接受。游览车先是带着我们看了看景区四周的"万年灵芝""李子园菁"和"步哨山"三个点，庆幸自己没走这段冤枉路，一来路长，二来景致的说法有些牵强，见过大风景的人对这些太过人工雕琢的风景，大多都会嗤之以鼻的，我也不例外，倒是几位外国友人不断地拍照留影，对他们来说这儿确实稀罕吧。

大石林景区是要下车看的，穿梭于各种有传说的石头间，换个角度就是一番不同的景致，左看成峰、右看成林；换种心情就有不同的体验，乐时似端坐的弥勒大佛，悲时似面目狰狞的巨兽。听导游解说亦各有千秋，有说摸摸此石就能一生不牙疼的，也有说此石是防止结巴的，真是让人啼笑皆非，不过这也算是旅途中的一种乐趣吧，人生未尝不是这样，不必要求它给予你太多，随意自由些或许能获得更多的快乐。

从大石林出来，再去小石林嗅嗅阿诗玛的味道。小石林里那一泓湖水最是夺目，眼瞅着大家都在那留影，心想这碧波粼粼的湖水难道是阿诗玛殉情的地方，其实不然，大家真正想拍的却是湖畔那座独立的石峰，听着导游解说，这才茅塞顿开，顾长高挑的身段，风姿绰约的体态，特别是那身后的背篓，活灵活现的一位彝族撒尼少女，原来大家拍的是这块石头啊，人称阿诗玛石峰。阿诗玛找到了，导游又活生生地造出了个阿黑哥，不过石峰怎么看也不像个小伙，我想大家是为了不让阿诗玛孤单才硬生生地造出个阿黑哥石峰吧，也算成人美事了。

小石林出来路过景区文艺广场，正巧有彝族文艺表演，表演虽然说不上原汁原味，倒也体现了彝族的撒尼风情，一个好客、热情、勤劳的民族。听导游说，如果能在农历6月24日来这里的话，会有盛大的彝族火把节狂欢活动，我想应该会很热闹很有趣的，留点遗憾和眷恋吧，下次再来石林才会有更多的惊喜。

🚗 旅游小贴士

简介：石林保护区有350平方公里，目前开发了石林风景区（中心景区）、黑松岩风景区、飞龙瀑风景区、长湖风景区四个景区，精华景点都在中心景区，其他三个不看也罢。

在大石林的石峰中穿行就像进了一个迷宫，岔路很多。初次游览大石林最好请一个向导，否则很容易迷路。不过也没必要担心，这里游人很多，总能走回到大路上。跟着团队的导游走也是个好办法，还能听到许多掌故和传说故事。

昆明有很多旅行社都提供散客接待，包门票往返石林。但是千万不要因为图方便或便宜而去参加，否则你一定会为没完没了的购物而牢骚满腹，真正在景区的游览时间却少得可怜。

到达：昆明火车站东出口一侧的长途汽车站有去石林的班车。昆明火车站也有停靠石林的列车，从石林火车站打车约10元可到达景区。

周边景点：九乡、世博园、滇池、翠湖公园

第二十二章　温泉保健游

长白山温泉群

　　长白山位于吉林省东南部地区，是图们江、鸭绿江、松花江的三江发源地。长白山风光秀美，有着独特的地貌景观，神奇秀丽、巍峨壮观。这里丰富的温泉群为这座中国的名山增添了不少魅力，同时还有为游人解乏祛病的功效。

　　长白山是一座休眠火山，历史上曾有数次爆发，最近一次的爆发距今约有280多年。虽然它现在处在休眠状态之中，但其内部并未停止活动，周围不断有温泉涌出。在长白山黑风口滚滚黑石下面有几十处温泉群，山顶天池的附近就有泉水喷涌，稍远些的则在几百公里之外。长白山温泉属于高热温泉，温泉群的地势不同，所喷涌的水量、温度也不同，大多数的泉水温度在60℃以上，最热的泉眼可以达到82℃。长白山温泉有"神水"的美誉，泉水中含有大量的硫化氢和多种微量元素，有着很高的医疗价值，对肠胃病、皮肤病、高血压、心脏病和妇科病有着很好的辅助治疗效果，而且，这里的泉水流量、水温、水质常年稳定，是非常理想的洗浴用水。这里比较著名的有聚龙泉（长白温泉）、梯云温泉和湖滨温泉等，是我国东北地区集特色医疗、温泉洗浴、生态旅游为一体的旅游度假胜地。

"聚龙泉"是所有温泉中水量最大、分布最广、水温最高的，被誉为"长白山第一泉"。"聚龙泉"位于长白山北坡，距离长白瀑布仅有 1 公里距离，面积约 1000 多平方米。游人进入温泉区，就能感觉到热气扑面而来，泉水从岩缝中汩汩涌出。泉口喷出的泉水大的如同碗口，水声响亮；小的泉水口犹如手指一般粗细，岩缝细流涓涓。温泉水色浊黄，在温泉周围的岩砾、砂石等被染成了红褐黄绿、深浅不一的颜色。在氤氲的水气中，温泉周围闪烁着五彩缤纷的色彩，十分壮观。聚龙泉周围的温泉比较集中，达数十处，泉眼较大的就有七处。数十条温泉热流从地底下喷涌出地面，就像是群龙喷水，因此得名"聚龙泉"。

长白山温泉群

聚龙泉的水温高低不一，一般的有 60℃，最高的可达 80℃，属于高热温泉。如果将鸡蛋放在泉眼的旁边，20 分钟左右就可以煮熟。温泉水煮熟的鸡蛋被称为"长白一奇"，其神奇的地方在于蛋黄虽然熟透了，但蛋清却仍为粘稠状，十分有趣，而且这样煮熟的鸡蛋吃起来格外清香，有着浓郁的矿泉气味，口感极佳。

在冬季里体验长白山的露天温泉浴，别有一番趣味。周围是漫天的皑皑白雪，一片银装素裹，而温泉周围却是热气腾腾、烟雾缭绕，游人在温泉中泡去一身的寒冷，一冷一热对比分明，实在是人生难得的奇妙经历。

旅游小贴士

简介：在长白山黑风口滚滚黑石下面有几十处温泉群。它距离震耳欲聋的长白瀑布不到二里，奔腾咆哮的白河擦边而过。长白山温泉属于高热温泉，多数泉水温度在摄氏60度以上，最热泉眼可达82度。长白山温泉有"神水之称"，含有大量硫化氢和多种微量元素，具有较高的医疗价值，对肠胃病、皮肤病、高血压、心脏病和妇科病疗效尤其显著。其中比较著名的长白温泉、梯云温泉和湖滨温泉等，都是吸引中外游人的好地方。

此外，还有芦泉、仙人桥温泉群、十八道沟温泉，玉浆泉、药水泉等，是中国东北地区集特色医疗、温泉洗浴、生态旅游、资源开发为一体的旅游度假胜地。长山白温泉群主要包括长白温泉、梯云温泉、抚松温泉、屯温泉、长白十八道沟温泉、安图药用泉以及天池西侧的金线泉、玉浆泉等。那些未冷凝的火山物质和侵入的岩浆体是使地下水加热的强大热源，深部矿水沿裂隙涌出地表而成温泉。

到达：公路温泉距抚松25公里；铁路有长春--白河的客车，北京--通化，通化--温泉的客车，直接买温泉的车票，在温泉下车即可。

周边景点：长白山天池、长白山原始萨满部落、长白石林、雾淞岛、明月湖、伪满皇宫等

大兴安岭阿尔山温泉

"阿尔山"在蒙语里是"圣水"的意思，而不是什么山名。阿尔山温泉位于大兴安岭西麓，内蒙古兴安盟科尔沁右翼前旗的阿尔山镇被呼伦贝尔、锡林郭勒、科尔沁等几大草原环抱。阿尔山为群山所环抱，古树参天，绿树成荫，属半湿润森林草原地带。

　　被誉为"火山博物馆"的阿尔山拥有亚洲面积第一、保存较完整的火山地貌。阿尔山温泉属于火山性矿泉，这一地区在历史上曾有过强烈的火山活动，形成了阿尔山矿泉良好的水文地质条件。阿尔山矿泉有着独特的地理结构，地下水的自然净化度很高，泉水中含有铜、锰、锶、锂、钛、钼、铝、铍、铯、钡等丰富的矿物质和微量元素，对人体的运动器官、消化器官、心血管系统、神经系统、呼吸系统等方面的疾病有一定的疗效。根据治病功能不同，阿尔山温泉还分为"头泉""眼泉""胃泉"等。此外，值得一说的是，在这些矿泉中有一眼泉叫作"问病泉"，患者在洗浴过程中，如果身体某个部位有疾病就会起明显反应，十分有趣。

大兴安岭阿尔山温泉

　　海神阿尔山圣泉疗养院是阿尔山最大的一个温泉区，在 1 平方公里的绿地上，密密匝匝地排列着 48 个泉眼。晶莹澄澈的泉水汩汩而出，久旱不涸，温泉每天喷涌出来的水量达到 600 吨。在这些温泉当中，温度各有差别，有冷泉、温泉、热泉和高热泉四种，水温在 2℃~48℃之间，有的温泉之间仅距离 0.3 米，但是温度相差却非常的悬殊。

　　阿尔山是一个多矿泉地区，这里还有五里泉、金江沟等矿泉区。五里泉是一眼饮用矿泉，因其距阿尔山疗养院矿泉五华里而得名。温泉的水温、化学成分、水量不会受到季节变化的影响，水温常年保持在 3℃~6℃。泉水中富含偏硅酸及锂、锶等 13 种微量元素及全部宏量元素，对人体的主动脉具有软化作用，对心脏病、高血压、风湿、类风湿、神经功能紊乱、胃病等有很好的治疗作用。当地出产的"阿尔山"牌矿泉水，清凉爽口，余味甘甜，是优质的天然矿泉水。

金江沟温泉距阿尔山市区 67 公里，共有 7 眼矿泉，水质及疗效与附近的其他温泉水基本相同，水温最高时可达 47℃，被人们称为"小温泉"。金江沟温泉以有神蛇而出名，过去在各泉池中有许多蛇，当人们洗浴时，蛇便在水中舔食人身上皮肤的病患处，对皮肤病的治疗有很大帮助，但从却未有过蛇咬伤人的情况。

阿尔山温泉有着幽雅的风光、神奇的疗养作用，吸引着许多游人前往，是一个度假旅游、保健休闲的好去处。

旅游小贴士

简介：内蒙古著名矿泉疗养地。在大兴安岭中段西麓，蒙古语"阿尔山"意为"圣水"。有四十二个泉眼，泉区方圆仅 1 平方千米。各泉水温差别明显（1~48℃），所含化学成分各不相同，可分别治疗几十种慢性病。阿尔山矿泉有 48 眼分布在南北长 500 米、东西宽 70 多米的范围内。分冷泉、温泉、泉、高温泉 4 种，泉水最低温度 1.5℃，含有放射性元素氡以及氯、镁、硫、硅等 10 几种元素。矿泉水对多种疾病有良好疗效，特别是对风湿性关节炎、增生性关节炎、类风湿、牛皮癣等疾病有特殊疗效。中国最大的放射性氡群泉位于内蒙古自治区科尔沁右翼前旗西北部、大兴安岭的崇山峻岭之中。分布在长 500 米，宽 70 米的地带上。共有大小温泉 42 个。各泉水温度不同，含氡量及其他化学成分不同，对于多种疾病有良好疗效。阿尔山海拔 1000 余米，空气清新，夏日阳光充足，凉爽宜人，是避暑胜地；冬季封雪期达 7 个月，可开展冬季运动和狩猎。温泉附近树多林密，苍松白桦掩盖峻岭，山珍药材遍地丛生。

到达：可以从乌兰浩特坐火车到阿尔山也可以在汽车客运站到阿尔山很方便坐火车下车往右拐大约 200 米就到了坐汽车到客运站下车对面就是海神宾馆。

周边景点：阿尔山奥伦布坎旅游景区、阿尔山滑雪场、五一会议旧址、兴安盟五里泉、万豪蒙古大营景区等

辽宁汤岗子温泉

汤岗子温泉位于辽宁鞍山市南郊 15 公里汤岗子镇娘娘庙山脚下，是我国四大理疗康复基地之一。汤岗子温泉占地 45 万平方米，区内风光秀丽，亭台楼阁、小桥曲径映着湖光山色，桃红柳绿伴着鸟语花香，令人陶醉，是一处集旅游、疗养、理疗康复及游览于一处的理想场所。

汤岗子温泉的矿泉水、热矿泥蕴藏丰富。其中，热矿泥为国内唯一所有，深度可达 40~50 米，覆盖的范围比矿泉所占的面积大 2.5 倍。这些天然热矿泥资源的自然温度和医疗作用是十分珍贵的，享有"亚洲第一泥"之美誉。

汤岗子共有 18 处温泉，每天涌出的泉水约有 1000 吨，水温高达 72℃。汤岗子温泉水清透明，无色无味，富含氡、氟、二氧化硅、钠、硫酸根和氮气等。氡气是一种具有微弱放射性的惰性气体，是镭在放射蜕变过程中的产物，含有氡气的矿泉水有着较高的医疗价值。此外泉水含有钨、钼、锗、钒、钛、碘、铅等 20 多种微量元素，对治疗风湿性和类风湿性关节炎、脊椎炎、肩周炎、皮肤病、老年病、神经性疾病以及外伤后遗症等数十种病有着显著的疗效。

汤岗子温泉的泉水可以饮用，有健胃、增进食欲的功能。经常用温泉水沐浴，可令皮肤润滑，头发发亮，关节活络，周身通泰。

辽宁汤岗子温泉

汤岗子温泉历史悠久，唐代时已开始得到利用。20世纪20年代，张作霖曾在此建有"龙泉别墅"，设有大小浴池多处。

汤岗子温泉以其悠久的历史，得天独厚的自然资源和人文景观，融康复、理疗、旅游于一处而名扬国内外，吸引了大批的游客前来观光和疗养。

🔥 旅游小贴士

简介：汤岗子温泉疗养院是全国四大康复中心之一，位于市区南部15公里处，面积为65万平方米。温泉泉水无色无味，清澈透明，温度达72℃，并含有钾、镁、氢、钠等30余种微量元素。用温泉水和热矿泥配合按摩、针灸、蜡疗及光电疗法，对风湿性关节炎、皮肤病、外伤后遗症等都有明显疗效。疗养院内环境优雅，风格独特。中国末代皇帝溥仪居住的"龙宫温泉"和东北军阀张作霖修建的"龙宫别墅"均保存完好，已成为康复和旅游的胜地。

到达：站前火车站前面的那条路，一直往南，有Y型路口靠右侧路行驶，一直往南走，开车大约20分钟 见路边指示牌，就到了；要是坐公交的话在环球对面坐13路能到汤岗子。

辽宁兴城温泉

兴城濒临渤海，冬暖夏凉，气候宜人，集山、海、城、泉、岛于一地，风景秀丽，古迹很多，是国务院批准的新兴北方沿海旅游疗养城市。兴城温泉又称"汤泉"，位于兴城古城东南2.5公里处。兴城温泉风景十分秀丽，北靠挺拔俊秀的首山，东临烟波浩渺的渤海，西望参差错落的古城。兴城温泉是因地下熔岩的作用而

辽宁兴城温泉

形成的天然矿泉，泉水清澈透明，无色无味，水温在67℃左右，PH值为7.4，属于高温弱碱性食盐矿泉，水质优良，既可以沐浴又可以饮用。泉水中富含钾、钠、钙、镁、铵、硫磺等多种矿物质及微量的放射性元素氡，对风湿性关节炎、大骨节

病、神经衰弱、高血压、皮肤病和慢性妇科病等有着显著的疗效。此外，兴城温泉也是全国为数不多的氡泉之一，氡可渗过皮肤或者通过呼吸道、消化道进入血液，促进人肌体的新陈代谢，增强免疫功能，并且还有镇静止痛、消炎和脱敏等功效，是一处具有很高医疗价值的温泉群。

兴城温泉一共有12眼，每天的出水量约为2000吨。在这些泉眼当中，以"天井泉"为第一眼泉水。其泉水澄明无味，有着"圣水"的美誉，历朝历代的人或在井边焚香，或是往井中投币，以示虔诚和敬意。

兴城温泉早在辽代时，即被广为开发利用，人们在这里建有致爽亭、汤泉寺。如今，在长达4公里的地区林立着数十所庭院式、宫廊式、西式和中西合璧式的医院、疗养院，已成为我国最大的温泉疗养区。

🛵 旅游小贴士

简介：兴城温泉，古称"汤泉"，位于古城和海滨之间。温泉是因地下熔岩的作用而形成的天然矿泉。泉水清澈透明，无色无臭，水温67度左右，属于高温弱碱性食盐矿泉。泉水中含有钾、钠、钙、铵、硫、镁等多种矿物质，还含有一定数量的放射性元素氡和镭。泉水可以口服、冲洗和浸浴，以浸浴为主，温泉可以除疾祛病。兴城温泉疗养区不仅有充足的矿泉水，而且风景十分秀丽，北靠挺拔俊秀的首山，东临烟波浩渺的渤海，西望参差错落的古城。发源于首山脚下的温泉河，蜿蜒流过市区东奔而去。

到达：公交：在兴城火车站或古城乘坐公交1路至温泉下即可；兴城市打车很便宜的，起价费5元，从火车站打车到海边用不了20块钱。

周边景点：钟鼓楼、祖氏石坊、明代一条街、蓟辽督师府、周家住宅、兴城古城等

河北平山温泉

平山温泉位于平山县温塘村西温塘河东岸，距石家庄市 60 公里，面积约 7 万多平方米，是全国重点温泉之一，属高热弱碱性氯化物硫酸盐氡泉。泉水温度常年保持在 30℃ 左右，最高水温可以达到 68℃。每升泉水里的氡含量最高可达 100 余埃曼，是一处含氡量很高的温泉，属于放射性氡水。此外，泉水中还含有大量氮、二氧化碳和氦等气体以及硫磺等 30 多种化学物质。

河北平山温泉

平山温泉氡水的形成是与其周围的地质环境有着密切联系的，氡水的富集主要取决于岩石的放射作用，氡是镭的蜕变产物，在酸性岩浆岩地区，其含量可以显著提高。氡水中含有氡和氡的分解物，用它来淋浴对治疗各类关节炎、神经衰弱、皮肤病等有很好的疗效。同时，泡温泉浴还能加速血液循环，改善心脏功能，促进消化作用，加快新陈代谢，对维持神经系统的正常机能也有良好的效用。

平山温泉水属于氯化物—硫酸盐—钠型水。钠、氯离子的含量都在500毫克/升以上。硫酸根离子含量达300毫克/升。温泉水中还含有176.8毫克/升的可溶性硅酸、18毫克/升的偏硼酸、硫化氢以及氟、澳等微量元素。其PH值为6.9，近中性，矿化度较低，为1.67克/升。

每年的阳春三月，在桃花盛开的时候，方圆数百里的人们蜂拥而至，争相来沐浴桃花水，"温泉三月桃花水"成为平山温泉的一方胜景。

平山温泉是我国综合开发利用较早、较好的典型实例之一，现为省级旅游度假区。

🌀 旅游小贴士

简介：平山温泉，在平山县西温塘河东岸。它是一处含氡量很高的温泉。氡泉水是一种珍贵的资源。用它来淋浴可起到特殊的医疗作用，尤其对风湿性关节炎、神经衰弱、皮肤病、牛皮癣等疗效更佳。泉边旧时曾有汉武庙，相传此泉开凿于武帝时期。汉武帝患有皮肤病，久治不愈，夜里梦见神仙，神仙告诉他有温泉水能医治疾病，于是武帝骑自白鹿带领侍从四方寻觅。到温塘河处，只见上游水如鼎沸，云蒸雾腾，急忙溯流而上，在温泉里沐浴，疾病顿消。以后便在此地建了温泉寺。

到达：从石家庄北站乘平石快客至温塘镇白鹿温泉，30分钟一班车；自驾路线是从石家庄市区经过石闫路、平山县城、温塘镇，最后到白鹿温泉度假村。

周边景点：驼梁风景区、汤汤水生态风景区、白鹿加勒比水上乐园、银河洞景区、二战堡垒、白毛女艺术陈列馆等

河南临汝温泉

临汝温泉在临汝县城西北约 27 公里的温泉镇，北距古都洛阳 62 公里，西边是重峦叠嶂的群山，东边是一望无际的沃野。泉水溢出地表，热气弥漫，远远望去，如雾气蒸腾。临汝温泉史书上称"温汤泉"，又叫"广成汤"，历史十分悠久。宋代范仲淹的长子范存仁在河南襄城当知县时，曾到此洗浴游览，并题有一词："山前阴火煮灵源，昔日曾临万乘尊。历尽兴亡皆如此，不随世俗变寒温。"

临汝温泉受北西和近东西向两组断层控制，含水岩层为古生代碳酸盐地层，通过第四纪松散沉积物涌溢地表，形成泉群。

临汝温泉共有 7 处泉口，泉水每天涌出的水量达到 1000 多吨，泉水温度在 57℃～63℃，属于高温矿泉。泉水中的化学成分主要以硫酸根和钠离子为主，总矿化度 1.8～1.9 克/升，PH 值为 7.8，呈弱碱性，微量元素成分中的偏硅酸、硼酸均达到医疗矿水标准，因此，在这里沐浴时会让人感到滑腻舒适。泉水还含有氟、锂、锶、锰等 30 多种矿物质和放射性物质，所以，临汝温泉水是一种集硫酸盐泉、食盐泉、重碳酸盐泉和氡泉的复合型矿泉。正因为如此，临汝温泉具有很广的疾病治疗效用，特别是对各种慢性运动系统疾病、皮肤病等有着显著疗效；对于慢性神经系统疾病、呼吸系统疾病、慢性消化系统疾病、循环系统疾病、内分泌系统疾病等有较好疗效。此外，对血管机能障碍、关节炎、关节僵硬、神经麻痹、肌肉瘫痪等疾病患者也有较好的疗效。

🚗 旅游小贴士

简介：临汝位于中州大地的中心，距历史文化名城洛阳约 50 里。境内风景秀美，古迹众多，更有临汝温泉而吸引着历代游人。传说西汉文帝之母薄太后曾在此沐浴避暑，武周久视元年（公元 700 年）武则天亦在此设八卦楼行宫，温泉屡经历代修缮。解放后，当地建了多所疗养院，是国内著名的温泉疗养区。

到达：洛阳车站坐到汝州的车，到官庄下车，下车就是一个路口，再坐三轮摩托就到了；或自驾从洛阳到新区，过郭寨收费站，走洛栾快速通道，20 公里后向西即到。

周边景点：汤玉祠、吕祖阁、鸾驾山、武后碑、白龙泉、黄牛涧、温凉、风丹亭等

安徽黄山汤口温泉

黄山温泉位于皖南歙县以北的黄山风景区内，在风景秀丽的紫云峰南麓，汤泉溪北岸。黄山温泉古称"汤泉""汤池"，因冬夏常温，四时如汤而得名。黄山温泉喷流不绝，似琼浆玉液，清澈如镜，与黄山的奇松、怪石、云海并称为黄山四绝。

黄山温泉水是含重碳酸盐等多种矿物质的淡泉水，矿化度约 0.08 克/升，PH 值为 7~8，二氧化硅含量为 45 毫克/升。水中的碳酸氢根离子和钙离子偏高，含有一定量的氧气和二氧化碳。不含有害物质，可以用来泡茶及酿酒。泉水清澈甘醇，含有对人体有益的阴离子以及人体所需的铝、镁、钾、钠、钙等多种微量元素，可

以沐浴、饮用以及医用，对于医治人体的消化、神经、心血管、风湿皮肤等病症以及消除疲劳都有着很好的疗效。

安徽黄山汤口温泉

黄山温泉属于构造温泉，分布存黄山花岗岩体和围岩的附近，泉水在花岗岩体的破裂带中溢出。黄山温泉水温终年保持在 42℃ 左右，流量每昼夜约为 400 吨，水温、流量保持较为稳定；黄山地区的年气温变化幅度为 28℃，而温泉水温变化幅度仅为 0.5℃；黄山的年降雨量的变化幅度为 840 毫米，而泉水水量的变化幅度昼夜仅有 26 吨的差别。可见温泉的流量虽然与降雨的起伏有一定的关系，但却没有暴涨暴跌现象。所以，黄山温泉久旱不涸，霆雨不溢，四时如汤。

此外，在黄山还有一个能发出响声的奇泉——鸣弦泉。鸣弦泉的形成是由于泉水穿过中空的岩石，水石相击而发出清亮悦耳的声响。游人可以在饱餐黄山秀色、神浴汤口温泉的同时，去听听鸣弦泉美妙的泉音，那仿佛是大自然在歌唱。

如今在温泉出露的 10 多处均建立了温泉浴室和温泉游泳池等设施。游人登峰览胜归来，在温泉中泡一下澡，可使疲劳顿消，两腋生风，享受那"温泉水滑洗凝脂"的仙人般的乐趣。

旅游小贴士

简介：黄山这处美妙的温泉，曾得到古今名人的欣赏与赞美。如李白、贾岛、徐霞客、石涛等人都曾沐浴其间，并留下许多赞美诗词。邓小平同志在1979年7月游黄山时，曾为这个温泉亲笔题了"天下名泉"四个字。黄山温泉还具有一定的医疗价值，对消化、神经、心血管、运动等系统的某些疾病，有很好的治疗和保健效果。

到达：黄山温泉，也被称为黄山飘雪温泉，现在具体位置在黄山风景区温泉景区小补桥南岸，名泉桥桥头高坝上，与桃源宾馆相邻。由此到通常所说的前山（慈光阁）登山口，公路里程为4000米，乘坐景区大巴，步行可沿登山布道溯桃花溪而上，仅需25分钟，到后山（云谷寺）登山口，公路里程为7公里，可在览胜桥换乘景区内大巴到达。

周边景区：丹井、人字瀑、听涛居、小补桥、翼然亭、名泉桥、览胜桥、汤泉溪等

安徽岳西汤池温泉

安徽岳西汤池温泉位于大别山东麓，岳西县城北郊的汤池畈中街，这里四面环山，中央低平，气候温暖湿润，景色宜人，毗邻岳西盆地。汤池温泉具有得天独厚的地理位置和优美的自然环境，具有水温高、矿物质含量丰富等独特的优势条件，水质纯正、优良，水量极为丰富，可与陕西西安华清池、河南大营口温泉等历史名泉相媲美，是中国的四大温泉之一。

汤池温泉有6处呈带状分布的大小泉眼，东西向延展，沿着断裂带溢出地表，总的流量大于290立方米/天，其中以大汤池的流量为最大，有275立方米/天。由

安徽岳西汤池温泉

于断裂带上覆盖的第四纪砾石层宽度自西向东由 0. 6 米逐渐增厚至 0. 7 米以上，所以各泉点的水温各有差异，但都保持在 30℃～58℃ 之间。

汤池温泉的泉水中含有硫酸根离子、碳酸氢根离子、钠离子，此外还含有钾、钙、氯等离子及铜、铝、锌、钒、钴、硼、三价铁离子和二氧化硅等 21 种微量元素。泉中总矿化度 228. 3 毫克/升，PH 值为 9. 35，偏硅酸含量高达 55 毫克/升，故被称为硅酸矿泉。

泉水中镉、铝、氟离子的含量超过饮用水质标准，锌的含量虽然达到饮用矿泉水的标准，但 PH 值偏高，所以汤池温泉不能用作饮用矿泉水。因为汤池温泉泉水中含有的微量元素种类多，水温恒温在 58℃，用作医疗矿泉是极为理想的。经常沐浴温泉浴可使细胞活力旺盛，代谢过程加强，从而增快人体细胞的再生和修复过程。

汤池各有差异的 6 处泉眼对于不同的疾病患者有着不同的疗效。36℃～38℃ 的温泉具有镇痛、止痒、安抚作用；38℃～40℃ 的温泉可以为皮肤所吸收，对于防治类风湿、银屑病、玫瑰糖疹等多种顽疾有很好的效果，同时又能降低末梢神经的兴奋性，让肌肉松弛，有解痉止痛的功效，对防治皮肤发绀、冻疮很有效果；PH 值为 9.35 的泉水，可以治疗皮脂溢出症、脂溢性皮炎以及酒糟鼻；含锌量较高的泉水对湿疹及糜烂性损害、下肢慢性溃疡痉疮有显著疗效。所以，不同疾病患者可以根据自己需要来选择沐浴。

🚗 **旅游小贴士**

简介：岳西汤池温泉，有名灵泉，早在明代，当地乡民和绅士等就在温泉处挖池蓄水，建有简陋的浴池，供世人沐浴疗疾。清道光十五年（1838），当地官绅出资修浴池，建楼阁以供沐浴疗养，并勒石而记，记叙治疗疾患和汤池佳境。至此汤池温泉遂由纯民间沐浴疗疾之所而成官民共用的沐浴疗养之地。民国时期，国民党驻军进入汤池畈，温泉遂成为军用浴池，当地乡民只好另建小池，因此有"大汤池"和"小汤池"之别。1949 年后，经多次修葺、扩建，新建男女浴池、更衣池、休息室等，真正成为人们沐浴疗疾的场所。

到达：安徽省虽地处内陆，相比华东各省，经济较不发达，交通基础设施建设起步较晚，但发展较快，全省已初步形成了比较发达的水、陆、空立体交通网络，其中尤以铁路运输最为发达，铁路通车里程 2500 公里以上，居华东首位。抵达岳西县城后转车至应城市老车站，乘中巴车循八汤线即达汤池温泉。

周边景点：天柱山风景区、妙道山、明堂山、广佛庵、后冲寺塔等

南京汤山温泉

汤山温泉位于南京中山门以东约 29 公里的汤山镇，这里山清水秀，风景优美，泉眼群集，终年泉水汩汩，热气腾腾，是全国四大温泉疗养区之一。汤山镇因泉而得名，因泉而著名，是江苏百家名镇之一。

汤山温泉是大气降水后沿着岩石的裂隙渗入地下深处，经过地热加热之后，在水头压力差的作用下，又沿着断裂带溢出地面而形成的。汤山温泉每日流出的水量约为 5000 吨，水呈微黄色，透明度较好，没有臭味。水中含有硫磺、钙、镁、钾、钠、锶、铁等 30 多种矿物质及少量放射性的钍、镭、氡等化学物质。由于泉水中所含有的硫酸根离子较多，且平均水温都在 50℃～60℃，所以一般称汤山温泉为"中温硫酸盐水"。此外，汤山温泉的水面上还有氮、氧、二氧化碳、氢以及乙烷等气体逸出。这些化学物质主要是大气降水在下渗过程中，溶滤了各种岩石和矿脉成分所带来，其中部分离子可能是来自深部低温热液。

南京汤山温泉

汤山泉水清澈透明，泉水中所含有的钙、镁矿物质，微量锶、氡等，对皮肤病、神经痛、关节炎等多种慢性疾病有疗效，有的还能杀死寄生生物，使皮肤变得细洁光滑。此外，在汤山温泉的泉眼附近，人们可以看到许多结晶较好的天然矿物。其中有白、浅黄、灰白等色的菱形体方解石，还有浅黄、浅绿、淡紫的立方体及八面体萤石。这两类矿物都是温泉水喷涌出来时带到地面的沉淀物，称为"泉华"。

汤山温泉现在发展了许多温泉疗养、健身娱乐、温泉度假等项目，是度假、休闲旅游的极佳场所。冬天去汤山享受温泉，别有一番趣味，因为人们可以体会从寒冷的外界突然泡进温暖泉水那种季节错置的奇妙感觉。

旅游小贴士

简介：汤山古名"温泉"，因温泉而得名，已有1500多年的历史，是世界著名温泉疗养区，居中国四大温泉疗养区之首。千年前，汤山温泉就曾于南朝萧梁时期封为御用温泉，自南朝以来，历代达官显宦，文人雅士来此游览沐浴，南北朝萧梁时期被皇上封为圣泉。

到达：来这里交通挺方便的，在火车站和汽车站，都有车前往，乘坐汤山一号线。

周边景点：阳山碑材（明文化村）、古猿人洞、蒋介石温泉别墅 等

陕西华清池温泉

华清池温泉位于陕西省临潼县南门外，骊山西绣岭北麓。泉水在两组断裂构造的交叉部位上的前震旦系片麻岩中溢出，属于自流泉，现有泉眼 3 处，水温终年保持在 42.5℃~43℃，泉水每小时的总流量约 113.65 立方米，而且流量稳定。

华清池温泉水的化学类型为中性硫酸氯化物纳型水，具有医疗价值的矿物质含量较高，如二氧化硅 44 毫克/升，氟离子为 7.0 毫克/升，氡气为 63.5 埃曼/升，这些都达到了医疗用水标准，所以又称为"硅水""氟水"和"放射性氡水"。华清池温泉水中所含有的氡气是治疗疾病的重要因素之一。在温泉水中沐浴时，氡元素便会透入人体内，通过其放射性功能调节人体的心血管和神经系统的功能。

此外，温泉水中富含硫酸根离子及钙、镁、钠离子和硫磺、石灰石等 47 种矿物质和微量元素。这些矿物质具有消炎、止痛的作用，能使人的皮肤白滑细腻，且具有较高的医疗价值，特别适宜长期饮用和洗浴，对治疗肠胃病、皮肤病等有很好

陕西华清池温泉

疗效。三月三洗"桃花水"的习俗是民间喜爱华清池温泉的最好佐证。

华清池温泉千百年来"不盈不虚，与日月同流"。其水质纯净晶莹，无色无味，芳流千古而不枯，还有众多的名人轶事，名冠诸泉之首，有着"天下第一温泉"的美誉。如今，这里按照唐代时华清宫的名称扩建了莲花汤、海棠汤、龙吟榭、石舫、杨妃池等，使以温泉为中心的园林景色更加幽美，成为海内外游客向往的旅游沐浴胜地。

🚗 旅游小贴士

简介：华清池温泉在西周（公元前 1066—前 771 年）时就开始利用，相传周幽王曾在此建骊宫。

秦始皇以石筑室，名"神女汤泉"，成为沐浴治病的地方。汉武帝时扩建离宫，唐太宗贞观十八年（公元 644 年）在此修建了汤泉宫，高宗咸亨二年（公元 671 年）改为温泉宫。唐玄宗在位期间修建的宫殿楼阁更为豪华，天宝六年（公元 747 年）正式命名为华清宫，取其"温泉惢涌而自浪，华清荡邪而难老"之意。其后将温泉发展为池，因"华清宫"建在温泉上，故名为"华清池"。千百年来，唐代诗人白居易《长恨歌》中"春寒赐浴华清池，温泉水滑洗凝脂"的佳句令华清池温泉声名远播。区内还有荷花阁、飞霞阁、莲花汤、海棠汤、太子汤、尚食汤、星辰汤、九龙湖、飞霞殿等景点。

到达：自驾线路：从西安自驾车前往华清池，可沿西临高速公路前行，只需 30 分钟即可到达华清池。

公交线路：从火车站（东广场）乘坐 914、915、游 5（306）路公交在"华清池"站下车即到。在火车站东广场解放饭店门口乘坐公交 306 路，西安到秦始皇陵兵马俑的专线汽车。行程 42 公里，发车时间 7：00-18：00，间隔 15 分钟。乘车时间约为 45 分钟。临潼区可乘坐 101 路旅游公交。

周边景点：骊山、临潼博物馆、世界八大奇迹馆、临潼悦椿温泉、秦陵地宫等

广东从化温泉

从化温泉又称为"流溪河温泉"，在从化市西北，距离广州市 75 公里，这里气候宜人，四面青山逶迤，环境幽静，是广东省闻名遐迩的风景区和疗养胜地。

从化温泉风景区的总面积有 20 多平方公里，分为河东岸和河西岸两部分。流溪河上有碧波桥将两岸连为一体。河东岸是温泉疗养区，这里群山起伏、层峦叠翠、风景如画，加上楼台、曲廊、小亭参差错落的布置，环境幽雅，让人有一种恬美的心境。此外，这里还种植了许多梅、李、荔枝、松、玉兰等，绿树成荫，四季如春。

广东从化温泉

温泉从流溪河底涌出，有泉眼 10 多处，以水质佳、水温高和泉景奇特而闻名。从化温泉是一处含有氡及多种元素的珍稀苏打泉，属矽酸温泉，水质清澈，无色无味，可以饮用，被誉为"岭南第一温泉"，可与世界名泉媲美。这里温泉温度高低不一，平均水温在 60℃ 左右，最低的有 36℃，最高的为 71℃。泉水中含有钠、钾、钙、镁等多种矿物质，在泉水中沐浴对人体的健康大有裨益。用它来淋浴或饮用，对各种皮肤病、关节炎、慢性肠胃炎、神经系统疾病等有辅助疗效。因此，每年都有不少病患慕名前来疗养。

从化温泉闻名不仅在于它奔涌在明山秀水之间，还在于它具有其他温泉所少见的温沙浴。在流溪河的河岸边，散布着一堆堆的温软细沙。游人可以随意在温沙里挖出一个"澡盆"，泉水便从沙底中汩汩涌出。躺在温沙"澡盆"里，如果感觉温度太高，还可以就地从河里放入一些凉水，冷热各取所需，十分方便。

旅游小贴士

简介：从化温泉早在明清时已列为游览胜地。明代御史邑人黎贯赋诗赞道："卷却银河水，青山应更清；等闲寻陆羽，来此续《茶经》"。明崇祯七年（1634年）《从化县志》中有"汤泉"和"百丈飞泉"的记载，并将"百丈飞泉"列为从化县八泉之一。清朝从化知县孙绳称温泉为"枕漱"佳境，适于隐居休养。明清时期，温泉已闻名遐迩，外地名士常到温泉游览。民国期间，从民国21~25年（1933~1936年）在温泉兴起开发旅游热，短短数年，建有各式别墅和房屋37栋。

到达：坐公交从广州汽车站（流花车站）总站，天河客运总站，东圃总站到从化汽车总站，分别可乘公交601，603，602路，全程50分钟；或从化市中心到温泉景区从早上6：30—晚上9：30，每15分钟一趟空调中巴。

周边景区：仙沐园、流溪河森林公园、三桠塘幽谷探险、抽水蓄能电厂、北回归线标志塔、石门国家森林公园、天湖旅游区、三百洞定向越野乐园、大丘园火龙果场、天医处、东方夏湾拿拉丁风情小镇等

广东中山温泉

中山温泉坐落于中山市三乡雍陌村锣鼓岗下，位于广珠公路旁，距珠海、澳门26公里，至石岐城区24公里，交通十分方便。温泉区占地220万平方米，泉区内有特色温泉浴、射击场、网球场等许多休闲娱乐设施，各类旅游、商务设施齐全，是广东省16个最佳景点之一。据科学考察证明，中山温泉是断裂构造泉，下部地层与地壳裂缝深入地球的深处，地下水在裂缝中渗出时，地球深处的地热使水温增

高，因而形成了温泉。

广东中山温泉

中山温泉水的温度高达90℃，水质清澈，含有丰富的氯化物、铁、铜、锌、硫酸盐等矿物质，对疱疖、癣疥等皮肤病以及糖尿病、肠胃病、关节炎及神经衰弱均有显著的疗效，但是心脑血管等病人在这里不适宜浸泡。中山温泉水的水量非常丰富，每天的泉水流量可以达到上千吨。

中山温泉是广东地区继从化温泉之后最早开发的温泉景区之一。仙沐园是中山温泉较有特色的温泉之一。温泉区主要以露天为主，有着许多富有特色的温泉池，如可以美容养颜的木瓜池、顺气护胃的柠檬池、酒香醉人的太白池、保健降血脂的芦荟池、可以使皮肤滑润的陈皮池，还有女孩子们最爱泡的牛奶池、花香池、薄荷池、东瀛米醋池和咖啡池等。此外，香薰冰屋也很受游人欢迎，人浸泡在冰冷的按摩池中，不但可以提神醒脑，也可以使全身散发出淡淡的幽香，使皮肤变得水嫩光滑。中山温泉吸引人的关键之处，还在于泉区四周美丽的山水园林与游览区内一流服务设施的巧妙结合。在这里，游人不仅可以饱览田园风光的秀丽美景，享受温泉浴，同时也能够享受到格调高雅的现代化服务设施带来的愉悦之情。

旅游小贴士

简介：中山温泉是中国第一家中外合作酒店，由港澳著名企业家霍英东、何鸿燊先生等人投资兴建，岭南派建筑大师莫伯治先生设计，邓小平同志亲笔题名，于 1980 年 12 月 28 日正式开业。

到达：中山温泉宾馆毗邻广珠轻轨、京珠高速、西部沿海高速、105 国道，距中山城区、珠海、澳门仅 30 分钟车程，距广州、深圳、东莞不到两个小时车程，周边连接九洲港、中山港、珠海机场等交通枢纽。

周边景区：中山詹园、中山五桂雄峰、孙中山纪念堂、孙中山故居、翠竹林漂流乐园等

云南龙陵邦腊掌温泉

邦腊掌温泉位于龙陵县城以北 11 公里处的香柏河两岸，地处高黎贡山余脉，海拔 1300 米，属于温带气候，山高谷深，湿度适宜，森林茂盛，鸟语花香，风景优美。邦腊掌温泉集疗养治病、地震地热科研和风景旅游于一体，是一处大自然造化的洞天福地。

邦腊掌温泉每日供热水量为 4000 立方米，水温最高可达 104℃。邦腊掌温泉有"三奇一神"。泉奇：仅在 0.4 平方公里的范围内，就有氢氟泉、碳酸泉和硫磺泉三种不同类型的温泉，被称为"温泉博物馆"，世界上极为少见。色奇：同一个泉眼的水会因为季节、气候、水温的变化而呈现出清、乳、墨等不同颜色，十分的有趣。涌奇：部分泉眼因为地壳运动而形成间歇性涌流，能预测方圆 400~800 公里的地震，被学者誉为"地球的穴位""地球的肚脐眼"。一神：指温泉对各类疾病有

云南龙陵邦腊掌温泉

着独特的治疗作用，据国家相关检测部门检验，邦腊掌热矿泉水中含有铀、钾、铵、钙、锂、镁、硅、氟、氡、偏硅酸、碳酸根、氯根等 23 种化学元素，对心脑血管、高血压、关节炎、风湿、皮肤病、胃肠道病等多种疾病有神奇疗效，有着"奇水神汤"的美誉。

在邦腊掌热矿泉中含有最佳浓度的氡气和氟元素，这些元素能调节垂体——性腺轴内分泌功能，改善人体性腺机能；而氡浴、饮疗等对糖尿病、高脂血症、甲亢、痛风、慢性风湿的治疗有较好的效果；饮用该泉水还能改善人体的胃肠的血液循环，对于治疗慢性胃炎、消化道溃疡、慢性胆囊炎、肥胖症等有着很好的效果。

邦腊掌温泉疗养胜地，地处深山之中，这里丛林密布，香柏河长流不息，日光充足，空气清新，给温泉区带来了丰富的"空气维生素""长寿素"——空气负离子，实在是一处休闲度假、康复疗养的胜地。

旅游小贴士

　　简介：邦腊掌温泉群中的众多泉池均含有不同成分的矿物质，对皮肤不适、风湿性关节炎、肌肉神经痛等多种疾患具有一定的辅助疗效。山露泉眼600余孔，出露面积达0.2平方公里，水温最高达104℃。

　　泉水中含有23种对人体有益的化学元素和化学物质，对高血压、皮肤病、心脏病、风湿、不孕症等多种疾病有神奇的疗效。

　　到达：游客可乘龙陵至腾冲的客车到邦腊掌下车。

　　周边景点：迤东会馆、易罗池、太保公园、顺龙寺、龙王塘、保山玉皇阁等

北京九华山庄温泉

　　九华山庄是古典园林庭院式宾馆，别墅套房、四合院、标准间，户户通温泉，足不出户就可以享受真正的小汤山温泉是京城上风上水之地，地下拥有国内首屈一指的地热淡温泉，是一家的集商务会议，休闲娱乐和医疗保健为一体的温泉度假型涉外四星级酒店。总占地面积2000多亩，拥有2300多间风格各异的客房近5000个床位；十余个不同风味的餐厅6000个餐位；拥有完善的会议展览设施，会议及展馆面积逾6万平方米100多个不同规格的会议室，可以满足从数十人的聚会到数千人的大会的需求。九华山庄拥有丰富多彩的温泉、保健、娱乐、运动项目。露天温泉主题公园、室内温泉游乐宫、温泉游泳馆、各种SPA和保健养生项目、大型室内嘉年华、游艺室、32道保龄球馆、室内网球场、羽毛球场、各种球类室、健身房、棋牌室及夜总会、KTV包房、EVD影院等精彩节目令人目不暇接，让旅游者的休

闲度假生活快乐无限。

北京九华山庄温泉

　　九华山庄现占地 2000 多亩. 为综合型园林式度假村. 位于北京市昌平区小汤山镇。小汤山是闻名遐迩的"中国温泉之乡". 从南北朝时期起便成为文人雅士流连忘返之地。元代，这里被开辟成皇家园林。康熙五年，在此建汤泉行宫。1997 年，在汤泉行宫原址上，建立了九华山庄。山庄紧邻北六环，位于北京中轴线与北六环交叉处。与京昌、京承高速公路枥连，距奥运村 15 分钟的车程。从市区有 984 路公交车直达，距首都国际机场 40 分钟车程，是离市中心最近的度假村之一。

　　九华汤泉行宫是九华山庄斥巨资，历经 10 年修建起来的一座大型温泉主题公园。公园占地百余亩，日接待量可达 5000 人次。九华温泉园内荟萃古今中外温泉洗浴经典，集温泉、药浴、游泳、桑拿、按摩等项目于一身，是养性怡情的绝佳之地。汤泉行宫仿皇家园林式建筑，风格古朴典雅，在绿树掩映中，坐落着大小温泉池 70 余处。漫步园中，曲径通幽，温泉汩汩，雾气升腾，仙乐飘飘，与亲朋好友共沐暖汤，快哉，乐哉！

　　九华温泉取自地下 1230 米深的温泉井，经管道输送至九华各个温泉池，经循环始终让温保持在 40 度左右，通过锰沙过滤掉颜色发红的三氧化铁，加之小汤山不属于火山岩地带，硫磺含量极少，所以九华的温泉清澈透明。九华温泉富含锶、锂、偏硅酸等大量的矿物质和微量元素，其中水中的锶和偏硅酸的每升含量分别为

0.935毫克和22.0毫克，达到了国家矿泉水的标准，此水为中性偏弱碱性水（pH=7.48），水质类型为重碳酸钠钙型，是难得的纯泉水。

大型室内豪华温泉--美人鱼温泉休闲宫，位于九华山庄16区，分为温泉宫和按摩区两大部分。地下一层温泉宫有特色温泉浴，包括中药浴、藏药浴、人参浴、牛奶浴等10种；保健桑拿浴，包括水晶浴、木炭浴、玉石浴、玛瑙浴、光波浴等9种；并有美人鱼诞生园、晴天霹雳大瀑布、美人鱼瘦身泉等特色水上项目。按摩区可乘专用电梯直达四层，那里的按摩包间舒适豪华。

旅游小贴士

简介：九华汤泉行宫是九华山庄斥巨资，历经10年修建起来的一座大型温泉主题公园。汤泉行宫仿皇家园林式建筑，荟萃古今中外温泉洗浴经典，集温泉、药浴、游泳、桑拿、按摩等项目于一身，是养性怡情的绝佳之地，内有大小温泉池70余处。

到达：公交945、984、昌51都到。

周边景点：龙脉温泉、温都水城、中国航空博物馆、银山塔林、十三陵、蟒山国家森林公园等

第二十三章　民俗文化游

西塘——越角人家

　　西塘位于浙江省嘉兴市嘉善县，江南六大古镇之一。嘉善县位于江、浙、沪二省一市的交界处，距上海、苏州、杭州都不超过 100 公里，高速公路、320 国道、沪杭铁路穿境而过，无论是乘坐汽车还是火车均能很方便地到达。西塘位于嘉善城区北 10 公里处，从嘉善乘坐公交车，20 分钟就能到达。

　　西塘这座古镇，已经有了千余年的历史文化。早在春秋战国时期，吴越两国就在此地相交，故留有"吴根越角""越角人家"之说。唐、宋时期西塘一带就已形成村镇，到了元、明时期，西塘凭借鱼米之乡、丝绸之府的经济基础和水路的便利，发展成为一座繁华、富庶的大集镇，当时的窑业、米市、食品、制陶业等行业都非常兴盛。现在古镇中保存的很多深宅大院，都是古镇先人致富后的结晶。

　　当初西塘的通行以水路为主，加之外来骚扰较少，故能使西塘古镇较完美地存留至今，先人的文化、建筑遗产才能得以延续。西塘的居民惜土如金，无论是商号，还是民居、馆舍，在建造的时候都对面积计算得十分精确，将房屋之间的距离压缩到最小的范围，由此形成 120 多条又长、又深、又窄的弄堂，最窄之处不到 1 米，形成多处"一线天"之景。同时西塘与其他水乡古镇最大的不同在于，古镇中

西塘古镇

临河的街道都有廊棚，总长近千米，类似于颐和园的长廊。临河而建的沿街廊棚是夜晚中的西塘最为引人注目的景色，已经变成当代人赏古、探幽的乐趣所在。廊棚是一种连接河道与店铺，又可遮阳避雨的特殊建筑，起初出于方便水中与岸边交易的需要，后来代代传承，相沿成习。

古镇西塘，占地面积1平方公里，古镇区纵横交织的9条河道将古镇分成8个区块，27座古朴的古桥将这些区块连通为一体。无论是春夏秋冬，还是晴阴雨雪，西塘古镇始终呈现出画一样的景象：人家在水中，水上架小桥，桥上行人走，桥下行人走，桥头商铺立，水上的风景倒映在水中，也成为一幅变幻流动的画。

旅游小贴士

简介：西塘是一座已有千年历史文化的古镇。早在春秋战国时期就是吴越两国的相交之地，故有"吴根越角"和"越角人家"之称。在唐开元年间就已建有大量村落，人们沿河建屋、依水而居；南宋时村落渐成规模，形成了市集；元代开始依水而市渐渐形成集镇，商业开始繁盛起来；明清时期已经发展成为江南手工业和商业重镇。"春秋的水，唐宋的镇，明清的建筑，现代的人"，是对西塘最恰当不过的形容。

到达：上海、杭州均有直达班车。

周边景点：五姑娘主题公园、烟雨长廊、浙北桃花岛等

同里——东方小威尼斯

同里隶属于江苏省吴江市，是江南六大著名水乡之一，它位于太湖之畔，古运河之东，与九里、澄湖、沐庄、白砚、叶泽、南星、庞山湖呈环抱状，东距上海虹桥机场80公里，北距苏州18公里，南接318国道，西连苏嘉高速公路。2001年10月，同里与屯村两镇合并，面积和人口数量都得到了增长。

同里古镇

同里，旧称"富土"，唐初改为"铜里"，宋代将旧名"富土"两字相叠，上去点，中横断，拆为"同里"二字，沿用至今。

同里古镇风景秀美，清丽古朴，镇外四周被水环抱，古镇则镶嵌在同里、九里、叶泽、南星、庞山五湖之中。其物丰富庶，水田肥沃，人杰地灵，出过很多名人志士，镇内有院宅38处，寺观祠宇47座，更有乡绅富豪住宅和名人故居数百

处。同里的建筑具有明显的明清两代的特点，古镇原有"前八景""后八景""续四景"等 20 多处自然景观，现在尚存"东溪望月""南市晓烟""北山春眺""水村渔笛""长山岚翠"诸景。镇中最有名的园林是退思园，面积 7200 平方米，具有江南建筑小巧玲珑、居住与园林相结合的特点。

整个同里镇区被 15 条川字形的小河分隔成 7 个小岛，而遍布各处的 49 座古桥又将各个小岛连为一个整体。沿岸"屋宇丛密，街巷逶迤"，建筑依水而立，镇内自成水网，民用水桥比比皆是，悠悠绿水，水活水清，"家家临水，户户通舟"，是典型的江南水乡古镇，被称为"东方小威尼斯"，同时也是目前江苏省保存最为完整的水乡古镇，为省级重点文物保护单位，已被列为"太湖十三大景区"之一。同里古镇于 1986 年对外开放，1995 年被江苏省政府列为江苏省首批历史文化名镇。

 旅游小贴士

简介：同里古镇位于太湖之畔古运河之东，距苏州城 18 公里，离上海 80 公里，旧称"富土"，唐初，因其名太侈，改为"铜里"，宋代，又将旧名"富土"两字相叠，上去点，中横断，拆字为"同里"，沿用至今。清丽古朴的同里有三多：明清建筑多，水乡小桥多，名人志士多。

到达：面对苏州站（火车站）右边的苏州北广场汽车客运站有巴士直达同里汽车站，车程 50 分钟。同里汽车站旁边就是同里古镇游览区游客服务中心，从同里汽车站走到同里古镇游览区入口，步行约 20 分钟。

周边景点：千灯古镇、太湖绿光休闲农场、锦溪古镇、甪直古镇、木渎古镇、昆山周庄等

赤坎——欧陆风情小镇

赤坎古镇位于广东省江门市辖下的开平市，在开平的中部，距开平中心城区 12 公里，有着 350 多年的历史，是一座具有浓郁岭南特色和深厚文化底蕴的古镇。镇中海外华侨、港澳台同胞人数约是当地居民人数的两倍，是著名的侨乡，境内保留的大量华侨建筑，使赤坎古镇形成中西合璧的建筑风格。

古镇上有碉堡，而远近闻名的堤西路的骑楼建筑群、关族和司徒氏图书馆更是侨乡一绝，已被省政府定为文物保护单位。

赤坎古镇

潭江横贯赤坎而过，赤坎便沿潭江而建。街道向东西方向伸展，江的南岸是乡村，北岸为市镇，清一色西洋风情的骑楼，洋楼群气势庞大，这便是赤坎镇著名的"欧陆风情街"。据记载，100 多年前，潭江之上的货船络绎不绝，赤坎因此而成为商贸重镇，鸦片战争之后，赤坎人成群结队远赴海外淘金。若干年后，他们不仅给自己带回大把的钞票，还为古镇带来了西欧风情的骑楼的图纸，于是形成了现在所能见到的独特建筑风格。

赤坎人的生活状态是悠闲的，游人行走在老街上，能产生似乎尚停留于上个世纪 80 年代的感觉。

在"欧陆风情街"上，司徒氏图书馆前面坐落着南楼及南楼纪念公园，它是潭江河畔爱国主义教育基地。

据资料记载，赤坎南楼位于开平市赤坎镇窖堤洲藤蚊村，是侨乡人民为了防御盗贼，于 1913 年集资兴建的。南楼在潭江之滨巍然挺立，与北楼隔河相对，均为用钢筋水泥建造的古式楼。南楼北靠公路、南临潭江，是三埠、赤水水陆交通要道，地势险要，有"一夫当关，万夫莫开"之势。南楼楼顶设有探照灯，在和平时期可作为航标，战争时期则成为关卡。

抗日战争时期，有英勇抗战的七位壮士，他们凭借其险要，阻击从三埠向赤坎进攻的日寇船只，使得日军不得靠近半步。后来日军动用大炮和毒气，致使七壮士中毒晕厥，被俘杀害。南楼纪念公园就是依据七壮士英勇抗敌的感人事迹而建。1999 年，开平市人民政府投资 300 多万，对南楼进行修葺，建成了南楼纪念公园。

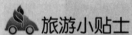 **旅游小贴士**

简介：赤坎沿潭江而建，南岸是乡村，北岸则是城市，清一色的骑楼，远比开平老街庞大的洋楼群。沿江的堤东堤西路，里面与之平行的中华路，夹在两条大路间还有一条叫"二马路"的小路，这是与江平行的三横，还有许多纵马路与它们交叉形成城区的路网。赤坎镇有一番中西合璧的古朴味道。因此有"中国第五名古镇"之称。

到达：开平市水陆交通方便，开阳高速公路与 325 国道横贯全境地，从广州乘坐客车或自驾车到开平 车程约 1 小时 20 分。

周边景点：关族图书馆、四豪楼、古埠奇石展馆、赤坎人民公园、赤坎古镇影视城等

长汀——客家首府

长汀隶属于福建省，是著名的革命老区、国家历史文化名城，著名的八闽汀州故地以及福建古代文明发祥地之一。长汀自盛唐到清末均为州、路、府的治所，亦是客家人的主要聚居地，有"客家首府"和"客家大本营"之称，而绕城而过的汀江更被亲切地喻为客家人的母亲河。

历史名城长汀

当地历史文化悠久，其中客家文化和革命旧址是其独特的旅游资源。长汀是福建新石器文化发祥地之一，全县现有200多处新石器遗址。悠久的历史使得长汀的文化遗产十分丰富，保存了唐以后各代的宝贵的历史文物：城区现有保存完好的唐代建筑古城门、三元阁、宝珠门，唐至明代的古城墙，宋代的汀州文庙，明代建筑朝天门，明清两代汀州试院，以及唐代的双柏树、宋代双阴塔、清代朱子祠等。长汀保存了很多宋明建筑风格的客家民居，它沿袭了中原的府第式建筑风格，沿中轴线向两边展开，这样层层递进，前后左右呈对称之势，布局十分严谨。这种民居，规模大的可容纳几十户人家居住。有的民居前设门楼，后有闺阁绣花楼，建有"美人靠"弧形栏杆座椅，造型典雅别致。此种客家民居建筑以长汀围屋最为典型，它与客家土楼一样，是客家人聚族而居的"家族城寨"。而福建省苏维埃政府旧址、中央红军医院旧址福音医院、周恩来旧居、刘少奇旧居、中华基督教堂等等，则是长汀的主要革命遗址。

游览长汀的游客除了要参观以上提到的景点外，唐代名相张九龄、宋代爱国诗人陆游、民族英雄文天祥，明代著有《天工开物》的宋应星、世界法医鼻祖宋慈以及清代《四库全书》总编纂纪晓岚等名人都曾在长汀留下过足迹，可以细细追寻。长汀是个山川秀美、风景如画的地方，其悠久的历史、多彩的文化相映成趣，成为众多游人心中的旅游胜地。无论是苍松入云的卧龙山、岩峭洞幽的拜相山，还是朝夕烟霞的朝斗岩、千姿百态的官坊溶洞，都是不可不看的风景。

🚗 旅游小贴士

简介：长汀是福建新石器文化发祥地之一，全县有200多处新石器遗址。长汀融人文景观与自然景观于一体，与湖南凤凰一起被国际友人路易？艾黎誉为"中国最美丽的山城之一"。2012年获"中国十大最具人文底蕴古城古镇"称号。是著名的革命老区和国家历史文化名城，客家大本营，海峡西岸经济区西部名城。

到达：从福州到长汀约618公里，自驾全程高速，上高速后，在漳州时往龙岩方向走，直到和田或长汀出口；火车K638或K8740；飞机46分钟。

周边景点：瞿秋白烈士纪念碑、杨成武将军纪念广场、福建省委旧址（周恩来旧居）、中华基督教堂、福建省职工联合总工会旧址（刘少奇旧居）、张氏家祠、中央苏区第一个县级红色政权、长汀县革命委员会旧址、云骧阁、朝斗岩大雄宝殿等

图瓦——喀纳斯湖畔古村落

　　喀纳斯湖位于新疆阿尔泰山主峰友谊山的南坡，在其南岸2~3公里处的河谷地带，坐落着一个古老的村落——图瓦村。村庄海拔1390米，周围环境优美，从布尔津县前往喀纳斯湖旅游必经于此。同时，图瓦村也以其独特的民俗文化，吸引了众多国内外的游客。

图瓦村

　　喀纳斯图瓦村居民称自己为蒙古族人。图瓦，又称作"土瓦""德瓦"或"库门恰克"，隋唐时称"都播"，元称"图巴""秃巴思""乌梁海种人"等。关于图瓦族的起源及发展历史有着不同的解释，有些学者根据古代文献中的相关记录认为，图瓦人是成吉思汗西征时遗留下来的部分老、弱、病、残的士兵，逐渐繁衍生息至今；而喀纳斯村中年长者说，图瓦族人与现在俄罗斯的图瓦共和国图瓦人属同一个民族。

　　图瓦人至今仍保存着自己独特的语言方式和生活习惯。图瓦人使用的语言属于阿尔泰语系，因此图瓦人都会讲哈萨克语。哈萨克语与现在的蒙古语不同，但是现在图瓦族学校基本上也普及蒙古语。在生活习惯上，图瓦人多居住在用松木搭建的被称为"木楞屋"的塔形木屋中，此种房屋四壁均为原木垒砌，有天棚和地板，下为方体，上为尖顶结构，倾斜的屋顶用来适应山区多雨雪的环境。图瓦人主要以牧业为主，辅之以狩猎、捕鱼和采集，游牧的时候仍住在蒙古包。图瓦族的传统节日，除欢度蒙古传统的敖包节外，还有当地的邹鲁节（入冬节），以及汉族的春节与正月十五元宵节。图瓦人信仰佛教，但受萨满教的影响也较深。喀纳斯图瓦村与风景优美的喀纳斯湖交相辉映，人文与风景融为一体，构成喀纳斯旅游区独具魅力的人文景观和民族风情。

🌀 旅游小贴士

简介：在阿尔泰山脚下的密林深处，住着一个神秘部落，他们自称为图瓦人，有人说图瓦人是成吉思汗西征时留下军队的后裔。而喀纳斯湖区图瓦村中的年长者说，他们的祖先是500年前从西伯利亚迁移而来，与现在俄罗斯的图瓦共和国图瓦人属同一民族。

到达：从喀纳斯湖景区大门（贾登峪）乘坐景区区间车到达喀纳斯景区游客中心，然后乘坐当地人的小车前来，一般都是让住宿所在的老板免费接送。

周边景点：喀纳斯河、泰加林廊道、观鱼台、禾木村、白哈巴村等

秭归——屈原故里

秭归位于湖北省西部，地处长江北岸的卧牛山麓，是我国战国时期伟大浪漫主义诗人屈原的故乡，也是端午习俗及龙舟文化的发祥地。秭归四周环绕的城墙将其

围绕成一个倾斜的葫芦形状，具有浓厚的古典建筑风格，因此有"葫芦城"之称；又因城墙均是石头叠砌而成，还获得了"石头城"的称誉。汉代始设县，唐朝时曾设立归州，民国初期改为归州县，民国三年（1914 年）改为秭归县，一直沿用至今。

屈原故里秭归

相传秭归县名因屈原而得。屈原有个姐姐，在屈原遭到朝中奸佞小人的嫉妒和诋毁而被流放之前，她曾特地赶过来宽慰弟弟，其情其景，感人泪下。后人为表示对屈原姐姐的敬意，将县名改为"姊归"，后来逐渐演变为现在的"秭归"。秭归的多处名胜均和屈原有联系，秭归县城东门外，矗立一块高大的牌坊，上写由郭沫若手书的"屈原故里"四字。牌坊旁边另有两块石碑，分别刻有"楚大夫屈原故里"和"汉昭君王嫱故里"几个字。秭归和香溪之间有一处沙滩，相传屈原遗体即安葬于此，取名为"屈原沱"。沱上建有屈原祠，此祠自唐宋以来，经多次迁址、修葺，后因国家兴建葛洲坝水利枢纽工程导致水位升高，于 1976 年迁建过，现位于秭归城东向家坪，并更名为"屈原纪念馆"。再后来因三峡工程的兴建，屈原祠被再次迁建。其余有关屈原的名胜古迹和传说还有很多，如香炉坪、读书洞、照面井、玉米三丘等。

秭归还是历史上著名的柑橘之乡，屈原在其名篇《橘颂》中，曾对橘树的形象和性格做过深刻的描写。如今的秭归已成为我国七大柑橘生产基地之一。

端午节的原始意义是庆祝丰收，后来因屈原刚好于端午节这一天投江，故而这个节日的意义就渐渐让位于对屈原的悼念。每年端午节，秭归人民还在屈原沱上赛龙舟，以抚慰屈原忠灵。这一古俗世代相传并延至今日，并被列入全国非物质文化遗产保护名录。

🚗 旅游小贴士

简介：秭归与香溪之间有一沙滩，传说是屈原遗体安葬处，后取名"屈原沱"。沱上有屈原祠。从唐宋以来，经数次迁址修葺，后因葛洲坝水利枢纽工程兴建，水位升高，于1976年修建此祠。现位于秭归城东向家坪。改名为"屈原纪念馆"。三峡工程的兴建，屈原祠将再次迁建。

到达：秭归屈原故里 秭归拥有64公里的三峡黄金水道，是三峡工程建设的现场。在三峡大坝将长江拦腰截断之后，秭归成为长江上游旅客走出三峡的终点港，长江中下游旅客进入三峡的起点港；三峡水库蓄水至135米后，游客在秭归下船，然后经秭归县城坐车至宜昌，比经过三峡大坝船闸的时间缩短两个多小时，因此，秭归成为三峡航线的中转点。在中转过程中，旅客可下船游览屈原文化村景点。探访屈原诞生地乐平里，看屈原祠，随时都可包坐快艇或乘旅游专船直达目的地。秭归陆路交通发达，从武汉到秭归县城为全程高速公路，从宜昌市城区抵达秭归不到一小时。游览屈原诞生地乐平里、屈原祠，除了走水路外，还可坐客车，到屈原祠每天有近20个客运班次；到乐平里全程为柏油路面。

周边景点：香炉坪、照面井、读书洞、玉米三丘等

泰安——泰山东岳庙会

　　泰安是山东省中部一座著名的文化旅游名城，它有着悠久的历史，早在 5000 多年前，就形成了繁荣的大汶口文化，西汉初期设立"泰山郡"，金代设"泰安郡"。泰安的名字从"泰山安则四海皆安"一语而来。

　　提到泰安，自然要想到其境内的泰山。泰山是国家重点风景名胜区，又称"东岳"，素有"五岳之首"之誉，是一座佛道并存的神山。泰山的人文景观极为丰富，因而成为华夏文化的缩影和中华民族的象征，并于 1987 年被联合国教科文组织列为世界自然与文化遗产。

泰山东岳庙会

　　泰山庙会的缘起与泰山崇拜和道教在泰山的兴盛有关。泰山脚下的岱庙，供奉着传说中的泰山之神，即东岳大帝。传说农历三月二十八日是泰山神生日，历代帝王多选择在这天于岱庙举行封禅大典。帝王的庆典活动、民众的朝山进香活动以及佛道的宗教活动，使得岱庙一带形成了独具特色、影响深远的泰山庙会。泰安也因此成为重要的商品集散地，元明时期成为华北地区最大的骡马交易市场。

　　泰山庙会是中国民间自发形成的一种社会活动，起初是由庆贺东岳大帝和碧霞元君的诞辰而产生，后来逐渐发展成为融宗教文化、群众娱乐、商业贸易为一体的综合性社会活动。泰山庙会于唐代开始起源，宋代基本固定了模式，自宋元时期以后，成为遍布中国各地泰山东岳庙会的策源地，也成为独具特色的地方民俗，是中国历史上延续时间最长、规模最大、影响力也最大的庙会。2008 年，泰山庙会被列为国家级非物质文化遗产项目。庙会集宗教活动、文化娱乐及商贸交易于一体，这种综合性群众集会活动在中国文化的发展史上，尤其在中国民间文化领域内占据了重要的地位。今日的泰山庙会还成为弘扬民族文化、振兴泰安经济的一项重要举措。

旅游小贴士

　　简介：泰安是中国优秀旅游城市，境内的泰山为"五岳之首"，1987 年被联合国教科文组织列为世界自然与文化遗产，每年有 430 多万海内外游客前来观光旅游。泰山东岳庙会于每年 3 月 31 日至 5 月 7 日举办。东岳大帝的诞辰是 3 月 28 日，自宋朝起，每年此时立泰山庙会，以祭东岳大帝地点在东岳庙即岱庙除祭祈活动外，后世逐渐增加了商贸、娱乐活动等内容，服务于来自四面八方的朝拜者。

　　到达：济南到泰安火车很多，泰山站和泰安站是一回事，去长途汽车总站做汽车半小时一般流水，也很方便，比火车贵些。

　　周边景点：泰山、泰安岱庙、岱宗坊、天外村、望人松、花果山、趵突泉、蓬莱阁等

曲阜——国际孔子文化节

曲阜市位于山东省西南部，北距省会济南135公里。曲阜是先秦时代著名的思想家、教育家和儒家创始人孔子的诞生地，也是孔子讲学、墓葬和后人的祭祀之地，还是中国另一位大思想家孟子的出生地。因孔孟二人儒学思想的巨大影响，曲阜成为儒学之源、儒教之根。此外，曲阜还诞生了中华民族的人文始祖轩辕黄帝，炎帝曾以此地为都，舜帝在此做什器，少昊帝葬于此。曲阜以其悠久的历史文明和灿烂的东方古文化而蜚声中外，自古以来，一直是人们心中的圣地名城，故有"东方圣城""东方的耶路撒冷"之称。

曲阜全景

曲阜是一座历史悠久、文物古迹众多、旅游资源极为丰富的名城。全市拥有重点文物保护单位112处，其中国家重点文物保护单位有4处，省级重点文物保护单位有12处。曲阜先后被列入全国首批24个历史文化名城、首批中国优秀旅游城市和首批4A级旅游景区之一，成为独具特色的带有强烈的中华民族情感色彩的旅游胜地。

　　游览曲阜，可以追寻到许多蕴含着深厚中华传统文化的景点。被誉为"天下第一家"的孔府、中国书法艺术宝库的孔庙、世界上最大的家族墓地孔林，均被列为世界文化遗产；黄帝出生地寿丘、中国金字塔少昊陵、后圣颜庙、元圣周公庙以及九龙山汉墓群、尼山古代建筑群等，都是闻名遐迩的旅游胜地；新建的景点如论语碑苑等，也以其独特的文化魅力吸引了众多的游客；曲阜三宝碑帖、楷雕、尼山砚，是可以装载进背包的古城特殊印记。

　　在曲阜，每年 9 月 26 日至 10 月 10 日都要举行一项重要的旅游活动，即中国曲阜国际孔子文化节。该文化节始创于 1989 年 9 月，其前身是孔子诞辰故里游，主要是以纪念孔子、弘扬民族优秀文化为主题，达到纪念先哲、交流文化、发展旅游、促进开放、繁荣经济、增进友谊的多种目的，融经济、文化、旅游、艺术、学术、经贸、科技活动于一体，文化特色显著，乡土气息浓郁。

🚗 旅游小贴士

　　简介：截至 2012 年，曲阜市有各类文物古迹 600 余处，其中 6 处列入全国重点文物保护单位，21 处列入山东省文物保护单位，1994 年，孔庙、孔府、孔林还被列入世界文化遗产。存金元明清古建筑 1300 多间，西汉以来历代碑刻 5000 余块，古树名木 17000 余株，库藏文物十万余件，孔府明清文书档案六万余件，具有极高的历史、文化价值。全市有各类文化遗存 600 余处，其中各级重点文物保护单位 184 处。

　　到达：济南去曲阜也可乘长途汽车前往，下车后，可乘三轮前往孔庙，在那里买三孔联票，参观完孔庙出东门，就是孔府，从孔府后花园出门西门，可乘三轮，或者向北步行（1500 米左右），20 分钟，就可到达孔林。

　　周边景点：孔庙、孔府、孔林、石门山风景区、尼山、孔子文化园、颜庙等

运城——关帝文化

　　山西运城古称河东，因"盐运之城"而得名。运城市是中国古代文化的重要发祥地之一，相传后稷教民稼穑于稷山，嫘祖教民养蚕于夏县，舜、禹在此建都。历史遗留的文物古迹甚多，如芮城永乐宫、解州关帝庙、永济普救寺莺莺塔等，都是现在去运城游览的重要景点。

　　三国时期一代名将关羽便是山西省运城人氏，关羽一生策马横刀、驰骋疆场，为刘备建蜀立下了汗马功劳。后人因其充满豪情和英雄气概的传奇经历，推举其为"忠""义""仁""勇"集于一身的道德楷模，关羽成为后世上至帝王将相、下至士农工商，普遍顶礼膜拜的神圣偶像，直至今日，仍受到人们的敬重。

　　距运城市解州镇东南 10 公里的常平村是关羽的原籍，古人在解州修建了纪念关羽的关帝庙，也称"中华第一武庙"。关帝庙修建于隋代开皇九年（589 年），后宋、元、明、清各代曾多次扩建和重建。此庙背后是盐湖，面对中条山，气势非常雄伟。庙内苍翠的古柏，透露出历史的庄严凝重感，正庙部分有端门、雉门、午门、御书楼、崇宁殿、春秋楼等大批古代建筑，规模完整，布局严谨，每年都会吸引众多海内外游客前来游览观光。

　　运城地区是关公文化之根，以现代市场经济发展的视角看来，常平村的关帝祖庙、关帝祖墓和解州关帝庙，作为主要文化遗存和载体的特有资源，具有强烈的交流吸引力。因此运城市相关部门于 1989 年推出"关帝旅游资源"行动，取得丰硕成果，为关公文化交流奠定了基础。1990 年以后，又推出每年一届的"关公庙会"（后改称为"关公文化艺术节暨经贸洽谈会"），极大地促进了关公文化的推广。

　　在民间信仰中，佛道诸圣均是崇奉"出世"的平安之神，唯有关公作为财神，崇奉积极"入世"。关公一生，对国以忠，待人以义，处事以仁，作战以勇，集中体现了中华民族文化所洗练熔铸的传统美德。这种精神在现代市场经济条件下，堪称创业者的精神指南，更具有实践意义。

 旅游小贴士

简介：运城古称河东，三国蜀汉名将关羽的故乡，位于晋、陕、豫三省交界处的黄河金三角中心地带，属于晋南地区。运城北依吕梁山与临汾接壤，东峙中条山和晋城、河南济源毗邻，西、南与陕西渭南、河南三门峡及洛阳隔黄河相望。运城是华夏之根、诚信之邦，史称盐务专城、盐运之城，素有"五千年文明看运城"的说法。

到达：山西太原到山西运城，火车站有直达的火车；长途汽车站也有直达的汽车；还可以去机场坐飞机都能直接到运城。

周边景点：武庙之祖"解州关帝庙"、中国四大名楼之一的鹳雀楼、道教三大祖庭之一的永乐宫、《西厢记》故事发生地普救寺、中华祭祀圣地后土祠，以及西滩、李家大院、五老峰、历山、司马光墓等。

和顺——牛郎织女文化

牛郎织女的传说在我国可以说是家喻户晓，因此山东沂源、山西和顺、河南南阳、河北邢台以及陕西西安等地争相声称自己是故事的起源地。经过专家学者的反复论证，2006年，中国民间文艺家协会将山西省和顺县命名为"中国牛郎织女文化之乡"，当地政府也将和顺县的牛郎织女传说列入全省第一批非物质文化遗产名录。

和顺县位于山西省的东部。春秋时期在此设置邑县，隋文帝开皇年间定名，一直沿用至今。经考古发现，早在旧石器晚期，和顺境内就有人类居住。这里山清水秀，夏季清凉宜人，有着"八山一水一分田"的地形。县内的南天池、牛郎峪一带海拔1450米，四周山峰奇峻，山上树木郁郁葱葱。距南天池村1公里远有一条1900多米的气势宏伟的天河梁横贯南北，宛如一壁屏障，将南天池村与外界隔绝。

2006年以前，和顺一直是一个普通的小城，不为太多人所熟知。经过专家考证发现，以和顺县南天池村为中心、半径2~3公里的范围之内，世代传承下来的许多与牛郎织女传说相关的古地名、古景物，达到15处之多。而有关牛郎织女故事的手抄本，也在牛郎峪、南天池一带的村民中广泛流传。当地的村民至今还保持着淳朴善良、勤劳节俭、与世无争的古老生活方式，与风景秀美的大自然和谐相处，祖辈流传下来的古老织机的梭子、纺车及耕犁工具仍被保存完好，游客亲眼见证后，定能体会到那种古朴的气息。

2006年12月13日，和顺县被正式命名为"中国牛郎织女文化之乡"，次年夏天，举行了首届牛郎织女文化节。2008年6月，该县牛郎织女传说被列为第二批国家级非物质文化遗产名录。如今，相关部门已经将南天池村的七夕婚庆活动打造成品牌，每年吸引众多青年男女前去体验"中国式情人节"。古老的传说焕发了新的生机，"七夕"也开始作为一种文化为人们所关注和重新认识。

旅游小贴士

简介：牛郎织女的传说由《诗经？大东》《古诗十九首？迢迢牵牛星》和人们的星辰崇拜心理演变而来。经过几千年的发展，尽管故事的传播有着多地域、多元文化的特征，但是山西省和顺县是其发生地应无可置疑。和顺县地处山西省东部，至今松烟镇南天池村一带仍保留着"七夕文化"的诸多记忆。

到达：从太原到和顺古镇在省建南汽车站有直达和顺的客车；也可以到榆次华距转乘到和顺的客车。开车的话经榆次到源涡再到榆邢线（S318省道），全程160公里左右。

周边景点：天河山风景区、和顺石窟、兵宪牌坊、和顺佛光寺、懿济圣母庙、走马槽景区、和顺云龙山、合山景区、石牌坊、荣华寺等

康定——木雅文化

　　康定县地处于四川盆地西缘山地和青藏高原的过渡地带，古称"打箭炉"，位于甘孜州的东部，自古以来就是康巴地区政治、文化的中心，亦是汉藏茶马互市的中心。

　　在藏文典籍中有过零散记载的"木雅热岗"，即今康定县折多山以西、道孚以南、雅江以东、九龙以北的一片地区。居住在这一区域内的藏族，被称为"木雅娃"或"木雅人"，他们所具有的独特的木雅文化，成为国内外学者关心和研究的课题，也成为吸引广大游客前来游览的神秘诱惑。

　　木雅，是一个古老的名称，在吐蕃历史和《格萨尔史诗》中，都可见它占据着十分重要的地位。关于木雅人的来历，学术界多有争论。主流说法认为木雅人的祖先是古代的党项羌人，原分布在今四川、甘肃、青海三省交界的地区，吐蕃王朝将其征服后，称之为"弭药"（现在所称的木雅，即弭药的异写）。木雅人即是古代党项羌人与本地土著先民融合繁衍的后裔。

　　木雅人有自己的"木雅语"，且能歌善舞，在外出的时候才使用德格藏语。由于水土和血统的关系，木雅人的共同特点是皮肤白皙、高鼻、圆眼、聪明、俊秀、勤劳、好酒。

　　受藏族文化的影响，木雅人的经济结构为农牧兼蓄、半农半牧，一般男性不参加庄稼种植活动，在家做针线活或外出打工，庄稼活都是妇女们干的。其建筑有石木结构的藏式建筑和高碉两种样式。木雅人的民风民俗也独具特色，诸如"白石崇拜"就是在当地十分流行的一种风俗，家家户户都喜欢在房屋的四角摆放白石，在一些山路口，也常以白色石堆代替嘛呢石刻堆。木雅人的殡葬形式有天葬、水葬和土葬，而且信奉佛教。木雅奶制品中有种类似麻花形的奶饼，在甘孜州内绝无仅有。木雅妇女的服饰特点鲜明，喜用红头绳编发辫，用红黑相间的头饰盘头，给人以明快之感。

木雅地区还是学者辈出的地方，古代有著名的木雅前五学者，近现代又出现过后五学者，这些学者给后人留下大量宝贵的藏族文化遗产。

旅游小贴士

简介：美丽而娇小的康定城，有太多值得留恋的地方，一曲动人的《康定情歌》把你包围在万种风情之中，一碗香喷喷的酥油茶会把你融进情歌故乡动人的山水中，而入夜后那一弯康定的月亮则会让你的梦迷失方向（和自己的心上人夜游月亮弯弯的康定城非常浪漫）。如有兴趣，可自费游览跑马山。

到达：从成都到康定可以选择乘坐飞机或者搭乘汽车前往，非常方便；在新南门汽车站坐汽车，大概要坐7个小时左右；走成雅高速，在雅安下高速。经天全上老川藏线经二郎山、泸定即到康定。

周边景点：天都飞瀑、温泉浴月、双寺云林、仙海澄波、灌顶突泉、雅加银屏、郭达停云、子耳樵歌、四桥雪浪、乐顶梵音。解放后，县境旅游资源逐步开发，对外开放，主要有国家级贡嘎山风景区内的木格措风景区、跑马山风景区和塔公草原风景区。

绵竹——木板年画

绵竹是四川省历史文化名城，自汉高祖六年（公元前201年）置县，至今已有2000多年的历史，在漫长的历史长河中积淀了丰富多彩的地方文化，绵竹木板年画即是其重要的组成部分。绵竹木板年画是我国西南地区一种特有的民间木刻形式，因产于四川绵竹县而得名。

四川绵竹板画

　　绵竹县是全国年画的主要产地之一，其木板年画历史悠久，与天津杨柳青、山东潍坊、江苏桃花坞并称为"中国年画四大家"。绵竹木版年画技艺主要分布在绵竹市城区剑南镇和北部的拱星镇、清道镇、新市镇、孝德镇等地。据说绵竹的木版年画始创于明末，清代乾隆、嘉庆前后为鼎盛时期。年画的种类很多，有门画、斗方和画条等。绵竹年画有南派和北派之分。造型上一般分红货、黑货两类：红货有年画、门笺和喜条等；黑货指木板拓片等。生产过程首先是起稿，然后经过刻版、印墨版、敷彩等工序，最后开脸。均为墨线填彩（仅有"印金"是敷彩以后套一次金线版），没有套色版。绵竹年画区别于其他诸家年画的主要特征是它的绘画性强，这也正是绵竹年画的绝妙之处。绵竹年画造型质朴粗犷，色彩鲜丽，以浓艳见长。产品远销西南、西北各省和其他地区。

　　绵竹人民政府充分重视这一文化传统，在每年的1~2月举办隆重的"绵竹年画节"，并组织大型的迎春活动。绵竹年画节的举办，既保护了民间艺术，又开发了当地的民俗旅游，还使绵竹的形象得到推广和提升，可谓一举三得。年画节举办期间，省内外客人络绎不绝，绵竹年画交易异常火爆。因木板年画的传统魅力，

1994 年被评选为"中国民间艺术一绝"，1997 年获第五届中国艺术金奖，绵竹也因此而被我国文化部命名为"中国年画之乡"。

🏍 旅游小贴士

简介：绵竹年画历史悠久，到明末清初进入繁盛时期。乾隆、嘉庆年间，全县有大小年画作坊 300 多家，年画专业人员达 1000 余人，年产年画 1200 万多份，产品除运销两湖、陕、甘、青和西南各地外，还远销印度、日本、越南、缅甸和港澳等国家和地区。绵竹年画具有鲜明的地方特色。构图讲求对称、完整、饱满，主次分明，多样统一。设色单纯艳丽，强烈明快，构成红火、热烈的艺术效果。造型常使用夸张、变形、象征、寓意的表现手法，使塑造的艺术形象生动感人。

到达：从成都到绵竹昭觉寺汽车站和城北客运中心都可以乘到直达绵竹的车。滚动发车的 非节假日的话票还是好买。

周边景点：绵竹年画村、德阳祥符寺、九龙山乡村旅游景区、德阳紫岩山、德阳三溪寺、云湖国家森林公园、德阳诸葛双忠祠、云悟寺、吉祥寺、严仙观、紫岩书院等

凉山——彝族火把节

凉山彝族自治州是我国最大的彝族聚居区。凉山是一个古老神秘而又闻名遐迩的地方，不仅自然山川景色美不胜收，传统的民间习俗更是古朴而又丰富多彩，具有浓郁的民族特点和地区特点。游客如果在夏季去凉山旅游，还有机会见识彝族人举行的传统火把节。

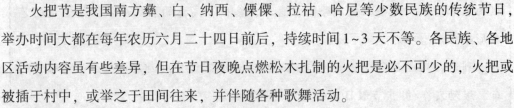

凉山彝族火把节

火把节是我国南方彝、白、纳西、傈僳、拉祜、哈尼等少数民族的传统节日，举办时间大都在每年农历六月二十四日前后，持续时间1~3天不等。各民族、各地区活动内容虽有些差异，但在节日夜晚点燃松木扎制的火把是必不可少的，火把或被插于村中，或举之于田间往来，并伴随各种歌舞活动。

凉山彝族过火把节时，每当夜晚时分，各村寨即燃起火把，人们三五成群地举着火把在田野山乡游动，场面颇为壮观。这期间，有些地方要杀猪宰牛举行祭神活动；有些地方每家要抱一只鸡到田里去祭"田公地母"，并用火把照田，根据传说是要引谷穗出来，还要耍火，为了扑灭秧苗里的害虫。民间认为，火把可用于驱鬼除邪，故点燃火把后，每家每户都要走到，边走边向火把上撒松香，称其为"送崇"。

火把节期间还有多种文化娱乐活动，各村寨会举行唱歌、跳舞、斗牛、赛马、射箭、摔跤、拔河、打秋千等活动。路南石林圭山一带的斗牛、摔跤比赛名气很大。各村寨在斗牛正式举行前选出代表，并将仔细挑选的膘肥体壮的牛牵到会场，百姓们身着节日盛装前来观看。届时由村寨中有资历的人宣布比赛开始，于是锣鼓喧天，鞭炮齐鸣，男女青年跳起欢乐的舞蹈。在万众欢腾中，斗牛比赛开始。火把节期间还有一项重要的比赛，就是摔跤。比赛场面极为壮观，气氛十分热烈。

彝族的火把节还给青年男女交往、选择配偶创造了良好机会。节日期间，男女青年们共举火把嬉戏，并在山间田野欢快地举行篝火晚会。他们在篝火下相互弹唱，载歌载舞，彻夜不息，寻求自己心爱的对象。斗牛比赛中的优胜者和摔跤能手，往往成为姑娘们心中爱慕的对象。

 旅游小贴士

简介：凉山彝族火把节，是彝族太阳历的第二个星回节，在农历六月最热的时候过。明代诗人杨慎曾写有"年年六月星回节"的诗句。据历史文献记载，火把节有"以火色占农""持火照田以祈年""携照田塍，云可避虫"等含意。火把节，是彝族众多传统节日中规模最大、内容最丰富、场面最壮观、参与人数最多、民族特色最为浓郁的盛大节日。

到达：凉山州州府在西昌，从成都到西昌，最快捷的方法便是坐飞机了，从成都双流机场到西昌的青山机场，一个多小时就到了；其次便是坐火车，从成都到西昌的列车次很多，大抵都要 10 个小时左右，快点的都要 9 个小时；开汽车从成都到西昌就比较"曲折"了，基本就是沿国道走，最快也得 10 个小时。

周边景点：泸山—邛海、泸沽湖、螺髻山、西昌航天城、石林奇观等

华县——皮影戏

陕西华县被称为皮影戏的故乡。

皮影戏（又称灯影）属于傀儡戏的一种，也是中国古老的剧种。最初的皮影是用纸剪的，后来出于结实、防磨损的目的才改成用驴皮、牛皮或羊皮刻制成"影人"。皮影戏的演出手法是先根据剧中的角色和衬景的设计，将驴皮等材料硝制刮平、雕簇、敷色、熨平、装订成人或物的形状，皮影戏艺人操纵着影人，经过灯光

的透射后，影人的样子映现到屏幕上（俗称亮子）。再配合乐器伴奏和唱腔，便成为一种意趣盎然的活动艺术形式了。早在汉代就已经出现了皮影戏，到了宋代已相当流行，京师常见"设账张灯"上演"影人戏"。据宋朝《梦粱录》等书记载："京师初以素纸雕簇，自后人巧工精，以羊皮雕影，用以彩色装饰，不致损坏。"到了元代，为了丰富、充实士兵的军旅生活，蒙古军队中都随军带了皮影班子，皮影这一中国传统民间工艺由此传到中亚国家。

华县皮影剧照

华县著名的民间艺术形式为碗碗腔皮影戏（曾名时腔），形成于清代初期。因其主要于关中东府渭南二华、大荔一带流传，因此也称其为"东路碗碗腔"。该剧种唱腔板式齐备，伴奏乐器特点鲜明，婉转缠绵，细腻幽雅，表现形式十分丰富。影人的造型优美，人物极具个性，且选料考究、制作精细。皮影班、社大多由五六人组成，因而行动方便，不需择场地，长年在民间的村镇、宅院演出，在广阔的农村扎下了牢固的根基。清代乾隆、嘉庆年间，戏剧家李芳桂等文人、举子，专为碗碗腔皮影著有《十大本》等许多传统剧目，一直流传至今，并被其他剧种移植、改编搬上舞台，久演不衰，对陕西的戏曲艺术贡献巨大。

现在由于种种原因，华县的皮影戏面临生存和失传的危机，拯救和保护碗碗腔皮影戏这一群众喜闻乐见的优秀传统文化，成为当前一项刻不容缓的重要任务。2006 年 5 月 20 日，华县皮影戏经国务院批准列入第一批国家级非物质文化遗产名录。

旅游小贴士

简介：华县皮影有四绝：一是皮影雕刻作品造诣高。华县皮影一般由牛皮刻成，皮质优，雕工精细，造型逼真，含义深刻，个个堪称艺术精品；二是演唱功力极深。选用碗碗腔，生旦净丑各种角色，全由一人包唱，非绝等深厚之演唱功底者所不能为；三是表演者功力精湛。一个剧团一般仅有5人，除演唱和对白之外，还有挑线、二弦、板胡、月琴、碗、锣、鼓、钗、梆、唢呐、号等20多件乐器，每个人都要充当4个以上的角色，因此可以说个个都是身怀绝技。特别是挑线手，外地皮影至少得2人以上，华县皮影则一人独挑，一人操作数十个乃至上百个皮影造型，临乱不惊，游刃有余，堪称一绝；四是华县皮影博大精深，综合艺术水平炉火纯青，堪称戏曲艺术之绝唱。

到达：西安离华县93公里，车程1个小时，城东客运站就有车直达。

周边景点：潜龙寺、蕴空禅院、华县基督教堂、少华山森林公园、华州国际皮影文化生态园、白崖湖石、渭华区苏维埃政府筹备处旧址——高塘会馆等

凤翔——剪纸、布艺

陕西凤翔古称雍州，位于关中西部，这里是周王室的发祥地，秦王嬴政创立霸业的地方，因此此地人文荟萃、物华天宝，各种民间工艺更是闻名遐迩。无论是剪纸、刺绣、彩绘泥塑、木版年画，还是草编制品、焰花纸炮，都具有悠久的历史，很久以前就名扬海内外。其中剪纸是陕西地区一种古老的民间艺术，从凤翔的剪纸中可以体会到纯朴而真实的乡土之美，其特有的浓郁、原始的自然风情，使之成为三秦大地上一朵艺术奇葩。

剪纸，俗称窗花，是一种典型的具有中华民族文化特色的民间艺术，深受中华各民族人民的喜爱，风翔剪纸便是剪纸艺术中最引人注目的代表。风翔剪纸体现出远古的秦汉之风，纤细秀美和粗犷大方兼具，可谓是"粗中见巧工，土中观美感"。风翔的民间剪纸为聪慧的劳动妇女所创，饱含了她们对于大自然的热爱、对美好生活的憧憬以及对民间艺术的执着追求，一些剪纸精品已经成为极具欣赏价值的礼品。风翔剪纸曾连续数年在西安、北京等地展出，获得各种好评。近年来，风翔剪纸艺人数次出访外国献艺，引起轰动。

风翔的民间刺绣布艺也是闻名中外，它的历史可以追溯到西周，《诗经》中就有关于甘肃、陕西一带古周人织绸、制衣、刺绣情景的记载。民间刺绣既具使用价值，又能满足精神需要。风翔民间刺绣主要有节日、婚礼装饰品两大类。重大节令如春节、端午节讲究都不同：端午节的"五毒裹肚""五毒凉鞋"是外婆送给外孙的必

凤翔剪纸

备礼物，此时每家每户要在门口插艾蒲，小孩手腕绑上五花绳，胸前挂香包，寓意辟邪健身。小孩满月或周岁时，外婆要送给外孙虎头帽子、项圈、长命锁、手镯、布艺老虎、花衣袖筒、老虎枕头等等吉祥物，以护佑其健康平安。

风翔传统民俗滋养了布艺艺术，风翔的刺绣布艺集民间剪纸、刺绣、制作工艺于一身，其典雅隽永的造型、活泼逼真的形象以及明快亮丽的色彩，使得风翔布艺意趣盎然、闻名遐迩。

旅游小贴士

简介：凤翔民间艺术是人类文明的组成部分，是华夏民族的传统文化的最深根源，保留着形成中原文化的原生状态以及特有的思维方式、心理结构和审美观念，体现出中华民族独具特色的历史文化发展踪迹。本文通过对凤翔泥塑和木版年画两大艺术门类的渊源考察，总结凤翔民间艺术的发展历程，倡导在东西方文化不断交融渗透的现今，对传统文化应该尊重和保护，将民族的变成世界的。

到达：出车站，向西方向前进，可做公交，打出租到炎帝园下车，对面就是车站，有去宝鸡周边地区（包括凤翔）的所有班车。

周边景点：东湖公园、宝玉山、石佛寺、秦穆公墓等

宁蒗——摩梭人的走婚

居住在云南宁蒗县泸沽湖边的摩梭人，至今仍沿袭着一种有趣而奇特的婚姻习惯，即"走婚"，又称"阿夏婚"（"阿夏"在摩梭人的语言中是"亲密的情侣"的意思）。走婚是云南最古老的婚姻习俗之一。

摩梭人的婚姻习惯是以"男不婚，女不嫁"，双方各居自己家中来生育后代、享受甜蜜爱情生活为特点。成年男子经过恋爱，确立"阿夏"婚姻关系后，男子便可以在夜间到女子家中留宿，次日黎明前返回自己家中。男女双方的生产、生活都在自家母亲家中完成。男子称女子为"阿夏"，女子称男子为"阿柱"，即为情人的意思。通常男、女孩子到了13岁，行了成人礼之后，就可以走婚了，现在大约要到15或16岁才能开始走婚。女孩子到了走婚年龄以后，她的母亲就会安排她住

到花楼上去，自己住一间屋子，以方便走婚。同样男孩子到了年龄也可以出去走婚。

摩梭人"走婚"

男女之间"阿夏"关系的长短可视双方感情而定。妇女在生产和生儿育女的过程中居于支配地位，因此子女从母姓，血缘关系也跟随母亲。这种至今仍然存留着的"母系家庭"和"阿夏婚"遗俗，被称作"人类早期婚姻的活化石"。泸沽湖阿夏婚有"阿夏异居婚""阿夏同居婚""成家婚"三种形态。阿夏异居婚指男女双方没有实质上的经济联系，二人所生的子女归女方抚养，二人感情破裂后阿夏关系自动结束；阿夏同居婚是古老婚姻形态的转变，男女双方不再各居母家，而是共同生活在一个母系家庭；成家婚是男女双方愿意结为终身伴侣而领取结婚证书的一种婚姻形式，据说目前正在宣传普及，但为数还不太多。

泸沽湖摩梭人的走婚存在一个祖辈遗留下来的严格界限：就是禁止叔伯、兄弟、姐妹、姨表之间走婚。因此，摩梭人没有因近亲通婚而发展成子女畸形和遗传疾病的不良后果。除此之外，不论门第高低、贫富差距，只要双方愿意，均可开始走婚，体现了开放的自由的恋爱观。

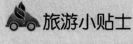 **旅游小贴士**

简介：摩梭人是一个未识别民族，该族群在国家的整个识别过程中，并未经中央政府以公告的方式宣告民族族别身份。从民族识别工作的角度看，摩梭人并未取得族别上的少数民族法律地位。但是，在1990年3月7日宁蒗彝族自治县第十一届人民代表大会第一次会议通过，1990年4月27日云南省第七届人民代表大会常务委员会第十一次会议批准的《宁蒗彝族自治县自治条例》中的第二条规定："宁蒗彝族自治县（以下简称自治县）是云南省辖区内彝族实行区域自治的地方。自治县境内还居住着摩梭人、汉族、普米族、傈僳族、纳西族、壮族、藏族、白族、苗族、回族、傣族。"该自治条例二十五年来只进行了一次修订并涉及了第二条——宁蒗彝族自治县的自治条例仅仅是把摩梭人的排列从1990年版本的第二位，该到了2006年版本的第三位。从自治条例的语义理解，摩梭人仍然排列在自治县内所居住民族的范围内，并排于前列。换言之，在宁蒗彝族自治县的自治条例中，以法条的形式承认了摩梭人的民族身份。到达：丽江到宁蒗有大巴直通，每天好几班。

周边景点：泸沽湖、高原温泉、青龙海生态旅游区、泸沽湖村落、摩梭之家等

富宁——盘王节

瑶族的居住地比较分散，主要分布在我国广西、湖南、云南、广东、江西、海南等省的山区，是中国南方一个比较典型的山地民族。瑶族地区有过盘王节的古老习俗。盘王节，也称"跳盘王"或"调盘王"，是瑶族祭祀祖先盘瓠的重要节日，

海内外的瑶胞都十分重视这一民族祀典。每年的农历十月十六，瑶族人都要穿上具有民族特色的节日盛装，聚集在一起唱歌跳舞，欢度节日。他们唱乐神歌（以《盘王歌》为主），跳一种每人手拿一只长鼓的群舞，一般为双人或多人对舞。

瑶族盘王节

关于盘王节的来历，有多种说法和不同的传说，《盘王歌》和长鼓舞，也都有它们各自相应的来历。最普遍的一种说法是：古时平王所管辖的地域受到高王的侵犯，平王出榜招贤，称若有人能斩下高王的首级，就把女儿嫁给他。龙犬盘瓠听到这个消息，设计杀了高王，因而得以娶公主为妻。后来盘瓠想变成人，就让公主把自己放在笼屉里蒸七天七夜，可是公主担心丈夫的安全，在第六天的时候偷偷揭开盖子看，结果盘瓠头上和小腿上的很多黑毛没有脱落，只好用布带把头和小腿裹起来。这成为瑶族传统服饰的雏形。平王封他为会稽山的王，号称盘王。盘王和公主共生了 12 个孩子，平王各赐一姓，成为瑶族最早的十二姓。后来盘王在打猎追赶山羊的时候不慎跌下山崖而死，儿女们就将挂住尸体的树砍下做鼓身，剥下羊皮制成长鼓。他们边敲、边哭、边唱，来追悼盘王。古书中也有过关于盘王的记载，晋代千宝的《搜神记》、唐代刘禹锡的《蛮子歌》、宋代周去非的《岭外代答》等典籍都可见其踪影。《岭外代答》中说："瑶人每岁十月，举峒祭都贝大王于庙前，会男女之无实家者，男女各群联袂而舞，谓之踏瑶。""踏瑶"即是"跳盘王"。

传说中的盘瓠原身是一条龙犬，也就是说，瑶族是以犬为图腾的民族，因此瑶族人是不吃狗肉的。瑶族民众在祭祀盘王时，总要把集体创作、世代传承的本民族史诗古歌《盘王歌》唱、跳于盘王之前。《盘王歌》生动地反映了瑶民把龙犬盘瓠作为本民族的始祖来崇拜、供奉的原始信仰。

 旅游小贴士

简介：历史上富宁就享有"歌舞海洋"的美称，壮族的"土戏"、苗族的"滚芦笙舞"、瑶族的"铜铃舞"、彝族的"铜鼓舞"、仡佬族的"弦子舞"等五彩缤纷的舞蹈世代相传，是当代名扬中外的《铜鼓舞》的发源地，又是誉满全国的壮剧《螺蛳姑娘》的故乡，苗族舞蹈《滚芦笙》和《滚唢呐》曾从四季如春的昆明跳到伟大祖国的首都北京及内蒙古的呼和浩特等省市。节日活动丰富多彩，主要有壮族的"风流街"、苗族的"踩花山"、瑶族的"盘王节"、彝族的"跳宫节"等。

到达：从文山到富宁是先从文山到砚山县，上广昆高速直接到富宁。

周边景点：清华洞旅游区、普阳瀑布、驮娘江景区等

西双版纳——傣族泼水节

傣族是一个具有悠久历史和文化传统的少数民族，人口近百万，主要居住在云南南部西双版纳傣族自治州、西部德宏傣族景颇族自治州以及耿马、孟连等自治县，云南各地也有零散居住。傣族的语言为傣语，属汉藏语系壮傣语族傣语支。傣族人信仰佛教，但也保留了很多原始宗教活动，如祭祀寨鬼、寨神、灵物崇拜等，还有农业祭祀和狩猎祭祀。

傣族最著名的传统节日是泼水节。泼水节实为傣族的新年，是傣族最隆重的传

傣族泼水节

统节日，也是云南少数民族节日中影响面最大、参加人数最多的节日。泼水节在傣历六月中旬（即农历清明前后 10 天左右）举行，为期 3~4 天，一般为公历 4 月 13 日至 15 日这三天。

在傣族泼水节的期间，第一天被称为"麦日"，与农历的除夕相类似，傣语叫"宛多尚罕"，含有送旧之意，此时人们要收拾房屋、打扫卫生，为年饭和节间的各种活动做准备；第二天被称为"恼日"，"恼"意为"空"，按傣族的习惯讲这一天既不属前一年，亦不属后一年，故又称"空日"；第三天叫"麦帕雅晚玛"，据称此为麦帕雅晚玛的英灵带着新历返回人间之日，人们将这一天视为"日子之王来临"，将其视为最美好、最吉祥的日子，这天即为傣历的元旦。

节日期间的每天清晨，傣族男女老少就换上节日盛装，先是挑着清水到佛寺浴佛，然后就开始互相往对方的身上泼水，泼出的水象征着吉祥、幸福、健康，谁身上被泼到的水越多，谁收到的祝福就越多。青年男女手中明亮晶莹的水珠，还象征着甜蜜的爱情。1961 年 4 月，周总理来到西双版纳景洪，和边疆各族人民共同欢庆了一年一度的泼水节。周总理兴致勃勃地穿上傣族服装，手持银盆与周围群众互相泼水祝福。从此以后，西双版纳景洪在全国乃至世界逐渐出名，现已成为闻名中外的旅游胜地。

泼水节的活动除泼水外，还有赶摆、赛龙舟、浴佛、诵经、章哈演唱、斗鸡、跳孔雀舞、白象舞、丢包、放高升、放孔明灯等民俗活动，泼水节期间的西双版纳，成为一片欢乐的海洋。

 旅游小贴士

简介：泼水节源于印度，是古婆罗门教的一种仪式，后为佛教所吸收，约在公元十二世纪末至十三世纪初经缅甸随佛教传入中国云南傣族地区。随着佛教在傣族地区影响的加深，泼水节成为一种民族习俗流传下来，至今已数百年。在泼水节流传的过程中，傣族人民逐渐将之与自己的民族神话传说结合起来，赋予了泼水节更为神奇的意蕴和民族的色彩。

到达：从昆明到西双版纳有两种选择，飞机和客车（因为没有火车），时间紧迫的话建议选择飞机。

周边景点：原始森林公园、勐仑植物园、野象谷、傣族园、橄榄坝、民族风情园、热带花卉园、曼听公园、基诺山寨、景真八角亭、民族博物馆等

大理——三道茶

云南大理的白族人在招待贵宾时有一种独特的饮茶方式，即"三道茶"，此种饮茶方式早已驰名中外。在唐代《蛮书》中有它的相关记载。南诏时期白族就有了饮茶的习惯，其独特的"头苦、二甜、三回味"的茶道早在明代时就已成了白族人待客交友的一种礼仪，明代徐霞客来大理时，就对这种独特的礼俗感到新奇。

三道茶，即上三次茶之意，每道茶烤煨的方法与配料都不同，因而茶的味道和感觉也不一样。三道茶，代表了人生的三种境界，细细品味，定会收获颇多。

第一道茶，称为"苦茶"。白族人的堂屋里都有一年四季不灭的火塘，在其上

用小陶罐烧烤大理特产沱茶到黄而不焦、香气弥漫时，再冲入滚烫的开水而制成第一道茶。此道茶以浓酽为佳，品尝起来味道苦凉，微带清香。因白族人有"酒满敬人，茶满欺人"的讲究，所以这道茶只能盛小半杯，不以冲喝为目的，只是以小口品饮、舌尖回味为趣。"苦茶"寓清苦之意，代表了人生之旅、创业之始的苦境。正如孟子所言："天将降大任于斯人也，必先苦其心志，劳其筋骨，饿其体肤，空乏其身，行拂乱其所为。"

第二道茶，称为"甜茶"。经过前一道茶的苦味之后，此道茶寓意苦尽甘来，代表了人生的甘境。是以大理特产核桃仁、乳扇和红糖为辅料，冲入清淡的用大理名茶"感通茶"煎制的茶水制作而成。此道茶口感香甜而无腻感，因此客人可以用大若小碗的茶杯痛快地喝个够，尽情感受人生获得成功后的快意。

第三道茶，称为"回味茶"。是用蜂蜜混合了少许花椒、姜和桂皮等佐料，用"苍山雪绿茶"的茶水煎制而成。因姜在白语中读"稿"，有富贵之意；而桂皮性辣，辣在白族中与"亲"谐音，因此第三道茶表达了主人对客人诸如恭喜发财、大富大贵的祝福，以及宾主之间的亲密关系。此道茶集中了甜、苦、辣各种味道，所以又被称为"回味茶"，代表的是人生的淡境。经历过太多的坎坷、曲折之后，人生就需要一种淡泊的心胸和恢宏的气度。

🚗 旅游小贴士

简介：三道茶是云南白族招待贵宾时的一种饮茶方式，属于茶文化范畴之内。驰名中外的白族三道茶，以其独特的"头苦、二甜、三回味"的茶道，早在明代时就已成了白家待客交友的一种礼仪。

到达：从昆明到大理打车去昆明车站，然后坐车到下关，（不推荐坐火车，太慢）再从下关坐公交车8路或是4路去大理古城（40分钟左右）。

周边景点：洱海、鹤庆银都水乡新华旅游村、大理古城、大理挖色镇、大理天龙八部影视城、苍山、剑川钟山石石窟、佛图寺塔、元世祖平云南碑、太和城遗址、崇圣寺三塔等

南丰——傩文化之乡

　　傩（音"挪"）文化是我国一种独特的传统文化形式，在我国的黄河流域、长江流域和西南等地均存在。中国的傩，种类繁多，各具特点。如果按服务对象、演出对象和演出场所划分，可分为民间傩、宫廷傩、军傩和寺院傩四种。土家族、壮族、侗族、仡佬族、苗族等民族的傩戏属民间傩；军傩由地戏和关索戏构成；藏族聚居区大寺院的跳鬼，包括北京雍和宫的正月跳鬼属寺院傩。据有关专家调查表明，贵州是我国傩戏最多、品种较齐全的省份。江西抚州也被认为是我国的"傩舞之乡"：江西共有 10 个"傩"县，抚州占 6 县，其中又以南丰傩为最古老、最系统、最完整的傩种，"延今三千余年"，至今袭而不衰，蜚声中外。

　　"傩"字由人和难两字组成，乃人避其难之谓，意为"惊驱疫疠之鬼"。从"傩"字的字形来分析傩戏的意义，体现了古人对灾难的勇敢挑战。巫傩活动在中国可追溯到殷商时期，那时的傩采用巫术的形式，古人通过巫术方法以征服自然，从而寻求人类与自然的平衡与和谐，也满足了广大信仰者的心理需求。后来巫傩之风传承和融入日常习俗之中，逐渐形成了"傩文化"。傩文化是一种远古的原始文化，是中国传统文化的一个重要组成部分，它融合了中国传统文化中多元宗教（包括原始自然崇拜和宗教）、多种民俗和多种艺术文化形态，包括傩仪、傩俗、傩歌、傩舞、傩戏等众多项目。其表层意义是驱鬼逐疫、祈福纳祥，深层次的内涵则是通过各种仪式活动达到阴阳调和、风调雨顺、五谷丰登、人寿年丰、国富民强和天下太平。

　　经过数千年的沿袭、发展，江西傩文化已经形成了丰厚的历史积淀，其古朴的原始形态、众多的文化遗存和完整的文化体系都是它鲜明的特点。江西傩活动分布广泛，有许多民俗遗存一直影响到至今。据 1995 年相关调查统计，全省有 25 个县

江西傩舞

（市）有傩事活动，保留的傩舞傩戏节目 247 个，抚州市的傩事活动是江西各省中的代表。江西傩戏被学术界誉为古代文化的"活化石"，受到世界各地人们的关注，多次应邀远赴法国、日本、韩国、新加坡等国及香港、台湾地区表演、交流，影响较大。

 旅游小贴士

简介：傩是上古时期原始宗教的产物，是人类最早发挥本体精神力量，使用巫术手段向极端恶劣的自然环境索取起码的生活条件，拓展生存空间，进行两种互为关联的生产活动——物质的生产和人口的繁殖，从而展示人类早期生命的价值。（《中国傩文化通论》）傩的生命张扬，主要体现在傩祭仪式中借助神灵的威力，驱除自然灾害（如旱、涝、火、虫等）和人体灾害（如瘟疫疾病等）。

到达：从抚州到南丰可先坐高铁到抚州东站，再从抚州东站打的到东乡火车站对面的汽车站坐到抚州的班车，到抚州再转坐到南丰的班车即到。

周边景点：老人峰、绣球石、龟峰、合掌岩、华子冈、灵谷山、麋山、铜山、卷石岩等

同仁——热贡艺术

热贡艺术是藏传佛教艺术的重要组成部分，是一支颇具影响力的艺术流派，13世纪的时候，因发祥于青海省黄南藏族自治州同仁县隆务河畔的热贡（藏语"金色谷地"）而得名，并随着隆务寺的兴盛而得到了发展。数百年来，在热贡地区的吾屯、年都乎、尕沙日、郭玛日等藏族或土族聚居村，这种从宗教寺院传入民间的佛教绘塑艺术得到了广泛的传承和沿袭，村中男子大多数都掌握这种艺术，其从艺人员之多，群体技艺之精，令人叹为观止，故青海同仁有了"藏画之乡"的美誉。

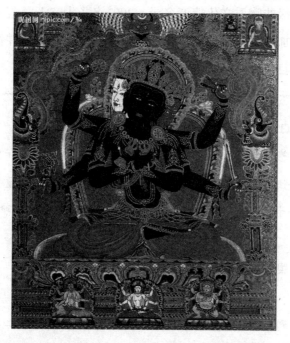

唐卡

热贡艺术，主要指的是以唐卡、壁画、堆绣、雕塑等为表现形式的造型艺术。其艺术作品造型准确生动，画工精细绝美，色彩鲜艳，富有装饰性。热贡艺术的题材极其广泛，内容主要涵盖了藏传佛教中的佛本生故事、藏族历史人物和神话、传说、史诗等内容，因为以宗教为核心的大千世界包罗万象，故还涉及政治、经济、历史、民俗、文艺等社会物质生活和精神生活的各个方面。热贡艺术有着其独特的审美观念，它使用特有的原材料，有着独特的传承习惯，在民间美术、藏传佛教、建筑艺术等方面均具有重要的历史价值和艺术价值。

　　热贡艺术的鼎盛时期，画师们因其艺术成就，受到各地信奉藏传佛教的人们的爱戴与尊重。热贡艺术因其设计精美、线条精细、色彩艳丽的艺术特点，在佛教盛行地区得以广泛流行，并且越来越多地受到港澳台地区以及世界各地艺术爱好者们的欢迎。在近十多年的发展中，呈现出繁荣之势，但是随着大师级老艺人的相继去世以及旅游业的不断繁荣，加之市场经济的冲击，使得热贡艺术精品逐渐减少，而赝品、复制品和粗制滥造的作品却越来越多地充斥着市场，这种现象急需防治。国家非常重视非物质文化遗产的保护，2006 年 5 月 20 日，热贡艺术经国务院批准，被列入第一批国家级非物质文化遗产名录。2007 年 6 月 5 日，经文化部批准，同仁县的更登达吉、启加两人成为该文化遗产项目代表性传承人，并被列入首批国家级非物质文化遗产项目代表性传承人名单。

🚗 旅游小贴士

　　简介：热贡艺术发祥于青海省同仁县地区。是雪域文化和中原佛教艺术完美结合成的一种独特的艺术形式，是藏传佛教艺术中的一个重要流派。主要内容包括绘画（唐卡、间唐）、堆绣、雕塑（木雕、泥雕、石雕）、建筑、图案等。已正式列入"中国民族民间文化保护工程"第二批试点单位，2006 年，热贡艺术被列入国家首批非物质文化遗产保护名录。2009 年，入选世界非物质文化遗产。

　　到达：西宁到同仁 181 公里，不过西宁曹家堡机场到同仁县隆务镇路程有 143 公里，有点远没有的士或公交车到。

　　周边景点：年都乎寺、热贡画院、郭麻日寺、麦秀森林公园、吾屯下寺、吾屯上寺、郭么日佛塔、热贡艺术乡、隆务寺等

锡林郭勒——那达慕

那达慕大会是中国蒙古族人民独特的传统活动，也是蒙古族人民喜爱的一种传统体育活动形式。在我国内蒙古各地的那达慕大会中，锡林郭勒盟的大会最具代表性。

"那达慕"是蒙古语的音译，有"娱乐、游戏"之意。那达慕大会在每年的农历六月初四开始，以各种带有鲜明民族风格的形式来表达丰收的喜悦之情，是草原上一年一度的传统盛会。那达慕大会有着悠久的历史，公元前2000多年，蒙古人的祖先就在蒙古草原的广阔地域上活动，形成了骑射、摔跤、赛马等各种北方民族特有的锻炼方式。元太祖成吉思汗在布哈苏齐海举行了一次盛大的那达慕大会，会上举行了射箭比赛。待到元世祖忽必烈灭南宋、统一了全国后，那达慕活动也就更为广泛地开展起来。清代时候，那达慕逐步发展成为由官方定期召集的有组织、有目的的游艺活动。

那达慕大会上的各种竞技项目，具有典型的游牧文化风格，蒙古族作为世界上草原游牧文化的传承者，千百年来以那达慕这种形式，将其非常完整地保留了下来。如今的那达慕，内容比过去丰富多了。在比赛项目方面，除进行男子三项传统竞技比赛项目外，又增加了马术、步枪射击、球类比赛、摩托车表演、蒙古象棋等内容，同时举行物资交流会和先进表彰会，晚上还举行各种形式的文艺活动。那达慕大会举行的时候，牧区方圆数百里的牧民穿着节日的盛装，骑着骏马或乘坐汽车络绎不绝地前来参观。锡林郭勒盟地区举办的那达慕，已成为全民健身和群众娱乐的重要活动。

那达慕具有广泛群众基础，这种传统的民俗文化活动具有广泛而深刻的文化内涵，体现了蒙古族人民的价值观和审美观。因而对于那达慕的发掘、抢救和保护，对中国体育史乃至世界体育史的丰富和完善都有重要价值。2006 年 5 月 20 日，该民俗经国务院批准，被列入第一批国家级非物质文化遗产名录。

 旅游小贴士

简介：锡林郭勒盟的那达慕最具代表性。那达慕已有近八百年的历史，一直在锡林郭勒草原上流传和发展，深受各族群众的喜爱，成了蒙古族文化传统的重要载体。那达慕上的各项活动是力与美的显现、体能和智慧的较量、速度和耐力的比拼，比较全面地展示了在草原上生活的群众的综合素质。

到达：从北京到锡林郭勒首选做汽车，做大巴大概要九个小时，从北京六里桥买票到锡林浩特，大巴有早上 8 点，10 点，12 点，晚上 8 点的，白天的都是座，晚上的是卧铺；还可以包车，或自驾游，大概 7 个小时。

周边景点：白音锡勒草原自然保护区、元朝陪都上都城、古刹贝子庙、阿尔善宝力格的"圣泉"、郎城古城遗址等

珲春——朝鲜族风情

吉林省珲春市位于图们江的下游地区，隶属于延边朝鲜族自治州的县级市，是中、朝、俄三国的交界地带。珲春市是朝鲜族聚居地，现有朝鲜族人口 10 万左右，朝鲜族具有勤劳、勇敢、俭朴、整洁、尊老爱幼、团结互助、热情好客的传统美德。走进珲春市，可以感受到浓郁的朝鲜族风情。

"米酒打糕狗肉汤，笑语欢歌庆丰舞"，这是对朝鲜族民族特点的高度概括。朝鲜族的主食一般以米饭、打糕、冷面为主，菜肴多采用凉拌和泡渍的形式，朝鲜族泡菜是前来游览的游客餐桌上最受欢迎的菜肴。狗肉是朝鲜族最喜欢吃的肉食之

珲春

一，用独特方法制做出的狗肉是宴请客人必备的一道菜。其他朝鲜美食如鲢鱼汤、水豆腐、明太鱼、朝鲜族包饭、朝鲜族烧烤、用糯米酿制的朝鲜族米酒都颇具民族特色，让人回味无穷。

朝鲜族人能歌善舞，每到传统节日或需要庆祝的时节，他们都会唱歌跳舞，举杯畅饮，因此朝鲜族被誉为"歌舞的民族"，他们代表性的舞蹈有象帽舞、长鼓舞、扇子舞、碟子舞等，洞箫和伽谣琴是朝鲜族典型的民族乐器。

朝鲜族的民族服饰也很有特点，他们喜欢穿白色的衣服，传统的服装是斜襟、无纽扣，以长带打结，在上衣的外面喜欢穿带纽扣的有色坎肩。朝鲜族男子的服饰特点是裤裆和裤腿肥大，裤脚系丝带，便于盘腿席地而坐。

朝鲜族有各种各样名目繁多的民间节日，体现出浓郁的民族特色。传统的民间节日有：元日（春节）、上元（元宵节）、立春、上巳（农历三月初三）、寒食（清明）、燃灯节（农历四月初八）、端午、流头日（农历六月十五）、秋夕（中秋节）、重阳、冬至等。其中元日、上元、寒食、端午、秋夕为五大重要节日。朝鲜族过节，除做节日饮食外，还组织各种游戏和体育活动，气氛非常热烈。

旅游小贴士

简介：珲春市有秀美的自然风光和独特的人文古迹。珲春依山面海，气候宜人，植物繁茂，江河纵横，山川锦绣，自然风光秀美独特。珲春市历史悠久，截至 2013 年，珲春市共发现历史遗址、墓群、城址、碑刻、古建筑址 80 余处，其中列为省级重点文物保护的有 7 处。

到达：没有长春到珲春的火车，可以从长春坐到延吉或吉林下边转小客车到珲春（一个多小时车程），也可以坐长春直达珲春的客车，全程高速，普通客车中午一点半发车，晚上八点到。

周边景点：珲春八景、东西炮台遗址、沙州、唐代渤海国仿古城等

抚顺——满族风情

满族主要分布在我国的东北三省，其中辽宁省抚顺市新宾满族自治县的满族风情最具特色。此外，在内蒙古、河北、山东、新疆等省、自治区以及北京、成都、兰州、福州、银川、西安等大中城市均有少数满族人散居。

满族的历史可追溯到 2000 多年前，当时的肃慎人生活在长白山以北、黑龙江中上游、乌苏里江流域。满族的直系祖先是黑水靺鞨，后发展为女真。12 世纪，阿骨打建立了金朝，15 世纪，努尔哈赤统一了女真部落，建立了军政合一的八旗制度。1635 年，皇太极称帝，改国号为清，改族名为满洲。清军入关后统一了中国，成为封建时期的最后一个朝代。1911 年辛亥革命后，满洲族改称满族。

满族有自己的语言、文字，满语属阿尔泰语系满——通古斯语族满语支，满文创制于 16 世纪末，参照了蒙古文字母。满族入关后，满汉混居，受汉文化影响，

抚顺

普遍开始习用汉语文字。现只有黑龙江省黑河市爱珲镇和富裕县还有能讲满语的满族人。满族人自古好歌舞，舞蹈形式多是从狩猎、战斗活动演化而来。其他娱乐活动如跳马、跳骆驼及滑冰等也深受满族人的喜爱。

满族传统住房格局是大门朝南，分西、中、东三间屋，西间称西上屋，中间称堂屋，东间称东下屋。西上屋设南、西、北三面炕：西炕为贵，不得随意坐人和堆放杂物，重要来客可住西炕；北炕为大，多住长辈；南炕为小，多住晚辈。

满族人有孝敬长辈、注重礼节的优良传统。路上遇见长辈时，晚辈要侧身微躬，垂手致敬，待长辈走过后才能走；即使是同辈人，年轻的见了年长的也要施礼问候。亲友相见，除握手互敬问候外，还可行抱腰接面礼。过春节时要拜两次年，三十晚上拜一次，称辞旧岁，大年初一再拜一次，叫迎新春。满族人有敬犬之俗，忌打狗、杀狗和食用狗肉，不戴狗皮帽、不铺狗皮褥，并且忌讳戴狗皮帽或狗皮套袖的客人。

抚顺是清王朝的发祥地，处处洋溢着浓郁的满乡风情，在被誉为"中华满族第一乡"的新宾县内，游客可以亲身感受风情万种的满族民俗，深刻了解满族的文化和历史。

旅游小贴士

简介：抚顺满族风情节主要以抚顺丰富的满族历史文化遗产为依托。努尔哈赤最早的都城--赫图阿拉城，目前旧址已基本按原样恢复；距赫图阿拉城1000米之遥就是清代著名的"关外三陵"之首的永陵。同时，抚顺新宾县是满族的发祥地，数百年来形成了奇特的满族民俗风情，清前史迹集中，是开发满族民俗的胜地之一。

到达：从沈阳到抚顺可以先坐公交车去沈阳站，在那做雷锋号直接到抚顺；或自驾走沈抚大道。

周边景点：热高乐园、滑雪场、皇家极地海洋世界、雷锋公园、高尔山公园、劳动公园、儿童公园、大伙防水库，小青岛风景区、新园公园、三块石、猴石、和睦国家森林公园及滑雪场等

宜州——歌仙刘三姐

位于广西壮族自治区中部偏西的宜州市，是一座有着2000多年历史的古城，集秀美的自然景观、悠久的历史文化、独特的民族风情于一身，是中国最大的桑蚕基地，被评为中国优秀旅游城市。临江河风景区的古龙河竹排漂流天下一绝，具有"险、奇、美、幽"之特色，有人赞叹曰："青山绿水一竹排，荡尽人间旧尘埃；古龙美景观不尽，君子有幸泛槎来。"

宜州历史悠久，宋代大文学家黄庭坚、明惠帝朱允炆、著名地理学家徐霞客、太平天国翼王石达开等众多历史名人曾留寓此地。留下了山谷祠、山谷先生衣冠墓、石达开与部将气吞山河的唱和诗石刻，还有现存最早的五百罗汉号碑、四牌楼

宜州

等众多文物古迹。

宜州的民族文化伴随着其历史的发展，形成了宜州彩调、桂剧等独具特色的地方戏。

宜州还是壮族歌仙刘三姐的故乡。迷人的山水风光、美丽的民间传说、浓郁的民族风情以及众多的文物古迹构成了刘三姐故乡独具特色的旅游活动。刘三姐是中国壮族民间传说中一个美丽的歌仙，有关她的许多故事都优美动人、充满了神奇的色彩。彩调剧《刘三姐》和《龙女与汉鹏》在20世纪50年代曾前往北京中南海怀仁堂作专场演出，受到毛泽东主席等中央首长的高度赞扬。20世纪60年代，长春电影制片厂拍摄完成根据当地传说改编而成的电影《刘三姐》，影片中聪慧美丽的刘三姐、优美的自然山水以及婉转清新的山歌迅速风靡了全国甚至整个东南亚地区。从此以后，宜州市作为刘三姐的故乡名声大起，越来越多的游客前来游览，寻访刘三姐和广西山歌。

宜州还有很多丰富多彩的民俗风情，如三月三歌节（根据刘三姐的传说而来）、壮族歌圩、八月十五山歌会、赛龙舟、壮族婚俗等；传统民间小食独具特色，如豆腐圆、豆腐肴、红薯窑、玉米粥、马打滚、狗舌馍等，还有一种特色烤鱼风靡整个广西，也成为游客们必不可错过的一道美食。

🚗 旅游小贴士

简介：相传刘三姐为唐代壮族农家女，年幼聪颖过人，被视为"神女"。十二岁能通经传，指物索歌，开口立就。自编自唱，歌如泉涌，优美动人，不失音律，故有"歌仙"之誉。十五岁时聘于林氏，唐开元十年（722年），为抗拒林氏逼婚，与情人张伟望出奔，不知所终。民间多以为双双成仙而去。广西宜山壮族传说，刘三姐生于唐中宗神龙元年（705年），从小聪慧过人，能歌善唱。12岁即出口成章，妙语连珠，以歌代言，名扬壮乡。后曾到附近各地传歌。慕名前来与她对歌的人络绎不绝，但短则一日，长则三五天，个个罄腹结舌，无歌相对，无言以答，羞报而退。然而她的才华却遭到流氓恶霸的嫉恨，后被害死于柳州。传说她死后骑鲤鱼上天成了仙。也有的说她在贵县的西山与白鹤少年对歌七日化而为石。还有的说财主莫怀仁欲娶她为妾，三姐坚决反抗，莫怀仁买通官府迫害三姐，三姐乘船飘然而去，等等。

到达：从南宁到宜州火车 K142 次，汽车从琅东站发车，有很多车次的，不过不全是南宁到宜州的，有的是到金城江的，有的是到南丹，有的是到罗成的，都会经过宜州，都可以搭乘。

周边景点：山谷祠、下枧河风光、刘三姐故居、壮古佬景区、龙江水中石林、河池临江河、古龙河景区、流河寨景区、宜州南山、宜州古城峒等

第二十四章　沙漠游

塔克拉玛干沙漠腹地

浩瀚沙漠中，迄今发现的古城遗址无数，塔克拉玛干沙漠中的尼雅遗址就曾出土东汉时期的印花棉布和刺绣。另外像丝路古道南道的精绝、小宛、戎卢、扜弥、渠乐、楼兰等古代城镇和许多村落都被这里的流沙所湮没。因此这里每年都会吸引众多的考古学家和考古爱好者前来考察和研究，这也给在流沙掩埋下沉默了千年的古国遗迹带来一份热闹和生气。

在世界各大沙漠中，塔克拉玛干沙漠是最神秘、最具有诱惑力的一个。无论是关于它的种种传说和历史，还是面积广大的流动沙丘，或是美丽的幻景"海市蜃楼"，抑或是沙漠中仅有的"沙海绿岛"，都吸引着游客的眼光。

塔克拉玛干沙漠流动沙丘面积广大，沙丘高度一般在100~200米，最高达300米左右，很是壮观。在沙漠腹地中，沙丘类型复杂多样，像复合型沙山和沙垄，宛若憩息在大地上的条条巨龙；塔形沙丘群，呈各种蜂窝状、羽毛状、鱼鳞状，变幻莫测。

沙漠腹地有两座高大的沙丘，名为"圣墓山"，它们分别是由红砂岩和白石膏组成的沉积岩露出地面后形成的。"圣墓山"上的风蚀蘑菇，奇特壮观，高约 5 米，更夸张的是巨大伞盖下竟然可容纳 10 余人，这是游客来塔克拉玛干沙漠必看的景点。

在塔克拉玛干沙漠，常常会出现"海市蜃楼"的奇景。白天，塔克拉玛干赤日炎炎，银沙刺眼，沙面温度高达 70~80 摄氏度，由于沙漠上空的垂直气温差异非常显著，太阳光遇到不同密度的空气发生折射，就会出现朦朦胧胧的"海市蜃楼"幻景。神奇的幻影肯定会让你感慨大自然是多么的伟大和神奇。

塔克拉玛干沙漠腹地

沙漠四周，沿叶尔羌河、塔里木河、和田河和车尔臣河两岸，生长发育着密集的胡杨林和怪柳灌木，形成"沙海绿岛"。特别是纵贯沙漠的和田河两岸，生长着芦苇等多种沙生野草，构成沙漠中的"绿色走廊"。"走廊"内流水潺潺，绿洲相连。林带中还住着野兔、小鸟等动物，亦为"死亡之海"增添了一点生机。

传说很久以前，居住在塔里木盆地的人们都希望能引来天山和昆仑山上的雪水浇灌干旱的塔里木盆地，所以大家都祈求上天能满足他们的愿望。

人们的真诚终于打动了一位神仙，这个神仙有两件宝贝，一件是金斧子，一件是金钥匙。善良的神仙打算把金斧子交给哈萨克族人，用来劈开阿尔泰山，引来清清的山水；把金钥匙交给维吾尔族人，让他们打开塔里木盆地的宝库。

可不幸的是，金钥匙竟然被神仙的小女儿玛格萨丢失了。神仙一怒之下，将女儿囚禁在塔里木盆地，从此盆地中央就成了塔克拉玛干大沙漠。

🚗 旅游小贴士

怎么去：可乘飞机或火车到达乌鲁木齐，然后在乌鲁木齐换乘火车至库尔勒。目前在沙漠中开辟的旅游线主要有3条，分别是从南向北纵穿沙漠的沿和田河线、沿克里雅河线和自西向东的横穿沙漠线。

观光：在红白山上看和田河的秋色，让人永久难以忘怀。和田河两岸的胡杨在阳光下泛着浓厚的金黄，如宽大的金色丝带缠绕着大地，从天际延伸过来，又蜿蜒消逝在天的尽头。无边无际的塔克拉玛干，在缥缈间给人的内心一种强大的震撼，你会不禁感慨人生的得失是多么的微不足道。

美食：在附近城市，有很多新疆美食如大盘鸡、烤羊肉串、抓饭、纳仁、拉条子、烤肉、烤包子、馕、馕包肉、烤全羊、羊杂碎、油塔子、皮辣红、丁丁炒面、碎肉面、过油肉面等。

购物：和田的石榴、哈密瓜、红枣和玉器，库尔勒的香梨，阿克苏的冰糖心苹果，库车的小白杏都是值得购买的新疆特产。

鸣沙山、月牙泉

鸣沙山位于甘肃省河西走廊的昌吉回族自治州木垒县哈依纳尔北5公里处，当地哈萨克人称其为"阿依艾库木"，意为"有声音的沙漠"。月牙泉处于鸣沙山环抱之中，因其形酷似一弯新月而得名。自汉朝起即为"敦煌八景"之一，得名

"月泉晓彻"。古称沙井，又名药泉，清代定名月牙泉。

月牙泉水质甘洌，澄清如镜。流沙与泉水之间仅数十米，但虽遇烈风而泉不被流沙所淹埋，地处戈壁而泉水不浊不涸。这种沙泉共生、泉沙共存的独特地貌，确为"天下奇观"。

鸣沙山

鸣沙山和月牙泉就好像是大漠戈壁中一对孪生姐妹，正是应了"山以灵而故鸣，水以神而益秀"之说。游人无论从山顶鸟瞰，还是在泉边畅游，都会产生无尽的遐想与深深的震撼。确有"鸣沙山山怡性，月牙泉洗心"的浪漫情怀。

鸣沙山为流沙积成，沙分红、黄、绿、白、黑五色。汉代称沙角山，又名神沙山，晋代始称鸣沙山。所谓鸣沙，并非自鸣，而是因人沿沙面滑落而产生鸣响，是自然现象中的一种奇观，有人将之誉为"天地间的奇响，自然中美妙的乐章"。

当你从山巅顺着陡峭的沙坡向下滑时，流沙就像是一幅幅的锦缎张挂在沙坡之上，如飞腾而起的金色群龙，鸣声也随之而起，最初如丝竹管弦乐的声音，接着若钟磬和鸣的声音，最后像金鼓齐鸣的声音，轰鸣不绝。流沙随着脚步而落，第二天它又会恢复原样，这种景观实属世间罕见。

月牙泉就像一弯新月卧在黄沙里，娴静地在鸣沙山的怀抱里躺了几千年。虽常常受到狂风凶沙的袭击，却依然清澈澄明，水声潺潺，是当之无愧的沙漠第一泉！

月牙泉还有四奇和三宝，四奇是：月牙之形千古如旧、恶境之地清流成泉、沙山之中不淹于沙、古潭老鱼食之不老。三宝是：铁背鱼、五色沙、七星草。

传说铁背鱼和七星草一起吃可以长生不老，敦煌老辈人都说当地的狗鱼也许就是铁背鱼，月牙泉南岸大片的罗布麻就是传说的七星草。七星草加工成茶叶后，对高血压、高血脂有较好的疗效，尤其对改善头晕症状、睡眠质量有明显效果。

从前，这里没有鸣沙山和月牙泉，只有一座雷音寺。每年，寺里都会举行浴佛节，善男信女都在寺里烧香敬佛，顶礼膜拜。

月牙泉

有一年"洒圣水"时，住持方丈端出一碗雷音寺祖传圣水，放在寺庙门前。突然间冒出一位外道术士大声喊道要与住持方丈斗法比高低。只见术士挥剑作法，口中念念有词，霎时间，天昏地暗，狂风大作，黄沙铺天盖地而来，把雷音寺埋在沙底。奇怪的是寺庙门前那碗圣水却安然无恙。术士又使出浑身法术往碗内填沙，但碗内始终不进一颗沙粒。就这样，直到碗周围逐渐形成一座沙山，圣水碗还是安然如故。术士见状，只好悻悻离去。刚走几步，忽听轰隆一声，那碗圣水半边倾斜变成一湾清泉，术士则变成一堆黑色顽石。

原来这碗圣水本是佛祖释迦牟尼赐予雷音寺住持的"圣水"，专为人们消灾解难。由于外道术士作孽残害生灵，便显灵惩罚，使碗倾泉涌，形成了月牙泉，而黄沙就形成了鸣沙山。

旅游小贴士

　　怎么去：距离敦煌市南5公里，如果包车去莫高窟一般免费送鸣沙山、月牙泉。也可在反弹琵琶雕像和汽车站乘坐3路公交车。

　　观光：鸣沙山、月牙泉以其"清泉绿洲"的沙漠奇观著称于世，被誉为"塞外风光之一绝"。

　　美食：金银发菜用发菜、鲍鱼为主料制成，是一种名贵的菜品。还有清汤牛肉面、酿皮子、黄面、羊肉粉汤、臊子面、浆水面、泡儿油糕等有名的风味小吃。

　　购物：栽毛绒毯是当地的传统工艺品，色彩典雅，图案别致，具有民族特色。敦煌的水果也远近闻名，如鸣山大枣、葡萄、炮弹瓜、李广杏等都深受中外顾客的欢迎。

沙坡头

　　令人耳目一新的自然风光，深邃厚重的文化内涵，领先世界的治沙成果，新颖刺激的旅游项目使沙坡头品牌的知名度、美誉度与日俱增，中外游客发出了"不到沙坡头，就等于没到宁夏""游遍中国万里路，长忆宁夏沙坡头""黄山游罢不望岳，宁夏游完不望沙"的由衷感慨。

　　唐代王维奉旨慰问在河西打了胜仗的将士，途经宁夏中卫沙坡头，面对大漠、黄河壮美的景色，禁不住激情澎湃、于是写下了"大漠孤烟直，长河落日圆"的著名诗句。

　　这里有中国最大的天然滑沙场，有总长800米、横跨黄河的"天下黄河第一

沙坡头

索"——沙坡头黄河滑索，有黄河文化的代表——古老水车，有中国第一条沙漠铁路，有黄河上最古老的运输工具——羊皮筏子。当你骑着骆驼穿越腾格里沙漠，当你乘坐越野车在沙海冲浪，咫尺之间，你就会切身领略到"大漠孤烟直，长河落日圆"的天下奇观。

沙坡头游览区有中国最大的天然滑沙场，从高约百米的沙坡头的坡顶往下滑，惊险刺激，趣味无穷。由于特殊的地理环境和地质结构，滑沙时座下会发出一种奇特的响声，沉闷浑厚，故被称为"金沙鸣钟"。

在缆车索道之西，便是横跨黄河的"天下黄河第一索"。乘此索道，如乳燕凌空，须臾便达彼岸，让你切身体验柯受良飞越黄河惊险、刺激的感觉。对于喜欢探险和刺激的游客来说，这绝对是一个不错的选择。

在沙坡头你还可以看到一个很有意思的景点——沙山北面是浩瀚无垠的腾格里沙漠，而沙山南面则是一片郁郁葱葱的沙漠绿洲。游人既可以在这里观赏大沙漠的景色，眺望包兰铁路如一条绿龙伸向远方；又可以骑骆驼在沙漠上走走，照张相片，领略一下沙漠旅行的味道。

沙坡头还有个特色就是乘古老的渡河工具"羊皮筏子"，在滔滔黄河之中，渡向彼岸。这种羊皮筏俗称"排子"，是将山羊割去头蹄，然后将囫囵脱下的羊皮，扎口，用时以嘴吹气，使之鼓起，叫作"浑脱"，十几个"浑脱"制成的"排子"，一个人就能扛起，非常轻便。游人坐在"排子"上，筏工用桨划水前进，非常有趣。

相传在 20 世纪初期，有一外国传教士到中国西部传教，在从甘肃兰州往宁夏途中，由于大漠隔绝无路可走，便在兰州乘羊皮筏子顺黄河而下，当漂到距沙坡头不远的黑山峡时，河水落差加大，河心怪石林立、水流湍急，眼见羊皮筏子要撞到河心一怪石上时，洋人纵身从羊皮筏子上跳到了那块怪石上。

与此同时，经验丰富的撑筏人，用竹竿在怪石上轻轻一点，那羊皮筏子便绕了个弯顺利冲向下游。而那位洋大人则一手死死抱住河心石，一手在使劲招手救命。所有路过的羊皮筏子都无法接近他，久而久之，他挥动着手臂的身体与河心石化为一体，就成了现在离沙坡头不远的"洋人招手"河心石。

 旅游小贴士

怎么去：乘飞机到银川，再从银川乘火车至中卫，从中卫汽车站乘发往沙坡头的专线车，每半小时一趟，车费 3 元，行程约 1 小时；也可以从中卫乘出租车前往。

观光：在沙坡头游览区，滑沙是这里的特色项目，一定要玩一玩。还有腾格里沙漠，游人可以骑着骆驼在沙漠上走走，领略一下沙漠旅行的味道。沙坡头还有一个特色是乘古老的渡河工具羊皮筏，渡向彼岸，游人坐在"排子"上，筏工用桨划水前进，非常有趣。

美食：到沙坡头一定要吃黄河大鲤鱼，有清汤炖的，没有腥味，还有纯天然的野菜，也很有特色。到中卫小吃就多了，素菜豆腐、米黄子、蒜蘸煎豆腐、清蒸鱼、酸辣鱼、干炸鱼、糖酥馍、书本子油馍、牛舌头饼等各具特色，被赞为"物美价廉，留香齿频，别有风味"。

购物：这里有"宁夏五宝"中的红、白二宝：枸杞、滩羊皮，还有香山硒沙瓜、长滩红枣、二毛皮、黄河奇石，还有"宁夏红"枸杞酒。

古尔班通古特沙漠

在古尔班通古特沙漠上，干旱和大风是沙漠始作俑者，人类的滥砍滥伐则助长了它的嚣张气势。这里，生命与死亡竞争，绿浪与黄沙交织，现代与原始并存，是观光考察自然生态与人工生态的理想之地。

古尔班通古特沙漠

清同治四年（1865 年），中亚浩罕国军官阿古柏入侵新疆，当地民众筑城自卫，清将左宗棠也率军来此屯垦戍边，并在这里留下了很多历史遗迹。现如今，当时的城墙已破旧得辨认不出，取而代之的是一排绿色的防护林，用于抵制沙漠对农田的侵袭。因此国际上对这片防护林给予了极高的评价。

在古尔班通古特沙漠，春季开花的短命植物群落是最引人注目的。而冬季的雪景，春季的鲜花，夏季的绿灌也都各有特色。在这片热土上，不仅有各种奇观异景，而且保留了大量珍贵的古丝绸之路文化遗迹。

古尔班通古特沙漠腹地被评为中国最美五大沙漠之一。在古尔班通古特沙漠腹地上，有以"风城"著称的魔鬼城，也有以"沙漠公园"闻名的驼铃梦坡，更有充满神秘色彩的银牛沟和古城遗址将军戈壁。

在古尔班通古特沙漠有一处独特的风蚀地貌，当地蒙古人将此地称为"苏鲁木哈克"，哈萨克人称为"沙依坦克尔西"，意为魔鬼城。魔鬼城又叫"风城"，在历经风蚀雨剥之后，形成各种各样奇特的造型：人、妖、兽、楼、台、亭、阁、古堡、魔窟、石桥、烽燧等。每当狂风大作，城堡内便发出各种令人毛骨悚然的声响：或似千军万马、或似鬼哭狼嚎、或似长啸悲啼、或似惨叫冷笑……因此得名"魔鬼城"。"风城"是大自然的"手"雕刻出来的，在起伏的山坡上，布满着血红、湛蓝、洁白、橙黄等各色石子，宛如魔女遗珠，更增添了"风城"的神秘色彩。

驼铃梦坡沙漠公园，在古尔班通古特沙漠南缘，是一片原始、粗犷、一望无垠的沙漠世界。这里沙丘连绵，沙浪起伏，宛如浩瀚的金黄海洋。驼铃梦坡是一座天然的荒漠植物园，那些葱绿的梭梭，茂密的胡杨，羽叶飘逸的三芒草，香味沁人心脾的沙枣，"叮当"作响的铃铛刺，形似鹿角的苍劲梧桐，盘根错节的红柳，还有富有药用价值的大黄和黄芪，组成了一幅色、味、声、像并茂的大自然景观。驼铃梦坡又是一座天然的动物园，这里活跃着各种国家保护动物，像野猪、黄羊、狼、狐狸、跳鼠、娃娃头蛇、沙枣鸟等。

将军戈壁一直披着神秘的面纱，带给人无限的好奇与遐想。凡到过将军戈壁的人，无不被其奇异的景观所震撼。将军戈壁在昌吉回族自治州的东北部，是古尔班通古特沙漠的一部分，著名的戈壁景观五彩城、魔鬼城、硅化木、胡杨林、鸣沙山都在这里。在这片原始、粗犷的土地上处处充满神奇与魅惑。开阔的沙地上生长着红柳、梭梭和芨芨草，红黑色的石滩在阳光照射下经常出现奇幻的海市蜃楼，这里的景色可谓全国独有，举世罕见。

将军戈壁的得名，有一个传奇的故事。

相传唐初一位大将军率500余名士兵在此与西突厥决战。战场上刀光剑影，哀声动地，西突厥人溃散了，但唐军也迷失了方向，陷入无水的绝境。万般无奈之际，蓦然发现前方一潭碧水，波光粼粼，杨柳摇曳，屋舍连片，将军和士兵急忙向前狂奔，但人进水退，始终无法接近。

渐渐等到湖水隐去，前方又成了一片赤焰的戈壁。众将士正在懊恼，突然左方又出现了海市蜃楼，湖水引诱将士们再度狂奔，最终全军俱殁于此。后人在将军捐躯处修了一座庙以纪念他，取名"将军庙"，将这一带的戈壁荒滩也称之为将军戈壁。近年由于硅化木、恐龙化石等的发现，将军戈壁的旅游者逐渐多了起来。由于火烧山油田的发现，石油开发也拉开了序幕。

🔥 旅游小贴士

怎么去：可先乘飞机或火车到达乌鲁木齐市，再换乘班车到达石河子市，石河子市有开往150团的班车，车程约三个小时。到达150团后离驼铃梦坡景点还有约100公里的路程，再包车或乘中巴车前往景点。

观光：春季，沙漠里积雪消融后，有的短命植物迅速萌发开花。这时，沙漠里一片草绿花鲜，繁花似锦，把沙漠装点得生机勃勃，充满诗情画意。冬季的雪景、春季的鲜花、夏季的绿灌都各有特色。

美食：具有新疆特色的烤全羊、羊肉串、馕、薄皮包子、米肠子、面肺子、拉条子、手抓饭等令人闻香驻足，垂涎忘返！

购物：这里有做工考究、造型美观的英吉沙小刀，具有浓郁的民族风格，分凤尾式、百灵鸟式、黄鹂式、喜鹊式、红嘴山鸦式、龙泉剑式、兽角式等。还有以色彩绚丽、鲜艳著称的艾德莱斯绸，它质地柔软富有弹性，美观华丽，具有鲜明的维吾尔民族文特色。

巴丹吉林沙漠腹地

　　巴丹吉林沙漠位于我国内蒙古自治区阿拉善右旗北部，面积4.7万平方公里，是我国第三、世界第四大沙漠，海拔高度为1200—1700米，沙山相对高度可达500多米，堪称"沙漠珠穆朗玛峰"。"巴丹吉林"是蒙古语的音译，"巴丹"是由"巴岱"演变而来，原意究竟是人名还是地名已无从查考。传说古代曾有一名叫巴岱的人在此居住；"吉林"的意义也有两说：一说它是由藏语"哲让"演变而来，意为地狱，另一说指它是数词六十的意思，表示这片沙漠中湖泊众多。

巴丹吉林沙漠腹地

　　巴丹吉林沙漠以丰富的动植物资源和矿产资源被称为"聚宝盆"，而奇峰、鸣沙、湖泊、神泉、寺庙更堪称巴丹吉林"五绝"。到此的游人一定不能错过。

　　巴丹吉林沙漠中有丰富的动物、植物资源，还有大量的硅、铝、铁、钙等矿物资源，这使得巴丹吉林沙漠不再是"不毛之地""死亡之海"，而是富庶的"聚宝盆"，有着巨大的开发价值。

这片沙漠中的湖泊星罗棋布，俗称海子，有 113 个之多。其中，常年有水的湖泊达 74 个，淡水湖 12 个。海子多为咸水，不能饮用，但是可供植物生长。在湖泊周围芦苇丛生，水鸟嬉戏，鱼翔浅底，使这里享有"漠北江南"的美誉。

位于巴丹吉林沙漠东缘曼德拉苏木西南 14 公里的曼德拉山中，在 18 平方公里内，分布着 4234 幅数千年前的古代岩画，是世界最古老的艺术珍品之一，堪称"世界第二，亚洲第一"。

这里的岩画不仅雕刻精湛，形象逼真，而且题材广泛，内容丰富，时间可追溯到原始社会晚期和元、明、清各代。它记载了当时的经济、文化、生活情景和自然环境、社会风貌。因此被称为"美术世界的活化石"。

受风力作用，这里的沙丘呈现沧海巨浪、巍巍古塔之奇观。巴丹吉林中心地带的沙山皆可随风而鸣，是世界上最大的鸣沙区。宝日陶勒盖的鸣沙山，高达 200 多米，峰峦陡峭，沙脊如刃，高低错落，沙子下滑的轰鸣声数公里外都能听见，有"世界鸣沙王国"之美称。

残阳暮色中，沙山环抱着一座孤零零的喇嘛庙，庙后有一湖，碧波如镜，湖中有庙影，水动则庙动。这就是巴丹吉林庙——巴丹吉林沙漠腹地里唯一的寺庙，始建于同治年间。据当地人介绍，这个庙为玛尼活佛所建。"当初兴建这个寺庙时，一砖一石、一瓦一木，都是用骆驼从沙漠外运进来的。"他们对此充满了崇敬。虽然历经百年风沙，但由于深处大漠，人迹罕至，寺庙一直保持原貌，更是给人神秘、孤独的感觉。

相传很久以前，有个邬尔章国，其国都巴当城就坐落于现在的巴丹吉林，那时这里还没有什么大沙漠。当时的邬尔章国臣民安居乐业，代代相传，可就在邬尔章国第九十九代国王的时候，出了一个黑心宰相。为了个人野心，他把女儿乌拉玛斯嫁给了国王的太子。

不久，国王仙逝，太子继位当了国王。可惜太子是个游手好闲、不学无术的家伙，只知道天天吃喝玩乐，甚至用牛奶给乌拉玛斯洗澡，用白面团给乌拉玛斯擦屁股。结果一切权力全掌握在岳父这个混世魔王手中。

从此，国民多灾多难，陷入水深火热之中，此举终于激怒了天上神仙。神仙为惩罚混世魔王，先下起了五谷和奶雨，城郭周围变成了一片汪洋；最后，下起七天七夜的黄沙，埋掉了邬尔章国的国都巴当城。从此，后人将这个大沙漠称为巴丹吉林。

🚗 旅游小贴士

怎么去：可乘火车在兰新铁路的甘肃省金昌（河西堡）火车站下车，然后沿河（西堡）——雅（布赖）黑色公路行 140 公里，路边即是阿拉善右旗莎日台巴丹吉林沙漠旅游大本营（又叫九棵树）。

观光：巴丹吉林沙漠有五奇，即沙峰、鸣沙、湖泊、奇泉与古庙。不管是开越野车进巴丹吉林看海子，还是乘四驱车驰骋在巴丹吉林沙山上，或者骑上骆驼翻沙越谷，都会让你感觉妙不可言。

美食：阿拉善的传统美食以肉食、乳食、粮食为主，游客还可以尝到烤全羊、手抓肉、奶茶、奶皮子等传统蒙古族美食。由于阿拉善境内沙漠广布，沙漠中特产的沙葱、沙芥等植物都成了盘中美味，驼峰、驼掌更是阿拉善美食中的代表，滋味堪称一绝，是当地的宴客佳肴。

购物：当地有著名的奇石、锁阳、肉苁蓉、驼羊绒、贺兰山野生蘑菇、马头琴、蒙古刀、黄芪、蕨菜、苦杏仁、笃斯等。